HISTOIRE
DE FRANCE

V

IMPRIMERIE E. FLAMMARION, 26, RUE RACINE, PARIS.

ŒUVRES COMPLÈTES DE J. MICHELET

HISTOIRE DE FRANCE

MOYEN AGE

ÉDITION DÉFINITIVE, REVUE ET CORRIGÉE

TOME CINQUIÈME

PARIS
ERNEST FLAMMARION, ÉDITEUR
26, RUE RACINE, PRÈS L'ODÉON

Tous droits réservés.

HISTOIRE DE FRANCE

LIVRE X

CHAPITRE PREMIER

Charles VII. — Henri VI. — *L'Imitation*. — La Pucelle. (1422-1429.)

« Les plus mortes morts » sont les meilleures, disait un sage, les plus près de la résurrection[1].

C'est une grande force de n'espérer plus, d'échapper aux alternatives des joies et des craintes, de mourir à l'orgueil et au désir... Mourir ainsi, c'est plutôt vivre.

Cette mort vivante de l'âme la rend calme et intrépide. Que craindrait d'ici celui qui n'est plus d'ici? Que peuvent contre un esprit toutes les menaces du monde?

---

[1]. Nous supposons que le lecteur a sous les yeux les dernières pages du tome précédent.

L'*Imitation de Jésus-Christ*, le plus beau livre chrétien après l'*Évangile*, est sorti, comme lui, du sein de la mort. La mort du monde ancien, la mort du moyen âge, ont porté ces germes de vie.

Le premier manuscrit de l'*Imitation*[1] que l'on connaisse, paraît être de la fin du quatorzième siècle ou du commencement du quinzième. Depuis 1421, les copies deviennent innombrables. On en a trouvé vingt dans un seul monastère. L'imprimerie naissante s'employa principalement à reproduire l'*Imitation*. Il en existe deux mille éditions latines, mille françaises. Les Français en ont fait soixante traductions, les Italiens trente, etc.

Ce livre universel du christianisme a été revendiqué par chaque peuple comme un livre national. Les Français y montrent des gallicismes, les Italiens des italianismes, les Allemands des germanismes.

Tous les ordres du sacerdoce, qui sont comme des nations dans l'Église, se disputent également l'*Imitation*. Les prêtres la réclament pour Gerson, les chanoines réguliers pour Thomas de Kempen, les moines pour un certain Gersen, moine bénédictin. Bien d'autres pourraient réclamer aussi. Il s'y trouve des passages de tous les saints, de tous les docteurs. Saint François de Sales a seul bien vu dans cette obscure question : « L'auteur, dit-il, c'est le Saint-Esprit. »

L'époque n'est pas moins controversée que l'auteur

---

1. *App.* I.

et la nation. Le treizième siècle, le quatorzième, le quinzième prétendent à cette gloire. Le livre éclate au quinzième, et devient alors populaire ; mais il a bien l'air de partir de plus loin et d'avoir été préparé dans les siècles antérieurs.

Comment en eût-il été autrement ? Le christianisme, dans son principe même, n'est autre chose que l'imitation du Christ[1]. Le Christ est descendu pour nous encourager à monter. Il nous a proposé en lui le suprême modèle.

La vie des saints ne fut qu'imitation ; les règles monastiques ne sont pas autre chose. Mais le mot d'*imitation* ne put être prononcé que tard. Le livre que nous appelons ainsi, porte dans plusieurs manuscrits un titre qui doit être fort ancien : *Livre de vie*. *Vie* est synonyme de *règle* dans la langue monastique[2]. Ce livre n'aurait-il pas été, dans sa première forme, une *règle des règles*, une fusion de tout ce que chaque règle contenait de plus édifiant[3] ? Il semble particulièrement empreint de l'esprit de sagesse et de modération qui caractérisait le grand ordre, l'ordre de Saint-Benoît.

Ces maîtres expérimentés de la vie intérieure sen-

---

[1]. L'antiquité avait entrevu l'idée de l'*Imitation*. Les pythagoriciens définissaient la vertu : Ὁμολογία πρὸς τὸ θεῖον ; et Pluton : Ὁμοίωσις θεῷ κατὰ τὸ δυνατόν (*Timée* et *Théétète*). Théodore de Mopsueste, plus stoïcien que chrétien, disait : « Christ n'a rien eu de plus que moi ; je puis me diviniser par la vertu. »

[2]. Surtout chez les chanoines réguliers de Saint-Augustin. (Gence.)

[3]. Ces Règles ne sont pas seulement des codes monastiques ; elles contiennent beaucoup de préceptes moraux et d'effusions religieuses. (Voy. *passim* les recueils d'Holstenius, etc.)

tirent de bonne heure que, pour diriger l'âme dans une voie de perfectionnement réel, solide et sans rechute, il fallait proportionner la nourriture spirituelle aux forces du disciple, donner le lait aux faibles, le pain aux forts. De là les trois degrés (connus, il est vrai, de l'antiquité) qui ont formé la division naturelle du livre de l'*Imitation* : vie purgative, illuminative, unitive.

A ces trois degrés semblent répondre les titres divers que ce livre porte encore dans les manuscrits. Les uns, frappés du secours qu'il donne pour détruire en nous le vieil homme, l'intitulent : *Reformatio hominis*. Les autres y sentent déjà la douceur intime de la grâce, et l'appellent : *Consolatio*. Enfin, l'homme relevé, rassuré, prend confiance dans ce Dieu si doux; il ose le regarder, le prendre pour modèle, il s'avoue la grandeur de sa destination, il s'élève à cette pensée hardie : *Imiter Dieu*, et le livre prend ce titre : *Imitatio Christi*.

Le but fut ainsi marqué haut de bonne heure ; mais ce but fut manqué d'abord par l'élan même et l'excès du désir.

L'imitation, au treizième, au quatorzième siècle, fut ou trop matérielle ou trop mystique. Le plus ardent des saints, celui de tous peut-être qui fut le plus violemment frappé au cœur de l'amour de Dieu, saint François, en resta à l'imitation du Christ pauvre, du Christ sanglant, aux stigmates de la Passion. Le franciscain Ubertino de Casal, Ludolph, et même Tauler, nous proposent encore à imiter toutes les circonstances matérielles de la vie du Seigneur[1]. Lorsqu'ils laissent la lettre et s'élèvent à l'esprit, l'amour les égare, ils dépassent l'imitation, ils cherchent l'union, l'unité de l'homme et de Dieu. Sans doute, telle est la pente de l'âme, elle ne demande qu'à périr en soi pour n'être plus qu'en l'objet aimé[2]. Et pourtant, tout serait perdu pour la passion, si elle arrivait, l'imprudente, à son but, à l'unité même ; dans l'unité, il n'y aurait plus place à l'amour ; pour aimer, il faut rester deux.

Tel fut l'écueil où échouèrent tous les mystiques pendant le treizième et le quatorzième siècle, le grand Ruysbrock lui-même qui écrivait contre les mystiques.

La merveille de l'*Imitation*, dans la forme où elle fut arrêtée (peut-être vers 1400), c'est la mesure et la sagesse. L'âme y marche entre les deux écueils : matérialité, mysticité ; elle y touche et n'y heurte pas ; elle passe, comme si elle ne voyait point le péril ; elle passe dans sa simplicité... Prenez garde, cette simplicité-là n'est pas une qualité naïve, c'est bien plutôt la fin de la sagesse ; comme la *seconde ignorance* dont parle Pascal, l'ignorance qui vient après la science.

Cette simplicité dans la profondeur est particulièrement le caractère du troisième livre de l'*Imitation*. L'âme, détachée du monde au premier, s'est fortifiée dans la solitude du second. Au troisième, ce n'est plus solitude ; l'âme a près d'elle un compagnon, un

---

1. *App.* 2.
2. « Anima magis est ubi amat quam ubi animat », dit saint Bernard. *App.* 3.

ami, un maître et, de tous, le plus doux. Une gracieuse lutte s'engage, une aimable et pacifique guerre entre l'extrême faiblesse et la force infinie, qui n'est plus que la bonté. On suit avec émotion toutes les alternatives de cette belle gymnastique religieuse : l'âme tombe, elle se relève, elle retombe, elle pleure. Lui, il la console : « Je suis là, dit-il, pour t'aider toujours, et plus encore qu'auparavant, si tu te confies en moi... Courage ! Tout n'est pas perdu... Tu te sens souvent troublé, tenté ; eh bien, c'est que *tu es homme et non pas Dieu, Tu es chair et non pas ange*[1]. Comment pourrais-tu toujours demeurer en même vertu ? l'ange ne l'a pu au ciel, ni le premier homme au paradis... »

Cette intelligence compatissante de nos faiblesses et de nos chutes indique assez que ce grand livre a été achevé lorsque le christianisme avait longtemps vécu, lorsqu'il avait acquis l'expérience, l'indulgence infinie. On y sent partout une maturité puissante, une douce et riche saveur d'automne ; il n'y a plus là les âcretés de la jeune passion. Il faut, pour en être venu à ce point, avoir aimé bien des fois, désaimé, puis aimé encore. C'est l'amour se sachant lui-même et goûtant profondément cette science, l'amour harmonisé qui ne périra plus par folie d'amour.

Je ne sais si le *premier* amour est le plus ardent ; mais le plus grand, à coup sûr, le plus profond, c'est le *dernier*. On a vu souvent que, vers le milieu de la

---

1. Homo es, et non Deus,
    Caro es, non Angelus.
    (*Imitatio*, lib. III.)

vie, et le milieu déjà passé, toutes les passions, toutes les pensées finissaient par graviter ensemble et aboutir à une seule. La science même, multipliant les idées et les points de vue, n'était plus alors qu'un miroir à facettes où la passion reproduisait à l'infini son image, se réfléchissant, s'enflammant de sa propre réflexion... Telles se rencontrent parfois les tardives amours des sages, ces vastes et profondes passions qu'on n'ose sonder... Telle, et plus profonde encore, la passion qu'on trouve en ce livre ; grande comme l'objet qu'elle cherche, grande comme le monde qu'elle quitte... Le monde ?... Mais il a péri. Cet entretien tendre et sublime a lieu sur les ruines du monde, sur le tombeau du genre humain[1]. Les deux qui survivent, s'aiment et de leur amour et de l'anéantissement de tout le reste.

Que la passion religieuse soit arrivée d'elle-même, et sans influence du dehors, à un tel sentiment de solitude, on a peine à l'imaginer. On croirait plutôt que si l'âme s'est détachée si parfaitement des choses d'ici-bas, c'est qu'elle s'en est vue délaissée. Je ne sens pas seulement ici la mort volontaire d'une âme sainte, mais un immense veuvage et la mort d'un monde antérieur. Ce vide que Dieu vient remplir, c'est la place d'un monde social qui a sombré tout entier, corps et biens, Église et patrie. Il a fallu pour faire un tel désert qu'une Atlantide ait disparu.

Maintenant comment ce livre de solitude devint-il

---

1. *App.* 4.

un livre populaire ? Comment, en parlant de recueillement monastique, a-t-il pu contribuer à rendre au genre humain le mouvement et l'action ?

C'est qu'au moment suprême où tous avaient défailli, où la mort semblait imminente, le grand livre sortit de sa solitude, de sa langue de prêtre, et il évoqua le peuple dans la langue du peuple même. Une version française se répandit, version naïve, hardie, inspirée. Elle parut sous le vrai titre du moment : *Internelle consolation*.

La *Consolation* est un livre pratique et pour le peuple. Elle ne contient pas le dernier terme de l'initiation religieuse, le dangereux quatrième livre de l'*Imitatio Christi*.

L'*Imitatio* dans la disposition générale de ses quatre livres, suit une sorte d'échelle ascendante (abstinence, ascétisme, communication, union). La *Consolation* part du second degré, de la douceur, de la vie ascétique ; elle va chercher des forces dans les communications divines, et elle redescend à l'abstinence, au détachement, c'est-à-dire à la pratique. Elle finit par où l'*Imitatio* a commencé.

Si le plan général de la *Consolation* n'a pas, comme celui de l'*Imitatio*, le noble caractère d'une initiation progressive, en revanche la forme, le style sont bien supérieurs. Les lourdes rimes, les cadences grossières que l'on a cherchées dans le latin barbare de l'*Imitatio*, disparaissent presque partout dans la *Consolation* française. Le style y offre précisément le caractère qui nous charme dans les sculptures du quinzième siècle, la naïveté et déjà l'élégance. Naïveté, netteté à la Froissart, mais avec un mouvement tout autrement vif et bref[1], comme d'une âme bien émue... Ajoutez que dans certains passages du français on sent une délicatesse de cœur dont l'original ne se doute pas[2].

Quelle dut être l'émotion du peuple, des femmes, des malheureux (les malheureux alors, c'était tout le monde), lorsque pour la première fois ils entendirent la parole divine, non plus dans la langue des morts, mais comme parole *vivante*, non comme formule cérémonielle, mais comme la voix vive du cœur, leur propre voix, la manifestation merveilleuse de leur secrète pensée... Cela seul était déjà une résurrection. L'humanité releva la tête, elle aima, elle voulut vivre : « Je ne mourrai point, je vivrai, je verrai encore les œuvres de Dieu ! »

« Mon loyal ami et époux[3], ami si doux et débon-

---

1. *App.* 5.
2. Je n'en citerai qu'un exemple, mais bien remarquable : « Si tu as un bon ami et profitable à toy, tu le dois voulentiers laisser pour l'amour de Dieu, et estre séparé de luy. Et ne te trouble pas ou courouce, *s'il te laisse*, comme PAR OBÉISSANCE ou autre cause raisonnable. Car tu dois sçavoir qu'il nous fault finalement *en ce monde* estre séparé l'un de l'autre, *au moins par la mort, jusques à ce qu'en cette belle cité de paradis serons venus, de laquelle nous ne* PARTIRONS JAMAIS L'UN D'AVEC L'AUTRE. » (*Consolacion*, livre I, c. 9). — « Ita et tu aliquem necessarium et dilectum amicum, pro amore Dei disce relinquero. Nec graviter feras, quum ab amico derelictus fueris, sciens quoniam oportet nos omnes tandem ab invicem separari. » *Imitatio*, lib. II, c. 9.) — Le français ne dit pas : « *Disce relinquere* » mais : « Ne te trouble pas ou courouce, *s'il te laisse*. » Il ajoute un mot touchant : « *S'il te laisse comme* PAR OBÉISSANCE... » (Il y a là toute une élégie de couvent ; les amitiés les plus honnêtes y étaient des crimes.) Enfin, avec une bonté charmante : « Cette belle cité de paradis... de laquelle nous ne *partirons jamais l'un d'avec l'autre.* »
3. Le latin est loin de cette noble confiance. Il a peur d'allumer l'imagination

naire, qui me donnera les ailes de vraie liberté, que je puisse trouver en vous repos et consolation... O Jésus, lumière de gloire éternelle, seul soutien de l'âme pèlerine, pour vous est mon désir sans voix, et mon silence parle... Hélas! que vous tardez à venir! Venez donc consoler votre pauvre. Venez, venez, nulle heure n'est joyeuse sans vous... — Ah! je le sens, Seigneur, vous êtes revenu[1], vous avez eu pitié de mes larmes et de mes soupirs... Louange à vous, vraie Sagesse du Père! tout vous loue et bénit, mon corps, mon âme, et aussi toutes vos créatures[2]!... »

La transmission du livre populaire fut rapide, on ne peut en douter. Le genre humain, au commencement du quinzième siècle, éprouva un besoin tout nouveau de reproduire, de répandre la pensée; ce fut comme une frénésie d'écrire. Les écrivains faisaient fortune, non plus les belles mains, mais les plus agiles. L'écriture, de plus en plus hâtée, risquait de devenir illisible[3]... Les manuscrits, jusqu'alors enchaînés dans les

---

monastique; il dit : « O mi dilectissime sponse, amator *purissime!*... » Combien le français est plus pur : « Mon *loyal* ami et époux ! » — Le latin, pour émousser encore, ajoute une inutilité : « Dominator universæ creaturæ. » *App.* 6.

1. Ce beau mouvement n'est pas dans le latin. Le latin est ici languissant et décousu en comparaison du français.

2. J'ai changé deux ou trois mots : Soulas (*solatium*), piteux... — J'ai supprimé aussi une naïveté triviale, mais fort énergique et comme il en fallait dans un livre du peuple : « Vous seul estes ma joye ; et sans vous, il n'y a point viande qui vaille... »

3. Pétrarque s'en plaint au milieu du quatorzième siècle. Mêmes plaintes au quinzième dans Clémengis, particulièrement pour l'indistinction et la *continuité* de l'écriture qui faisait un mot de chaque ligne. — Dès l'an 1304, le roi avait été obligé de défendre aux notaires les abréviations : leur écriture serait devenue une sorte d'algèbre. *App.* 7.

églises[1], dans les couvents, avaient rompu la chaîne et couraient de main en main. Peu de gens savaient lire, mais celui qui savait lisait tout haut; les ignorants écoutaient d'autant plus avidement; ils gardaient, dans leurs jeunes et ardentes mémoires, des livres entiers.

Il fallait bien lire, écouter, penser tout seul, puisque l'enseignement religieux et la prédication manquaient presque partout. Les dignitaires ecclésiastiques abandonnaient ce soin à des voix mercenaires. Nous avons vu, en 1405 et 1406, que, pendant deux hivers, deux carêmes, il n'y eut point de sermon à Paris; à peine y eut-il un culte.

Et quand ils parlaient, que disaient-ils? Ils proclamaient leurs dissensions, leurs haines; ils maudissaient leurs adversaires. Comment s'étonner que l'âme religieuse se soit retirée en soi, qu'elle n'ait plus voulu entendre la voix discordante des docteurs, mais une seule voix, celle de Dieu? « Parlez, Seigneur, votre serviteur vous écoute... Les fils d'Israël disaient jadis à Moïse : Parle-nous; que le Seigneur ne nous parle pas, *de peur que nous ne mourions*. Ce n'est pas là ma prière, ô Seigneur. Non, que Moïse ne parle point, ni lui, ni les prophètes[2]... Ils donnent la lettre. Vous, vous donnez l'esprit. Parlez vous-même,

---

1. « Enchaînés et attachiés ès chayères du chœur. » (Vilain.) — Quelquefois même, pour plus de sûreté, on les mettait dans une cage de fer; en 1406, un bréviaire ayant besoin de réparation, on fait scier par un serrurier deux croisillons de la cage où il était renfermé.

2. « Non loquatur mihi Moyses, aut aliquis ex prophetis; sed Tu, etc. » (*Imitatio*, lib. III, c. 2.)

ô. Vérité éternelle; *afin que je ne meure point*[1]. »

Ce qui fait la force de ce livre, c'est qu'avec cette noble liberté chrétienne, il n'y a nul esprit polémique, à peine quelques allusions aux malheurs du temps. Le pieux auteur reste dans un silence plein de respect en présence des infirmités de sa vieille mère l'Église[2]...

Que l'*Imitation* soit ou non un livre français[3], c'est en France qu'elle eut son action. Cela est visible, non seulement par le grand nombre des versions françaises (plus de soixante!), mais surtout parce que la version principale est française, version éloquente et originale qui fit du livre monastique un livre populaire.

Au reste, il y a une raison plus haute et qui finit

---

1. Ces hardiesses auront paru plus dangereuses dans la langue vulgaire. Voilà sans doute pourquoi presque tous les mss. de la *Consolation* ont disparu. Elle a été imprimée avant 1500 sans date, puis coup sur coup (peut-être sous l'influence luthérienne), en 1522, 1525, 1527, 1533, 1542. Les calvinistes, qui multipliaient tant les livres en langue vulgaire, ne se soucièrent pas de celui-ci, parce qu'apparemment ils n'y trouvaient rien d'assez dur sur la prédestination. D'autre part, le clergé catholique, croyant sentir dans ce livre populaire du quinzième siècle une sorte d'avant-goût du protestantisme, l'a ôté peu à peu aux pauvres religieuses dont il avait dû être la douce nourriture. On leur a retranché ainsi ce qui faisait pour elles le charme de la religion au moyen âge, d'abord les drames sacrés, puis les livres. Ce jeûne intellectuel a toujours augmenté, avec les défiances de l'Église. — Il est impossible de ne pas être touché, en lisant sur ce livre de femmes (éd. 1520, exemplaire de la *Bibl. Mazarine*) les notes et les prières qu'y ont écrites les religieuses auxquelles il a appartenu et qui se le transmettaient comme leur unique trésor.

2. « Senescenti ac propemodum effœtæ matri Ecclesiæ. » (Tauler, d'après sainte Hildegarde).

3. C'est un livre chrétien, universel, et non point national. S'il pouvait être national, il serait plutôt français. Il n'a ni l'élan pétrarchesque des mystiques italiens, encore moins les fleurs bizarres des Allemands, leur profondeur sous formes puériles, leur dangereuse mollesse de cœur. Dans l'*Imitation*, il y a plus de sentiments que d'images; cela est français. En littérature, les Français dessinent plus qu'ils ne peignent, ou, si l'on veut, ils peignent en grisaille. Je lis dans Clémengis : « Non inelegenter quidam dixit : Color est vitare colorem. » *App.* 8.

cette vaine dispute : l'*Imitation* fut donnée au peuple qui ne pouvait plus se passer de l'*Imitation*. Ce livre, utile ailleurs sans doute, était ici une suprême nécessité. Nulle nation n'était descendue plus avant dans la mort, nulle n'avait besoin davantage de fouiller au fond de l'âme la source de vie qui y est cachée. Nulle ne pouvait mieux entendre le premier mot du livre : « Le royaume de Dieu est en vous, dit Notre-Seigneur Jésus-Christ. Rentre donc de tout ton cœur en toi-même, et laisse ce méchant monde. Tu n'as point ici de demeure permanente, où que tu sois. Tu es étranger et pèlerin ; tu n'auras repos en nul lieu, sinon au cœur, quand tu seras vraiment joint à Dieu. Que regardes-tu donc çà et là pour trouver repos? Soit ton habitation aux cieux par l'amour, et point ne regarde les choses de ce monde qu'en passant, car elles passent et viennent à néant, et toi aussi comme elles [1]... »

Ce langage de mélancolie sublime et de profonde solitude, à qui s'adressait-il mieux qu'au peuple, au pays où il n'y avait plus que ruines? L'application semblait directe. Dieu semblait parler à la France et lui dire, comme il dit au mort : « Dès l'éternité, je t'ai connu par ton nom ; tu as trouvé grâce, je te donnerai le repos [2]. »

Il ne fallait pas moins que cette bonté pour ranimer des cœurs si près du désespoir. L'Église universelle avait défailli, l'Église nationale avait péri ; de plus (terrible tentation de blasphème !) une Église étrangère était entrée, par la conquête et le meurtre, en

---

1. *Internelle Consolacion.* — 2. « Te ipsum novi ex nomine... »

possession de la France; le maître étranger avait apparu « comme roi des prêtres[1] ».

La France, après avoir tant souffert du fol orgueil des fols, avait appris avec les Anglais à en connaître un autre, l'orgueil des sages. Elle avait enduré les pieux enseignements d'Henri V entre le carnage d'Azincourt et les supplices de Rouen. Mais cela n'était rien encore; elle vit dans les vrais rois de l'Angleterre, en ses évêques, l'étrange spectacle de la sagesse sans l'esprit de Dieu. Le roi des prêtres mort, elle eut (c'était le progrès naturel), elle eut le prêtre-roi[2], la réalisation d'un terrible idéal, inconnu aux âges antérieurs, la royauté de l'usure dans l'homme d'Église, la violence meurtrière dans le pharisaïsme... un Satan!... mais sous forme nouvelle; non plus cette vieille figure de Satan honteux et fugitif. Non, Satan autorisé, décent, *respectable*, Satan riche, gras dans son trône d'évêque, dogmatisant, jugeant et réformant les saints.

Satan étant devenu cette vénérable personne, le rôle opposé restait à Notre-Seigneur. Il fallait qu'il fût amené par les constables devant ce grave *chief-justice*, comme un misérable *échappé de paroisse*[3], que dis-je, comme hérétique ou sorcier, comme violemment suspect d'être en relation avec le démon, ou démon lui-même; il fallait que Notre-Seigneur se laissât condamner et brûler, comme diable, par le Diable... Les

---

1. « Princeps presbyterorum. » (Walsingham.)
2. Voy. sur le cardinal Winchester le tome IV.
3. *Statutes of the Realm.*

choses doivent aller jusque-là... C'est alors que l'assistance émerveillée verra cet honnête homme de juge se troubler à son tour, perdre contenance et se tordre dans son hermine... Alors chacun reprendra son rôle naturel; le drame sera complet, le Mystère consommé...

L'Imitation de Jésus-Christ, sa Passion reproduite dans la Pucelle, telle fut la rédemption de la France.

Une objection peut s'élever maintenant, que personne ne ferait tout à l'heure. N'importe; dès ce moment nous pouvons y répondre.

L'esprit de ce livre, c'est la résignation. Cet esprit, répandu dans le peuple, eût dû, ce semble, le calmer, l'endormir, loin d'inspirer l'héroïsme de la résistance nationale. Comment expliquer cette apparente opposition?

C'est que la résurrection de l'âme n'est point celle de telle ou telle vertu, c'est que toutes les vertus se tiennent. C'est que la résignation ne revint pas seule, mais l'espoir, qui est aussi de Dieu, et avec l'espoir la foi dans la justice... L'esprit de l'*Imitation* fut pour les clercs patience et *passion*; pour le peuple ce fut l'*action*, l'héroïque élan d'un cœur simple...

Et qu'on ne s'étonne pas si le peuple apparut ici en une femme, si de la patience et des douces vertus une femme passa aux vertus viriles, à celles de la guerre, si la sainte se fit soldat. Elle a dit elle-même le secret de cette transformation, c'est un secret de femme : « La pitié qu'il y avait au royaume de France[1]!... »

Voilà la cause, ne l'oublions jamais, la cause suprême de cette révolution. Quant aux causes secondaires, intérêts politiques, passions humaines, nous les dirons aussi ; toutes doivent essayer leurs forces, venir heurter au but, succomber, s'avouer impuissantes, rendant hommage ainsi à la grande cause morale qui seule les rendit efficaces.

---

1. *Procès de la Pucelle,* interrogatoire du 15 mars 1431.

CHAPITRE II

Charles VII. — Henri VI (1422-1429). — Siège d'Orléans.

Le jeune roi, élevé par les Armagnacs, trouva en eux son principal appui, et aussi il partagea leur impopularité. Ces Gascons étaient les soldats les plus aguerris de la France, mais les plus pillards, les plus cruels. La haine qu'ils inspiraient dans le Nord aurait suffi pour y créer un parti bourguignon, anglais. Les brigands du Midi semblaient plus étrangers que les étrangers.

Charles VII essaya ensuite des étrangers même, de ceux qui avaient l'habitude des guerres anglaises; il appela les Écossais. C'étaient les plus mortels ennemis de l'Angleterre; on pouvait compter sur leur haine autant que sur leur courage. On plaça dans ces auxiliaires les plus grandes espérances. Un Écossais fut fait connétable de France, un Écossais comte de Touraine. Cependant, malgré leur incontestable bravoure, ils avaient été souvent battus en Angleterre. Ils le furent en France, à Crevant[1], à Verneuil (1423-1424), non seulement battus, mais détruits; les Anglais prirent garde qu'il n'en échappât. On prétendit que les Gascons, jaloux des Écossais, ne les avaient pas soutenus[2].

Les Anglais faillirent donner à Charles VII un allié bien plus utile et plus important que les Écossais; je parle du duc de Bourgogne. Il y avait deux gouvernements anglais : celui de Glocester à Londres, celui de Bedford à Paris; les deux frères s'entendaient si peu, qu'au même moment Bedford épousait la sœur du duc de Bourgogne, et Glocester commençait la guerre contre lui[3]. Un mot sur cette romanesque histoire.

Le duc de Bourgogne, comte de Flandre, croyait n'avoir vraiment sa Flandre que quand il l'aurait flanquée de Hollande et de Hainaut. Ces deux comtés étant tombés entre les mains d'une fille, la comtesse Jacqueline, le duc de Bourgogne maria cette fille à un sien cousin, un enfant maladif, espérant bien qu'il ne viendrait rien de ce mariage et qu'il hériterait. Jacqueline, qui était une belle jeune femme, ne se résigna pas[4], elle laissa son triste mari, passa lestement le détroit et se proposa elle-même au duc de Glocester[5]. Les Anglais, qui ont les Pays-Bas en face, qui les ont tou-

---

1. *App.* 9.
2. Amelgard ajoute que les Français furent consolés de la perte de cette sanglante bataille de Verneuil par l'extermination des Écossais.
3. Bedford lui-même ne craignit pas de mécontenter le duc de Bourgogne, en faisant casser un jugement des tribunaux de Flandre par le Parlement de Paris. (*Archives, Trésor des chartes*, 1423. 30 avril, J, 573.)
4. *App.* 10.
5. Elle dit gaiement à Glocester qu'il lui fallait un mari et un héritier.

jours couvés des yeux, ne pouvaient guère résister à la tentation. Glocester fit la folie d'accepter (1423). C'était d'ailleurs un petit génie, ambitieux et incapable ; il avait autrefois visé au trône de Naples ; il voyait son frère Bedford régner en France, tandis qu'en Angleterre son oncle, le cardinal Winchester, réduisait à rien son protectorat. Il prit donc en main la cause de Jacqueline, commençant ainsi contre le duc de Bourgogne, contre l'indispensable allié des Anglais une guerre qui pour celui-ci était une question d'existence, une guerre sans traité où le souverain de la Flandre risquerait jusqu'à son dernier homme. C'était hasarder la France anglaise, mettre en péril Bedford ; Glocester, il est vrai, ne s'en souciait guère.

Le duc de Bourgogne, irrité, conclut une secrète alliance avec le duc de Bretagne ; puis il lança à Bedford deux réclamations d'argent : 1° la dot de sa première femme, fille de Charles VI, cent mille écus ! 2° une pension de vingt mille livres qu'Henri V lui avait promise, pour l'amener à reconnaître son droit à la couronne[1]. Que pouvait faire Bedford? Il n'avait pas d'argent ; il offrit à sa place une possession inestimable, au-dessus de toute somme d'argent, Péronne, Montdidier et Roye, Tournai, Saint-Amand et Mortaigne, c'est-à dire toute sa barrière du Nord (septembre 1423)[2].

A chaque folie de Glocester Bedford payait. En 1424,

---

1. *Archives, Trésor des chartes*, J, 49, n⁰ˢ 12 et 13. Septembre 1423.
2. Tournai, il est vrai, n'était pas entre les mains des Anglais, mais le duc de Bourgogne se faisait fort de la réduire. *App.* 11.

Glocester, comme chevalier de Jacqueline, défie le duc de Bourgogne en combat singulier. Cette bravade n'eut pas d'autre suite, sinon que Bedford en faillit périr. Les bandes de Charles VII vinrent se loger au cœur même de la France anglaise, en Normandie. Il fallait une bataille pour les chasser de là. Elle eut lieu le 17 août (1424, Verneuil). Dès le mois de juin, Bedford avait regagné le duc de Bourgogne par une concession énorme ; il lui avait engagé sa frontière de l'Est, Bar-sur-Seine, Auxerre et Mâcon.

Toute la France du Nord risquait fort de tomber ainsi, morceau par morceau, entre les mains du duc de Bourgogne. Mais tout à coup le vent changea. Le sage Glocester, au milieu de cette guerre commencée pour Jacqueline, oublie qu'il l'a épousée, oublie qu'au moment même elle est assiégée dans Bergues, et il en épouse une autre, une belle Anglaise[1]. Cette nouvelle folie eut les effets d'un acte de sagesse. Le duc de Bourgogne se laissa réconcilier avec les Anglais, et fit semblant de croire tout ce que lui disait Bedford ; l'essentiel pour lui était de pouvoir dépouiller Jacqueline, d'occuper le Hainaut, la Hollande, ensuite le Brabant, dont la succession ne devait pas tarder à s'ouvrir.

Charles VII ne profita donc guère de cet événement qui semblait pouvoir lui être si utile. Tout l'avantage

---

1. Des dames anglaises portèrent à la Chambre des lords une pétition en faveur de Jacqueline (Lingard, ann. 1425). Cette scène populaire, burlesquement solennelle, a bien l'air d'avoir été arrangée par Winchester, pour combler le scandale et porter le dernier coup à son neveu.

qu'il en tira, c'est que le comte de Foix, gouverneur du Languedoc, comprit que le duc de Bourgogne tournerait tôt ou tard contre les Anglais ; il déclara que sa conscience [1] l'obligeait de reconnaitre Charles VII comme le roi légitime. Il lui soumit le Languedoc, bien entendu que le roi n'en tirerait ni argent [2] ni troupes, qu'il n'y troublerait en rien la petite royauté que s'y était arrangée le comte de Foix.

L'amitié des maisons d'Anjou et de Lorraine semblait devoir être plus directement utile au parti de Charles VII. Le chef de la maison d'Anjou se trouvait alors être une femme, la reine Yolande, veuve de Louis II, duc d'Anjou, comte de Provence et prétendant au royaume de Naples ; cette veuve était fille du roi d'Aragon et d'une Lorraine de la maison de Bar. Les Anglais ayant fait l'insigne faute d'inquiéter les maisons d'Anjou et d'Aragon pour le trône de Naples, Yolande forma contre eux l'alliance d'Anjou et Lorraine avec Charles VII. Elle maria sa fille à ce jeune roi, et son fils René à la fille unique du duc de Lorraine.

Ce dernier mariage semblait bien difficile. Le duc de Lorraine, Charles-le-Hardi, avait été un violent ennemi des maisons d'Orléans [3], d'Armagnac ; il avait épousé une parente du duc de Bourgogne ; au mas-

---

1. Il demanda sur ce point de droit une consultation écrite du célèbre juge de Foix, le jurisconsulte Rebonit, qui, après avoir examiné mûrement le droit de Charles VII et celui d'Henri VI, décida pour le premier. (*Bibl. royale*, mss., Doat, CCXIV, 34, 52. 5 mars 1423.)

2. D. Vaissette.

3. Et de la maison royale de France en général, à laquelle il disputait tou-

sacre de 1418, il avait reçu de Jean-sans-Peur l'épée de connétable. En 1419, nous le voyons subitement changé, ennemi des Bourguignons, tout Français.

Pour comprendre ce miracle, il faut savoir que dans cette éternelle bataille qui fut la vie de la Lorraine au moyen âge, les deux maisons rivales, Lorraine et Bar, s'étaient usées à force de combattre. Il restait deux vieillards, le duc de Bar, vieux cardinal, et le duc de Lorraine, qui n'avait qu'une fille [1]. Le cardinal assura son duché à son neveu René, et, pour réunir tout le pays, demanda pour René l'héritière de Lorraine au nom de Dieu et de la paix. Le duc, gouverné alors par une maîtresse française [2], consentit à donner sa fille et ses États à un prince français de cette maison de Bar, si longtemps ennemie de la sienne.

Les Anglais y avaient aidé en faisant au duc de Lorraine le plus sensible outrage. Henri V lui avait

---

jours les marches de Champagne. En 1408, Charles-le-Hardi avait fait un testament pour exclure tout Français de sa succession. En 1412, irrité d'un arrêt que le Parlement osa prononcer contre lui, il traîna les panonceaux du roi à la queue de son cheval. *App.* 12.

1. Ces princes de Lorraine et de Bar, presque toujours en guerre avec la France, ne perdent pas toutefois une seule occasion de se faire tuer pour elle; dès qu'il y a une grande bataille, ils accourent dans nos rangs. Leur histoire est uniformément héroïque : tués à Créci, tués à Nicopolis, tués à Azincourt, etc.

2. Peut-être cette maîtresse qui vint à point pour les intérêts de la maison d'Anjou et de Bar fut-elle donnée au duc par la très peu scrupuleuse Yolande, comme elle donna Agnès Sorel à son gendre Charles VII (une rivale à sa propre fille !...) Elle éveilla le jeune roi par les conseils d'Agnès, et probablement elle endormit le vieux duc de Lorraine par ceux de l'adroite Alizon. Alizon du May était de naissance « fort honteuse », dit Calmet; mais, en revanche, elle était belle, spirituelle, de plus très féconde; en quelques années elle donna cinq enfants à son vieil amant. Aussi, selon la chronique, elle gouvernoit le duc « tout à sa volonté ». (*Chronique de Lorraine.*)

demandé sa fille en mariage, et il épousa la fille du roi de France ; en même temps il inquiétait le duc en voulant acquérir le Luxembourg, aux portes de la Lorraine. L'irritation de Charles-le-Hardi augmenta, lorsqu'en 1424 les Bourguignons, auxiliaires des Anglais, occupèrent en Picardie la ville de Guise, qui lui appartenait. Alors il assembla les États de son duché, et leur fit reconnaître la Lorraine comme fief féminin, et sa fille, femme de René d'Anjou, comme son héritière.

La grandeur de la maison d'Anjou, son étroite union avec Charles VII, devaient, ce semble, fortifier le parti royal. Mais cette maison avait trop à faire en Lorraine, en Italie. L'égoïste et politique Yolande voulait gagner du temps, ménager les Anglais, ne pas les attirer dans les domaines patrimoniaux de la maison d'Anjou. Elle attendait du moins que ses fils fussent affermis en Lorraine et à Naples.

Elle fut toutefois utile à son gendre Charles VII. Par ses sages conseils, elle éloigna de lui les vieux Armagnacs. Elle eut l'adresse de lui ramener les Bretons, elle fit donner l'épée de connétable au frère du duc de Bretagne, au comte de Richemont. Richemont n'accepta qu'en stipulant que le roi éloignerait de lui les meurtriers du duc de Bourgogne.

C'étaient les Bretons qui avaient sauvé le royaume au temps de Duguesclin. Charles VII, réunissant les Bretons, les Gascons, les Dauphinois, avait dès lors de son côté la vraie force militaire de la France. L'Espagne lui envoyait des Aragonais, l'Italie des

Lombards. Et avec tout cela, la guerre languissait. L'argent manquait, l'union encore plus. Les favoris du roi firent échouer Richemont dans ses premières entreprises. Ce ne fut pas, il est vrai, impunément ; le rude Breton en fit tuer deux en six mois sans forme de procès[1]. Puisqu'il fallait au roi un favori, il lui en donna un de sa main, le jeune La Trémouille[2], et le premier usage que celui-ci fit de son ascendant, fut de faire éloigner Richemont. Le roi, chose bizarre, défendit à son connétable de combattre pour lui ; les gens du roi et ceux de Richemont étaient sur le point de tirer l'épée les uns contre les autres.

Ainsi Charles VII se trouvait moins avancé que jamais. Il avait essayé des Gascons, des Écossais, des Bretons, tous braves, tous indisciplinables. Ni le refroidissement du duc de Bourgogne à l'égard des Anglais, ni la soumission apparente du Languedoc, ni le rapprochement des maisons d'Anjou et de Lorraine, ne lui avaient donné de force effective. Son parti semblait incurablement divisé et pour toujours impuissant.

Les Anglais, bien instruits de cette désorganisation, crurent que le moment était arrivé de forcer enfin la barrière de la Loire, et ils rassemblèrent autour

---

[1]. Voir la terrible histoire du sire de Giac, qui avait empoisonné sa femme et l'avait fait ensuite galoper jusqu'à la mort. Quand il fut pris par Richemont et sur le point d'être tué, il demanda qu'auparavant on lui coupât une main qu'il avait donnée au diable, de crainte qu'avec cette main le diable n'emportât tout le corps.

[2]. « Le roy luy dist : Vous me le baillez, beau cousin, mais vous en repentirez ; car je le congnois mieux que vous. »

d'Orléans ce qu'ils avaient de troupes disponibles et toutes celles qu'ils purent faire venir.

Cela ne faisait guère au total que dix ou onze mille hommes. Mais c'était encore un grand effort dans la situation où étaient leurs affaires. Le duc de Glocester troublait l'Angleterre de ses querelles avec son oncle le cardinal de Winchester[1]. En France, Bedford ne pouvait tirer d'argent d'un pays si complètement ruiné[2]; pour attirer ou retenir les grands seigneurs anglais et leurs hommes, il fallait leur faire sans cesse de nouveaux dons de terres, de fiefs, c'est-à-dire mécontenter de plus en plus la noblesse française. Le chroniqueur parisien remarque qu'alors il n'y avait presque plus de gentilshommes français dans le parti anglais; tous peu à peu avaient passé de l'autre côté[3].

L'armée anglaise semblait peu nombreuse pour envelopper Orléans et barrer la Loire. Mais du moins c'étaient les meilleurs soldats que les Anglais eussent en France, et ils suppléaient à leur petit nombre par des travaux prodigieux. Ils formèrent autour de la ville, non une enceinte continue comme Édouard III autour de Calais, mais une série de forts ou bastilles qui devaient surveiller les intervalles qu'on laissait entre elles. Le plan qu'un savant ingénieur a tracé de ces travaux d'après les rapports du temps est véritablement formidable[4].

1. Ils étaient sur le point de se livrer bataille dans les rues de Londres. Lire la lettre guerrière du cardinal. (Turner.) — 2. *App.* 13.
3. Voy. t. IV. — 4. *App.* 14.

Chaque bastille était commandée par un des premiers lords d'Angleterre, du côté de la Beauce par le lord commandant du siège, Salisbury, par les Suffolk, par le brave des braves, le vieux lord Talbot. La forte et triple bastille du sud, au delà de la Loire, au poste le plus dangereux, était commandée par un homme moins connu, mais déterminé, ennemi furieux de la France, William Glasdale, qui avait juré que, s'il entrait dans la ville, il tuerait tout[1], hommes, femmes et enfants. Le nom même de ces bastilles anglaises indiquait assez la ferme résolution de ne pas quitter le siège, quoi qu'il arrivât. L'une s'appelait Paris, l'autre Rouen, l'autre Londres. Quelle honte eût-ce été aux Anglais de rendre Londres?

Ces bastilles n'étaient pas des forteresses muettes, mais comme des ennemis vivants, qui, parmi les injures et les bravades, vomissaient dans la place des boulets de pierre, du poids de cent vingt, de cent soixante livres.

D'autres bastilles plus éloignées, c'étaient les places du voisinage : Montargis, Rochefort, Le Puiset, Beaugency, Meung, dont les assiégeants s'étaient préalablement assurés et qui étaient devenues des places anglaises.

Orléans méritait ces grands efforts. Ce n'était pas seulement le centre de la France, le coude de la Loire, la clef du Midi; ces avantages sont ceux de la situation; mais, quant à la population même, c'était

---

1. *Chronique de la Pucelle.*

la vie même et le cœur d'un parti. A l'époque où les brigandages des Armagnacs firent passer toutes les villes dans le parti bourguignon, Orléans resta fidèle. Lorsque la réaction eut lieu à Paris contre ce parti, c'est à Orléans que les princes envoyèrent les femmes et les enfants des fugitifs, qu'ils voulaient garder en otage.

Les bourgeois montrèrent un zèle extraordinaire. Ils consentirent sans difficulté à laisser brûler leurs faubourgs, c'est-à-dire toute une ville plus grande que la ville, je ne sais combien de couvents, d'églises[1], qui auraient été autant de postes pour les Anglais. Ils laissèrent faire et ils firent eux-mêmes. Ils se taxèrent, ils fondirent des canons. Leurs franchises les dispensaient de recevoir garnison : ils en demandèrent une, ils reçurent tout ce qu'on leur envoya, quatre ou cinq mille soudards de toute nation, des Gascons, Xaintrailles, La Hire, Albret, des Italiens, le signore Valperga, des Aragonais, don Mathias et don Coaraze, des Écossais, un Stuart, enfin le bâtard d'Orléans, et soixante bouches à feu.

Il y avait quelques Lorrains, envoyés peut-être par le duc de Lorraine ou par son gendre le jeune René d'Anjou, duc de Bar.

Orléans se vit assiégée avec une gaieté héroïque. Les Anglais n'ayant pu fermer la place du côté de la Sologne, il entrait toujours des vivres, en une fois

---

1. Saint-Aignan, Saint-Michel, Saint-Michel-des-Fossés, Saint-Avit, Saint-Victor, les Jacobins, les Cordeliers, les Carmes, Saint-Mathurin, Saint-Loup, Saint-Marc, etc., etc.

neuf cents porcs. On se moquait des boulets anglais, qui ne tuaient presque personne ; on assurait qu'un boulet avait déchaussé un homme sans lui toucher même le pied. Au contraire, les canons orléanais faisaient rage ; ils avaient des noms terribles : l'un d'eux s'appelait Riflard. Il y avait encore la célèbre couleuvrine d'un habile canonnier lorrain, maître Jean ; à eux deux, homme et couleuvrine, ils faisaient les plus beaux coups. Les Anglais avaient fini par connaître ce maître Jean ; il ne se délassait de les tuer qu'en se moquant d'eux ; de temps à autre, il faisait le mort, il se laissait choir, on l'emportait dans la ville : les Anglais étaient dans la joie ; alors il revenait plus vivant que jamais et tirait sur eux de plus belle.

Les violons ne manquaient pas. Ceux de la ville en envoyèrent aux Anglais pour diminuer leur spleen dans les ennuis de l'hiver. Dunois fit aussi passer à Suffolk une bonne fourrure en échange d'une assiette de figues.

Ce qui égaya beaucoup plus les Orléanais, c'est qu'un jour où le général en chef Salisbury visitait les Tournelles, Glasdale lui montrait Orléans et disait : « Mylord, vous voyez votre ville. » Il regarda, mais ne vit rien ; un boulet lui ferma l'œil et lui emporta une partie de la tête[1]. Ce boulet était parti justement d'une tour appelée *Notre-Dame;* or Salisbury avait récemment pillé Notre-Dame de Cléry.

---

1. Selon Grafton, ce beau coup fut tiré par un enfant, par le fils du canonnier qui était allé dîner.

Du 12 octobre 1428 au 12 février 1429, le siège continua avec des succès variés. Sorties, fausses attaques, combats pour l'entrée des vivres, duels même pour éprouver et amuser les deux partis. Une fois, c'étaient deux Gascons contre deux Anglais, et les nôtres eurent l'avantage. Un autre jour, on fit battre les pages des deux armées ; les pages anglais l'emportèrent. Six Français se présentèrent aux bastilles anglaises pour jouter, et les Anglais n'acceptèrent point.

Ils complétaient lentement leurs fortifications, et l'on pouvait prévoir que la ville finirait par être à peu près fermée. Quelque insouciant que le roi parût de sauver l'apanage du duc d'Orléans, il était clair qu'Orléans une fois tombé, les Anglais avanceraient librement en Poitou, en Berri, en Bourbonnais, qu'ils vivraient aux dépens de ces provinces, qu'après avoir ruiné le Nord ils ruineraient le Midi. Le duc de Bourbon envoya son fils aîné, le comte de Clermont ; des Écossais, des seigneurs de Touraine, de Poitou, d'Auvergne, devaient, sous ce jeune prince, secourir Orléans, y introduire des vivres, et même empêcher qu'il n'arrivât des vivres au camp anglais. Le duc de Bedford en envoyait de Paris sous la conduite du brave sir Falstoff ; il avait profité de la vieille haine cabochienne de Paris contre Orléans pour joindre à ses Anglais bon nombre d'arbalétriers parisiens et le prévôt même de Paris[1]. Ils amenaient trois cents char-

---

1. *Journal du Bourgeois de Paris.*

rettes de munitions, de vivres, de harengs surtout, provision indispensable du carême. Troupes, charrettes, tout le convoi venait à la file ; rien n'était plus facile que de les couper et de les détruire ; le Gascon La Hire, qui était en avant des Français, brûlait de tomber sur eux ; mais il reçut défense expresse du prince qui s'avançait lentement avec le gros de la troupe. Cependant les Anglais avaient pris l'alarme ; Falstoff s'était concentré au milieu de ses charrettes et d'une enceinte de pieux aigus que ces prévoyants Anglais portaient toujours avec eux. A droite les archers anglais, à gauche les arbalétriers parisiens. Quoi que pût dire le comte de Clermont, la haine emporta ses gens ; les Écossais se jetèrent à bas de cheval pour combattre de plain-pied les Anglais ; les Gascons armagnacs sautèrent sur leurs vieux ennemis, les Parisiens. Mais ceux-ci tinrent ferme. Écossais et Gascons ayant ainsi rompu leurs rangs, les Anglais sortirent de l'enceinte, les poursuivirent et en tuèrent trois ou quatre cents. Le comte de Clermont resta immobile. La Hire était si furieux qu'il revint sur les Anglais dispersés à la poursuite et en tua quelques-uns.

Il fallut rentrer dans Orléans après ce triste combat. Les Orléanais, toujours satiriques[1], l'appelèrent la bataille des harengs ; en effet, les boulets avaient crevé les barils, et la plaine était jonchée de harengs plus que de morts.

---

1. Un proverbe, fort répété au seizième siècle, mais je crois appliqué déjà à l'esprit des anciennes écoles d'Orléans, disait : « A Orléans, la glose est pire que le texte. » — On appelait les Orléanais « des guépins ».

Quelque léger que fût l'échec, il découragea tout le monde. Les plus avisés s'empressèrent de quitter une ville qui semblait perdue. Le jeune comte de Clermont eut la faiblesse de partir avec ses deux mille hommes ; l'amiral de France, le chancelier de France pensèrent que ce serait dommage si les grands officiers du roi étaient pris par les Anglais, et ils s'en allèrent aussi.

Les hommes d'armes n'espérant plus de secours humain, les prêtres ne comptèrent pas beaucoup sur le secours divin : l'archevêque de Reims partit ; l'évêque même d'Orléans laissa ses brebis se défendre comme elles pourraient[1].

Ils s'en allèrent tous le 18 février, assurant aux bourgeois qu'ils reviendraient bientôt en force. Rien ne put les retenir. Le bâtard d'Orléans, qui défendait avec autant d'adresse que de vaillance l'apanage de sa maison, leur disait en vain, depuis le 12, qu'on devait attendre un secours miraculeux ; qu'il allait venir des Marches de Lorraine une fille de Dieu qui promettait de sauver la ville. L'archevêque, qui était un ancien secrétaire du pape[2], un vieux diplomate, ne s'arrêta pas beaucoup à ces histoires de miracle.

Dunois lui-même ne comptait pas tellement sur le secours d'en haut, qu'il n'employât un moyen très humain, très politique, contre les Anglais. Il envoya Xaintrailles au duc de Bourgogne pour le prier, comme parent du duc d'Orléans, de prendre sa ville

---

1. *L'Histoire et Discours au vray du siège.*
2. De Jean XXIII ; chancelier de France depuis 1425.

en garde. Le duc, Philippe-le-Bon, venait justement d'acquérir, outre la forte position de Namur, le Hainaut et la Hollande, ces deux ailes de la Flandre que les Anglais lui avaient si maladroitement disputées. On le priait de se faire donner la grande et importante position du centre de la France. Il était en train d'acquérir; il ne refusa pas Orléans. Il alla droit à Paris, et dit la chose à Bedford, qui répondit sèchement qu'il n'avait pas travaillé pour le duc de Bourgogne[1]. Celui-ci, fort blessé, rappela ce qu'il avait de troupes au siège d'Orléans.

Nous ne savons pas si les Anglais perdirent beaucoup d'hommes au départ des Bourguignons. Au reste, ils avaient justement achevé leurs travaux autour de la ville. Les Bourguignons partirent le 17 avril; dès le 15, les Anglais avaient fini leur dernière bastille du côté de la Beauce, celle qu'ils nommaient Paris; le 20, ils terminèrent, du côté de la Sologne, celle de Saint-Jean-le-Blanc, qui fermait la haute Loire, d'où les Orléanais tiraient jusque-là leurs approvisionnements.

Les vivres entrant avec peine, le mécontentement commença; beaucoup de gens trouvaient sans doute que la ville avait fait bien assez de sacrifices pour se conserver à son seigneur; il valait mieux qu'Orléans devînt anglais que de ne plus être. Les choses n'en restèrent pas là. On trouva qu'il avait été fait un trou dans le mur de la ville; la trahison était évidente.

D'autre part, Dunois ne pouvait rien attendre de

---

1. Disant : « Qu'il seroit bien marry d'avoir battu les buissons et que d'autres eussent les oisillons. » (Jean Chartier.)

Charles VII. Les États assemblés en 1428 avaient voté de l'argent, sommé les tenants-fiefs de leur service féodal. Il n'était venu ni hommes ni argent. Le receveur général n'avait pas quatre écus en caisse [1]. Quand Dunois envoya La Hire pour demander du secours, le roi, qui le fit dîner avec lui, n'eut, dit-on, à lui donner qu'un poulet et une queue de mouton. Quoi qu'il en soit de cette historiette, la situation désespérée de Charles VII est prouvée par l'offre exorbitante qu'il avait faite aux Écossais, de leur céder le Berri pour prix d'un nouveau secours.

Nous ne connaissons pas bien les intrigues qui divisaient cette petite cour. Dans cette extrême détresse, les divisions y avaient naturellement augmenté. Les vieux conseillers armagnacs, éloignés quelque temps par Richemont et par la belle-mère du roi, devaient reprendre crédit. Ce parti méridional aurait consenti volontiers à avoir un roi du Midi, siégeant à Grenoble [2]. Au contraire, la belle-mère du roi, duchesse d'Anjou, ne pouvait conserver l'Anjou si les Anglais passaient définitivement la Loire. Elle était unie en cela avec la maison d'Orléans. Mais la maison d'Anjou avait tant d'autres intérêts, si variés, si divers, qu'elle croyait devoir ménager toujours les Anglais, négocier toujours. Lorsque la défense d'Orléans parut désespérée (mai 1429), le vieux cardinal de Bar se hâta de traiter

---

1. *App.* 15.
2. Thomassin assure que le conseil avait décidé le roi à se retirer en Dauphiné. Il ne faut pas oublier que Thomassin est un Dauphinois, conseiller du dauphin Louis XI.

avec Bedford, au nom de son neveu René d'Anjou, de peur qu'il ne manquât la succession de Lorraine, sauf à se laisser désavouer par René, si les affaires de Charles VII prenaient une autre face [1].

La ruine imminente d'Orléans avait effrayé les villes voisines de la Loire. Les plus proches, Angers, Tours et Bourges, envoyèrent des vivres; Poitiers et La Rochelle de l'argent; puis, l'effroi gagnant, le Bourbonnais, l'Auvergne, le Languedoc même, firent passer aux Orléanais du salpêtre, du soufre et de l'acier [2].

Peu à peu la France entière s'intéressait au sort d'une ville. On était touché de cette brave résistance des Orléanais, de leur fidélité à leur seigneur. On avait pitié d'Orléans, du duc d'Orléans aussi. Il ne suffisait donc pas aux Anglais de le retenir prisonnier toute sa vie; ils voulaient lui prendre son apanage, le ruiner, lui et ses enfants. Ce nouveau malheur renouvelait la mémoire de tant d'autres malheurs de cette maison; il n'était pas d'homme qui n'eût chanté dans son enfance les complaintes qui couraient alors sur la mort de Louis d'Orléans [3]. Charles d'Orléans, prisonnier, ne pouvait défendre sa ville, mais ses ballades passaient le détroit et priaient pour lui.

Chose touchante et qui honore la nature humaine, au milieu des plus terribles misères, parmi la désolation et la famine, lorsque les loups prenaient possession des campagnes, lorsque, au dire d'un contemporain, il n'y avait plus une maison debout, hors

1. *Archives, Trésor des chartes*, J, 582.
2. *App.* 16. — 3. *App.* 17.

les villes, depuis la Picardie jusqu'en Allemagne, ce peuple était encore sensible aux maux des autres ; il réservait sa pitié pour un prince prisonnier, un prince, un poète, fils d'un homme assassiné, et lui-même voué pour toute la vie à cette mort de la captivité et de l'exil [1].

Les femmes surtout éprouvaient ces sentiments de pitié. Moins dominées par l'intérêt, elles sont plus fidèles au malheur. En général, elles ne furent pas assez politiques pour se résigner au joug étranger ; elles restèrent bonnes Françaises. Duguesclin savait qu'il n'y avait rien de plus français en France que les femmes, lorsqu'il disait : « Il n'y a pas une fileuse qui ne file une quenouille pour ma rançon. »

L'un des premiers exemples de résistance avait été donné par une jeune femme, la dame de La Rocheguyon ; elle défendit longtemps cette forteresse qui lui appartenait, et forcée de la rendre, refusa d'en faire hommage aux Anglais. Ceux-ci osèrent lui proposer d'épouser un traître, Gui Bouteillier, qui avait trahi Rouen ; ils voulaient mettre un homme à eux dans cette place importante de La Rocheguyon. Il eut la place, mais non la dame ; elle aima mieux laisser tout, et s'en aller pauvre avec ses enfants [2].

---

1. Ce sentiment populaire fut exprimé vivement par la Pucelle, qui disait avoir pour mission de délivrer, non seulement Orléans, mais le duc d'Orléans. (*Procès*, déposition du duc d'Alençon.)

2. Monstrelet. Il est juste d'ajouter que les femmes ne résistèrent pas seules. Monstrelet parle du brave brigand Tabary ; le Bourgeois fait mention d'un capitaine roturier de Saint-Denis qui fut tué par ses envieux ; le Religieux du Normand Braquemont, qui, avec la flotte de Castille, défit celle des Anglais ; il raconte enfin qu'un Normand, Jean Bigot, au plus beau moment

Les femmes étaient restées Françaises; les prêtres redevinrent Français. Ils avaient fini par apercevoir que les Anglais, avec tous leurs beaux semblants d'égards pour l'Église[1], en étaient les vrais ennemis. Après avoir essayé d'imposer l'Église d'Angleterre, Bedford fit à celle de France l'exorbitante demande de céder au roi pour les besoins de la guerre tous les biens et rentes qui avaient été donnés à l'Église depuis *quarante* ans. Ces deux propositions portèrent malheur aux Anglais. Ils succédèrent à la réputation d'impiété qu'avaient eue les Armagnacs. Le pillage de quelques églises attira sur eux l'exécration du peuple[2].

La grandeur des Lancastre n'avait pas une base ferme. Elle reposait sur deux mensonges. En Angleterre, ils avaient dit : « Nous ne demandons à l'Église que ses prières »; et ils voulaient toucher aux biens de l'Église. En France, ils avaient dit : « Nous sommes les vrais héritiers du trône, usurpé depuis Philippe-de-Valois; nous sommes les vrais rois de France, nous sommes Français. » Un tel mot aurait pu tromper dans la bouche d'Édouard III, qui était Français par sa mère et qui parlait encore français. Mais, par un contraste bizarre, c'est justement à l'avènement d'Henri V que la Chambre des communes commence à rédiger ses actes en anglais. Lorsque ces prétendus Français

d'Henri V et quand il semblait invincible, ramassa quelques hommes, tua quatre cents Anglais, et envoya leurs drapeaux à Notre-Dame de Paris, afin qu'y faisant son entrée l'Anglais y vît ses drapeaux.

1. Bedford s'était fait donner le titre de *chanoine* de la cathédrale de Rouen. (Deville.) — 2. *App.* 18.

nous faisaient la grâce de se servir de notre langue, ils la défiguraient et la maltraitaient tellement qu'ils semblaient ennemis de la langue autant que de la nation.

Avec tout cela, les Anglais avaient une chose pour eux, c'est que leur jeune roi, Henri VI, était certainement Français par sa mère et petit-fils de Charles VI; il ne ressemblait que trop à son grand-père pour la faiblesse d'esprit. Au contraire, la légitimité de Charles VII était bien douteuse; il était né en 1403, au plus fort des liaisons de sa mère avec le duc d'Orléans; elle-même avait accédé aux actes dans lesquels il était appelé le *soi-disant* dauphin. Henri VI n'avait pas encore été sacré à Reims, mais Charles VII ne l'était pas non plus. Le peuple de ce temps ne reconnaissait un roi qu'à deux choses : la naissance royale et le sacre; Charles VII n'était pas roi selon la religion, et il n'était pas sûr qu'il le fût selon la nature. Cette question, indifférente pour les politiques qui se décident suivant leurs intérêts, était tout pour le peuple : le peuple ne veut obéir qu'au droit.

Une femme avait obscurci cette grande question de droit; une femme sut l'éclaircir.

CHAPITRE III

La Pucelle d'Orléans. (1429.)

L'originalité de la Pucelle, ce qui fit son succès, ce ne fut pas tant sa vaillance ou ses visions; ce fut son bon sens. A travers son enthousiasme, cette fille du peuple vit la question et sut la résoudre.

Le nœud que les politiques et les incrédules ne pouvaient délier, elle le trancha. Elle déclara au nom de Dieu que Charles VII était l'héritier; elle le rassura sur sa légitimité, dont il doutait lui-même. Cette légitimité, elle la sanctifia, menant son roi droit à Reims, et gagnant de vitesse sur les Anglais l'avantage décisif du sacre.

Il n'était pas rare de voir les femmes prendre les armes. Elles combattaient souvent dans les sièges[1], témoin les trente femmes blessées à Amiens[2], témoin

---

[1]. Les exemples seraient innombrables. Citons seulement les dames de Lalaing (1452-1581). La seconde défendit Tournai contre le plus grand capitaine du seizième siècle, le prince de Parme. (Reiffenberg.)

[2]. Voy. tome II.

Jeanne Hachette. Au temps de la Pucelle et dans les mêmes années, les femmes de Bohême se battaient comme les hommes, dans les guerres des Hussites [1].

L'originalité de la Pucelle, je le répète, ne fut pas non plus dans ses visions. Qui n'en avait au moyen âge ? Même dans ce prosaïque quinzième siècle, l'excès des souffrances avait singulièrement exalté les esprits. Nous voyons, à Paris, un frère Richard remuer tout le peuple par ses sermons, au point que les Anglais finirent par le chasser de la ville. Le carme breton Conecta était écouté à Courtrai, à Arras, par des masses de quinze ou vingt mille hommes. Dans l'espace de quelques années, avant et après la Pucelle, toutes les provinces ont leurs inspirés. C'est une Pierrette bretonne qui converse avec Jésus-Christ. C'est une Marie d'Avignon, une Catherine de La Rochelle. C'est un petit berger, que Xaintrailles amène de son pays, lequel a des stigmates aux pieds et aux mains, et qui sue du sang aux saints jours [2].

La Lorraine était, ce semble, l'une des dernières provinces où un tel phénomène eût dû se présenter. Les Lorrains sont braves, batailleurs, mais volontiers intrigants et rusés. Si le grand Guise sauva la France, avant de la troubler, ce ne fut pas par des visions. Nous trouvons deux Lorrains au siège d'Orléans, et tous deux y déploient le naturel facétieux de leur

---

1. « Et armoient les femmes, ainsi que diables, pleines de toutes cruautés, et en furent trouvées plusieurs mortes et occises aux rencontres. » (Monstrelet.) — 2. *App.* 19.

spirituel compatriote Callot; l'un est le canonnier maître Jean, qui faisait si bien le mort; l'autre est un chevalier qui fut pris par les Anglais, chargé de fers et qui à leur départ revint à cheval sur un moine anglais[1].

La Lorraine des Vosges a, il est vrai, un caractère plus grave. Cette partie élevée de la France d'où descendent de tous côtés des fleuves vers toutes les mers, était couverte de forêts, forêts vastes et telles que les Carlovingiens les jugeaient les plus dignes de leurs chasses impériales. Dans les clairières de ces forêts s'élevaient les vénérables abbayes de Luxeuil et de Remiremont; celle-ci, comme on sait, gouvernée par une abbesse qui était princesse du Saint-Empire, qui avait ses grands officiers, toute une cour féodale, qui faisait porter par son sénéchal l'épée nue devant elle. Cette royauté de femme avait eu pour vassal, et pendant longtemps, le duc de Lorraine.

Ce fut justement entre la Lorraine des Vosges et celle des plaines, entre la Lorraine et la Champagne, que naquit, à Dom-Remy, la belle et brave fille qui devait porter si bien l'épée de France.

Il y a quatre Dom-Remy le long de la Meuse dans un cercle de dix lieues, trois du diocèse de Toul, un de celui de Langres[2]. Probablement, ces quatre villages étaient, dans des temps plus anciens, des domaines de l'abbaye de Saint-Remy de Reims[3]. Nos grandes

---

1. *Histoire au vray du siège.*
2. Il y a encore un Dom-Remy, mais plus loin de la Meuse.
3. La Pucelle étant née dans un ancien fief de Saint-Remy, on comprend

abbayes avaient, comme on sait, dans les temps carlovingiens, des possessions bien plus éloignées, jusqu'en Provence, jusqu'en Allemagne, jusqu'en Angleterre.

Cette ligne de la Meuse est la Marche de Lorraine et de Champagne, tant disputée entre le roi et le duc. Le père de Jeanne, Jacques Darc[1], était un digne Champenois[2]. Jeanne tint sans doute de son père; elle n'eut point l'âpreté lorraine; mais bien plutôt la douceur champenoise, la naïveté mêlée de sens et de finesse, comme vous la trouvez dans Joinville.

Quelques siècles plus tôt, Jeanne serait née serve de l'abbaye de Saint-Remy; un siècle auparavant, serve du sire de Joinville. Il était en effet seigneur de la ville de Vaucouleurs, dont le village de Dom-Remy dépendait. Mais en 1335, le roi obligea les Joinville de lui céder Vaucouleurs[3]. C'était alors le grand passage de la Champagne à la Lorraine, la droite route d'Allemagne, non seulement la route d'Allemagne, mais aussi celle des bords de la Meuse, la croix des routes. C'était encore, pour ainsi dire, la frontière des partis; il y avait près de Dom-Remy un dernier village du parti bourguignon, tout le reste était pour Charles VII.

---

mieux pourquoi l'idée de Reims, l'idée du sacre domina toute sa mission. Elle n'appela Charles VII que *dauphin*, jusqu'à ce qu'il fût sacré. *App.* 20.

1. C'est l'orthographe que suit Jean Hordal, descendant d'un frère de la Pucelle (Hordal, *Johannæ Darc Historia*, 1612, in-4°.) Dès lors on ne peut guère tirer ce nom du village d'Arc. — 2. De Montier-en-Der.

3. Charles V l'unit inséparablement à la couronne en 1365. « On voit encore en Champagne, près de Vaucouleurs, de grosses pierres que l'empereur Albert et Philippe-le-Bel firent planter pour servir de bornes à leurs empires. » (Vosgien, chanoine de Vaucouleurs.)

Cette Marche de Lorraine et de Champagne avait en tout temps cruellement souffert de la guerre; longue guerre entre l'Est et l'Ouest, entre le roi et le duc, pour la possession de Neufchâteau et des places voisines; puis guerre du Nord au Sud, entre les Bourguignons et les Armagnacs. Le souvenir de ces guerres sans pitié n'a pu s'effacer jamais. On montrait naguère encore, près de Neufchâteau, un arbre antique au nom sinistre, dont les branches avaient sans doute porté bien des fruits humains : *Le chêne des partisans.*

Les pauvres gens des Marches avaient l'honneur d'être sujets directs du roi, c'est-à-dire qu'au fond ils n'étaient à personne, n'étaient appuyés ni ménagés de personne, qu'ils n'avaient de seigneur, de protecteur que Dieu. Les populations sont sérieuses dans une telle situation; elles savent qu'elles n'ont à compter sur rien, ni sur les biens ni sur la vie. Elles labourent et le soldat moissonne. Nulle part le laboureur ne s'inquiète davantage des affaires du pays; personne n'y a plus d'intérêt; il en sent si rudement les moindres contre-coups! Il s'informe, il tâche de savoir, de prévoir; du reste, il est résigné, quoi qu'il arrive; il s'attend à tout, il est patient et brave. Les femmes même le deviennent; il faut bien qu'elles le soient, parmi tous ces soldats, sinon pour leur vie, au moins pour leur honneur, comme la belle et robuste Dorothée de Gœthe.

Jeanne était la troisième fille d'un laboureur[1],

1. *App.* 21.

Jacques *Darc*, et d'Isabelle *Romée*[1]. Elle eut deux marraines, dont l'une l'appelait *Jeanne*, l'autre *Sibylle*.

Le fils aîné avait été nommé *Jacques*, un autre *Pierre*. Les pieux parents donnèrent à l'une de leurs filles le nom plus élevé de saint *Jean*[2].

Tandis que les autres enfants allaient avec le père travailler aux champs ou garder les bêtes, la mère tint Jeanne près d'elle, l'occupant à coudre ou à filer[3]. Elle n'apprit ni à lire ni à écrire; mais elle sut tout ce que savait sa mère des choses saintes[4]. Elle reçut sa religion, non comme une leçon, une cérémonie, mais dans la forme populaire et naïve d'une belle histoire de veillée, comme la foi simple d'une mère... Ce que nous recevons ainsi avec le sang et le lait, c'est chose vivante, et la vie même...

Nous avons sur la piété de Jeanne un touchant témoignage, celui de son amie d'enfance, de son amie de cœur, Haumette, plus jeune de trois ou quatre

---

1. Le nom de *Romée* était souvent pris au moyen âge par ceux qui avaient fait le pèlerinage de Rome.

2. Ce prénom est celui d'un grand nombre d'hommes célèbres du moyen âge : Jean de Parme (auteur supposé de l'*Évangile éternel*), Jean Fidenza (saint Bonaventure), Jean Gerson, Jean Petit, Jean d'Occam, Jean Huss, Jean Calvin, etc. Il semble annoncer dans les familles qui le donnaient à leurs enfants une sorte de tendance mystique. *App.* 22.

3. « Interrogée se elle avoit apprins aucun art ou mestier, dist : que oui, et que sa mère lui avoit apprins à cousdre, et qu'elle ne cuidoit point qu'il y eust femme dans Rouen qui lui en sceust apprendre aucune chose. Ne alloit point aux champs garder les brebis ne austres bestes... — Depuis qu'elle a esté grande et qu'elle a eu son entendement, ne les gardoit pas...; mais de son jeune âge, se elle les gardoit ou non, n'en a pas la mémoire. » (*Procès*, interrog. des 22 et 24 février 1431.) Le témoignage de Jeanne me paraît devoir être préféré à celui des témoins du second procès, qui d'ailleurs parlent si longtemps après.

4. « Que autre personne que sa dite mère ne lui apprint sa créance. » (*Ibid.*)

ans. « Que de fois, dit-elle, j'ai été chez son père, et couché avec elle, de bonne amitié[1]... C'était une bien bonne fille, simple et douce. Elle allait volontiers à l'église et aux saints lieux. Elle filait, faisait le ménage, comme font les autres filles... Elle se confessait souvent. Elle rougissait quand on lui disait qu'elle était trop dévote, qu'elle allait trop à l'église. » Un laboureur, appelé aussi en témoignage, ajoute qu'elle soignait les malades, donnait aux pauvres. « Je le sais bien, dit-il : j'étais enfant alors, et c'est elle qui m'a soigné. »

Tout le monde connaissait sa charité, sa piété. Ils voyaient bien que c'était là meilleure fille du village. Ce qu'ils ignoraient, c'est qu'en elle la vie d'en haut absorba toujours l'autre et en supprima le développement vulgaire. Elle eut, d'âme et de corps, ce don divin de rester enfant. Elle grandit, devint forte et belle, mais elle ignora toujours les misères physiques de la femme[2]. Elles lui furent épargnées, au profit de la pensée et de l'inspiration religieuse. Née sous les murs mêmes de l'église, bercée du son des cloches et nourrie de légendes, elle fut une légende elle-même, rapide et pure, de la naissance à la mort.

Elle fut une légende vivante... Mais la force de vie, exaltée et concentrée, n'en devint pas moins créatrice. La jeune fille, à son insu, *créait*, pour ainsi parler, et *réalisait* ses propres idées, elle en faisait des

---

[1]. « Stetit et jacuit amorose in domo patris sui. » (*Déposition d'Haumette*.)
[2]. « A ouy dire à plusieurs femmes que la ditte Pucelle... onques n'avoit eu... » (*Déposition de son vieil écuyer, Jean Daulon.*)

êtres, elle leur communiquait du trésor de sa vie virginale une splendide et toute-puissante existence, à faire pâlir les misérables réalités de ce monde.

Si *poésie* veut dire *création*, c'est là sans doute la poésie suprême. Il faut savoir par quels degrés elle en vint jusque-là, de quel humble point de départ.

Humble à la vérité, mais déjà poétique. Son village était à deux pas des grandes forêts des Vosges. De la porte de la maison de son père, elle voyait le vieux bois *des chênes*[1]. Les fées hantaient ce bois; elles aimaient surtout une certaine fontaine près d'un grand hêtre qu'on nommait l'arbre des fées, des *dames*[2]. Les petits enfants y suspendaient des couronnes, y chantaient. Ces anciennes *dames* et maîtresses des forêts ne pouvaient plus, disait-on, se rassembler à la fontaine; elles en avaient été exclues pour leurs péchés[3]. Cependant l'Église se défiait toujours des vieilles divinités locales; le curé, pour les chasser, allait chaque année dire une messe à la fontaine.

Jeanne naquit parmi ces légendes, dans ces rêveries populaires. Mais le pays offrait à côté une tout autre poésie, celle-ci, sauvage, atroce, trop réelle, hélas! la poésie de la guerre... La guerre! ce mot seul dit toutes les émotions; ce n'est pas tous les jours sans doute l'assaut et le pillage, mais bien plutôt l'attente, le tocsin, le réveil en sursaut, et dans la plaine au

---

1. « Que on voit de l'huys de son père. » (*Procès*, interrog. du 24 février 1431.) — 2. *Ibid.*

3. « Propter eorum peccata. » (*Déposition de Béatrix.*)

loin le rouge sombre de l'incendie... État terrible, mais poétique ; les plus prosaïques des hommes, les Écossais du pays bas, se sont trouvés poètes parmi les hasards du *border;* de ce désert sinistre, qui semble encore maudit, ont pourtant germé les ballades, sauvages et vivaces fleurs.

Jeanne eut sa part dans ces romanesques aventures. Elle vit arriver les pauvres fugitifs, elle aida, la bonne fille, à les recevoir ; elle leur cédait son lit et allait coucher au grenier. Ses parents furent aussi une fois obligés de s'enfuir. Puis, quand le flot des brigands fut passé, la famille revint et retrouva le village saccagé, la maison dévastée, l'église incendiée.

Elle sut ainsi ce que c'est que la guerre. Elle comprit cet état anti-chrétien, elle eut horreur de ce règne du diable, où tout homme mourait en péché mortel. Elle se demanda si Dieu permettrait cela toujours, s'il ne mettrait pas un terme à ces misères, s'il n'enverrait pas un libérateur, comme il l'avait fait si souvent pour Israël, un Gédéon, une Judith?... Elle savait que plus d'une femme avait sauvé le peuple de Dieu, que dès le commencement il avait été dit que la femme écraserait le serpent. Elle avait pu voir au portail des églises sainte Marguerite, avec saint Michel, foulant aux pieds le dragon[1]... Si, comme tout le monde disait, la perte du royaume était l'œuvre d'une femme,

---

1. Sainte Marguerite voit apparaître le diable sous la forme d'un dragon ; elle le met en fuite par un signe de croix. Elle s'échappe de la maison de son mari, *en habit d'homme :* « Tonsis crinibus, in virili habitu. » (*Legenda aurea Sanctorum.*)

d'une mère dénaturée, le salut pouvait bien venir d'une fille. C'est justement ce qu'annonçait une prophétie de Merlin; cette prophétie, enrichie, modifiée selon les provinces, était devenue toute lorraine dans le pays de Jeanne Darc. C'était une pucelle des Marches de *Lorraine* qui devait sauver le royaume [1]. La prophétie avait pris probablement cet embellissement par suite du mariage récent de René d'Anjou avec l'héritière du duché de Lorraine, qui, en effet, était très heureux pour la France.

Un jour d'été, jour de jeûne, à midi, Jeanne étant au jardin de son père, tout près de l'église [2], elle vit de ce côté une éblouissante lumière et elle entendit une voix : « Jeanne, sois bonne et sage enfant; va souvent à l'église. » La pauvre fille eut grand'peur.

Une autre fois, elle entendit encore la voix, vit la clarté, mais dans cette clarté de nobles figures dont l'une avait des ailes et semblait un sage prud'homme. Il lui dit : « Jeanne, va au secours du roi de France, et tu lui rendras son royaume. » Elle répondit, toute tremblante : « Messire, je ne suis qu'une pauvre fille; je ne saurais chevaucher [3], ni conduire les hommes d'armes. » La voix répliqua : « Tu iras trouver M. de Baudricourt, capitaine de Vaucouleurs, et il te fera mener au roi. Sainte Catherine et sainte Marguerite viendront t'assister. » Elle resta stupéfaite et en

---

1. Cette Pucelle devait venir du bois *chenu;* or il se trouvait un bois appelé ainsi à la porte même du village de Jeanne Darc. *App.* 23.
2. *Procès*, interrog. du 22 février.
3. *Ibid.*

larmes, comme si elle eût déjà vu sa destinée tout entière.

Le prud'homme n'était pas moins que saint Michel, le sévère archange des jugements et des batailles. Il revint encore, lui rendit courage, « et lui raconta la pitié qui estoit au royaume de France[1] ». Puis vinrent les blanches figures de saintes, parmi d'innombrables lumières, la tête parée de riches couronnes, la voix douce et attendrissante, à en pleurer. Mais Jeanne pleurait surtout quand les saintes et les anges la quittaient. « J'aurais bien voulu, dit-elle, que les anges m'eussent emportée[2]... »

Si elle pleurait, dans un si grand bonheur, ce n'était pas sans raison. Quelque belles et glorieuses que fussent ces visions, sa vie dès lors avait changé. Elle qui n'avait entendu jusque-là qu'une voix, celle de sa mère, dont la sienne était l'écho, elle entendait maintenant la puissante voix des anges!... Et que voulait la voix céleste? Qu'elle délaissât cette mère, cette douce maison. Elle qu'un seul mot déconcertait[3], il lui fallait aller parmi les hommes, parler aux hommes, aux soldats. Il fallait qu'elle quittât pour le monde, pour la guerre, ce petit jardin sous l'ombre de l'église, où elle n'entendait que les cloches[4] et où les oiseaux mangeaient dans sa main. Car tel était l'attrait de douceur qui entourait la jeune sainte : les

---

1. *Procès*, interrogatoire du 15 mars. — 2. *Ibid.*, 27 février.
3. « Sæpe habebat verecundiam, etc. » (*Déposition de Haumette*.)
4. Elle avait une sorte de passion pour le son des cloches : « Promiserat dare lanas... ut diligentiam haberet pulsandi. » (*Déposition de Périn.*)

animaux et les oiseaux du ciel venaient à elle[1], comme jadis aux Pères du désert, dans la confiance de la paix de Dieu.

Jeanne ne nous a rien dit de ce premier combat qu'elle soutint. Mais il est évident qu'il eut lieu et qu'il dura longtemps, puisqu'il s'écoula cinq années entre sa première vision et sa sortie de la maison paternelle.

Les deux autorités, paternelle et céleste, commandaient des choses contraires. L'une voulait qu'elle restât dans l'obscurité, dans la modestie et le travail; l'autre qu'elle partît et qu'elle sauvât le royaume. L'ange lui disait de prendre les armes; le père, rude et honnête paysan, jurait que, si sa fille s'en allait avec les gens de guerre, il la noierait plutôt de ses propres mains[2]. De part ou d'autre, il fallait qu'elle désobéît. Ce fut là sans doute son plus grand combat; ceux qu'elle soutint contre les Anglais ne devaient être qu'un jeu à côté.

Elle trouva dans sa famille, non pas seulement résistance, mais tentation. On essaya de la marier, dans l'espoir de la ramener aux idées qui semblaient plus raisonnables. Un jeune homme du village prétendit qu'étant petite, elle lui avait promis mariage; et comme elle le niait, il la fit assigner devant le juge ecclésiastique de Toul. On pensait qu'elle n'oserait se défendre, qu'elle se laisserait plutôt condamner, marier. Au grand étonnement de tout le monde, elle

---

1. *Journal du Bourgeois.*
2. *Procès*, interrog. du 12 mars.

alla à Toul, elle parut en justice, elle parla, elle qui s'était toujours tue.

Pour échapper à l'autorité de sa famille, il fallait qu'elle trouvât dans sa famille même quelqu'un qui la crût : c'était le plus difficile. Au défaut de son père, elle convertit son oncle à sa mission. Il la prit avec lui, comme pour soigner sa femme en couches. Elle obtint de lui qu'il irait demander pour elle l'appui du sire de Baudricourt, capitaine de Vaucouleurs. L'homme de guerre reçut assez mal le paysan et lui dit qu'il n'y avait rien à faire, sinon de la remener chez son père, « bien soufflétée »[1]. Elle ne se rebuta pas; elle voulut partir et il fallut bien que son oncle l'accompagnât. C'était le moment décisif; elle quittait pour toujours le village et la famille; elle embrassa ses amies, surtout sa petite bonne amie Mangette qu'elle recommanda à Dieu; mais pour sa grande amie et compagne Haumette, celle qu'elle aimait le plus, elle aima mieux partir sans la voir[2].

Elle arriva donc dans cette ville de Vaucouleurs, avec ses gros habits rouges de paysanne[3], et alla loger avec son oncle chez la femme d'un charron, qui la prit en amitié. Elle se fit mener chez Baudricourt, et lui dit avec fermeté « qu'elle venait vers lui de la part de son Seigneur, pour qu'il mandât au dauphin de se bien maintenir, et qu'il n'assignât point de bataille à ses ennemis, parce que son Seigneur lui donnerait secours

---

1. « Daret ei alapas. » (*Notices des mss.*)
2. « Nescivit recessum... Multum flevit.... » (*Déposition d'Haumette.*)
3. « Pauperibus vestibus rubeis. » (*Déposition de Jean de Metz.*)

dans la mi-carême... Le royaume n'appartenait pas au dauphin, mais à son Seigneur; toutefois son Seigneur voulait que le dauphin devînt roi, et qu'il eût ce royaume en dépôt. » Elle ajoutait que, malgré les ennemis du dauphin, il serait fait roi, et qu'elle le mènerait sacrer.

Le capitaine fut bien étonné; il soupçonna qu'il y avait là quelque diablerie. Il consulta le curé, qui apparemment eut les mêmes doutes. Elle n'avait parlé de ses visions à aucun homme d'Église[1]. Le curé vint donc avec le capitaine dans la maison du charron; il déploya son étole et adjura Jeanne de s'éloigner, si elle était envoyée du mauvais esprit[2].

Mais le peuple ne doutait point; il était dans l'admiration. De toutes parts on venait la voir. Un gentilhomme lui dit, pour l'éprouver : « Eh bien ! ma mie, il faut donc que le roi soit chassé et que nous devenions Anglais? » Elle se plaignit à lui du refus de Baudricourt : « Et cependant, dit-elle, avant qu'il soit la mi-carême, il faut que je sois devers le roi, dussé-je, pour m'y rendre, user mes jambes jusqu'aux genoux. Car personne au monde, ni rois, ni ducs, ni fille du roi d'Écosse, ne peuvent reprendre le royaume de France, et il n'y a pour lui de secours que moi-même, quoique j'aimasse mieux rester à filer près de ma pauvre mère; car ce n'est pas là mon ouvrage : mais il faut que j'aille, et que je le fasse, parce que mon Seigneur le veut. »

1. *Procès*, interrog. du 12 mars.
2. Apportaverat stolam... adjuraverat. » (*Dépos. de Catherine, femme du charron.*)

— « Et quel est votre seigneur? » — « C'est Dieu!... »
Le gentilhomme fut touché. Il lui promit « par sa foi, la main dans la sienne, que sous la conduite de Dieu il la mèneroit au roi ». Un jeune gentilhomme se sentit aussi touché, et déclara qu'il suivrait cette sainte fille.

Il paraît que Baudricourt envoya demander l'autorisation du roi[1]. En attendant, il la conduisit chez le duc de Lorraine, qui était malade et voulait la consulter. Le duc n'en tira rien que le conseil d'apaiser Dieu, en se réconciliant avec sa femme. Néanmoins il l'encouragea.

De retour à Vaucouleurs, elle y trouva un messager du roi qui l'autorisait à venir. Le revers de la Journée des harengs décidait à essayer de tous les moyens. Elle avait annoncé le combat le jour même qu'il eut lieu. Les gens de Vaucouleurs, ne doutant point de sa mission, se cotisèrent pour l'équiper et lui acheter un cheval[2]. Le capitaine ne lui donna qu'une épée.

Elle eut encore en ce moment un obstacle à surmonter. Ses parents, instruits de son prochain départ, avaient failli en perdre le sens; ils firent les derniers efforts pour la retenir; ils ordonnèrent, ils menacèrent. Elle résista à cette dernière épreuve et leur fit écrire qu'elle les priait de lui pardonner.

C'était un rude voyage et bien périlleux qu'elle

---

[1]. Je croirais volontiers que le capitaine Baudricourt consulta le roi, et que sa belle-mère, la reine Yolande d'Anjou, s'entendit avec le duc de Lorraine sur le parti qu'on pouvait tirer de cette fille. Elle fut encouragée au départ par le duc, et à son arrivée accueillie par la reine Yolande, comme on le verra. *App.* 24.

[2]. « Equum pretii XVI francorum. » (*Déposition de Jean de Metz.*)

entreprenait. Tout le pays était couru par les hommes d'armes des deux partis. Il n'y avait plus ni route ni pont, les rivières étaient grosses ; c'était au mois de février 1429.

S'en aller ainsi avec cinq ou six hommes d'armes, il y avait de quoi faire trembler une fille. Une Anglaise, une Allemande, ne s'y fût jamais risquée : l'*indélicatesse* d'une telle démarche lui eût fait horreur. Celle-ci ne s'en émut pas ; elle était justement trop pure pour rien craindre de ce côté. Elle avait pris l'habit d'homme ; elle ne le quitta plus ; cet habit serré, fortement attaché, était sa meilleure sauvegarde. Elle était pourtant jeune et belle. Mais il y avait autour d'elle, pour ceux même qui la voyaient de plus près, une barrière de religion et de crainte ; le plus jeune des gentilshommes qui la conduisirent déclare que, couchant près d'elle, il n'eut jamais l'ombre même d'une mauvaise pensée.

Elle traversait avec une sérénité héroïque tout ce pays désert ou infesté de soldats. Ses compagnons regrettaient bien d'être partis avec elle ; quelques-uns pensaient que peut-être elle était sorcière ; ils avaient grande envie de l'abandonner. Pour elle, elle était tellement paisible qu'à chaque ville elle voulait s'arrêter pour entendre la messe. « Ne craignez rien, disait-elle, Dieu me fait ma route ; c'est pour cela que je suis née. » Et encore : « Mes frères de paradis me disent ce que j'ai à faire[1]. »

La cour de Charles VII était loin d'être unanime en

---

1. « Sui fratres de paradiso. » (*Déposition de Jean de Metz.*)

faveur de la Pucelle. Cette fille inspirée qui arrivait de Lorraine, et que le duc de Lorraine avait encouragée, ne pouvait manquer de fortifier près du roi le parti de la reine et de sa mère, le parti de Lorraine et d'Anjou. Une embuscade fut dressée à la Pucelle à quelque distance de Chinon, elle n'y échappa que par miracle[1].

L'opposition était si forte contre elle que, lorsqu'elle fut arrivée, le conseil discuta encore pendant deux jours si le roi la verrait. Ses ennemis crurent ajourner l'affaire indéfiniment en faisant décider qu'on prendrait des informations dans son pays. Heureusement, elle avait aussi des amis, les deux reines, sans doute et surtout le duc d'Alençon, qui, sorti récemment des mains des Anglais, était fort impatient de porter la guerre dans le Nord pour recouvrer son duché. Les gens d'Orléans, à qui depuis le 12 février Dunois promettait ce merveilleux secours, envoyèrent au roi et réclamèrent la Pucelle.

Le roi la reçut enfin, et au milieu du plus grand appareil; on espérait apparemment qu'elle serait déconcertée. C'était le soir; cinquante torches éclairaient la salle, nombre de seigneurs, plus de trois cents chevaliers étaient réunis autour du roi. Tout le monde était curieux de voir la sorcière ou l'inspirée.

La sorcière avait dix-huit ans[2]; c'était une belle fille[3]

---

1. « Sui fratres de paradiso. » (*Déposition de frère Séguin.*)
2. Elle déclara en février 1431, « qu'elle avait dix-neuf ans ou environ ». *App.* 25.
3. « Mammas, quæ pulchræ erant. »

et fort désirable, assez grande de taille, la voix douce et pénétrante.

Elle se présenta humblement, « comme une pauvre petite bergerette[1], » démêla au premier regard le roi qui s'était mêlé exprès à la foule des seigneurs, et quoiqu'il soutînt d'abord qu'il n'était pas le roi, elle lui embrassa les genoux. Mais, comme il n'était pas sacré, elle ne l'appelait que dauphin : « Gentil dauphin, dit-elle, j'ai nom Jehanne-la-Pucelle. Le Roi des cieux vous mande par moi que vous serez sacré et couronné en la ville de Reims, et vous serez lieutenant du Roi des cieux, qui est roi de France. » Le roi la prit alors à part, et après un moment d'entretien tous deux changèrent de visage; elle lui disait, comme elle l'a raconté depuis à son confesseur : « Je te dis de la part de Messire, que tu es *vrai héritier* de France et *fils du roi*[2]. »

Ce qui inspira encore l'étonnement et une sorte de crainte, c'est que la première prédiction qui lui échappa se vérifia à l'heure même. Un homme d'armes qui la vit et la trouva belle, exprima brutalement son mauvais désir, en jurant le nom de Dieu à la manière

---

[1]. « Paupercula bergereta... » (*Déposition de Gaucourt, grand maître de la maison du roi.*)

[2]. Quinzième témoin. (*Notices.*) Selon un récit moins ancien, mais très vraisemblable, elle lui rappela une chose qu'il savait seul, qu'un matin dans son oratoire il avait demandé à Dieu la grâce de recouvrer son royaume, *s'il était l'héritier légitime*, sinon celle de ne point périr ni de tomber en captivité; mais de pouvoir se réfugier en Espagne ou en Écosse. — Il semble résulter des réponses, du reste fort obscures, de la Pucelle à ses juges, que cette cour astucieuse abusa de sa simplicité, et que pour la confirmer dans ses visions on fit jouer devant elle une sorte de *Mystère* où un ange apportait la couronne. *App.* 26.

des soldats : « Hélas ! dit-elle, tu le renies, et tu es si près de ta mort ! » Il tomba à l'eau un moment après et se noya[1].

Ses ennemis objectaient qu'elle pouvait savoir l'avenir, mais le savoir par inspiration du diable. On assembla quatre ou cinq évêques pour l'examiner. Ceux-ci, qui sans doute ne voulaient pas se compromettre avec les partis qui divisaient la cour, firent renvoyer l'examen à l'Université de Poitiers. Il y avait dans cette grande ville Université, Parlement, une foule de gens habiles.

L'archevêque de Reims, chancelier de France, présidant le conseil du roi, manda des docteurs, des professeurs en théologie, les uns prêtres, les autres moines, et les chargea d'examiner la Pucelle.

Les docteurs introduits et placés dans une salle, la jeune fille alla s'asseoir au bout du banc et répondit à leurs questions. Elle raconta avec une simplicité pleine de grandeur[2] les apparitions et les paroles des anges. Un dominicain lui fit une seule objection, mais elle était grave : « Jehanne, tu dis que Dieu veut délivrer le peuple de France ; si telle est sa volonté, il n'a pas besoin de gens d'armes. » Elle ne se troubla point : « Ah ! mon Dieu, dit-elle, les gens d'armes batailleront, et Dieu donnera la victoire. »

Un autre se montra plus difficile à contenter : c'était un frère Séguin, Limousin, professeur de théologie à l'Université de Poitiers, « bien aigre homme », dit la

---

1. *Notices.* — 2. « Magno modo. » (*Déposition de frère Séguin.*)

chronique. Il lui demanda, dans son français limousin, quelle langue parlait donc cette prétendue voix céleste. Jehanne répondit avec un peu trop de vivacité : « Meilleure que la vôtre. » — « Crois-tu en Dieu ? » dit le docteur en colère. « Eh bien ! Dieu ne veut pas que l'on ajoute foi à tes paroles, à moins que tu ne montres un signe. » Elle répondit : « Je ne suis point venue à Poitiers pour faire des signes ou miracles ; mon signe sera de faire lever le siège d'Orléans. Qu'on me donne des hommes d'armes, peu ou beaucoup, et j'irai. »

Cependant, il en advint à Poitiers comme à Vaucouleurs, sa sainteté éclata dans le peuple ; en un moment tout le monde fut pour elle. Les femmes, damoiselles et bourgeoises, allaient la voir chez la femme d'un avocat du Parlement, dans la maison de laquelle elle logeait ; et elles en revenaient tout émues. Les hommes même y allaient ; ces conseillers, ces avocats, ces vieux juges endurcis, s'y laissaient mener sans y croire, et quand ils l'avaient entendue, ils pleuraient, tout comme les femmes[1], et disaient : « Cette fille est envoyée de Dieu. »

Les examinateurs allèrent la voir eux-mêmes, avec l'écuyer du roi, et comme ils recommençaient leur éternel examen, lui faisant de doctes citations, et lui prouvant, par tous les auteurs sacrés, qu'on ne devait pas la croire : « Écoutez, leur dit-elle, il y en a plus au livre de Dieu que dans les vôtres... Je ne sais ni A ni B ; mais je viens de la part de Dieu pour faire lever le

---

1. « Plouroient à chaudes larmes. » (*Chronique de la Pucelle.*)

siège d'Orléans et sacrer le dauphin à Reims... Auparavant, il faut pourtant que j'écrive aux Anglais, et que je les somme de partir. Dieu le veut ainsi. Avez-vous du papier et de l'encre? Écrivez, je vais vous dicter[1]... A vous, Suffolk, Classidas et La Poule, je vous somme, de par le Roi des cieux, que vous vous en alliez en Angleterre[2]... » Ils écrivirent docilement; elle avait pris possession de ses juges mêmes.

Leur avis fut qu'on pouvait licitement employer la jeune fille, et l'on reçut même réponse de l'archevêque d'Embrun, que l'on avait consulté. Le prélat rappelait que Dieu avait maintes fois révélé à des vierges, par exemple aux Sibylles, ce qu'il cachait aux hommes. Le démon ne pouvait faire pacte avec une vierge; il fallait donc bien s'assurer si elle était vierge en effet. Ainsi la science poussée à bout, ne pouvant ou ne voulant point s'expliquer sur la distinction délicate des bonnes et des mauvaises révélations, s'en remettait humblement des choses spirituelles au corps, et faisait dépendre du féminin mystère cette grave question de l'esprit.

Les docteurs ne sachant que dire, les dames décidèrent[3]. La bonne reine de Sicile, belle-mère du roi, s'acquitta avec quelques dames du ridicule examen, à l'honneur de la Pucelle. Des franciscains qu'on avait envoyés dans son pays aux informations, avaient rap-

---

1. *Déposition du témoin oculaire Versailles.*
2. Cette lettre et les autres que la Pucelle a dictées sont certainement authentiques. Elles ont un caractère héroïque que personne n'eût pu feindre, une vivacité toute française, à la Henri IV, mais deux choses de plus : naïveté, sainteté. *App.* 27. — 3. *App.* 28.

porté les meilleurs renseignements. Il n'y avait plus de temps à perdre. Orléans criait au secours; Dunois envoyait coup sur coup. On équipa la Pucelle, on lui forma une sorte de maison. On lui donna d'abord pour écuyer un brave chevalier, d'âge mûr, Jean Daulon, qui était au comte de Dunois et le plus honnête homme qu'il eût parmi ses gens. Elle eut aussi un noble page, deux hérauts d'armes, un maître d'hôtel, deux valets; son frère, Pierre Darc, vint la trouver et se joignit à ses gens. On lui donna pour confesseur Jean Pasquerel, frère ermite de Saint-Augustin. En général, les moines, surtout les Mendiants, soutenaient cette merveille de l'inspiration.

Ce fut une merveille, en effet, pour les spectateurs, de voir la première fois Jeanne Darc dans son armure blanche et sur son beau cheval noir, au côté une petite hache[1] et l'épée de Sainte-Catherine. Elle avait fait chercher cette épée derrière l'autel de Sainte-Catherine-de-Fierbois, où on la trouva en effet. Elle portait à la main un étendard blanc fleurdelisé, sur lequel était Dieu avec le monde dans ses mains; à droite et à gauche, deux anges qui tenaient chacun une fleur de

1. « Et fit la dite Pucelle très-bonne chère à mon frère et à moy, armée de toutes pièces, sauve la teste, et la lance en la main. Et après que nous feusmes descendus à Selles, j'allay à son logis la voir, et fit venir le vin, et me dit qu'elle m'en feroit bien tost boire à Paris, et semble chose toute divine de son fait, et de la voir, et de l'oïr... Et la veis monter à cheval armée toute en blanc, sauf la teste, une petite hache en sa main, sur un grand coursier noir... et lors se tourna vers l'huis de l'église, qui estoit bien prochain, et dist en assez voix de femme : — Vous les prêtres et gens d'église, faites processions et prières à Dieu. Et lors se retourna à son chemin en disant : *Tirez avant! tirez avant!* son estendart ployé, que portoit un gracieux paige, et avoit sa hache petite en la main. » (*Lettre de Gui de Laval à ses mère et aïeule.*)

lis. « Je ne veux pas, disait-elle, me servir de mon épée pour tuer personne[1]. » Et elle ajoutait que, quoiqu'elle aimât son épée, elle aimait « quarante fois plus » son étendard. Comparons les deux partis, au moment où elle fut envoyée à Orléans.

Les Anglais s'étaient bien affaiblis dans ce long siège d'hiver. Après la mort de Salisbury, beaucoup d'hommes d'armes qu'il avait engagés se crurent libres, et s'en allèrent. D'autre part, les Bourguignons avaient été rappelés par le duc de Bourgogne. Quand on força la principale bastille des Anglais, dans laquelle s'étaient repliés les défenseurs de quelques autres bastilles, on y trouva cinq cents hommes. Il est probable qu'en tout ils étaient deux ou trois mille. Sur ce petit nombre, tout n'était pas Anglais; il y avait aussi quelques Français, dans lesquels les Anglais n'avaient pas sans doute grande confiance.

S'ils avaient été réunis, cela eût fait un corps respectable; mais ils étaient divisés dans une douzaine de bastilles ou boulevards[2], qui, pour la plupart, ne communiquaient pas entre eux. Cette disposition prouve que Talbot et les autres chefs anglais avaient eu jusque-là plus de bravoure et de bonheur que d'intelligence militaire. Il était évident que chacune de ces petites places isolées serait faible contre la grande et grosse ville qu'elles prétendaient garder; que cette nombreuse population, aguerrie par un long siège, finirait par assiéger les assiégeants.

---

1. « Nolebat uti ense suo, nec volebat quemquam interficere. » (*Déposition de frère Séguin.*) — 2. **App. 29.**

Quand on lit la liste formidable des capitaines qui se jetèrent dans Orléans : La Hire, Xaintrailles, Gaucourt, Culan, Coaraze, Armagnac ; quand on voit qu'indépendamment des Bretons du maréchal de Retz, des Gascons du maréchal de Saint-Sévère, le capitaine de Châteaudun, Florent d'Illiers, avait entraîné la noblesse du voisinage à cette courte expédition, la délivrance d'Orléans semble moins miraculeuse.

Il faut dire pourtant qu'il manquait une chose pour que ces grandes forces agissent avec avantage, chose essentielle, indispensable, l'unité d'action. Dunois eût pu la donner, s'il n'eût fallu pour cela que de l'adresse et de l'intelligence. Mais ce n'était pas assez : il fallait une autorité, plus que l'autorité royale : les capitaines du roi n'étaient pas habitués à obéir au roi. Pour réduire ces volontés sauvages, indomptables, il fallait Dieu même. Le Dieu de cet âge, c'était la Vierge bien plus que le Christ. Il fallait la Vierge descendue sur terre, une vierge populaire, jeune, belle, douce, hardie.

La guerre avait changé les hommes en bêtes sauvages ; il fallait de ces bêtes refaire des hommes, des chrétiens, des sujets dociles. Grand et difficile changement ! quelques-uns de ces capitaines armagnacs étaient peut-être les hommes les plus féroces qui eussent jamais existé. Il suffit d'en nommer un, dont le nom seul fait horreur, Gilles de Retz, l'original de Barbe bleue[1].

---

1. Voir plus bas l'épouvantable *Procès*.

Il restait pourtant une prise sur ces âmes qu'on pouvait saisir ; elles étaient sorties de l'humanité, de la nature, sans avoir pu se dégager entièrement de la religion. Les brigands, il est vrai, trouvaient moyen d'accommoder de la manière la plus bizarre la religion au brigandage. L'un d'eux, le Gascon La Hire, disait avec originalité : « Si Dieu se faisait homme d'armes, il serait pillard. » Et quand il allait au butin, il faisait sa petite prière gasconne, sans trop dire ce qu'il demandait, pensant bien que Dieu l'entendrait à demi mot : « Sire Dieu, je te prie de faire pour La Hire ce que La Hire ferait pour toi, si tu étais capitaine, et si La Hire était Dieu[1]. »

Ce fut un spectacle risible et touchant de voir la conversion subite des vieux brigands armagnacs. Ils ne s'amendèrent pas à demi. La Hire n'osait plus jurer ; la Pucelle eut compassion de la violence qu'il se faisait, elle lui permit de jurer : « Par son bâton. » Les diables se trouvaient devenus tout à coup de petits saints.

Elle avait commencé par exiger qu'ils laissassent leurs folles femmes et se confessassent[2]. Puis, dans la route, le long de la Loire, elle fit dresser un autel sous le ciel, elle communia, et ils communièrent. La beauté de la saison, le charme d'un printemps de Touraine, devaient singulièrement ajouter à la puis-

---

1. « Sur quoy le chapelain lui donna absolution telle quelle, et lors La Hire fit sa prière à Dieu, en disant en son gascon... » (*Mémoires concernant la Pucelle.*)

2. *Déposition de Dunois* : « Jeanne ordonna que tous se confessàssent... et leur fict oster leurs fillettes. » (*Mémoires concernant la Pucelle.*)

sance religieuse de la jeune fille. Eux-mêmes, ils avaient rajeuni; ils s'étaient parfaitement oubliés, ils se retrouvaient, comme en leurs belles années, pleins de bonne volonté et d'espoir, tous jeunes comme elle, tous enfants... Avec elle, ils commençaient de tout cœur une nouvelle vie. Où les menait-elle? peu leur importait. Ils l'auraient suivie, non pas à Orléans, mais tout aussi bien à Jérusalem. Et il ne tenait qu'aux Anglais d'y venir aussi; dans la lettre qu'elle leur écrivit, elle leur proposait gracieusement de se réunir et de s'en aller tous, Anglais et Français, délivrer le Saint-Sépulcre [1].

La première nuit qu'ils campèrent, elle coucha tout armée, n'ayant point de femmes près d'elle; mais elle n'était pas encore habituée à cette vie dure; elle en fut malade [2]. Quant au péril, elle ne savait ce que c'était. Elle voulait qu'on passât du côté du Nord, sur la rive anglaise, à travers les bastilles des Anglais, assurant qu'ils ne bougeraient point. On ne voulut pas l'écouter; on suivit l'autre rive, de manière à passer deux lieues au-dessus d'Orléans. Dunois vint à la rencontre : « Je vous amène, dit-elle, le meilleur secours qui ait jamais été envoyé à qui que ce soit, le secours du Roi des cieux. Il ne vient pas de moi, mais de Dieu même qui, à la requête de saint Louis et de

---

1. « Vous, duc de Bedford, la Pucelle vous prie et vous requiert que vous ne vous faictes mie destruire. Se vous lui faictes raison, encore *pourrez-vous venir en sa compagnie*, l'oir que les Franchois feront le plus bel fait que oncques fut fait pour la Xhrestpienté. » (*Lettre de la Pucelle.*)

2. « Multum læsa, quia decubuit cum armis. » (*Dépos. de Louis de Contes, page de la Pucelle.*)

saint Charlemagne, a eu pitié de la ville d'Orléans et n'a pas voulu souffrir que les ennemis eussent tout ensemble le corps du duc et sa ville[1]. »

Elle entra dans la ville à huit heures du soir (29 avril), lentement; la foule ne permettait pas d'avancer. C'était à qui toucherait au moins son cheval. Ils la regardaient « comme s'ils veissent Dieu[2] ». Tout en parlant doucement au peuple, elle alla jusqu'à l'église, puis à la maison du trésorier du duc d'Orléans, homme honorable, dont la femme et les filles la reçurent; elle coucha avec Charlotte, l'une des filles.

Elle était entrée avec les vivres; mais l'armée redescendit pour passer à Blois. Elle eût voulu néanmoins qu'on attâquat sur-le-champ les bastilles des Anglais. Elle envoya du moins une seconde sommation aux bastilles du nord, puis elle alla en faire une autre aux bastilles du midi. Le capitaine Glasdale l'accabla d'injures grossières, l'appelant vachère et ribaude[3]. Au fond, ils la croyaient sorcière et en avaient grand'peur. Ils avaient gardé son héraut d'armes, et ils pensaient à le brûler, dans l'idée que peut-être cela romprait le charme. Cependant, ils crurent devoir, avant tout, consulter les docteurs de l'Université de

---

1. *Déposition de Dunois.*
2. Elle semblait tout au moins un ange, une créature étrangère à tous les besoins physiques. Elle restait parfois tout un jour à cheval, sans descendre, sans manger ni boire, sauf le soir un peu de pain et de vin mêlé d'eau.
3. Les injures des Anglais lui étaient fort sensibles. S'entendant appeler « la putain des Armignats », elle pleura à chaudes larmes et prit Dieu à témoin; puis se sentant consolée, elle dit : « J'ai eu nouvelles de mon Seigneur. »

Paris. Dunois les menaçait d'ailleurs de tuer aussi leurs hérauts qu'il avait entre les mains. Pour la Pucelle, elle ne craignait rien pour son héraut ; elle en envoya un autre, en disant : « Vas dire à Talbot que s'il s'arme, je m'armerai aussi... S'il peut me prendre, qu'il me fasse brûler. »

L'armée ne venant point, Dunois se hasarda à sortir pour l'aller chercher. La Pucelle, restée à Orléans, se trouva vraiment maîtresse de la ville, comme si toute autorité eût cessé. Elle chevaucha autour des murs, et le peuple la suivit sans crainte [1]. Le jour d'après, elle alla visiter de près les bastilles anglaises ; toute la foule, hommes, femmes et enfants, allaient aussi regarder ces fameuses bastilles, où rien ne remuait. Elle ramena la foule après elle à Sainte-Croix pour l'heure des vêpres. Elle pleurait aux offices [2], et tout le monde pleurait. Le peuple était hors de lui ; il n'avait peur de rien ; il était ivre de religion et de guerre, dans un de ces formidables accès de fanatisme où les hommes peuvent tout faire et tout croire, où ils ne sont guère moins terribles aux amis qu'aux ennemis.

Le chancelier de Charles VII, l'archevêque de Reims, avait retenu la petite armée à Blois. Le vieux politique était loin de se douter de cette toute-puissance de l'enthousiasme, ou peut-être il la redoutait. Il vint donc bien malgré lui. La Pucelle alla au-devant,

---

1. « Après laquelle couroit le peuple à très grand'foulle, prenant moult grand plaisir à la veoir et estre entour d'elle. Et quand elle eust veu et regardé son plaisir les fortifications des Anglois... » (*L'Histoire et Discours au vray du siège*).

2. *Déposition de Compaing, chanoine d'Orléans.*

avec le peuple et les prêtres qui chantaient des hymnes; cette procession passa et repassa devant les bastilles anglaises; l'armée entra protégée par des prêtres et par une fille (4 mai 1429)[1].

Cette fille, qui, au milieu de son enthousiasme et de son inspiration, avait beaucoup de finesse, démêla très bien la froide malveillance des nouveaux-venus. Elle comprit qu'on voudrait agir sans elle, au risque de tout perdre. Dunois lui ayant avoué qu'on craignait l'arrivée d'une nouvelle troupe anglaise, sous les ordres de sir Falstoff : « Bastard, Bastard, lui dit-elle, « au nom de Dieu, je te commande que, dès que tu « sauras la venue de ce Falstoff, tu me le fasses savoir; « car, s'il passe sans que je le sache, je te ferai couper « la tête[2]. »

Elle avait raison de croire qu'on voulait agir sans elle. Comme elle se reposait un moment près de la jeune Charlotte, elle se dresse tout à coup : « Ah! mon Dieu! dit-elle, le sang de nos gens coule par terre... c'est mal fait! pourquoi ne m'a-t-on pas éveillée? Vite, mes armes, mon cheval! » Elle fut armée en un moment, et trouvant en bas son jeune page qui jouait : « Ah! méchant garçon! lui dit-elle, vous ne me diriez donc pas que le sang de France feust repandu! » Elle partit au grand galop; mais déjà elle rencontra des blessés qu'on rapportait. « Jamais, dit-elle, je n'ai veu sang de François que mes cheveux ne levassent[3]. »

---

1. *Déposition du frère Pasquerel, confesseur de la Pucelle.*
2. *Déposition de Daulon, écuyer de la Pucelle.*
3. « Que mes cheveux ne me levassent en sus. » (*Déposition du même.*)

A son arrivée, les fuyards tournèrent visage. Dunois, qui n'avait pas été averti non plus, arrivait en même temps. La bastille (c'était une des bastilles du nord) fut attaquée de nouveau. Talbot essaya de la secourir. Mais il sortit de nouvelles forces d'Orléans, la Pucelle se mit à leur tête, et Talbot fit rentrer les siens. La bastille fut emportée.

Beaucoup d'Anglais qui avaient pris des habits de prêtres pour se sauver, furent emmenés par la Pucelle et mis chez elle en sûreté[1]; elle connaissait la férocité des gens de son parti. C'était sa première victoire, la première fois qu'elle voyait un champ de massacre. Elle pleura, en voyant tant d'hommes morts sans confession[2]. Elle voulut se confesser, elle et les siens, et déclara que le lendemain, jour de l'Ascension, elle communierait et passerait le jour en prières.

On mit ce jour à profit. On tint le conseil sans elle, et l'on décida que cette fois l'on passerait la Loire pour attaquer Saint-Jean-le-Blanc, celle des bastilles qui mettait le plus d'obstacle à l'entrée des vivres, et qu'en même temps l'on ferait une fausse attaque de l'autre côté. Les jaloux de la Pucelle lui parlèrent seulement de la fausse attaque, mais Dunois lui avoua tout.

Les Anglais firent alors ce qu'ils auraient dû faire plus tôt. Ils se concentrèrent. Brûlant eux-mêmes la bastille qu'on voulait attaquer, ils se replièrent dans

---

1. *Déposition de Louis Contes, page de la Pucelle.*
2. *Déposition de frère Pasquerel, son confesseur.*

les deux autres bastilles du midi, celles des Augustins et des Tournelles. Les Augustins furent attaqués à l'instant, attaqués et emportés. Le succès fut dû encore en partie à la Pucelle. Les Français eurent un moment de terreur panique et refluèrent précipitamment vers le pont flottant qu'on avait établi. La Pucelle et La Hire se dégagèrent de la foule, se jetèrent dans des bateaux et vinrent charger les Anglais en flanc.

Restaient les Tournelles. Les vainqueurs passèrent la nuit devant cette bastille. Mais ils obligèrent la Pucelle qui n'avait rien mangé de la journée (c'était vendredi), à repasser la Loire. Cependant le conseil s'était assemblé. On dit le soir à la Pucelle qu'il avait été décidé unanimement que, la ville étant maintenant pleine de vivres, on attendrait un nouveau renfort pour attaquer les Tournelles. Il est difficile de croire que telle fût l'intention sérieuse des chefs; les Anglais pouvant d'un moment à l'autre être secourus par Falstoff, il y avait le plus grand danger à attendre. Probablement on voulait tromper la Pucelle et lui ôter l'honneur du succès qu'elle avait si puissamment préparé. Elle ne s'y laissa pas prendre.

« Vous avez été en votre conseil, dit-elle, et j'ai été au mien[1]. » Et se tournant vers son chapelain : « Venez demain à la pointe du jour, et ne me quittez pas; j'aurai beaucoup à faire; il sortira du sang de mon corps; je serai blessée au-dessus du sein... ».

Le matin, son hôte essaya de la retenir. « Restez,

---

1. « Vos fuistis in vestro consilio, et ego in meo. » (*Déposition du confesseur de la Pucelle.*)

Jeanne, lui dit-il ; mangeons ensemble ce poisson qu'on vient de pêcher. » « Gardez-le, dit-elle gaiement ; gardez-le jusqu'à ce soir, lorsque je repasserai le pont après avoir pris les Tournelles ; je vous amènerai un *Godden* qui en mangera sa part[1]. »

Elle chevaucha ensuite avec une foule d'hommes d'armes et de bourgeois jusqu'à la porte de Bourgogne. Mais le sire de Gaucourt, grand maître de la maison du roi, la tenait fermée. « Vous êtes un méchant homme, lui dit Jeanne ; que vous le vouliez ou non, les gens d'armes vont passer. » Gaucourt sentit bien que devant ce flot de peuple exalté sa vie ne tenait qu'à un fil ; d'ailleurs ses gens ne lui obéissaient plus. La foule ouvrit la porte et en força une autre à côté.

Le soleil se levait sur la Loire au moment où tout ce monde se jeta dans les bateaux. Toutefois, arrivés aux Tournelles, ils sentirent qu'il fallait de l'artillerie, et ils allèrent en chercher dans la ville. Enfin ils attaquèrent le boulevard extérieur qui couvrait la bastille. Les Anglais se défendaient vaillamment[2]. La Pucelle, voyant que les assaillants commençaient à faiblir, se jeta dans le fossé, prit une échelle, et elle l'appliquait au mur lorsqu'un trait vint la frapper entre le col et l'épaule. Les Anglais sortaient pour la prendre ; mais on l'emporta. Éloignée du combat, placée sur l'herbe et désarmée, elle vit combien sa

---

1. *Déposition de Colette, femme du trésorier Milet, chez lequel elle logeait.*

2. « Sembloit... qu'ils cuidassent estre immortels. » (*L'Histoire et Discours au vray du siège.*)

blessure était profonde ; le trait ressortait par derrière ; elle s'effraya et pleura[1]... Tout à coup, elle se relève ; ses saintes lui avaient apparu ; elle éloigne les gens d'armes qui croyaient *charmer* la blessure par des paroles ; elle ne voulait pas guérir, disait-elle, contre la volonté de Dieu. Elle laissa seulement mettre de l'huile sur la blessure et se confessa.

Cependant rien n'avançait, la nuit allait venir. Dunois lui-même faisait sonner la retraite. « Attendez encore, dit-elle, buvez et mangez » ; et elle se mit en prières dans une vigne. Un Basque avait pris des mains de l'écuyer de la Pucelle son étendard si redouté de l'ennemi : « Dès que l'étendard touchera le mur, disait-elle, vous pourrez entrer. — Il y touche. — Eh bien, entrez, tout est à vous. » En effet les assaillants, hors d'eux-mêmes, montèrent « comme par un degré ». Les Anglais, en ce moment, étaient attaqués des deux côtés à la fois.

Cependant les gens d'Orléans qui, de l'autre bord de la Loire, suivaient des yeux le combat, ne purent plus se contenir. Ils ouvrirent leurs portes, et s'élancèrent sur le pont. Mais il y avait une arche rompue ; ils y jetèrent d'abord une mauvaise gouttière, et un chevalier de Saint-Jean, tout armé, se risqua à passer dessus. Le pont fut rétabli tant bien que mal. La foule déborda. Les Anglais, voyant venir cette mer de peuple, croyaient que le monde entier était rassemblé[2].

---

1. « Timuit, flevit... Apposuerunt oleum olivarum cum lardo. » (*Notices des mss.*)
2. C'est ce qu'ils dirent le soir même, quand ils furent amenés à Orléans.

Le vertige les prit. Les uns voyaient saint Aignan, patron de la ville, les autres, l'archange Michel[1]. Glasdale voulut se réfugier du boulevard dans la bastille par un petit pont; ce pont fut brisé par un boulet; l'Anglais tomba et se noya, sous les yeux de la Pucelle qu'il avait tant injuriée. « Ah! disait-elle, que j'ai pitié de ton âme[2]! » Il y avait cinq cents hommes dans la bastille; tout fut passé au fil de l'épée.

Il ne restait pas un Anglais au midi de la Loire. Le lendemain, dimanche, ceux du nord abandonnèrent leurs bastilles, leur artillerie, leurs prisonniers, leurs malades. Talbot et Suffolk dirigeaient cette retraite en bon ordre et fièrement. La Pucelle défendit qu'on les poursuivît, puisqu'ils se retiraient d'eux-mêmes. Mais avant qu'ils ne s'éloignassent et ne perdissent de vue la ville, elle fit dresser un autel dans la plaine, on y dit la messe, et en présence de l'ennemi le peuple rendit grâces à Dieu (dimanche 8 mai)[3].

L'effet de la délivrance d'Orléans fut prodigieux. Tout le monde y reconnut une puissance surnaturelle. Plusieurs la rapportaient au diable, mais la plupart à Dieu; on commença à croire généralement que Charles VII avait pour lui le bon droit.

---

1. *App.* 30.

2. « Clamando et dicendo : « Classidas, Classidas, *ren ty, ren ty* Regi « cœlorum! Tu me vocasti *putain*. Ego habeo magnam pietatem de tua anima, « et tuorum... »... Incepit flere fortiter pro anima ipsius et aliorum submersorum. » (*Notices des mss.*)

3. Le siège avait duré sept mois, du 12 octobre 1428 au 8 mai 1429. Dix jours suffirent à la Pucelle pour délivrer la ville; elle y était entrée le 29 avril au soir. Le jour de la délivrance resta une fête pour Orléans; cette fête commençait par l'éloge de Jeanne Darc, une procession parcourait la ville, et au milieu marchait un jeune garçon qui représentait la Pucelle. *App.* 31.

Six jours après le siège, Gerson publia et répandit un traité où il prouvait qu'on pouvait bien, sans offenser la raison, rapporter à Dieu ce merveilleux événement. La bonne Christine de Pisan écrivit aussi pour féliciter son sexe. Plusieurs traités furent publiés, plus favorables qu'hostiles à la Pucelle, et par les sujets même du duc de Bourgogne, allié des Anglais.

Charles VII devait saisir ce moment, aller hardiment d'Orléans à Reims, mettre la main sur la couronne. Cela semblait téméraire, et n'en était pas moins facile dans le premier effroi des Anglais. Puisqu'ils avaient fait l'insigne faute de ne point sacrer encore leur jeune Henri VI, il fallait les devancer. Le premier sacré devait rester roi. C'était aussi une grande chose pour Charles VII de faire sa royale chevauchée à travers la France anglaise, de prendre possession, de montrer que partout en France le roi est chez lui.

La Pucelle était seule de cet avis, et cette folie héroïque était la sagesse même. Les politiques, les fortes têtes du conseil souriaient, ils voulaient qu'on allât lentement et sûrement, c'est-à-dire qu'on donnât aux Anglais le temps de reprendre courage. Ces conseillers donnaient tous des avis intéressés. Le duc d'Alençon voulait qu'on allât en Normandie, qu'on reconquît Alençon[1]. Les autres demandèrent et obtinrent qu'on resterait sur la Loire, qu'on ferait le siège

---

1. Voy. la déposition du duc d'Alençon. Le duc voulant différer l'assaut, la Pucelle lui dit : « Ah ! gentil duc, as-tu peur ? ne sais-tu pas que j'ai promis à ta femme de te ramener sain et sauf ? » (*Notices des mss.*)

des petites places ; c'était l'avis le plus timide, et surtout l'intérêt des maisons d'Orléans, d'Anjou, celui du Poitevin La Trémouille, favori de Charles VII.

Suffolk s'était jeté dans Jargeau ; il y fut renfermé, forcé. Beaugency fut pris aussi, avant que lord Talbot eût pu recevoir les secours du régent que lui amenait sir Falstoff. Le connétable de Richemont, qui depuis longtemps se tenait dans ses fiefs, vint avec ses Bretons, malgré le roi, malgré la Pucelle. au secours de l'armée victorieuse[1].

Une bataille était imminente ; Richemont venait pour en avoir l'honneur. Talbot et Falstoff s'étaient réunis ; mais, chose étrange qui peint et l'état du pays et cette guerre toute fortuite, on ne savait où trouver l'armée anglaise dans le désert de la Beauce, alors couverte de taillis et de broussailles. Un cerf découvrit les Anglais ; poursuivi par l'avant-garde française, il alla se jeter dans leurs rangs.

Les Anglais étaient en marche et n'avaient pas, comme à l'ordinaire, planté leur défense de pieux. Talbot voulait seul se battre, enragé qu'il était, depuis Orléans, d'avoir montré le dos aux Français ; sir Falstoff, au contraire, qui avait gagné la bataille des Harengs, n'avait pas besoin d'une bataille pour se réhabiliter ; il disait en homme sage qu'avec une armée découragée il fallait rester sur la défensive. Les gens d'armes français n'attendirent pas la fin de la dispute ; ils arrivèrent au galop, et ne trouvèrent

---

1. *App.* 32.

pas grande résistance [1]. Talbot s'obstina à combattre, croyant peut-être se faire tuer, et ne réussit qu'à se faire prendre. La poursuite fut meurtrière, deux mille Anglais couvrirent la plaine de leurs corps. La Pucelle pleurait à l'aspect de tous ces morts ; elle pleura encore plus en voyant la brutalité du soldat, et comme il traitait les prisonniers qui ne pouvaient se racheter ; l'un d'eux fut frappé si rudement à la tête, qu'il tomba expirant ; la Pucelle n'y tint pas, elle s'élança de cheval, souleva la tête du pauvre homme, lui fit venir un prêtre, le consola, l'aida à mourir [2].

Après cette bataille de Patay (28 ou 29 juin), le moment était venu, ou jamais, de risquer l'expédition de Reims. Les politiques voulaient qu'on restât encore sur la Loire, qu'on s'assurât de Cosne et de La Charité. Ils eurent beau dire cette fois ; les voix timides ne pouvaient plus être écoutées. Chaque jour affluaient des gens de toutes les provinces qui venaient au bruit des miracles de la Pucelle, ne croyaient qu'en elle et, comme elle, avaient hâte de mener le roi à Reims. C'était un irrésistible élan de pèlerinage et de croisade. L'indolent jeune roi lui-même finit par se laisser soulever à cette vague populaire, à cette grande marée qui montait et poussait au nord. Roi, courtisans, politiques, enthousiastes, tous ensemble, de gré ou de force, les fols, les sages, ils partirent. Au départ, ils

---

1. Falstoff s'enfuit, comme les autres, et fut dégradé de l'ordre de la Jarretière. Il était grand maître d'hôtel de Bedford. Sa dégradation, dont il fut au reste bientôt relevé, fut probablement un coup porté à Bedford. *App.* 33.

2. « Tenendo eum in caput et consolando. » (*Déposition de son page, Louis de Contes.*)

étaient douze mille ; mais le long de la route, la masse allait grossissant ; d'autres venaient, et toujours d'autres ; ceux qui n'avaient pas d'armure suivaient la sainte expédition en simples jacques, tout gentilshommes qu'ils pouvaient être, comme archers, comme coutilliers.

L'armée partit de Gien le 28 juin, passa devant Auxerre, sans essayer d'y entrer ; cette ville était entre les mains du duc de Bourgogne, que l'on ménageait. Troyes avait une garnison mêlée de Bourguignons et d'Anglais ; à la première apparition de l'armée royale, ils osèrent faire une sortie. Il y avait peu d'apparence de forcer une grande ville, si bien gardée, et cela sans artillerie. Mais comment s'arrêter à en faire le siège ? Comment, d'autre part, avancer en laissant une telle place derrière soi ? l'armée souffrait déjà de la faim. Ne valait-il pas mieux s'en retourner ? Les politiques triomphaient.

Il n'y eut qu'un vieux conseiller armagnac, le président Maçon, qui fût d'avis contraire, qui comprît que dans une telle entreprise la sagesse était du côté de l'enthousiasme, que dans une croisade populaire il ne fallait pas raisonner. « Quand le roi a entrepris ce voyage, dit-il, il ne l'a pas fait pour la grande puissance de gens d'armes, ni pour le grand argent qu'il eût, ni parce que le voyage lui semblait possible ; il l'a entrepris parce que Jeanne lui disait d'aller en avant et de se faire couronner à Reims, qu'il y trouverait peu de résistance, tel étant le bon plaisir de Dieu. »

La Pucelle, venant alors frapper à la porte du conseil, assura que dans trois jours on pourrait entrer dans la ville. « Nous en attendrions bien six, dit le chancelier, si nous étions sûrs que vous dites vrai. » — « Six? vous y entrerez demain[1] ! »

Elle prend son étendard; tout le monde la suit aux fossés; elle y jette tout ce qu'on trouve, fagots, portes, tables, solives. Et cela allait si vite que les gens de la ville crurent qu'en un moment il n'y aurait plus de fossés. Les Anglais commencèrent à s'éblouir, comme à Orléans; ils croyaient voir une nuée de papillons blancs qui voltigeaient autour du magique étendard. Les bourgeois, de leur côté, avaient grand'peur, se souvenant que c'était à Troyes que s'était conclu le traité qui déshéritait Charles VII; ils craignaient qu'on ne fît un exemple de leur ville; ils se réfugiaient déjà aux églises; ils criaient qu'il fallait se rendre. Les gens de guerre ne demandaient pas mieux. Ils parlementèrent et obtinrent de s'en aller avec tout ce qu'ils avaient.

Ce qu'ils avaient, c'était surtout des prisonniers, des Français. Les conseillers de Charles VII qui dressèrent la capitulation n'avaient rien stipulé pour ces malheureux. La Pucelle y songea seule. Quand les Anglais sortirent avec leurs prisonniers garrottés, elle se mit aux portes, et s'écria : « O mon Dieu! ils ne les emmèneront pas! » Elle les retint en effet, et le roi paya leur rançon.

---

1. *Déposition de Simon Charles.*

Maître de Troyes le 9 juillet, il fit le 15 son entrée à Reims, et le 17 (dimanche) il fut sacré. Le matin même, la Pucelle mettant, selon le précepte de l'Évangile, la réconciliation avant le sacrifice, dicta une belle lettre pour le duc de Bourgogne ; sans rien rappeler, sans irriter, sans humilier personne, elle lui disait avec beaucoup de tact et de noblesse : « Pardonnez l'un à l'autre de bon cœur, comme doivent faire loyaux chrétiens. »

Charles VII fut oint par l'archevêque de l'huile de la Sainte Ampoule qu'on apporta de Saint-Remy. Il fut, conformément au rituel antique[1], soulevé sur son siège par les pairs ecclésiastiques, servi des pairs laïques et au sacre et au repas. Puis il alla à Saint-Marcou toucher les écrouelles. Toutes les cérémonies furent accomplies sans qu'il y manquât rien. Il se trouva le vrai roi, et le seul, dans les croyances du temps. Les Anglais pouvaient désormais faire sacrer Henri ; ce nouveau sacre ne pouvait être, dans la pensée des peuples, qu'une parodie de l'autre.

Au moment où le roi fut sacré, la Pucelle se jeta à genoux, lui embrassant les jambes et pleurant à chaudes larmes. Tout le monde pleurait aussi.

On assure qu'elle lui dit : « O gentil roi, maintenant est fait le plaisir de Dieu, qui vouloit que je fisse lever le siège d'Orléans et que je vous amenasse en votre cité de Reims recevoir votre saint sacre, montrant que vous êtes vrai roi et qu'à vous doit appartenir le royaume de France. »

---

1. *App.* 34.

La Pucelle avait raison; elle avait fait et fini ce qu'elle avait à faire. Aussi, dans la joie même de cette triomphante solennité, elle eut l'idée, le pressentiment peut-être de sa fin prochaine. Lorsqu'elle entrait à Reims avec le roi et que tout le peuple venait au-devant en chantant des hymnes : « O le bon et dévot peuple! dit-elle... Si je dois mourir, je serais bien heureuse que l'on m'enterrât ici! — Jehanne, lui dit l'archevêque, où croyez-vous donc mourir? — Je n'en sais rien, où il plaira à Dieu... Je voudrais bien qu'il lui plût que je m'en allasse garder les moutons avec ma sœur et mes frères... Ils seraient si joyeux de me revoir!... J'ai fait du moins ce que Notre-Seigneur m'avait commandé de faire. » Et elle rendit grâces en levant les yeux au ciel. Tous ceux qui la virent en ce moment, dit la vieille chronique, « crurent mieux que jamais que c'estoit chose venue de la part de Dieu[1] ».

1. *Chronique de la Pucelle. Notices des mss., déposition de Dunois.*

CHAPITRE IV

Le cardinal de Winchester. — Procès et mort de la Pucelle.
(1429-1431).

Telle fut la vertu du sacre et son effet tout-puissant dans la France du Nord, que dès lors l'expédition sembla n'être qu'une paisible prise de possession, un triomphe, une continuation de la fête de Reims. Les routes s'aplanissaient devant le roi, les villes ouvraient leurs portes et baissaient leurs ponts-levis. C'était comme un royal pèlerinage de la cathédrale de Reims à Saint-Médard de Soissons, à Notre-Dame de Laon. S'arrêtant quelques jours dans chaque ville, chevauchant à son plaisir, il entra dans Château-Thierry, dans Provins, d'où, bien refait et reposé, il reprit vers la Picardie sa promenade triomphale.

Y avait-il encore des Anglais en France? on eût pu vraiment en douter. Depuis l'affaire de Patay, on n'entendait plus parler de Bedford. Ce n'était pas que l'activité ou le courage lui manquât. Mais il avait usé ses dernières ressources. On peut juger de sa détresse par un seul fait qui en dit beaucoup : c'est qu'il ne pouvait plus payer son Parlement, que cette cour cessa tout service, et que l'entrée même du jeune roi Henri ne put être, selon l'usage, écrite avec quelque détail sur les registres, « parce que le parchemin manquait[1] ».

Dans une telle situation, Bedford n'avait pas le choix des moyens. Il fallut qu'il se remît à l'homme qu'il aimait le moins, à son oncle, le riche et tout-puissant cardinal de Winchester. Mais celui-ci, non moins avare qu'ambitieux, se faisait marchander et spéculait sur le retard[2]. Le traité ne fut conclu que le 1er juillet, le surlendemain de la défaite de Patay. Charles VII entrait à Troyes, à Reims; Paris était en alarmes, et Winchester était encore en Angleterre. Bedford, pour assurer Paris, appela le duc de Bourgogne. Il vint en effet, mais presque seul; tout le parti qu'en tira le régent, ce fut de le faire figurer dans une assemblée de notables, de le faire parler, et répéter encore la lamentable histoire de la mort de son père. Cela fait, il s'en alla, laissant pour tout secours à Bedford quelques hommes d'armes picards ; encore fallut-il qu'en retour on lui engageât la ville de Meaux[3].

---

1. *App.* 35.
2. Dès le 15 juin, on presse des vaisseaux pour son passage ; les conditions auxquelles il veut bien aider le roi, son neveu, ne sont réglées que le 18 ; le traité est du 1er juillet, et le 16, le régent et le conseil de France en sont encore à prier Winchester de venir et d'amener le roi au plus vite. Voy. tous ces actes dans Rymer.
3. On lui donna en outre vingt mille livres, pour payement de gens d'armes. (*Archives, Trésor des chartes,* J, 249, quittance du 8 juillet 1429.)

Il n'y avait d'espoir qu'en Winchester. Ce prêtre régnait en Angleterre. Son neveu, le *protecteur* Glocester, chef du parti de la noblesse, s'était perdu à force d'imprudences et de folies. D'année en année, son influence avait diminué dans le conseil ; Winchester y dominait et réduisait à rien le protecteur, jusqu'à rogner le salaire du protectorat d'année en année[1] ; c'était le tuer, dans un pays où chaque homme est coté strictement au taux de son traitement. Winchester, au contraire, était le plus riche des princes anglais, et l'un des grands bénéficiers du monde. La puissance suivit l'argent, comme il arrive. Le cardinal et les riches évêques de Cantorbéry, d'York, de Londres, d'Ély, de Bath, constituaient le conseil ; s'ils y laissaient siéger des laïques, c'était à condition qu'ils ne diraient mot, et aux séances importantes on ne les appelait même pas. Le gouvernement anglais, comme on pouvait le prévoir dès l'avènement des Lancastre, était devenu tout épiscopal. Il y paraît aux actes de ce temps. En 1429, le chancelier ouvre le Parlement par une sortie terrible contre l'hérésie ; le conseil dresse des articles contre les nobles qu'il accuse de brigandage, contre les armées de serviteurs dont ils s'entouraient, etc.[2].

Pour porter au plus haut point la puissance du cardinal, il fallait que Bedford fût aussi bas en France que l'était Glocester en Angleterre, qu'il en fût réduit à appeler Winchester, et que celui-ci, à la tête d'une

---

[1]. Turner. — [2]. *App.* 36.

armée, vint faire sacrer le jeune Henri VI. Cette armée, Winchester l'avait toute prête ; chargé par le pape d'une croisade contre les Hussites de Bohême, il avait sous ce prétexte engagé quelques milliers d'hommes. Le pape lui avait donné l'argent des indulgences pour les mener en Bohême ; le conseil d'Angleterre lui donna encore plus d'argent pour les retenir en France[1]. Le cardinal, au grand étonnement des croisés, se trouva les avoir vendus ; il en fut deux fois payé, payé pour une armée qui lui servait à se faire roi.

Avec cette armée Winchester devait s'assurer de Paris, y mener le petit Henri, l'y sacrer. Mais ce sacre n'assurait la puissance du cardinal qu'autant qu'il réussirait à décrier le sacre de Charles VII, à déshonorer ses victoires, à le perdre dans l'esprit du peuple. Contre Charles VII en France, contre Glocester en Angleterre, il employa, comme on verra, un même moyen, fort efficace alors : un procès de sorcellerie.

Ce fut seulement le 25 juillet, lorsque depuis neuf jours Charles VII était bien et dûment sacré, que le cardinal entra avec son armée à Paris. Bedford ne perdit pas un moment ; il partit avec ces troupes pour observer Charles VII[2]. Deux fois ils furent en

1. Rymer.
2. Le défi de Bedford « à Charles-de-Valois » est écrit dans la langue dévote et dans les formes hypocrites qui caractérisent généralement les actes de la maison de Lancastre : « Ayez pitié et compassion du povre peuple chrestien... Prenez au pays de Brie aucune place aux champs... Et lors, si vous voulez aucune chose offrir, regardant au bien de la paix, nous laisserons et ferons tout ce que bon prince catholique peut et doit faire. (Monstrelet.)

présence, et il y eut quelques escarmouches. Bedford craignait pour la Normandie ; il la couvrit, et pendant ce temps le roi marcha sur Paris (août).

Ce n'était pas l'avis de la Pucelle ; ses voix lui disaient de ne pas aller plus avant que Saint-Denis. La ville des sépultures royales était, comme celle du sacre, une ville sainte ; au delà, elle pressentait quelque chose sur quoi elle n'avait plus d'action. Charles VII eût dû penser de même. Cette inspiration de sainteté guerrière, cette poésie de croisade qui avait ému les campagnes, n'y avait-il pas danger à la mettre en face de la ville raisonneuse et prosaïque, du peuple moqueur, des scholastiques et des cabochiens ?

L'entreprise était imprudente. Une telle ville ne s'emporte pas par un coup de main ; on ne la prend que par les vivres ; or les Anglais étaient maîtres de la Seine par en haut et par en bas. Ils étaient en force, et soutenus par bon nombre d'habitants qui s'étaient compromis pour eux. On faisait d'ailleurs courir le bruit que les Armagnacs venaient détruire, raser la ville.

Les Français emportèrent néanmoins un boulevard. La Pucelle descendit dans le premier fossé ; elle franchit le dos d'âne qui séparait ce fossé du second. Là, elle s'aperçut que ce dernier, qui ceignait les murs, était rempli d'eau. Sans s'inquiéter d'une grêle de traits qui tombaient autour d'elle, elle cria qu'on apportât des fascines, et cependant de sa lance elle sondait la profondeur de l'eau. Elle était là presque seule, en butte à tous les traits ; il en vint un qui lui traversa la cuisse. Elle essaya de résister à la douleur et resta pour encourager les troupes à donner l'assaut. Enfin, perdant beaucoup de sang, elle se retira à l'abri dans le premier fossé ; jusqu'à dix ou onze heures du soir on ne put la décider à revenir. Elle paraissait sentir que cet échec solennel sous les murs mêmes de Paris devait la perdre sans ressource.

Quinze cents hommes avaient été blessés dans cette attaque, qu'on l'accusait à tort d'avoir conseillée. Elle revint, maudite des siens comme des ennemis. Elle ne s'était pas fait scrupule de donner l'assaut le jour de la Nativité de Notre-Dame (8 septembre) ; la pieuse ville de Paris en avait été fort scandalisée[1].

La cour de Charles VII l'était encore plus. Les libertins, les politiques, les dévots aveugles de la lettre, ennemis jurés de l'esprit, tous se déclarent bravement contre l'esprit, le jour où il semble faiblir. L'archevêque de Reims, chancelier de France, qui n'avait jamais été bien pour la Pucelle, obtint, contre son avis, que l'on négocierait. Il vint à Saint-Denis demander une trêve ; peut-être espérait-il en secret gagner le duc de Bourgogne, alors à Paris.

Mal voulue, mal soutenue, la Pucelle fit pendant l'hiver les sièges de Saint-Pierre-le-Moustier et de La

---

1. Ici la violence du *Bourgeois* est amusante : « Estoient pleins de si grant maleur et de si malle créance, que, pour le dit d'une créature qui estoit en forme de femme avec eulx, qu'on nommoit la Pucelle (que c'estoit ? Dieu le scet), le jour de la Nativité Notre-Dame firent conjuration... de celui jour assaillir Paris... » (*Journal*.)

Charité. Au premier, presque abandonnée[1], elle donna pourtant l'assaut et emporta la ville. Le siège de La Charité traîna, languit et une terreur panique dispersa les assiégeants.

Cependant les Anglais avaient décidé le duc de Bourgogne à les aider sérieusement. Plus il les voyait faibles, plus il avait l'espoir de garder les places qu'il pourrait prendre en Picardie. Les Anglais, qui venaient de perdre Louviers, se mettaient à sa discrétion. Ce prince, le plus riche de la chrétienté, n'hésitait plus à mettre de l'argent et des hommes dans une guerre dont il espérait avoir le profit. Pour quelque argent il gagna le gouverneur de Soissons. Puis il assiégea Compiègne dont le gouverneur était aussi un homme fort suspect. Mais les habitants étaient trop compromis dans la cause de Charles VII pour laisser livrer leur ville. La Pucelle vint s'y jeter. Le jour même, elle fit une sortie et faillit surprendre les assiégeants. Mais ils furent remis en un moment et poussèrent vivement les assiégés jusqu'au boulevard, jusqu'au pont. La Pucelle, restée en arrière pour couvrir la retraite, ne put rentrer à temps, soit que la foule obstruât le pont, soit qu'on eût déjà fermé la barrière. Son costume la désignait ; elle fut bientôt entourée,

---

1. Lorsqu'on eut sonné la retraite, Daulon aperçut la Pucelle à l'écart avec les siens : « Et lui demanda qu'elle faisoit là ainsi seule, pour quoy elle ne se retyroit pas comme les autres; laquelle après ce qu'elle eust osté sa salade de dessus sa tête, lui respondit qu'elle n'estoit point seule, et que encore avoit-elle en sa compaignie cinquante mille de ses gens, et que d'illec ne se partiroit, jusque ad ce qu'elle eût prinse ladite ville. Il dict il qui parle que à celle heure, quelque chose qu'elle dict, n'avoit pas avec elle plus de quatre ou cinq hommes. » (*Déposition de Daulon*.)

saisie, tirée à bas de cheval. Celui qui l'avait prise, un archer picard, selon d'autres le bâtard de Vendôme, la vendit à Jean de Luxembourg. Tous, Anglais, Bourguignons, virent avec étonnement que cet objet de terreur, ce monstre, ce diable, n'était après tout qu'une fille de dix-huit ans.

Qu'il en dût advenir ainsi, elle le savait d'avance; cette chose cruelle était infaillible, disons-le, nécessaire. Il fallait qu'elle souffrît. Si elle n'eût pas eu l'épreuve et la purification suprême, il serait resté sur cette sainte figure des ombres douteuses parmi les rayons; elle n'eût pas été dans la mémoire des hommes LA PUCELLE D'ORLÉANS.

Elle avait dit, en parlant de la délivrance d'Orléans et du sacre de Reims : « C'est pour cela que je suis née. » Ces deux choses accomplies, sa sainteté était en péril.

Guerre, sainteté, deux mots contradictoires; il semble que la sainteté soit tout l'opposé de la guerre, qu'elle soit plutôt l'amour et la paix. Quel jeune courage se mêlera aux batailles sans partager l'ivresse sanguinaire de la lutte et de la victoire?... Elle disait à son départ qu'elle ne voulait se servir de son épée pour tuer personne. Plus tard, elle parle avec plaisir de l'épée qu'elle portait à Compiègne, « excellente, dit-elle, pour frapper d'estoc et de taille[1] ». N'y a-t-il pas là l'indice d'un changement? la sainte devenait un capitaine. Le duc d'Alençon dit qu'elle avait une

---

1. « Bonus ad dandum *de bonnes buffes et de bons torchons.* » (*Process. mss.*, 27 februarii 1431.)

singulière aptitude pour l'arme moderne, l'arme meurtrière, celle de l'artillerie. Chef de soldats indisciplinables, sans cesse affligée, blessée de leurs désordres, elle devenait rude et colérique, au moins pour les réprimer. Elle était surtout impitoyable pour les femmes de mauvaise vie qu'ils traînaient après eux. Un jour, elle frappa de l'épée de sainte Catherine, du plat de l'épée seulement, une de ces malheureuses. Mais la virginale épée ne soutint pas le contact; elle se brisa, et ne se laissa reforger jamais[1].

Peu de temps avant d'être prise, elle avait pris elle-même un partisan bourguignon, Franquet d'Arras, un brigand exécré dans tout le Nord. Le bailli royal le réclama pour le pendre. Elle le refusa d'abord, pensant l'échanger; puis, elle se décida à le livrer à la justice[2]. Il méritait cent fois la corde; néanmoins d'avoir livré un prisonnier, consenti à la mort d'un homme, cela dut altérer, même aux yeux des siens, son caractère de sainteté.

Malheureuse condition d'une telle âme tombée dans les réalités de ce monde! elle devait chaque jour perdre quelque chose de soi. Ce n'est pas impunément qu'on devient tout à coup riche, noble, honoré, l'égal des seigneurs et des princes. Ce beau costume, ces lettres de noblesse, ces grâces du roi, tout cela aurait sans doute à la longue altéré sa simplicité héroïque. Elle avait obtenu pour son village l'exemption de la

---

[1]. Voy. la déposition du duc d'Alençon, et Jean Chartier.
[2]. « Elle fut consentante de le faire mourir... pour ce qu'il confessast estre meurtrier, larron et traistre. » (Interrogatoire du 14 mars 1431.)

taille, et le roi avait donné à l'un de ses frères la prévôté de Vaucouleurs.

Mais le plus grand péril pour la sainte, c'était sa sainteté même, les respects du peuple, ses adorations. A Lagny, on la pria de ressusciter un enfant. Le comte d'Armagnac lui écrivit pour lui demander de décider lequel des papes il fallait suivre[1]. Si l'on s'en rapportait à sa réponse (peut-être falsifiée), elle aurait promis de décider à la fin de la guerre, se fiant à ses voix intérieures pour juger l'autorité elle-même.

Et pourtant ce n'était pas orgueil. Elle ne se donna jamais pour sainte; elle avoua souvent qu'elle ignorait l'avenir. On lui demanda la veille d'une bataille si le roi la gagnerait; elle dit qu'elle n'en savait rien. A Bourges, des femmes la priant de toucher des croix et des chapelets, elle se mit à rire et dit à la dame Marguerite, chez qui elle logeait : « Touchez-les vous-même; ils seront tout aussi bons[2]. »

C'était, nous l'avons dit, la singulière originalité de cette fille, le bon sens dans l'exaltation. Ce fut aussi, comme on verra, ce qui rendit ses juges implacables. Les scolastiques, les raisonneurs, qui la haïssaient comme inspirée, furent d'autant plus cruels pour elle qu'ils ne purent la mépriser comme folle, et que souvent elle fit taire leurs raisonnements devant une raison plus haute.

Il n'était pas difficile de prévoir qu'elle périrait. Elle s'en doutait bien elle-même. Dès le commencement,

---

1. *App.* 37. — 2. *Déposition de Marguerite la Touroulde.*

elle avait dit : « Il me faut employer ; je ne durerai qu'un an, ou guère plus. » Plusieurs fois, s'adressant à son chapelain, frère Pasquerel, elle répéta : « S'il faut que je meure bientôt, dites de ma part au roi, notre seigneur, qu'il fonde des chapelles où l'on prie pour le salut de ceux qui seront morts pour la défense du royaume[1]. »

Ses parents lui ayant demandé, quand ils la revirent à Reims, si elle n'avait donc peur de rien : « Je ne crains rien, dit-elle, que la trahison[2]. »

Souvent, à l'approche du soir, quand elle était en campagne, s'il se trouvait là quelque église, surtout de moines Mendiants, elle y entrait volontiers et se mêlait avec les petits enfants qu'on préparait à la communion. Si l'on en croit une ancienne chronique, le jour même qu'elle devait être prise, elle alla communier à l'église Saint-Jacques de Compiègne, elle s'appuya tristement contre un des piliers, et dit aux bonnes gens et aux enfants qui étaient là en grand nombre : « Mes bons amis et mes chers enfants, je vous le dis avec assurance, il y a un homme qui m'a vendue ; je suis trahie et bientôt je serai livrée à la mort. Priez Dieu pour moi, je vous supplie ; car je ne pourrai plus servir mon roi et le noble royaume de France. »

Il est probable que la Pucelle fut marchandée, achetée, comme on venait d'acheter Soissons. Les Anglais en auraient donné tout l'or du monde, dans

---

1. *Déposition de frère Jean Pasquerel.* — 2. *Déposition de Spinal.*

un moment si critique, lorsque leur jeune roi débarquait en France. Mais les Bourguignons voulaient l'avoir, et ils l'eurent ; c'était l'intérêt, non seulement du duc, du parti bourguignon en général, mais directement celui de Jean de Ligny, qui s'empressa d'acheter la prisonnière.

Que la Pucelle fût tombée entre les mains d'un noble seigneur de la maison de Luxembourg, d'un vassal du chevaleresque duc de Bourgogne[1], du *bon duc*, comme on disait, c'était une grande épreuve pour la chevalerie du temps. Prisonnière de guerre, fille, si jeune fille, vierge surtout, parmi de loyaux chevaliers, qu'avait-elle à craindre[2] ? On ne parlait que de chevalerie, de protection des dames et damoiselles affligées ; le maréchal Boucicaut venait de fonder un ordre qui n'avait pas d'autre objet. D'autre part, le culte de la Vierge, toujours en progrès dans le moyen âge, étant devenu la religion dominante, la virginité semblait devoir être une sauvegarde inviolable.

Pour expliquer ce qui va suivre, il faut faire con-

---

1. « Laquelle icelui duc alla voir au logis où elle estoit, et parla à elle aucunes paroles, dont je ne suis mie bien recors, jà soit ce que j'y estois présent. » (Monstrelet.) — *App.* 38.

2. Les fêtes de la Vierge vont toujours se multipliant : Annonciation, Présentation, Assomption, etc. Dans l'origine, sa fête principale est la *Purification;* au quinzième siècle, elle a si peu besoin d'être purifiée, que la Conception *immaculée* triomphe de toute opposition et devient presque un dogme. M. Didron a remarqué que la Vierge, d'abord vieille dans les peintures des catacombes, rajeunit peu à peu dans le moyen âge. Voy. son *Iconographie chrétienne.* — Dès le dix-septième siècle, la Vierge perd beaucoup ; on se moqua de l'ambassadeur du roi d'Espagne, qui, de la part du roi son maître, demandait à Louis XIV d'admettre la Conception *immaculée*.

naître le désaccord singulier qui existait alors entre les idées et les mœurs, il faut, quelque choquant que puisse être le contraste, placer en regard du trop sublime idéal, en face de l'*Imitation*, en face de la Pucelle, les basses réalités de l'époque; il faut (j'en demande pardon à la chaste fille qui fait le sujet de ce récit) descendre au fond de ce monde de convoitise et de concupiscence. Si nous ne le connaissions pas tel qu'il fut, nous ne pourrions comprendre comment les chevaliers livrèrent celle qui semblait la chevalerie vivante, comment, sous ce règne de la Vierge, la Vierge apparut pour être méconnue si cruellement.

La religion de ce temps-là, c'est moins la Vierge que la femme; la chevalerie, c'est celle du petit Jehan de Saintré[1]; seulement le roman est plus chaste que l'histoire.

Les princes donnent l'exemple. Charles VII reçoit Agnès en présent de la mère de sa femme, de la vieille reine de Sicile; mère, femme, maîtresse, il les mène avec lui, tout le long de la Loire, en douce intelligence.

Les Anglais, plus sérieux, ne veulent d'amour que dans le mariage; Glocester épouse Jacqueline; parmi les dames de Jacqueline, il en remarque une, belle et spirituelle, il l'épouse aussi[2].

Mais la France, mais l'Angleterre, en cela comme en tout, le cèdent de beaucoup à la Flandre[3], au

---

1. Voy. le tome IV et *Renaissance*, Introduction.
2. Selon quelques-uns, cette dame était déjà sa maîtresse; quoi qu'il en soit, le fait de la bigamie est incontestable.
3. J'ai caractérisé déjà cette grasse et molle Flandre. J'ai dit comment.

comte de Flandre, au grand duc de Bourgogne. La légende expressive des Pays-Bas est celle de la fameuse comtesse qui mit au monde trois cent soixante-cinq enfants. Les princes du pays, sans aller jusque-là, semblent du moins essayer d'approcher. Un comte de Clèves a soixante-trois bâtards. Jean de Bourgogne, évêque de Cambrai, officie pontificalement avec ses trente-six bâtards et fils de bâtards qui le servent à l'autel.

Philippe-le-Bon n'eut que seize bâtards[1] ; mais il n'eut pas moins de vingt-sept femmes, trois légitimes et vingt-quatre maîtresses. Dans ces tristes années de 1429 et 1430, pendant cette tragédie de la Pucelle, il était tout entier à la joyeuse affaire de son troisième mariage. Cette fois, il épousait une infante de Portugal, Anglaise par sa mère, Philippa de Lancastre[2]. Aussi

---

avec sa coutume féminine, elle a sans cesse passé d'un maître à l'autre, convolé de mari en mari. Les Flamands ont souvent fait comme la Flandre. Les divorces sont communs en ce pays (Quételet). Sous ce point de vue, l'histoire de Jacqueline est fort curieuse ; la vaillante comtesse aux quatre maris, qui défendit ses domaines contre le duc de Bourgogne, ne se garda pas si bien elle-même. Elle finit par troquer la Hollande contre un dernier époux. Retirée avec lui dans un vieux donjon, elle s'amusait, dit-on, tout en tirant au perroquet, à jeter dans les fossés des cruches, bien vidées, par-dessus sa tête. On assure qu'une de ces cruches retirées des fossés portait une inscription de quatre vers, dont voici le sens : « Sachez que dame Jacqueline, ayant bu une seule fois dans cette cruche, la jeta par-dessus sa tête dans le fossé où elle disparut. » *App.* 39.

1. Il reste je ne sais combien de lettres et d'actes de cet excellent prince, relativement aux nourritures de bâtards, pensions de mères et nourrices, etc.

2. Le père était le brave bâtard Jean Ier, qui venait de fonder en Portugal une nouvelle dynastie, comme le bâtard Transtamare en Castille. C'était le beau temps des bâtards. L'habile et hardi Dunois avait déclaré à douze ans qu'il n'était pas fils du riche et ridicule Canny, qu'il ne voulait pas de sa succession, qu'il s'appelait « le bâtard d'Orléans. »

les Anglais eurent beau lui donner le commandement de Paris[1], ils ne purent le retenir; il avait hâte de laisser ce pays de famine, de retourner en Flandre, d'y recevoir sa jeune épousée. Les actes, les cérémonies, les fêtes célébrées, interrompues, reprises, remplirent des mois entiers. A Bruges surtout, il y eut des galas inouïs, de fabuleuses réjouissances, des prodigalités insensées, à ruiner tous les seigneurs; et les bourgeois les éclipsaient. Les dix-sept nations qui avaient leurs comptoirs à Bruges, y étalèrent les richesses du monde. Les rues étaient tendues de beaux et doux tapis de Flandre. Pendant huit jours et huit nuits coulaient les vins à flots, les meilleurs; un lion de pierre versait le vin du Rhin; un cerf, celui de Beaune; une licorne, aux heures des repas, lançait l'eau de rose et le malvoisie[2].

Mais la splendeur de la fête flamande, c'étaient les Flamandes, les triomphantes beautés de Bruges, telles que Rubens les a peintes dans sa Madeleine de la *Descente de croix*. La Portugaise ne dut pas prendre plaisir à voir ses nouvelles sujettes. Déjà l'Espagnole Jeanne de Navarre s'était dépitée en les voyant, et elle avait dit malgré elle : « Je ne vois ici que des reines[3]. »

Le jour de son mariage (10 janvier 1430), Philippe-le-Bon institua l'ordre de la Toison d'or[4], « conquise

---

1. Les Anglais semblent y avoir été forcés : « Fut par les Parisiens requis au duc de Bourgogne qu'il lui plût à entreprendre le gouvernement de Paris. » (Monstrelet.) — 2. *Ibid.*
3. Voy. tome III.
4. L'allégorisme absurde du quinzième siècle crut voir dans l'ordre de la

par Jason », et il prit la conjugale et rassurante devise : « Autre n'auray. »

La nouvelle épouse s'y fia-t-elle? Cela est douteux. Cette toison de Jason, ou de Gédéon[1] (comme l'Église se hâta de la baptiser), était, après tout, la toison d'*or*, elle rappelait ces flots dorés, ces ruisselantes chevelures d'or que Van Eyck, le grand peintre de Philippe-le-Bon[2], jette amoureusement sur les épaules de ses saintes. Tout le monde vit dans l'ordre nouveau le triomphe de la beauté blonde, de la beauté jeune, florissante du Nord, en dépit des sombres beautés du Midi. Il semblait que le prince flamand, consolant les Flamandes, leur adressait ce mot à double entente : « Autre n'auray. »

Sous ces formes chevaleresques, gauchement imitées des romans, l'histoire de la Flandre en ce temps n'en est pas moins comme une fougueuse kermesse, joyeuse et brutale. Sous prétexte de tournois, de pas d'armes, de banquets de la Table ronde, ce ne sont que galanteries, amours faciles et vulgaires, interminables bombances[3]. La vraie devise de l'époque est celle que le sire de Ternant osa prendre aux joûtes

---

Toison le triomphe des drapiers de Flandre. Il n'y avait pourtant pas moyen de s'y tromper. Le galant fondateur joignait à la toison un collier de pierres à feu, avec ce mot : « Ante ferit quam flamma micat. » On y chercha vingt sens ; il n'y en a qu'un. La Jarretière d'Angleterre avec sa devise prude, la Rose de Savoie, ne sont pas plus obscures.

1. « Plus tard encore, le prince vieillissant, on fit de Jason *Josué*. » (Reiffenberg.)

2. Il fut valet de chambre, puis conseiller de Philippe-le-Bon. Il faisait partie de l'ambassade qui alla chercher l'infante Isabelle en Portugal. Voy. la *Relation* dans Gachard.

3. *App.* 40.

d'Arras : « Que j'aie de mes désirs assouvissance, et jamais d'autre bien! »

Ce qui pouvait surprendre, c'est que parmi les fêtes folles, les magnificences ruineuses, les affaires du comte de Flandre semblaient n'en aller que mieux. Il avait beau donner, perdre, jeter, il lui en venait toujours davantage. Il allait grossissant et s'arrondissant de la ruine générale. Il n'y eut d'obstacle qu'en Hollande ; mais il acquit sans grande peine les positions dominantes de la Somme et de la Meuse, Namur, Péronne. Les Anglais, outre Péronne, lui mirent entre les mains Bar-sur-Seine, Auxerre, Meaux, les avenues de Paris, enfin Paris même.

Bonheur sur bonheur : la fortune allait le chargeant et le surchargeant. Il n'avait pas le temps de respirer.

Elle fit tomber au pouvoir d'un de ses vassaux la Pucelle, ce précieux gage que les Anglais auraient acheté à tout prix. Et au même moment, sa situation se compliquant d'un nouveau bonheur, la succession du Brabant s'ouvrit, mais il ne pouvait la recueillir, s'il ne s'assurait de l'amitié des Anglais.

Le duc de Brabant parlait de se remarier, de se faire des héritiers. Il mourut à point pour le duc de Bourgogne[1]. Celui-ci avait à peu près tout ce qui entoure le Brabant, je veux dire la Flandre, le Hainaut, la Hollande, Namur et le Luxembourg. Il lui manquait la province centrale, la riche Louvain, la dominante Bruxelles. La tentation était forte. Aussi ne fit-il

---

1. Mort le 4 août, selon l'*Art de vérifier les dates*, le 8 selon Meyer. Il négociait avec René d'Anjou, héritier de Lorraine, pour épouser sa fille.

aucune attention aux droits de sa tante[1], de laquelle pourtant il tenait les siens ; il immola même les droits de ses pupilles, son propre honneur, sa probité de tuteur[2]. Il mit la main sur le Brabant. Pour le garder, pour terminer les affaires de Hollande et de Luxembourg, pour repousser les Liégeois qui venaient assiéger Namur, il fallait rester bien avec les Anglais, c'est-à-dire livrer la Pucelle.

Philippe-le-*Bon* était un bon homme, selon les idées vulgaires, tendre de cœur, surtout aux femmes, bon fils, bon père, pleurant volontiers. Il pleura les morts d'Azincourt ; mais sa ligue avec les Anglais fit plus de morts qu'Azincourt. Il versa des torrents de larmes sur la mort de son père ; puis, pour le venger, des torrents de sang. Sensibilité, sensualité, ces deux choses vont souvent ensemble. Mais la sensualité, la concupiscence, n'en sont pas moins cruelles dans l'occasion. Que l'objet désiré recule, que la concupiscence le voie fuir et se dérober à ses prises, alors elle tourne à la furie aveugle... Malheur à ce qui fait obstacle !... L'école de Rubens, dans ses bacchanales païennes, mêle volontiers des tigres aux satyres : « Lust hard by hate[3]. »

Celui qui tenait la Pucelle entre ses mains, Jean de

---

1. Marguerite de Bourgogne, comtesse de Hainaut, fille de Philippe-le-Hardi et de Marguerite de Flandre, par laquelle l'héritage féminin de Brabant était venu dans la maison de Bourgogne.
2. La mère de Charles et Jean de Bourgogne (fils du comte de Nevers, tué à Azincourt) s'était remariée à Philippe-le-Bon en 1424, et il partageait avec elle la garde noble de ses deux beaux-fils. *App.* 41.
3. Milton.

Ligny, vassal du duc de Bourgogne, se trouvait justement dans la même situation que son suzerain. Il était comme lui, dans un moment de cupidité, d'extrême tentation. Il appartenait à la glorieuse maison de Luxembourg; l'honneur d'être parent de l'empereur Henri VII et du roi Jean de Bohême valait bien qu'on le ménageât; mais Jean de Ligny était pauvre; il était cadet de cadet[1]. Il avait eu l'industrie de se faire nommer seul héritier par sa tante, la riche dame de Ligny et de Saint-Pol[2]. Cette donation, fort attaquable, allait lui être disputée par son frère aîné. Dans cette attente, Jean était le docile et tremblant serviteur du duc de Bourgogne, des Anglais, de tout le monde. Les Anglais le pressaient de leur livrer la prisonnière, et ils auraient fort bien pu la prendre dans la tour de Beaulieu, en Picardie, où il l'avait déposée. D'autre part, s'il la laissait prendre, il se perdait auprès du duc de Bourgogne, son suzerain, son juge dans l'affaire de la succession, et qui par conséquent pouvait le ruiner d'un seul mot. Provisoirement il l'envoya à son château de Beaurevoir, près Cambrai, sur terre d'Empire.

Les Anglais, exaspérés de haine et d'humiliation, pressaient, menaçaient. Leur rage était telle contre la Pucelle que, pour en avoir dit du bien, une femme fut brûlée vive[3]. Si la Pucelle n'était elle-même jugée et brûlée comme sorcière, si ses victoires n'étaient

---

1. Il était le troisième fils de Jean, seigneur de Beaurevoir, qui, lui-même, était fils puîné de Guy, comte de Ligny.
2. La mort de la tante était imminente; elle eut lieu en 1431.
3. « Elle disoit... que dame Jehanne... estoit bonne. » (*Journal du Bourgeois.*)

rapportées au démon, elles restaient des miracles dans l'opinion du peuple, des œuvres de Dieu; alors Dieu était contre les Anglais, ils avaient été bien et loyalement battus; donc leur cause était celle du Diable: dans les idées du temps, il n'y avait pas de milieu. Cette conclusion, intolérable pour l'orgueil anglais, l'était bien plus encore pour un gouvernement d'évêques, comme celui de l'Angleterre, pour le cardinal qui dirigeait tout.

Winchester avait pris les choses en main dans un état presque désespéré. Glocester étant annulé en Angleterre, Bedford en France, il se trouvait seul. Il avait cru tout entraîner en amenant le jeune roi à Calais (23 avril), et les Anglais ne bougeaient pas. Il avait essayé de les piquer d'honneur en lançant une ordonnance « contre ceux qui ont peur des enchantements de la Pucelle[1] ». Cela n'eut aucun effet. Le roi restait à Calais, comme un vaisseau échoué. Winchester devenait éminemment ridicule. Après avoir réduit la croisade de Terre-Sainte[2] à celle de Bohême, il s'en était tenu à la croisade de Paris. Le belliqueux prélat, qui s'était fait fort d'officier en vainqueur à Notre-Dame et d'y sacrer son pupille, trouvait tous les chemins fermés; de Compiègne, l'ennemi lui barrait la route de Picardie; de Louviers, celle de Normandie. Cependant la guerre traînait, l'argent s'écoulait[3], la

---

1. *App.* 42.
2. Projetée par Henri V. — Voy. le tome précédent.
3. Quoique le cardinal se fît donner beaucoup d'argent, il y mettait aussi beaucoup du sien. Un chroniqueur assure que le couronnement se fit *à ses frais;* il fit aussi sans doute les avances nécessaires au procès. *App.* 43.

croisade se perdait en fumée. Le Diable apparemment s'en mêlait; le cardinal ne pouvait se tirer d'affaire qu'en faisant le procès au Malin, en brûlant cette diabolique Pucelle.

Il fallait l'avoir, la tirer des mains des Bourguignons. Elle avait été prise le 23 mai; le 26, un message part de Rouen, au nom du vicaire de l'inquisition, pour sommer le duc de Bourgogne et Jean de Ligny de livrer cette femme suspecte de sorcellerie. L'inquisition n'avait pas grande force en France; son vicaire était un pauvre moine, fort peureux, un dominicain, et sans doute, comme les autres Mendiants, favorable à la Pucelle. Mais il était à Rouen sous la terreur du tout-puissant cardinal, qui lui tenait l'épée dans les reins. Le cardinal venait de nommer capitaine de Rouen un homme d'exécution, un homme à lui, lord Warwick, gouverneur d'Henri[1]. Warwick avait deux charges fort diverses à coup sûr, mais toutes deux de haute confiance : la garde du roi et celle de l'ennemie du roi; l'éducation de l'un, la surveillance du procès de l'autre.

La lettre du moine était une pièce de peu de poids, on fit écrire en même temps l'Université. Il semblait difficile que les universitaires aidassent de bon cœur un procès d'inquisition papale, au moment où ils allaient guerroyer à Bâle contre le pape pour l'épiscopat. Winchester lui-même, chef de l'épiscopat anglais, devait préférer un jugement d'évêques, ou, s'il

---

1. *App.* 44.

pouvait, faire agir ensemble évêques et inquisiteurs. Or, il avait justement à sa suite et parmi ses gens un évêque très propre à la chose, un évêque Mendiant qui vivait à sa table, et qui assurément jugerait ou jurerait tant qu'on en aurait besoin.

Pierre Cauchon, évêque de Beauvais, n'était pas un homme sans mérite. Né à Reims[1], tout près du pays de Gerson, c'était un docteur fort influent de l'Université, un ami de Clémengis, qui nous assure qu'il était « bon et bienfaisant[2] ». Cette bonté ne l'empêcha pas d'être un des plus violents dans le violent parti cabochien. Comme tel, il fut chassé de Paris en 1413. Il y rentra avec le duc de Bourgogne, devint évêque de Beauvais, et sous la domination anglaise il fut élu par l'Université conservateur de ses privilèges. Mais l'invasion de la France du Nord par Charles VII, en 1429, devint funeste à Cauchon; il voulut retenir Beauvais dans le parti anglais, et fut chassé par les habitants. Il ne s'amusa pas à Paris, près du triste Bedford, qui ne pouvait payer le zèle; il alla où étaient la richesse et la puissance, en Angleterre, près du cardinal Winchester. Il se fit Anglais, il parla anglais. Winchester sentit tout le parti qu'il pouvait tirer d'un tel homme; il se l'attacha en faisant pour lui autant et plus qu'il n'avait pu jamais espérer. L'archevêque de Rouen venait d'être transféré ailleurs; il le recom-

---

1. Le bourguignon Chastellain l'appelle : « Très noble et solempnel clerc. » — Nous avons parlé au tome précédent de son extrême dureté pour les gens d'Église du parti contraire. *App.* 45.

2. Voy. aussi la lettre que Clémengis lui adresse, avec ce titre : « Contractus amicitiæ mutuæ. »

manda au pape pour ce grand siège. Mais ni le pape ni le chapitre ne voulaient de Cauchon ; Rouen, alors en guerre avec l'Université de Paris, ne pouvait prendre pour archevêque un homme de cette Université. Tout fut suspendu ; Cauchon, en présence de cette magnifique proie, resta bouche béante, espérant toujours que l'invincible cardinal écarterait les obstacles, plein de dévotion en lui et n'ayant plus d'autre dieu.

Il se trouvait fort à point que la Pucelle avait été prise sur la limite du diocèse de Cauchon, non pas, il est vrai, dans le diocèse même, mais on espéra faire croire qu'il en était ainsi. Cauchon écrivit donc, comme juge ordinaire, au roi d'Angleterre, pour réclamer ce procès ; et, le 12 juin, une lettre royale fit savoir à l'Université que l'évêque et l'inquisiteur jugeraient ensemble et concurremment. Les procédures de l'inquisition n'étaient pas les mêmes que celles des tribunaux ordinaires de l'Église. Il n'y eut pourtant aucune objection. Les deux justices voulant bien agir ainsi de connivence, une seule difficulté restait : l'inculpée était toujours entre les mains des Bourguignons.

L'Université se mit en avant ; elle écrivit de nouveau au duc de Bourgogne, à Jean de Ligny (14 juillet). Cauchon, dans son zèle, se faisant l'agent des Anglais, leur courrier, se chargea de porter lui-même la lettre[1], et la remit aux deux ducs. En même temps il leur fit une sommation, comme évêque, à cette fin de lui remettre une prisonnière sur laquelle il avait juridic-

---

1. Cauchon recevait des Anglais cent sols par jour.

tion. Dans cet acte étrange, il passe du rôle de juge à celui de négociateur, et fait des offres d'argent; quoique cette femme ne puisse être considérée comme prisonnière de guerre, le roi d'Angleterre donnera deux ou trois cents livres de rente au bâtard de Vendôme, et à ceux qui la retiennent la somme de six mille livres. Puis, vers la fin de la lettre, il pousse jusqu'à dix mille francs, mais il fait valoir cette offre : « Autant, dit-il, qu'on donnerait pour un roi ou prince, selon la coutume de France. »

Les Anglais ne s'en fiaient pas tellement aux démarches de l'Université et de Cauchon qu'ils n'employassent des moyens plus énergiques. Le jour même où Cauchon présenta sa sommation, ou le lendemain, le conseil d'Angleterre interdit aux marchands anglais les marchés des Pays-Bas (19 juillet), notamment celui d'Anvers, leur défendant d'y acheter les toiles et les autres objets pour lesquels ils échangeaient leur laine[1]. C'était frapper le duc de Bourgogne, comte de Flandre, par un endroit bien sensible, par les deux grandes industries flamandes, la toile et le drap; les Anglais n'allaient plus acheter l'une et cessaient de fournir la matière à l'autre.

Tandis que les Anglais agissaient si vivement pour perdre la Pucelle, Charles VII agissait-il pour la sauver? En rien, ce semble[2]; il avait pourtant des prisonniers entre ses mains; il pouvait la protéger, en

---

1. *App.* 46.
2. Dans les lettres par lesquelles Charles VII accorde divers privilèges aux Orléanais immédiatement après le siège, pas un mot de la Pucelle; la déli-

menaçant de représailles. Récemment encore, il avait négocié par l'entremise de son chancelier, l'archevêque de Reims; mais cet archevêque et les autres politiques n'avaient jamais été bien favorables à la Pucelle. Le parti d'Anjou-Lorraine, la vieille reine de Sicile qui l'avait si bien accueillie, ne pouvaient agir pour elle en ce moment près du duc de Bourgogne. Le duc de Lorraine allait mourir[1], on se disputait d'avance sa succession, et Philippe-le-Bon soutenait un compétiteur de René d'Anjou, gendre et héritier du duc de Lorraine.

Ainsi, de toutes parts, ce monde d'intérêt et de convoitise se trouvait contraire à la Pucelle, ou tout au moins indifférent. Le bon Charles VII ne fit rien pour elle, le bon duc Philippe la livra. La maison d'Anjou voulait la Lorraine, le duc de Bourgogne voulait le Brabant; il voulait surtout la continuation du commerce flamand avec l'Angleterre. Les petits aussi avaient leurs intérêts : Jean de Ligny attendait la succession de Saint-Pol, Cauchon l'archevêché de Rouen.

En vain la femme de Jean de Ligny se jeta à ses pieds, elle le supplia en vain de ne pas se déshonorer Il n'était pas libre, il avait déjà reçu de l'argent anglais[2]; il la livra, non, il est vrai, aux Anglais directement, mais au duc de Bourgogne. Cette famille de Ligny et de Saint-Pol, avec ses souvenirs de grandeur et ses

---

vrance de la ville est due « à la divine grâce, au secours des habitants et à l'aide des gens de guerre ». (*Ordonnances*, XIII.) — Voy. toutefois plus bas l'expédition de Xaintrailles. *App.* 47.

1. Il mourut quelques mois après, le 25 janvier 1431.
2. La rançon fut payée avant le 20 octobre. *App.* 48.

ambitions effrénées, devait poursuivre la fortune jusqu'au bout, jusqu'à la Grève[1]. Celui qui livra la Pucelle semble avoir senti sa misère ; il fit peindre sur ses armes un chameau succombant sous le faix, avec la triste devise inconnue aux hommes de cœur : « Nul n'est tenu à l'impossible. »

Que faisait cependant la prisonnière ? Son corps était à Beaurevoir, son âme à Compiègne ; elle combattait d'âme et d'esprit pour le roi qui l'abandonnait. Elle sentait que sans elle cette fidèle ville de Compiègne allait périr et en même temps la cause du roi dans tout le Nord. Déjà elle avait essayé d'échapper de la tour de Beaulieu. A Beaurevoir, la tentation de fuir fut plus forte encore ; elle savait que les Anglais demandaient qu'on la leur livrât, elle avait horreur de tomber entre leurs mains. Elle consultait ses saintes, et n'en obtenait d'autre réponse, sinon qu'il fallait souffrir, « qu'elle ne serait point délivrée qu'elle n'eût vu le roi des Anglais ». — « Mais, disait-elle en elle-même, Dieu laissera-t-il donc mourir ces pauvres gens de Compiègne[2] ? » Sous cette forme de vive compassion, la tantation vainquit. Les saintes eurent beau dire, pour la première fois elle ne les écouta point : elle se lança de la tour et tomba au pied, presque morte. Relevée, soignée par les dames de Ligny, elle voulait mourir et fut deux jours sans manger.

[1]. Voir tome VI, la mort du neveu de Jean de Ligny, le fameux connétable de Saint-Pol, qui crut un moment se faire un État entre les possessions des maisons de France et de Bourgogne, et fut décapité à Paris en 1475.

[2]. « Comme Dieu layra mourir ces bonnes gens de Compiegne, qui ont esté et sont si loyaux à leur seigneur ? » (Interrogatoire du 14 mars 1431.)

Livrée au duc de Bourgogne, elle fut menée à Arras, puis au donjon de Crotoy, qui depuis a disparu sous les sables. De là elle voyait la mer, et parfois distinguait les dunes anglaises, la terre ennemie, où elle avait espéré porter la guerre et délivrer le duc d'Orléans[1]. Chaque jour un prêtre prisonnier disait la messe dans la tour. Jeanne priait ardemment, elle demandait et elle obtenait. Pour être prisonnière, elle n'agissait pas moins ; tant qu'elle était vivante, sa prière perçait les murs et dissipait l'ennemi.

Au jour même qu'elle avait prédit d'après une révélation de l'archange, au 1ᵉʳ novembre, Compiègne fut délivrée. Le duc de Bourgogne s'était avancé jusqu'à Noyon, comme pour recevoir l'outrage de plus près et en personne. Il fut défait encore peu après à Germiny (20 novembre). A Péronne, Xaintrailles lui offrit la bataille, et il n'osa l'accepter.

Ces humiliations confirmèrent sans doute le duc dans l'alliance des Anglais et le décidèrent à leur livrer la Pucelle. Mais la seule menace d'interrompre le commerce y eût bien suffi. Le comte de Flandre, tout chevalier qu'il se croyait et restaurateur de la chevalerie, était au fond le serviteur des artisans et des marchands. Les villes qui fabriquaient le drap, les campagnes qui filaient le lin, n'auraient pas souffert longtemps l'interruption du commerce et le chômage ; une révolte eût éclaté.

Au moment où les Anglais eurent enfin la Pucelle et

1. Interrogatoire du 12 mars 1431.

purent commencer le procès, leurs affaires étaient bien malades. Loin de reprendre Louviers, ils avaient perdu Château-Gaillard; La Hire, qui le prit par escalade, y trouva Barbazan prisonnier, et déchaîna ce redouté capitaine. Les villes tournaient d'elles-mêmes au parti de Charles VII; les bourgeois chassaient les Anglais. Ceux de Melun, si près de Paris, mirent leur garnison à la porte.

Pour enrayer, s'il se pouvait, dans cette descente si rapide des affaires anglaises, il ne fallait pas moins qu'une grande et puissante machine. Winchester en avait une à faire jouer, le procès et le sacre. Ces deux choses devaient agir d'ensemble, ou plutôt c'était même chose : déshonorer Charles VII, prouver qu'il avait été mené au sacre par une sorcière, c'était sanctifier d'autant le sacre d'Henri VI; si l'un était reconnu pour l'oint du Diable, l'autre devenait l'oint de Dieu.

Henri entra à Paris le 2 décembre[1]. Dès le 21 novembre, on avait fait écrire l'Université à Cauchon pour l'accuser de lenteur et prier le roi de commencer le procès. Cauchon n'avait nulle hâte, il lui semblait dur apparemment de commencer la besogne, quand le salaire était encore incertain. Ce ne fut qu'un mois après qu'il se fit donner par le chapitre de Rouen l'autorisation de procéder en ce diocèse[2]. A l'instant (3 janvier 1431), Winchester rendit une ordonnance où il faisait dire au roi « qu'ayant été de ce requis

---

1. La route de Picardie étant trop dangereuse, on le fit passer par Rouen. *App.* 49.

2. Le chapitre ne s'y décida qu'après une délibération solennelle. *App.* 50.

par l'évêque de Beauvais, exhorté par sa chère fille l'Université de Paris, il commandait aux gardiens de *conduire* l'inculpée à l'évêque[1]. » Il était dit *conduire*, on ne remettait pas la prisonnière au juge ecclésiastique, on la prêtait seulement, « sauf à la reprendre si elle n'était convaincue ». Les Anglais ne risquaient rien, elle ne pouvait échapper à la mort; si le feu manquait, il restait le fer.

Le 9 janvier 1431, Cauchon ouvrit la procédure à Rouen. Il fit siéger près de lui le vicaire de l'inquisition, et débuta par tenir une sorte de consultation avec huit docteurs, licenciés ou maîtres ès-arts de Rouen. Il leur montra les informations qu'il avait recueillies sur la Pucelle. Ces informations, prises d'avance par les soins des ennemis de l'accusée, ne parurent pas suffisantes aux légistes rouennais; elles l'étaient si peu en effet que le procès, d'abord défini d'après ces mauvaises données *procès de magie*, devint un *procès d'hérésie*.

Cauchon, pour se concilier ces Normands récalcitrants, pour les rendre moins superstitieux sur la forme des procédures, nomma l'un d'eux, Jean de la Fontaine, conseiller examinateur. Mais il réserva le rôle le plus actif, celui de promoteur du procès, à un certain Estivet, un de ses chanoines de Beauvais, qui l'avait suivi. Il trouva moyen de perdre un mois dans ces préparatifs[2]; mais enfin, le jeune roi ayant été

---

1. *Notices des mss.*
2. Le 13 janvier, Cauchon assemble quelques abbés, docteurs et licenciés, et leur dit qu'on peut extraire des informations déjà prises quelques articles sur lesquels on interrogera l'accusée. Dix jours sont employés à faire ce petit extrait; il est approuvé le 23, et Cauchon charge le Normand Jean de la

ramené à Londres (9 février), Winchester, tranquille de ce côté, revint vivement au procès; il ne se fia à personne pour en surveiller la conduite, il crut avec raison que l'œil du maître vaut mieux, et s'établit à Rouen pour voir instrumenter Cauchon.

La première chose était de s'assurer du moine qui représentait l'inquisition, Cauchon, ayant assemblé ses assesseurs, prêtres normands et docteurs de Paris, dans la maison d'un chanoine, manda le dominicain et le somma de s'adjoindre à lui. Le moinillon répondit timidement que « si ses pouvoirs étaient jugés suffisants, il ferait ce qu'il devait faire ». L'évêque ne manqua pas de déclarer les pouvoirs bien suffisants. Alors le moine objecta encore « qu'il voudrait bien s'abstenir, tant pour le scrupule de la conscience que pour la sûreté du procès »; que l'évêque devrait plutôt lui substituer quelqu'un jusqu'à ce qu'il fût bien sûr que ses pouvoirs suffisaient.

Il eut beau dire, il ne put échapper; il jugea bon gré, mal gré. Ce qui sans doute, après la peur, aida à le retenir, c'est que Winchester lui fit allouer vingt sols d'or pour ses peines[1]. Le moine Mendiant n'avait peut-être vu jamais tant d'or dans sa vie.

Le 21 février, la Pucelle fut amenée devant ses juges. L'évêque de Beauvais l'admonesta « avec douceur et charité », la priant de dire la vérité sur ce qu'on lui

---

Fontaine, licencié en droit canonique, de faire cet interrogatoire préliminaire, sorte d'instruction préparatoire, d'enquête sur vie et mœurs par laquelle commençaient les procès ecclésiastiques. (*Notices des mss.*)

1. *App.* 51.

demanderait, pour abréger son procès et décharger sa conscience, sans chercher de subterfuges. — Réponse : « Je ne sais sur quoi vous me voulez interroger, vous pourriez bien me demander telles choses que je ne vous dirais point. » — Elle consentait à jurer de dire vrai sur tout ce qui ne touchait point ses visions ; « mais pour ce dernier point, dit-elle, vous me couperiez plutôt la tête. » Néanmoins, on l'amena à jurer de répondre « sur ce qui toucherait la foi ».

Nouvelles instances le jour suivant, 22 février, et encore le 24. Elle résistait toujours : « C'est le mot des petits enfants, qu'*on pend souvent les gens pour avoir dit la vérité.* » Elle finit, de guerre lasse, par consentir à jurer « de dire ce qu'elle sauroit *sur son procès*, mais non tout ce qu'elle sauroit[1]. »

Interrogée sur son âge, ses nom et surnom, elle dit qu'elle avait environ dix-neuf ans. « Au lieu où je suis née, on m'appelait Jehannette et en France Jehanne… » Mais quant au surnom (la Pucelle), il semble que, par un caprice de modestie féminine, elle eût peine à le dire ; elle éluda par un pudique mensonge : « Du surnom, je n'en sais rien. »

Elle se plaignait d'avoir les fers aux jambes. L'évêque lui dit que, puisqu'elle avait essayé plusieurs fois d'échapper, on avait dû lui mettre les fers. « Il est vrai, dit-elle, je l'ai fait ; c'est chose licite à tout prisonnier. Si je pouvais m'échapper, on ne pourrait me reprendre d'avoir faussé ma foi, je n'ai rien promis. »

---

1. Interrogatoire du 24 février 1431.

On lui ordonna de dire le *Pater* et l'*Ave*, peut-être dans l'idée superstitieuse que, si elle était vouée au Diable, elle ne pourrait dire ses prières : « Je les dirai volontiers si monseigneur de Beauvais veut m'ouïr en confession. » Adroite et touchante demande : offrant ainsi sa confiance à son juge, à son ennemi, elle en eût fait son père spirituel et le témoin de son innocence.

Cauchon refusa, mais je croirais aisément qu'il fut ému. Il leva la séance pour ce jour, et le lendemain il n'interrogea pas lui-même ; il en chargea l'un des assesseurs.

A la quatrième séance, elle était animée d'une vivacité singulière. Elle ne cacha point qu'elle avait entendu ses voix : « Elles m'ont éveillée, dit-elle, j'ai joint les mains, et je les ai priées de me donner conseil. Elles m'ont dit : Demande à Notre-Seigneur. — Et qu'ont-elles dit encore ? — Que je vous réponde hardiment. »

« ... Je ne puis tout dire, j'ai plutôt peur de dire chose qui leur déplaise que je n'ai de répondre à vous... Pour aujourd'hui, je vous prie de ne pas m'interroger. »

L'évêque insista, la voyant émue : « Mais, Jehanne, on déplaît donc à Dieu en disant des choses vraies ? — Mes voix m'ont dit certaines choses, non pour vous, mais pour le roi. » Et elle ajouta vivement : « Ah ! s'il les savait, il en serait plus aise à dîner... Je voudrais qu'il les sût, et ne pas boire de vin d'ici à Pâques. »

Parmi ces naïvetés, elle disait des choses sublimes :

« Je viens de par Dieu, je n'ai que faire ici, renvoyez-moi à Dieu, dont je suis venue... »

« Vous dites que vous êtes mon juge ; avisez bien à ce que vous ferez, car vraiment je suis envoyée de Dieu, vous vous mettez en grand danger. »

Ces paroles sans doute irritèrent les juges et ils lui adressèrent une insidieuse et perfide question, une question telle qu'on ne peut sans crime l'adresser à aucun homme vivant : « Jehanne, croyez-vous être en état de grâce ? »

Ils croyaient l'avoir liée d'un lacs insoluble. Dire « non », c'était s'avouer indigne d'avoir été l'instrument de Dieu. Mais d'autre part, comment dire « Oui ? » Qui de nous, fragiles, est sûr ici-bas d'être vraiment dans la grâce de Dieu ? Nul, sinon l'orgueilleux, le présomptueux, celui justement qui de tous en est le plus loin.

Elle trancha le nœud avec une simplicité héroïque et chrétienne :

« Si je n'y suis, Dieu veuille m'y mettre ; si j'y suis, Dieu veuille m'y tenir[1]. »

Les Pharisiens restèrent stupéfaits[2]...

Mais avec tout son héroïsme c'était une femme pourtant... Après cette parole sublime, elle retomba, elle s'attendrit, doutant de son état, comme il est naturel à une âme chrétienne, s'interrogeant et tâchant de se rassurer : « Ah ! si je savais ne pas être en la grâce de Dieu, je serais la plus dolente du monde...

---

1. Interrogatoire du 24 février. — 2. *App.* 52.

Mais, si j'étais en péché, la voix ne viendrait pas sans doute... Je voudrais que chacun pût l'entendre comme moi-même... »

Ces paroles rendaient prise aux juges. Après une longue pause, ils revinrent à la charge avec un redoublement de haine, et lui firent coup sur coup les questions qui pouvaient la perdre. Les voix ne lui avaient-elles pas dit de *haïr* les Bourguignons ?... N'allait-elle pas, dans son enfance, à l'arbre *des fées ?* etc... Ils auraient déjà voulu la brûler comme sorcière.

A la cinquième séance, on l'attaqua par un côté délicat, dangereux, celui des apparitions. L'évêque, devenu tout à coup compatissant, mielleux, lui fit faire cette question : « Jehanne, comment vous êtes-vous portée depuis samedi ? — Vous le voyez, dit la pauvre prisonnière chargée de fers, le mieux que j'ai pu. »

« Jehanne, jeûnez-vous tous les jours de ce carême ? — Cela est-il du procès ? — Oui, vraiment. — Eh ! bien, oui, j'ai toujours jeûné. »

On la pressa alors sur les visions, sur un signe qui aurait apparu au dauphin, sur sainte Catherine et saint Michel. Entre autres questions hostiles et inconvenantes, on lui demanda si, lorsqu'il lui apparaissait, saint Michel *était nu ?*... A cette vilaine question, elle répliqua, sans comprendre, avec une pureté céleste : « Pensez-vous donc que Notre-Seigneur n'ait pas de quoi le vêtir[1] ? »

---

1. Interrogatoire du 27 février.

Le 3 mars, autres questions bizarres, pour lui faire avouer quelque diablerie, quelque mauvaise accointance avec le Diable. « Ce saint Michel, ces saintes, ont-ils un corps, des membres? Ces figures sont-elles bien des anges? — Oui, je le crois aussi ferme que je crois en Dieu. » Cette réponse fut soigneusement notée.

Ils passent de là à l'habit d'homme, à l'étendard : « Les gens d'armes ne se faisaient-ils pas des étendards à la ressemblance du vôtre? ne les renouvelaient-ils pas? — Oui, quand la lance en était rompue. — N'avez-vous pas dit que ces étendards leur porteraient bonheur? — Non, je disais seulement : Entrez hardiment parmi les Anglais, et j'y entrais moi-même. »

« Mais pourquoi cet étendard fut-il porté en l'église de Reims, au sacre, plutôt que ceux des autres capitaines?... — Il avait été à la peine, c'était bien raison qu'il fût à l'honneur[1]. »

« Quelle était la pensée des gens qui vous baisaient les pieds, les mains et les vêtements? — Les pauvres gens venaient volontiers à moi, parce que je ne leur faisais point de déplaisir; je les soutenais et défendais, selon mon pouvoir[2]. »

Il n'y avait pas de cœur d'homme qui ne fût touché de telles réponses. Cauchon crut prudent de procéder désormais avec quelques hommes sûrs et à petit bruit. Depuis le commencement du procès, on trouve que le

---

1. Interrogatoire des 3 et 17 mars. — 2. *Ibid.*, 3 mars.

nombre des assesseurs varie à chaque séance[1]; quelques-uns s'en vont, d'autres viennent. Le lieu des interrogatoires varie de même ; l'accusée, interrogée d'abord dans la salle du château de Rouen, l'est maintenant dans la prison. Cauchon, « pour ne pas fatiguer les autres », y menait seulement deux assesseurs et deux témoins (du 10 au 17 mars). Ce qui peut-être l'enhardit à procéder ainsi à huis clos, c'est que désormais il était sûr de l'appui de l'inquisition ; le vicaire avait enfin reçu de l'inquisiteur général de France l'autorisation de juger avec l'évêque (12 mars).

Dans ces nouveaux interrogatoires, on insiste seulement sur quelques points indiqués d'avance par Cauchon.

Les voix lui ont-elles commandé cette sortie de Compiègne où elle fut prise ? — Elle ne répond pas directement : « Les saintes m'avaient bien dit que je serais prise avant la Saint-Jean, qu'il fallait qu'il fût ainsi fait, que je ne devais pas m'étonner, mais prendre tout en gré, et que Dieu m'aiderait... Puisqu'il a plu ainsi à Dieu, c'est pour le mieux que j'aie été prise. »

« Croyez-vous avoir bien fait de partir sans la permission de vos père et mère ? ne doit-on pas honorer père et mère ? — Ils m'ont pardonné. — Pensez-vous donc ne point pécher, en agissant ainsi ? — Dieu le

---

[1]. « Au premier interrogatoire, trente-neuf assesseurs ; au second interrogatoire du 22 février, quarante-sept ; le 24, quarante ; le 27, cinquante-trois ; le 3 mars, trente-huit, etc. ». (*Notices des mss.*)

commandait ; quand j'aurais eu cent pères et cent mères, je serais partie[1]. »

« Les voix ne vous ont-elles pas appelée fille de Dieu, fille de l'Église, la fille au grand cœur ? — Avant que le siège d'Orléans ait été levé, et depuis, les voix m'ont appelée, et m'appellent tous les jours : « Jehanne la Pucelle, fille de Dieu. »

« Était-il bien d'avoir attaqué Paris le jour de la Nativité de Notre-Dame ? — C'est bien fait de garder les fêtes de Notre-Dame ; ce serait bien, en conscience, de les garder tous les jours. »

« Pourquoi avez-vous sauté de la tour de Beaurevoir ? (ils auraient voulu lui faire dire qu'elle avait voulu se tuer). — J'entendais dire que les pauvres gens de Compiègne seraient tués tous, jusqu'aux enfants de sept ans, et je savais d'ailleurs que j'étais vendue aux Anglais ; j'aurais mieux aimé mourir que d'être entre les mains des Anglais[2]. »

« Sainte Catherine et sainte Marguerite haïssent-elles les Anglais ? — Elles aiment ce que Notre-Seigneur aime, et haïssent ce qu'il hait. — Dieu hait-il les Anglais ? — De l'amour ou haine que Dieu a pour les Anglais et ce qu'il fait de leurs âmes, je n'en sais rien ; mais je sais bien qu'ils seront mis hors de France, sauf ceux qui y périront[3]. »

« N'est-ce pas un péché mortel de prendre un

---

1. *Procès*, 12 mars.
2. *Ibid.*, 14 mars. Elle répond le lendemain à une question analogue qu'elle fuirait encore, si Dieu le permettait : « Faceret ipsa *une entreprinse*, allegans proverbium gallicum : *Ayde-toi, Dieu te aydera.* » (*Procès, mss.*, 15 mars.)
3. Interrogatoire du 17 mars.

homme à rançon et ensuite de le faire mourir ? — Je ne l'ai point fait. — Franquet d'Arras n'a-t-il pas été mis à mort ? — J'y ai consenti, n'ayant pu l'échanger pour un de mes hommes ; il a confessé être un brigand et un traître. Son procès a duré quinze jours au bailliage de Senlis. — N'avez-vous pas donné de l'argent à celui qui a pris Franquet ? — Je ne suis pas trésorier de France, pour donner argent[1]. »

« Croyez-vous que votre roi a bien fait de tuer ou faire tuer monseigneur de Bourgogne ? — Ce fut grand dommage pour le royaume de France. Mais quelque chose qu'il y eût entre eux, Dieu m'a envoyée au secours du roi de France[2]. »

« Jehanne, savez-vous par révélation si vous échapperez ? — Cela ne touche point votre procès. Voulez-vous que je parle contre moi ? — Les voix ne vous en ont rien dit ? — Ce n'est point de votre procès ; je m'en rapporte à Notre-Seigneur qui en fera son plaisir... » Et après un silence : « Par ma foi, je ne sais ni l'heure ni le jour. Le plaisir de Dieu soit fait ! — Vos voix ne vous en ont donc rien dit en général ? — Eh ! bien, oui, elles m'ont dit que je serais délivrée, que je sois gaie et hardie[3]... »

Un autre jour elle ajouta : « Les saintes me disent que je serai délivrée à grande victoire ; et elles me disent encore : Prends tout en gré ; ne te soucie de ton martyre ; tu en viendras enfin au royaume de Paradis[4]. — Et depuis qu'elles ont dit cela, vous vous

---

1. Interrogatoire du 14 mars. — 2. *Ibid.*, 17 mars. — 3. *Ibid.*, 3 et 14 mars.
4. *Ibid.*, 14 mars.

tenez sûre d'être sauvée et de ne point aller en enfer ? — Oui, je crois aussi fermement ce qu'elles m'ont dit que si j'étais sauvée déjà. — Cette réponse est de bien grand poids. — Oui, c'est pour moi un grand trésor. — Ainsi, vous croyez que vous ne pouvez plus faire de péché mortel ? — Je n'en sais rien ; je m'en rapporte de tout à Notre-Seigneur. »

Les juges avaient enfin touché le vrai terrain de l'accusation, ils avaient enfin trouvé là une forte prise. De faire passer pour sorcière, pour suppôt du Diable cette chaste et sainte fille, il n'y avait pas apparence, il fallait y renoncer ; mais dans cette sainteté même, comme dans celle de tous les mystiques, il y avait un côté attaquable : la voix secrète égalée ou préférée aux enseignements de l'Église, aux prescriptions de l'autorité, l'inspiration, mais libre, la révélation, mais personnelle, la soumission à Dieu ; quel Dieu ? le Dieu intérieur.

On finit ces premiers interrogatoires par lui demander si elle voulait s'en remettre de tous ses dits et faits à la détermination de l'Église. A quoi elle répondit : « J'aime l'Église et je la voudrais soutenir de tout mon pouvoir. Quant aux bonnes œuvres que j'ai faites, je dois m'en rapporter au Roi du ciel, qui m'a envoyée[1]. »

La question étant répétée, elle ne donna pas d'autre réponse, ajoutant : « C'est tout un, de Notre-Seigneur et de l'Église. »

On lui dit alors qu'il fallait distinguer ; qu'il y avait

---

1. Interrogatoire du 17 mars.

l'Église *triomphante*, Dieu, les saints, les âmes sauvées, et l'Église *militante*, autrement dit, le pape, les cardinaux, le clergé, les bons chrétiens, laquelle Église « bien assemblée » ne peut errer et est gouvernée du Saint-Esprit. — « Ne voulez-vous donc pas vous soumettre à l'Église *militante ?* — Je suis venue au roi de France de par Dieu, de par la vierge Marie, les saints et l'Église *victorieuse* de là-haut ; à cette Église je me soumets, moi, mes œuvres, ce que j'ai fait ou à faire. — Et à l'Église *militante ?* — Je ne répondrai maintenant rien autre chose. »

Si l'on en croyait un des assesseurs, elle aurait dit qu'en certains points elle n'en croyait ni évêque, ni pape, ni personne; que ce qu'elle avait, elle le tenait de Dieu[1].

La question du procès se trouva ainsi posée dans sa simplicité, dans sa grandeur, le vrai débat s'ouvrit : d'une part, l'Église visible et l'autorité, de l'autre l'inspiration attestant l'Église invisible... Invisible pour les yeux vulgaires; mais la pieuse fille la voyait clairement, elle la contemplait sans cesse et l'entendait en elle-même, elle portait en son cœur ces saintes et ces anges... Là était l'Église pour elle, là Dieu rayonnait; partout ailleurs combien il était obscur !...

Tel étant le débat, il n'y avait pas de remède; l'accusée devait se perdre. Elle ne pouvait céder, elle ne pouvait sans mentir désavouer, nier ce qu'elle voyait et entendait si distinctement. D'autre part, l'autorité

---

1. « Non crederet nec prælato suo, nec papæ, nec cuicumque, quia hoc habebat a Deo. » (*Notices des mss.*)

restait-elle une autorité, si elle abdiquait sa juridiction, si elle ne punissait? L'Église militante est une Église armée, armée du glaive à deux tranchants, contre qui? Apparemment contre les indociles.

Terrible était cette Église dans la personne des raisonneurs, des scolastiques, des ennemis de l'inspiration; terrible et implacable, si elle était représentée par l'évêque de Beauvais. Mais au-dessus de l'évêque n'y avait-il donc pas d'autres juges? Le parti épiscopal et universitaire, qui prêchait la suprématie des conciles, pouvait-il, dans ce cas particulier, ne pas reconnaître comme juge suprême son concile de Bâle, qui allait ouvrir? D'autre part, l'inquisition papale, le dominicain qui en était le vicaire, ne contestait pas sans doute que la juridiction du pape ne fût supérieure à la sienne, qui en émanait.

Un légiste de Rouen, ce même Jean de la Fontaine, ami de Cauchon et hostile à la Pucelle, ne crut pas en conscience pouvoir laisser ignorer à une accusée sans conseil qu'il y avait des juges d'appel, et que, sans rien sacrifier sur le fond, elle pouvait y avoir recours. Deux moines crurent aussi que le droit suprême du pape devait être réservé. Quelque peu régulier qu'il fût que des assesseurs pussent visiter isolément et conseiller l'accusée, ces trois honnêtes gens, qui voyaient toutes les formes violées par Cauchon pour le triomphe de l'iniquité, n'hésitèrent pas à les violer eux-mêmes dans l'intérêt de la justice. Ils allèrent intrépidement à la prison, se firent ouvrir et lui conseillèrent l'appel. Elle appela le lendemain au pape et au concile. Cauchon furieux fit venir les gardes et leur demanda qui avait visité la Pucelle. Le légiste et les deux moines furent en grand danger de mort[1]. Depuis ce jour ils disparaissent, et avec eux disparait du procès la dernière image du droit.

Cauchon avait espéré d'abord mettre de son côté l'autorité des gens de loi, si grande à Rouen ; mais il avait vu bien vite qu'il faudrait se passer d'eux. Lorsqu'il communiqua les premiers actes du procès à l'un de ces graves légistes, maître Jehan Lohier, celui-ci répondit net que le procès ne valait rien, que tout cela n'était pas en forme, que les assesseurs n'étaient pas libres, que l'on procédait à huis clos, que l'accusée, simple fille, n'était pas capable de répondre sur de si grandes choses et à de tels docteurs. Enfin, l'homme de la loi osa dire à l'homme d'Église : « C'est un procès contre l'honneur du prince dont cette fille tient le parti ; il faudrait l'appeler, lui aussi, et lui donner un défenseur. » Cette gravité intrépide, qui rappelle celle de Papinien devant Caracalla, aurait coûté cher à Lohier. Mais le Papinien normand n'attendit pas, comme l'autre, la mort sur sa chaise curule ; il partit à l'instant pour Rome, où le pape s'empressa de s'attacher un tel homme et de le faire siéger dans les tribunaux du saint-siège ; il y mourut doyen de la Rote[2].

1. L'inquisiteur déclara que si l'on inquiétait les deux moines, il ne prendrait plus aucune part au procès. (*Notices des mss.*)
2. Voir la déposition infiniment curieuse et naïve de l'honnête greffier Guillaume Manchon. (*Notices des mss.*)

Cauchon devait, ce semble, être mieux soutenu des théologiens. Après les premiers interrogatoires, armé des réponses que Jeanne avait données contre elle, il s'enferma avec ses intimes, et, s'aidant surtout de la plume d'un habile universitaire de Paris, il tira de ces réponses un petit nombre d'articles, sur lesquels on devait prendre l'avis des principaux docteurs et des corps ecclésiastiques. C'était l'usage détestable, mais enfin (quoi qu'on ait dit) l'usage ordinaire et régulier des procès d'inquisition. Ces propositions extraites des réponses de la Pucelle, et rédigées sous forme générale, avaient une fausse apparence d'impartialité. Dans la réalité, elles n'étaient qu'un travestissement de ses réponses, et ne pouvaient manquer d'être qualifiées par les docteurs consultés selon l'intention hostile de l'inique rédacteur[1].

Quelle que fût la rédaction, quelque terreur qui pesât sur les docteurs consultés, leurs réponses furent loin d'être unanimes contre l'accusée. Parmi ces docteurs, les vrais théologiens, les croyants sincères, ceux qui avaient conservé la foi ferme du moyen âge, ne pouvaient rejeter si aisément les apparitions, les visions. Il eût fallu douter aussi de toutes les merveilles de la vie des saints, discuter toutes les légendes.

1. Elles furent communiquées d'abord à quelques-uns des assesseurs, à ceux que Cauchon croyait les plus sûrs. Ceux-ci, toutefois, crurent devoir ajouter un correctif aux articles : « Elle se soumet à l'Église militante, en tant que cette Église ne lui impose rien de contraire à ses révélations faites et à faire. » Cauchon crut, non sans quelque raison, qu'une telle soumission conditionnelle n'était pas une soumission, et il prit sur lui de supprimer ce correctif.

Le vénérable évêque d'Avranches, qu'on alla consulter, répondit que, d'après les doctrines de saint Thomas, il n'y avait rien d'impossible dans ce qu'affirmait cette fille, rien qu'on dût rejeter à la légère [1].

L'évêque de Lisieux, en avouant que les révélations de Jeanne pouvaient lui être dictées par le démon, ajouta humainement qu'elles pouvaient aussi être de *simples mensonges*, et que, si elle ne se soumettait à l'Église, elle devait être jugée schismatique et véhémentement *suspecte* dans la foi.

Plusieurs légistes répondirent en Normands, la trouvant coupable et très coupable, *à moins qu'elle n'eût ordre de Dieu*. Un bachelier alla plus loin : tout en la condamnant, il demanda que, vu la fragilité de son sexe, *on lui fît répéter les douze propositions* (il soupçonnait avec raison qu'on ne les lui avait pas communiquées) et qu'ensuite on les adressât au pape : c'eût été un ajournement indéfini.

Les assesseurs, réunis dans la chapelle de l'archevêché, avaient décidé contre elle sur les propositions. Le chapitre de Rouen, consulté aussi, n'avait pas hâte de se décider, de donner cette victoire à l'homme qu'il détestait, qu'il tremblait d'avoir pour archevêque. Le chapitre eût voulu attendre la réponse de l'Université de Paris, dont on demandait l'avis. La réponse de Paris n'était pas douteuse ; le parti gallican, universitaire et scolastique ne pouvait être favorable à la Pucelle ; un homme de ce parti [2], l'évêque de Cou-

---

1. *Notices des mss.* — 2. Il écrivit à l'évêque, ne voulant pas apparemment reconnaître l'inquisiteur comme juge.

tances, avait dépassé tous les autres par la dureté et la bizarrerie de sa réponse. Il écrivit à l'évêque de Beauvais qu'il la jugeait livrée au démon, « parce qu'elle n'avait pas les deux qualités qu'exige saint Grégoire, la vertu et l'humanité », et que ses assertions étaient tellement hérétiques que quand même elle les révoquerait, il n'en faudrait pas moins la tenir sous bonne garde.

C'était un spectacle étrange de voir ces théologiens, ces docteurs travailler de toute leur force à ruiner ce qui faisait le fondement de leur doctrine et le principe religieux du moyen âge en général, la croyance aux révélations, à l'intervention des êtres surnaturels... Ils doutaient du moins de celle des anges; mais leur foi au diable était tout entière.

L'importante question de savoir si les révélations intérieures doivent se taire, se désavouer elles-mêmes, lorsque l'Église l'ordonne, cette question débattue au dehors et à grand bruit, ne s'agitait-elle pas en silence dans l'âme de celle qui affirmait et croyait le plus fortement? Cette bataille de la foi ne se livrait-elle pas au sanctuaire même de la foi, dans ce loyal et simple cœur?... J'ai quelque raison de le croire.

Tantôt elle déclara se soumettre au pape et demanda à lui être envoyée. Tantôt elle distingua, soutenant qu'en matière de *foi* elle était soumise au pape, aux prélats, à l'Église, mais que pour ce qu'elle avait *fait*, elle ne pouvait s'en remettre qu'à Dieu. Tantôt elle ne distingua plus, et, sans explication, s'en remit « à son Roi, au juge du ciel et de la terre ».

Quelque soin qu'on ait pris d'obscurcir ces choses, de cacher ce côté humain dans une figure qu'on voulait toute divine, les variations sont visibles. C'est à tort qu'on a prétendu que les juges parvinrent à lui faire prendre le change sur ces questions. « Elle était bien subtile, dit avec raison un témoin, d'une subtilité de femme[1]. » J'attribuerais volontiers à ces combats intérieurs la maladie dont elle fut atteinte et qui la mit bien près de la mort. Son rétablissement n'eut lieu qu'à l'époque où ses apparitions changèrent, comme elle nous l'apprend elle-même, au moment où l'ange Michel, l'ange des batailles qui ne la soutenait plus, céda la place à Gabriel, l'ange de la grâce et de l'amour divin.

Elle tomba malade dans la semaine sainte. La tentation commença sans doute au dimanche des Rameaux[2]. Fille de la campagne, née sur la lisière des bois, elle qui toujours avait vécu sous le ciel, il lui fallut passer ce beau jour de Pâques fleuries au fond de la tour. Le grand *secours* qu'invoque l'Église[3] ne vint pas pour elle ; *la porte ne s'ouvrit point*[4].

Elle s'ouvrit le mardi, mais ce fut pour mener

---

1. *Déposition de Jean Beaupère.* (*Notices des mss.*)

2. « Je ne sais pourquoi, dit un grand maître des choses spirituelles, Dieu choisit les jours des fêtes les plus solennelles pour éprouver davantage et purifier ceux qui sont à lui... Ce n'est que là-haut, dans la fête du ciel, que nous serons délivrés de toutes les peines. » (Saint-Cyran.)

3. Dimanche des Rameaux, à Prime : « Deus in *adjutorium* meum intende... »

4. Tout le monde sait que l'office de cette fête est un de ceux qui ont conservé les formes dramatiques du moyen âge. La procession trouve la porte de l'église fermée, le célébrant frappe : « Attollite portas... » Et *la porte s'ouvre* au Seigneur.

l'accusée à la grande salle du château par-devant ses juges. On lui lut les articles qu'on avait tirés de ses réponses, et préalablement l'évêque lui remontra « que ces docteurs étoient tous gens d'Église, clercs et lettrés en droit divin et humain, et tous benins et pitoyables, vouloient procéder doucement, sans demander vengeance *ni punition corporelle*[1], mais que seulement ils vouloient l'éclairer et la mettre en la voie de vérité et de salut; que, comme elle n'étoit pas assez instruite en si haute matière, l'évêque et l'inquisiteur lui offroient qu'elle élût un ou plusieurs des assistants pour la conseiller. » L'accusée, en présence de cette assemblée, dans laquelle elle ne trouvait pas un visage ami, répondit avec douceur : « En ce que vous m'admonestez de mon bien et de notre foi, je vous remercie; quant au conseil que vous m'offrez, je n'ai point intention de me départir du conseil de Notre-Seigneur. »

Le premier article touchait le point capital, la soumission. Elle répondit comme auparavant : « Je crois bien que notre Saint-Père, les évêques et autres gens d'Église sont pour garder la *foi* chrétienne et punir ceux qui y défaillent. Quant à mes *faits*, je ne me soumettrai qu'à l'Église du ciel, à Dieu et à la Vierge, aux saints et saintes du paradis. Je n'ai point failli en la foi chrétienne, et je n'y voudrais faillir. »

Et plus loin : « J'aime mieux mourir que révoquer ce que j'ai fait par le commandement de Notre-Seigneur. »

1. *Procès*, 3 avril. *App.* 53.

Ce qui peint le temps, l'esprit inintelligent de ces docteurs, leur aveugle attachement à la lettre sans égard à l'esprit, c'est qu'aucun point ne leur semblait plus grave que le péché d'avoir pris un habit d'homme. Ils lui remontrèrent que, selon les canons, ceux qui changent ainsi l'habit de leur sexe sont abominables devant Dieu. D'abord elle ne voulut pas répondre directement et demanda un délai jusqu'au lendemain. Les juges insistant pour qu'elle quittât cet habit, elle répondit « qu'il n'était pas en elle de dire quand elle pourrait le quitter. — Mais si l'on vous prive d'entendre la messe? — Eh bien! Notre-Seigneur peut bien me la faire entendre sans vous. — Voudrez-vous prendre l'habit de femme pour recevoir votre Sauveur à Pâques? — Non, je ne puis quitter cet habit pour recevoir mon Sauveur, je ne fais nulle différence de cet habit ou d'un autre. » Puis elle semble ébranlée et demande qu'au moins on lui laisse entendre la messe, et elle ajoute : « Encore si vous me donniez une robe comme celles que portent les filles des bourgeois, une robe *bien longue*[1]. »

On voit bien qu'elle rougissait de s'expliquer. La pauvre fille n'osait dire comment elle était dans sa prison, en quel danger continuel. Il faut savoir que trois soldats couchaient dans sa chambre[2], trois de ces brigands que l'on appelait *houspilleurs*. Il faut savoir

---

[1]. « Sicut filiæ burgensium, unam houppelandam longam. » (*Procès latin mss.*, dimanche, 15 mars.)

[2]. « Cinq Anglois, dont en demouroit de nuyt trois en la chambre. » (*Notices des mss.*)

qu'enchaînée à une poutre par une grosse chaîne de fer[1], elle était presque à leur merci; l'habit d'homme qu'on voulait lui faire quitter était toute sa sauvegarde... Que dire de l'imbécillité du juge ou de son horrible connivence?

Sous les yeux de ces soldats, parmi leurs insultes et leurs dérisions[2], elle était de plus espionnée du dehors; Winchester, l'inquisiteur et Cauchon[3] avaient chacun une clef de la tour, et l'observaient à chaque heure; on avait tout exprès percé la muraille; dans cet infernal cachot, chaque pierre avait des yeux.

Toute sa consolation, c'est qu'on avait d'abord laissé communiquer avec elle un prêtre qui se disait prisonnier et du parti de Charles VII. Ce Loyseleur, comme on l'appelait, était un Normand qui appartenait aux Anglais. Il avait gagné la confiance de Jeanne, recevait sa confession, et pendant ce temps

---

1. « De nuyt, elle estoit couchée ferrée par les jambes de deux paires de fers à chaîne, et attachée moult estroitement d'une chaîne traversante par les pieds de son lict, tenante à une grosse pièce de boys de longueur de cinq ou six pieds et fermante à clef, par quoi ne pouvoit mouvoir de la place. » (*Ibid.*) — Un autre témoin dit : « Fuit facta una trabes ferrea, ad detinendam eam *erectam.* » (*Procès ms., déposition de Pierre Cusquel.*)

2. Le comte de Ligny vint la voir avec un lord anglais, et lui dit : « Jeanne, je viens vous mettre à rançon, pourvu que vous promettiez que vous ne porterez plus les armes contre nous. » Elle répondit : « Ah ! mon Dieu, vous vous moquez de moi ; je sais bien que vous n'en avez ni le vouloir ni le pouvoir. » Et comme il répétait les mêmes paroles, elle ajouta : « Je sais bien que ces Anglais me feront mourir, croyant après ma mort gagner le royaume de France. Mais quand ils seraient cent mille *Godden* (centum mille *Godons* gallice) de plus qu'ils ne sont aujourd'hui, ils ne gagneraient pas le royaume. » Le lord anglais fut si indigné qu'il tira sa dague pour la frapper, et il l'aurait fait sans le comte de Warwick. (*Notices des mss.*)

3. Non pas précisément Cauchon, mais son homme, Estivet, promoteur du procès.

des notaires cachés écoutaient et écrivaient... On prétend que Loyseleur l'encouragea à résister, pour la faire périr. Quand on délibéra si elle serait mise à la torture (chose bien inutile puisqu'elle ne niait et ne cachait rien), il ne se trouva que deux ou trois hommes pour conseiller cette atrocité, et le confesseur fut des trois[1].

L'état déplorable de la prisonnière s'aggrava dans la semaine sainte par la privation des secours de la religion. Le jeudi, la Cène lui manqua; dans ce jour où le Christ se fait l'hôte universel, où il invite les pauvres et tous ceux qui souffrent, elle parut *oubliée*[2].

Au vendredi saint, au jour du grand silence, où tout bruit cessant, chacun n'entend plus que son propre cœur, il semble que celui des juges ait parlé, qu'un sentiment d'humanité et de religion se soit éveillé dans leurs vieilles âmes scolastiques. Ce qui est sûr, c'est qu'au mercredi ils siégeaient trente-cinq, et que le samedi ils n'étaient plus que neuf; les autres prétextèrent sans doute les dévotions du jour.

Elle au contraire avait repris cœur; associant ses souffrances à celles du Christ, elle s'était relevée. Elle répondit de nouveau « qu'elle s'en rapporterait à l'Église militante, *pourvu qu'elle ne lui commandât chose impossible.* — Croyez-vous donc n'être point sujette à l'Église qui est en terre, à notre Saint-Père

---

1. *App.* 54.
2. « Usquequo *obliviceris* me in finem? » (Office du Jeudi saint, à Laudes.)

le Pape, aux cardinaux, archevêques, évêques et prélats? — Oui, sans doute, *notre Sire servi*. — Vos voix vous défendent de vous soumettre à l'Église militante? — Elles ne le défendent point, *Notre-Seigneur étant servi premièrement.* »

Cette fermeté se soutint le samedi. Mais le lendemain, que devint-elle, le dimanche, ce grand dimanche de Pâques? Que se passa-t-il dans ce pauvre cœur, lorsque la fête universelle éclatant à grand bruit par la ville, les cinq cents cloches de Rouen jetant leurs joyeuses volées dans les airs[1], le monde chrétien ressuscitant avec le Sauveur, elle resta dans sa mort?

Qu'était-ce en ce temps-là, dans cette unanimité du monde chrétien[2]? Qu'était-ce pour une jeune âme qui n'avait vécu que de foi!... Elle qui, parmi sa vie intérieure de visions et de révélations, n'en avait pas moins obéi docilement aux commandements de l'Église, elle qui jusque-là s'était crue naïvement fille soumise de l'Église, « bonne fille », comme elle disait, pouvait-elle voir sans terreur que l'Église était contre elle? Seule, quand tous s'unissent en Dieu, seule exceptée de la joie du monde et de l'universelle communion, au jour où la porte du ciel s'ouvre au genre humain, seule en être exclue!...

Et cette exclusion était-elle injuste?... L'âme chrétienne est trop humble pour prétendre jamais qu'elle

---

1. Rapprochez de ceci ce que nous avons dit de l'impression profonde que le son des cloches produisait sur elle, p. 48, note 4.

2. Unanimité déjà, il est vrai, plus apparente que réelle, comme je l'ai dit et le dirai mieux encore.

a droit à recevoir son Dieu... Qui était-elle après tout, pour contredire ces prélats, ces docteurs? Comment osait-elle parler devant tant de gens habiles qui avaient étudié? Dans la résistance d'une ignorante aux doctes, d'une simple fille aux personnes élevées en autorité, n'y avait-il pas outrecuidance et damnable orgueil?... Ces craintes lui vinrent certainement.

D'autre part, cette résistance n'est pas celle de Jeanne, mais bien des saintes et des anges qui lui ont dicté ses réponses et l'ont soutenue jusqu'ici... Pourquoi, hélas! viennent-ils donc plus rarement dans un si grand besoin? Pourquoi ces consolants visages des saintes n'apparaissent-ils plus que dans une douteuse lumière et chaque jour pâlissants?... Cette délivrance tant promise, comment n'arrive-t-elle pas?... Nul doute que la prisonnière ne se soit fait bien souvent ces questions, qu'elle n'ait tout bas, bien doucement, querellé les saintes et les anges. Mais des anges qui ne tiennent point leur parole, sont-ce bien des anges de lumière?... Espérons que cette horrible pensée ne lui traversa point l'esprit.

Elle avait un moyen d'échapper. C'était, sans désavouer expressément, de ne plus affirmer, de dire : « Il me semble. » Les gens de loi trouvaient tout simple qu'elle dit ce petit mot[1]. Mais pour elle, dire une telle parole de doute, c'était au fond renier, c'était abjurer le beau rêve des amitiés célestes, trahir les douces sœurs d'en haut[2]... Mieux valait mourir...

1. « C'était l'avis de Lohier. (*Notices des mss.*)
2. « Sui fratres de Paradiso. » (*Déposition de Jean de Metz.*)

Et en effet, l'infortunée, rejetée de l'Église visible, délaissée de l'invisible Église, du monde et de son propre cœur, elle défaillit... Et le corps suivait l'âme défaillante...

Il se trouva justement que ce jour-là elle avait goûté d'un poisson que lui envoyait le charitable évêque de Beauvais[1], elle put se croire empoisonnée. L'évêque y avait intérêt ; la mort de Jeanne eût fini ce procès embarrassant, tiré le juge d'affaire. Mais ce n'était pas le compte des Anglais. Lord Warwick disait tout alarmé : « Le *roi* ne voudrait pour rien au monde qu'elle mourût de sa mort naturelle ; le *roi* l'a achetée, elle lui coûte cher !... Il faut qu'elle meure par justice, qu'elle soit brûlée... Arrangez-vous pour la guérir. »

On eut soin d'elle en effet, elle fut visitée, saignée, mais elle n'alla pas mieux. Elle restait faible et presque mourante. Soit qu'on craignît qu'elle n'échappât ainsi et ne mourût sans rien rétracter, soit que cet affaiblissement du corps donnât espoir qu'on aurait meilleur marché de l'esprit, les juges firent une tentative (18 avril). Ils vinrent la trouver dans sa chambre et lui remontrèrent qu'elle était en grand danger, si elle ne voulait prendre conseil et suivre l'avis de l'Église : « Il me semble, en effet, dit-elle, vu mon mal, que je suis en grand péril de mort. S'il est ainsi, que Dieu veuille faire son plaisir de moi, je voudrois avoir confession, recevoir mon Sauveur et être mise en terre

---

1. *App.* 55.

sainte. — Si vous voulez avoir les sacrements de l'Église, il faut faire comme les bons catholiques et vous soumettre à l'Église. » Elle ne répliqua rien. Puis, le juge répétant les mêmes paroles, elle dit : « Si le corps meurt en prison, j'espère que vous le ferez mettre en terre sainte; si vous ne le faites, je m'en rapporte à Notre-Seigneur. »

Déjà, dans ses interrogatoires, elle avait exprimé une de ses dernières volontés. *Demande :* « Vous dites que vous portez l'habit d'homme par le commandement de Dieu, et pourtant vous voulez avoir chemise de femme en cas de mort? — *Réponse :* Il suffit qu'elle soit longue. » Cette touchante réponse montrait assez qu'en cette extrémité, elle était bien moins préoccupée de la vie que de la pudeur.

Les docteurs prêchèrent longtemps la malade et celui qui s'était chargé spécialement de l'exhorter, un des scolastiques de Paris, maître Nicolas Midy, finit par lui dire aigrement : « Si vous n'obéissez à l'Église, vous serez abandonnée comme une Sarrasine. — Je suis bonne chrétienne, répondit-elle doucement, j'ai été bien baptisée, je mourrai comme une bonne chrétienne. »

Ces lenteurs portaient au comble l'impatience des Anglais. Winchester avait espéré, avant la campagne, pouvoir mettre à fin le procès, tirer un aveu de la prisonnière, déshonorer le roi Charles. Ce coup frappé, il reprenait Louviers[1], s'assurait de la Normandie, de

---

1. *App.* 56.

la Seine, et alors il pouvait aller à Bâle commencer l'autre guerre, la guerre théologique, y siéger comme arbitre de la chrétienté, faire et défaire les papes[1]. Au moment où il avait en vue de si grandes choses, il lui fallait se morfondre à attendre ce que cette fille voudrait dire.

Le maladroit Cauchon avait justement indisposé le chapitre de Rouen, dont il sollicitait une décision contre la Pucelle. Il se laissait appeler d'avance : « Monseigneur l'archevêque[2]. » Winchester résolut que, sans s'arrêter aux lenteurs de ces Normands, on s'adresserait directement au grand tribunal théologique, à l'Université de Paris[3].

Tout en attendant la réponse, on faisait de nouvelles tentatives pour vaincre la résistance de l'accusée, on employait la ruse, la terreur. Dans une seconde monition (2 mai), le prédicateur, maître Châtillon, lui proposa de s'en remettre de la vérité de ses apparitions à des gens de son propre parti[4]. Elle ne donna pas dans ce piège. « Je m'en tiens, dit-elle, à mon juge, au Roi du ciel et de la terre. » Elle ne dit plus cette fois, comme auparavant : « A Dieu *et au pape.* » — « Eh bien ! l'Église vous laissera, et vous serez en péril du feu pour l'âme et le corps. — Vous ne ferez ce que vous dites qu'il ne vous en prenne mal au corps et à l'âme. »

---

1. Comme il l'avait fait au concile de Constance. — 2. *App.* 57.
3. Les docteurs envoyés à l'Université parlèrent « au nom du roi » dans la grande assemblée tenue aux Bernardins. *App.* 58.
4. L'archevêque de Reims, La Trémouille, etc. On lui offrit aussi de consulter l'Église de Poitiers.

On ne s'en tint pas à de vagues menaces. A la troisième monition qui eut lieu dans sa chambre (11 mai), on fit venir le bourreau, on affirma que la torture était prête... Mais cela n'opéra point. Il se trouva au contraire qu'elle avait repris tout son courage, et tel qu'elle ne l'eut jamais. Relevée après la tentation, elle avait comme monté d'un degré vers les sources de la grâce. « L'ange Gabriel est venu me fortifier, dit-elle ; c'est bien lui, les saintes me l'ont assuré [1]... Dieu a toujours été le maître en ce que j'ai fait ; le Diable n'a jamais eu puissance en moi... Quand vous me feriez arracher les membres et tirer l'âme du corps, je n'en dirais pas autre chose. » L'esprit éclatait tellement en elle, que Châtillon lui-même, son dernier adversaire, fut touché et devint son défenseur ; il déclara qu'un procès conduit ainsi lui semblait nul. Cauchon, hors de lui, le fit taire.

Enfin, arriva la réponse de l'Université. Elle décidait sur les douze articles que cette fille était livrée au Diable, impie envers ses parents, altérée de sang chrétien, etc. [2]. C'était l'opinion de la faculté de théologie. La faculté de droit, plus modérée, la déclarait punissable, mais avec deux restrictions : 1° si elle s'obstinait ; 2° si elle était dans son bon sens.

L'Université écrivait en même temps aux papes, aux cardinaux, au roi d'Angleterre, louant l'évêque de Beauvais, et déclarant « qu'il lui sembloit avoir été tenue grande gravité, sainte et juste manière de procéder, et dont chacun devoit être bien content ».

1. *App.* 59. — 2. *App.* 60.

Armés de cette réponse, quelques-uns voulaient qu'on la brûlât sans plus attendre ; cela eût suffi pour la satisfaction des docteurs dont elle rejetait l'autorité, mais non pas pour celle des Anglais ; il leur fallait une rétractation qui *infamât* le roi Charles. On essaya d'une nouvelle monition, d'un nouveau prédicateur, maître Pierre Morice, qui ne réussit pas mieux ; il eut beau faire valoir l'autorité de l'Université de Paris, « qui est la lumière de toute science » : « Quand je verrais le bourreau et le feu, dit-elle, quand je serais dans le feu, je ne pourrais dire que ce que j'ai dit. »

On était arrivé au 23 mai, au lendemain de la Pentecôte ; Winchester ne pouvait plus rester à Rouen, il fallait en finir. On résolut d'arranger une grande et terrible scène publique qui pût ou effrayer l'obstinée, ou tout au moins donner le change au peuple. On lui envoya la veille au soir Loyseleur, Châtillon et Morice, pour lui promettre que si elle était soumise, si elle quittait l'habit d'homme, elle serait remise aux gens d'Église et qu'elle sortirait des mains des Anglais.

Ce fut au cimetière de Saint-Ouen, derrière la belle et austère église monastique (déjà bâtie comme nous la voyons), qu'eut lieu cette terrible comédie. Sur un échafaud siégeait le cardinal Winchester, les deux juges et trente-trois assesseurs, plusieurs ayant leurs scribes assis à leurs pieds. Sur l'autre échafaud, parmi les huissiers et les gens de torture, était Jeanne en habit d'homme ; il y avait en outre des notaires pour recueillir ses aveux, et un prédicateur qui devait l'admonester. Au pied, parmi la foule, se distinguait un étrange auditeur, le bourreau sur la charrette, tout prêt à l'emmener, dès qu'elle lui serait adjugée[1].

Le prédicateur du jour, un fameux docteur, Guillaume Érard, crut devoir dans une si belle occasion lâcher la bride à son éloquence, et par zèle il gâta tout. « O noble maison de France, criait-il, qui toujours avais été protectrice de la foi, as-tu été ainsi abusée, de t'attacher à une hérétique et schismatique... » Jusque-là l'accusée écoutait patiemment; mais le prédicateur, se tournant vers elle, lui dit en levant le doigt : « C'est à toi, Jehanne, que je parle, et je te dis que ton roi est hérétique et schismatique. » A ces mots, l'admirable fille, oubliant tout son danger, s'écria : « Par ma foi, sire, révérence gardée, j'ose bien vous dire et jurer, sur peine de ma vie, que c'est le plus noble chrétien de tous les chrétiens, celui qui aime le mieux la foi et l'Église; il n'est point tel que vous le dites. — Faites-la taire », s'écria Cauchon.

Ainsi tant d'efforts, de travaux, de dépenses, se trouvaient perdus. L'accusée soutenait son dire. Tout ce qu'on obtenait d'elle cette fois, c'était qu'elle voulait bien se soumettre *au pape*. Cauchon répondait : « Le pape est trop loin. » Alors il se mit à lire l'acte de condamnation tout dressé d'avance; il y était dit entre autres choses : « Bien plus, d'un esprit obstiné, vous avez refusé de vous soumettre *au Saint-Père* et au concile, etc. » Cependant, Loyseleur, Érard, la conjuraient d'avoir pitié d'elle-même; l'évêque, reprenant

---

[1]. *App.* 61.

quelque espoir, interrompit sa lecture. Alors les Anglais devinrent furieux : un secrétaire de Winchester dit à Cauchon qu'on voyait bien qu'il favorisait cette fille; le chapelain du cardinal en disait autant. « Tu en as menti[1] », s'écria l'évêque. « Et toi, dit l'autre, tu trahis le roi. » Ces graves personnages semblaient sur le point de se gourmer sur leur tribunal.

Érard ne se décourageait pas, il menaçait, il priait. Tantôt il disait : « Jehanne, nous avons tant pitié de vous...! » et tantôt : « Abjure, ou tu seras brûlée! » Tout le monde s'en mêlait, jusqu'à un bon huissier qui, touché de compassion, la suppliait de céder, et assurait qu'elle serait tirée des mains des Anglais, remise à l'Église. « Eh! bien, je signerai, » dit-elle. — Alors Cauchon, se tournant vers le cardinal, lui demanda respectueusement ce qu'il fallait faire[2]. « L'admettre à la pénitence, » répondit le prince ecclésiastique.

Le secrétaire de Winchester tira de sa manche une toute petite révocation de six lignes (celle qu'on publia ensuite avait six pages), il lui mit la plume en main, mais elle ne savait pas signer; elle sourit et traça un rond; le secrétaire lui prit la main, et lui fit faire une croix.

La sentence de grâce était bien sévère : « Jehanne,

---

1. « Mentiebatur, quia potius, cum judex esset in causa fidei, deberet quærere ejus salutem quam mortem. » (*Notices*.) Cauchon, pour tout dire, devait ajouter que, dans l'intérêt des Anglais, la rétractation était bien plus importante que la mort.

2. *App.* 61 *bis*.

nous vous condamnons par grâce et modération à passer le reste de vos jours en prison, au pain de douleur et à l'eau d'angoisse, pour y pleurer vos péchés. »

Elle était admise par le juge d'Église à faire pénitence, nulle autre part sans doute que dans les prisons d'Église[1]. L'*in pace* ecclésiastique, quelque dur qu'il fût, devait au moins la tirer des mains des Anglais, la mettre à l'abri de leurs outrages, sauver son honneur. Quels furent sa surprise et son désespoir, lorsque l'évêque dit froidement : « Menez-la où vous l'avez prise. »

Rien n'était fait; ainsi trompée, elle ne pouvait manquer de rétracter sa rétractation. Mais, quand elle aurait voulu y persister, la rage des Anglais ne l'aurait pas permis. Ils étaient venus à Saint-Ouen dans l'espoir de brûler enfin la sorcière; ils attendaient, haletants, et on croyait les renvoyer ainsi, les payer d'un petit morceau de parchemin, d'une signature, d'une grimace... Au moment même où l'évêque interrompit la lecture de la condamnation, les pierres volèrent sur les échafauds, sans respect du cardinal... Les docteurs faillirent périr en descendant dans la place; ce n'était partout qu'épées nues qu'on leur mettait à la gorge; les plus modérés des Anglais s'en tenaient aux paroles outrageantes : « Prêtres, vous ne gagnez pas l'argent du roi. » Les docteurs, défilant à la hâte, disaient tout tremblants : « Ne vous inquiétez, nous la retrouverons bien[2]. »

---

1. *App.* 62.
2. « Non curetis, bene rehabebimus eam. » (*Notices des mss.*)

Et ce n'était pas seulement la populace des soldats, le *mob* anglais, toujours si féroce, qui montrait cette soif de sang. Les honnêtes gens, les grands, les lords, n'étaient pas moins acharnés. L'homme du roi, son gouverneur, lord Warwick, disait comme les soldats : « Le roi va mal[1], la fille ne sera pas brûlée. »

Warwick était justement l'honnête homme selon les idées anglaises, l'Anglais accompli, le parfait *gentleman*[2]. Brave et dévot, comme son maître Henri V, champion zélé de l'Église *établie*, il avait fait un pèlerinage à la Terre-Sainte, et maint autre voyage chevaleresque, ne manquant pas un tournoi sur sa route. Lui-même il en donna un des plus éclatants et des plus célèbres aux portes de Calais, où il défia toute la chevalerie de France. Il resta de cette fête un long souvenir : la bravoure, la magnificence de ce Warwick ne servirent pas peu à préparer la route au fameux Warwick, le *faiseur de rois*.

Avec toute cette chevalerie Warwick n'en poursuivait pas moins âprement la mort d'une femme, d'une prisonnière de guerre; les Anglais, le meilleur et le plus estimé de tous, ne se faisaient aucun scrupule d'honneur de tuer par sentence de prêtres et par le feu celle qui les avait humiliés par l'épée.

Ce grand peuple anglais, parmi tant de bonnes et solides qualités, a un vice qui gâte ces qualités même.

---

1. « Quod rex male stabat. » (*Notices des mss.*)
2. « A true pattern of the knigtly spirit, taste, accomplishments and adventures, » etc. Il fut un des ambassadeurs envoyés au concile de Constance par Henri V; il y fut défié par un duc, et le tua en duel. Turner donne, d'après un manuscrit, la description de son fastueux tournoi de Calais.

Ce vice immense, profond, c'est l'orgueil. Cruelle maladie, mais qui n'en est pas moins leur principe de vie, l'explication de leurs contradictions, le secret de leurs actes. Chez eux, vertus et crimes, c'est presque toujours orgueil ; leurs ridicules aussi ne viennent que de là. Cet orgueil est prodigieusement sensible et douloureux ; ils en souffrent infiniment, et mettent encore de l'orgueil à cacher ces souffrances. Toutefois, elles se font jour ; la langue anglaise possède en propre les deux mots expressifs de *disappointment* et *mortification*[1].

Cette adoration de soi, ce culte intérieur de la créature pour elle-même, c'est le péché qui fit tomber Satan, la suprême impiété. Voilà pourquoi, avec tant de vertus humaines, avec ce sérieux, cette honnêteté extérieure, ce tour d'esprit biblique, nulle nation n'est plus loin de la grâce. C'est le seul peuple qui n'ait pu revendiquer l'*Imitation* de Jésus ; un Français pouvait écrire ce livre, un Allemand, un Italien, jamais un Anglais. De Shakespeare[2] à Milton, de Milton à Byron, leur belle et sombre littérature est sceptique, judaïque,

---

1. Nous leur devons ces mots. Celui de *mortification* était, il est vrai, employé partout dans la langue ascétique ; il s'appliquait à la pénitence volontaire que fait le pécheur pour dompter la chair et apaiser Dieu ; ce qui est, je crois, anglais, c'est de l'avoir appliqué aux souffrances très involontaires de la vanité, de l'avoir fait passer de la religion de Dieu à celle du moi humain.

2. Je ne me rappelle pas avoir vu le nom de Dieu dans Shakespeare ; s'il y est, c'est bien rarement, par hasard et sans l'ombre d'un sentiment religieux. Le véritable héros de Milton, c'est Satan. Quant à Byron, il n'a pas trop repoussé le nom de chef de l'école satanique que lui donnaient ses ennemis ; ce pauvre grand homme, si cruellement torturé par l'orgueil, n'eût pas été fâché, ce semble, de passer pour le Diable en personne. Voy. mon *Introduction à l'Histoire universelle*, sur ce caractère de la littérature anglaise.

satanique, pour résumer, anti-chrétienne. Les Indiens de l'Amérique, qui ont souvent tant de pénétration et d'originalité, disaient à leur manière : « Le Christ, c'était un Français que les Anglais crucifièrent à Londres ; Ponce-Pilate était un officier au service de la Grande-Bretagne. »

Jamais les Juifs ne furent si animés contre Jésus que les Anglais contre la Pucelle. Elle les avait, il faut le dire, cruellement blessés à l'endroit le plus sensible dans l'estime naïve et profonde qu'ils ont pour eux-mêmes. A Orléans, l'invincible gendarmerie, les fameux archers, Talbot en tête, avaient montré le dos ; à Jargeau, dans une place et derrière de bonnes murailles, ils s'étaient laissé prendre ; à Patay, ils avaient fui à toutes jambes, fui devant une fille... Voilà qui était dur à penser, voilà ce que ces taciturnes Anglais ruminaient sans cesse en eux-mêmes... Une fille leur avait fait peur, et il n'était pas bien sûr qu'elle ne leur fît peur encore, tout enchaînée qu'elle était... Non pas elle, apparemment, mais le Diable dont elle était l'agent ; ils tâchaient du moins de le croire ainsi et de le faire croire.

A cela, il y avait pourtant une difficulté, c'est qu'on la disait vierge, et qu'il était notoire et parfaitement établi que le Diable ne pouvait faire pacte avec une vierge. La plus sage tête qu'eussent les Anglais, le régent Bedford, résolut d'éclaircir ce point ; la duchesse, sa femme, envoya des matrones qui déclarèrent qu'en effet elle était pucelle [1]. Cette déclaration

---

[1]. Faut-il dire que le duc de Bedford, si généralement estimé comme un

favorable tourna justement contre elle, en donnant lieu à une autre imagination superstitieuse. On conclut que c'était cette virginité qui faisait sa force, sa puissance; la lui ravir, c'était la désarmer, rompre le charme, la faire descendre au niveau des autres femmes.

La pauvre fille, en tel danger, n'avait eu jusque-là de défense que l'habit d'homme. Mais, chose bizarre, personne n'avait jamais voulu comprendre pourquoi elle le gardait. Ses amis, ses ennemis, tous en étaient scandalisés. Dès le commencement, elle avait été obligée de s'en expliquer aux femmes de Poitiers. Lorsqu'elle fut prise et sous la garde des dames de Luxembourg, ces bonnes dames la prièrent de se vêtir comme il convenait à une honnête fille. Les Anglaises surtout, qui ont toujours fait grand bruit de chasteté et de pudeur, devaient trouver un tel travestissement monstrueux et intolérablement indécent. La duchesse de Bedford[1] lui envoya une robe de femme, mais par qui? par un homme, par un tailleur[2]. Cet homme, hardi et familier, osa bien entreprendre

---

homme honnête et sage, « erat in quodam loco secreto ubi videbat Johannam visitari ». (*Notices des mss.*)

1. Elle était sœur du duc de Bourgogne, mais elle avait adopté les habitudes anglaises. Le *Bourgeois de Paris* la montre toujours galopant derrière son mari : « Luy et sa femme qui partout où il alloit, le suivoit. » (Ann. 1428). — « Et à cette heure s'en alloient le régent et sa femme par la Porte Saint-Martin, et encontrèrent la procession, dont ils tinrent moult peu de compte; car ils chevauchoient moult fort, et ceux de la procession ne purent reculer; si furent moult touillez de la boue que leurs chevaux jettoient par devant et derrière. » (*Ibid.*, ann. 1427.)

2. Il semblerait que les grandes dames se faisaient habiller par des tailleurs. « Cuidam Joanny Symon, sutori tunicarum... Cum induere vellet, eam accepit dulciter per manum... tradidit unam alapam. » (*Notices des mss.*)

de lui passer la robe, et comme elle le repoussait, il mit sans façon la main sur elle, sa main de tailleur sur la main qui avait porté le drapeau de la France..., elle lui appliqua un soufflet.

Si les femmes ne comprenaient rien à cette question féminine, combien moins les prêtres? Ils citaient le texte d'un concile du quatrième siècle[1], qui anathématisait ces changements d'habits. Ils ne voyaient pas que cette défense s'appliquait spécialement à une époque où l'on sortait à peine de l'impureté païenne. Les docteurs du parti de Charles VII, les apologistes de la Pucelle, sont fort embarrassés de la justifier sur ce point. L'un d'eux (on croit que c'est Gerson) suppose gratuitement que, dès qu'elle descend de cheval, elle reprend l'habit de femme ; il avoue qu'Esther et Judith ont employé d'autres moyens plus naturels, plus féminins pour triompher des ennemis du peuple de Dieu[2]. Ces théologiens, tout préoccupés de l'âme, semblent faire bon marché du corps ; pourvu qu'on suive la lettre, la loi écrite, l'âme sera sauvée ; que la chair devienne ce qu'elle pourra... Il faut pardonner à une pauvre et simple fille de n'avoir pas su si bien distinguer.

C'est notre dure condition ici-bas que l'âme et le corps soient si fortement liés l'un à l'autre, que l'âme traîne cette chair, qu'elle en subisse les hasards, et qu'elle en réponde... Cette fatalité a toujours été

---

1. *App.* 63.
2. « Licet ornarent se cultu solemniori, ut gratius placerent his cum quibus agere conceperunt. » (Gerson.)

pesante, mais combien l'est-elle davantage sous une loi religieuse qui ordonne d'endurer l'outrage, qui ne permet point que l'honneur en péril puisse échapper en jetant là le corps et se réfugiant dans le monde des esprits !

Le vendredi et le samedi, l'infortunée prisonnière, dépouillée de l'habit d'homme, avait bien à craindre. La nature brutale, la haine furieuse, la vengeance, tout devait pousser les lâches à la dégrader avant qu'elle ne pérît, à souiller ce qu'ils allaient brûler... Ils pouvaient d'ailleurs être tentés de couvrir leur infamie d'une *raison d'État* selon les idées du temps ; en lui ravissant sa virginité, on devait sans doute détruire cette puissance occulte dont les Anglais avaient si grand'peur ; ils reprendraient courage peut-être, s'ils savaient qu'après tout ce n'était vraiment qu'une femme. Au dire de son confesseur, à qui elle le révéla, un Anglais, non un soldat mais un *gentleman*, un lord se serait patriotiquement dévoué à cette exécution ; il eût bravement entrepris de violer une fille enchaînée, et n'y parvenant pas, il l'aurait chargée de coups [1].

« Quand vint le dimanche matin, jour de la Trinité, et qu'elle dut se lever (comme elle l'a rapporté à celui

---

[1]. « La simple Pucelle lui révéla que... on l'avoit tourmentée violemment en la prison, molestée, bastue et déchoullée, et qu'un millourt d'Angleterre l'avoit forcée. » (Ms. Soubise.) — Néanmoins, le même témoin dit dans sa seconde déposition, rédigée en latin : « Eam *temptavit* vi opprimere. » (Lebrun.) — Ce qui fait croire que l'attentat ne fut pas consommé, c'est que, dans ses dernières lamentations, la Pucelle s'écriait : « Qu'il faille que mon corps, *net en entier, qui ne fut jamais corrompu*, soit consumé et rendu en cendres. » (*Notices des mss.*)

qui parle)[1], elle dit aux Anglais, ses gardes : « Déferrez-moi, que je puisse me lever. » L'un d'eux ôta les habits de femme qui étoient sur elle, vida le sac où étoit l'habit d'homme, et lui dit : « Lève-toi. — Messieurs, dit-elle, vous savez qu'il m'est défendu ; sans faute, je ne le prendrai point. » Ce débat dura jusqu'à midi ; et enfin, pour nécessité de corps, il fallut bien qu'elle sortît et prît cet habit. Au retour, ils ne voulurent point lui en donner d'autre, quelque supplication qu'elle fît[2]. »

Ce n'était pas au fond l'intérêt des Anglais qu'elle reprît l'habit d'homme et qu'elle annulât ainsi une rétractation si laborieusement obtenue. Mais en ce moment leur rage ne connaissait plus de bornes. Xaintrailles venait de faire une tentative hardie sur Rouen[3]. C'eût été un beau coup d'enlever les juges sur leur tribunal, de mener à Poitiers Winchester et Bedford ; celui-ci faillit encore être pris au retour, entre Rouen et Paris. Il n'y avait plus de sûreté pour les Anglais tant que vivrait cette fille maudite, qui sans doute continuait ses maléfices en prison. Il fallait qu'elle pérît.

Les assesseurs, avertis à l'instant de venir au château pour voir le changement d'habit, trouvèrent dans la cour une centaine d'Anglais qui leur barrèrent le

---

1. *Déposition de l'huissier Massieu*, qui la suivit jusqu'au bûcher. (*Notices des mss.*)

2. *App.* 64.

3. Était-il envoyé par Charles VII pour délivrer la Pucelle, rien ne l'indique. Il croyait avoir trouvé moyen de se passer d'elle ; Xaintrailles se faisait mener par un petit berger gascon. L'expédition manqua et le berger fut pris. *App.* 65.

passage; pensant que ces docteurs, s'ils entraient, pouvaient gâter tout, ils levèrent sur eux les haches, les épées, et leur donnèrent la chasse, en les appelant *traîtres d'Armagnaux*[1]. Cauchon, introduit à grand'-peine, fit le gai pour plaire à Warwick, et dit en riant : « Elle est prise. »

Le lundi, il revint avec l'inquisiteur et huit assesseurs pour interroger la Pucelle et lui demander pourquoi elle avait repris cet habit. Elle ne donna nulle excuse; mais, acceptant bravement son danger, elle dit que cet habit convenait mieux tant qu'elle serait gardée par des hommes; que d'ailleurs on lui avait manqué de parole. Ses Saintes lui avaient dit « que c'était grand'pitié d'avoir abjuré pour sauver sa vie ». Elle ne refusait pas au reste de reprendre l'habit de femme. « Qu'on me donne une prison douce et sûre[2], disait-elle, je serai bonne et je ferai tout ce que voudra l'Église. »

L'évêque, en sortant, rencontra Warwick et une foule d'Anglais; et pour se montrer bon Anglais, il dit en leur langue : « Farewell, farewell. » Ce joyeux adieu voulait dire à peu près : « Bonsoir, bonsoir, tout est fini[3]. »

Le mardi, les juges formèrent à l'archevêché une assemblée telle quelle d'assesseurs, dont les uns n'avaient siégé qu'aux premières séances, les autres

---

1. *Déposition du notaire Manchon.* (*Notices.*)
2. « In loco tuto. » — Le procès-verbal y substitue : « Carcer graciosus. » (Lebrun.)
3. « *Faronnelle*, faictes bonne chière, il en est faict. » (*Déposition d'Isambart. — Notices des mss.*)

jamais, au reste gens de toute espèce, prêtres, légistes, et jusqu'à trois médecins. Ils leur rendirent compte de ce qui s'était passé et leur demandèrent avis. L'avis, tout autre qu'on ne l'attendait, fut qu'il fallait mander encore la prisonnière et lui relire son acte d'abjuration. Il est douteux que cela fût au pouvoir des juges. Il n'y avait plus au fond ni juge ni jugement possible, au milieu de cette rage de soldats, parmi les épées. Il fallait du sang, celui des juges peut-être n'était pas loin de couler. Ils dressèrent à la hâte une citation, pour être signifiée le lendemain à huit heures; elle ne devait plus comparaître que pour être brûlée.

Le matin, Cauchon lui envoya un confesseur, frère Martin l'Advenu, « pour lui annoncer sa mort et l'induire à pénitence... Et quand il annonça à la pauvre femme la mort dont elle devait mourir ce jour-là, elle commença à s'écrier douloureusement, se détendre et arracher les cheveux : « Hélas ! me traite-t-on ainsi horriblement et cruellement, qu'il faille que mon corps, net en entier, qui ne fut jamais corrompu, soit aujourd'hui consumé et rendu en cendres ! Ha ! ha ! j'aimerois mieux être décapitée sept fois que d'être ainsi brûlée !... Oh ! j'en appelle à Dieu, le grand juge des torts et ingravances qu'on me fait[1] ! »

Après cette explosion de douleur, elle revint à elle et se confessa, puis elle demanda à communier. Le frère était embarrassé, mais l'évêque consulté répondit

---

1. *Déposition de Jean Toutmouillé.* (*Notices des mss.*)

qu'on pouvait lui donner la communion « et tout ce qu'elle demanderait ». Ainsi, au moment même où il la jugeait hérétique relapse et la retranchait de l'Église, il lui donnait tout ce que l'Église donne à ses fidèles. Peut-être un dernier sentiment humain s'éleva dans le cœur du mauvais juge ; il pensa que c'était bien assez de brûler cette pauvre créature, sans la désespérer et la damner. Peut-être aussi le mauvais prêtre, par une légèreté d'esprit fort, accordait-il les sacrements comme chose sans conséquence, qui ne pouvait après tout que calmer et faire taire le patient... Au reste, on essaya d'abord de faire la chose à petit bruit, on apporta l'eucharistie sans étole et sans lumière. Mais le moine s'en plaignit, et l'Église de Rouen, dûment avertie, se plut à témoigner ce qu'elle pensait du jugement de Cauchon ; elle envoya le corps de Christ avec quantité de torches, un nombreux clergé, qui chantait des litanies et disait le long des rues au peuple à genoux : « Priez pour elle [1]. »

Après la communion, qu'elle reçut avec beaucoup de larmes, elle aperçut l'évêque et elle lui dit ce mot : « Évêque, je meurs par vous... » Et encore : « Si vous m'eussiez mise aux prisons d'Église et donné des gardiens ecclésiastiques, ceci ne fût pas advenu... C'est pourquoi j'en appelle de vous devant Dieu [2] ! »

Puis, voyant parmi les assistants Pierre Morice, l'un de ceux qui l'avaient prêchée, elle lui dit : « Ah ! maître Pierre, où serai-je ce soir ? — N'avez-vous pas

---

1. *Déposition du frère Jean de Levozoles.* (Lebrun.)
2. *Déposition du Jean Toutmouillé.* (*Notices des mss.*)

bonne espérance au Seigneur? — Oh! oui, Dieu aidant, je serai en Paradis! »

Il était neuf heures : elle fut revêtue d'habits de femme et mise sur un chariot. A son côté, se tenait le confesseur frère Martin l'Advenu, l'huissier Massieu était de l'autre. Le moine augustin frère Isambart, qui avait déjà montré tant de charité et de courage, ne voulut pas la quitter. On assure que le misérable Loyseleur vint aussi sur la charrette et lui demanda pardon ; les Anglais l'auraient tué sans le comte de Warwick[1].

Jusque-là la Pucelle n'avait jamais désespéré, sauf peut-être sa tentation pendant la semaine sainte. Tout en disant, comme elle le dit parfois : « Ces Anglais me feront mourir », au fond elle n'y croyait pas. Elle ne s'imaginait point que jamais elle pût être abandonnée. Elle avait foi dans son roi, dans le bon peuple de France. Elle avait dit expressément : « Il y aura en prison ou au jugement quelque trouble, par quoi je serai délivrée... délivrée à grande victoire[2]!... » Mais quand le roi et le peuple lui auraient manqué, elle avait un autre secours, tout autrement puissant et certain, celui de ses amies d'en haut, des bonnes et chères Saintes... Lorsqu'elle assiégeait Saint-Pierre, et que les siens l'abandonnèrent à l'assaut, les Saintes envoyèrent une invisible armée à son aide. Comment délaisseraient-elles leur obéissante fille? elles lui

---

[1]. Ceci, au reste, n'est qu'un *on-dit* (Audivit dici...), une circonstance dramatique dont la tradition populaire a peut-être orné gratuitement le récit. (*Notices des mss.*) — [2]. *App.* 66.

avaient tant de fois promis *salut* et *délivrance!...*

Quelles furent donc ses pensées, lorsqu'elle vit que vraiment il fallait mourir, lorsque, montée sur la charrette, elle s'en allait à travers une foule tremblante sous la garde de huit cents Anglais armés de lances et d'épées. Elle pleurait et se lamentait, n'accusant toutefois ni son roi ni ses Saintes... Il ne lui échappait qu'un mot : « O Rouen, Rouen ! dois-je donc mourir ici ? »

Le terme du triste voyage était le Vieux-Marché, le marché au poisson. Trois échafauds avaient été dressés. Sur l'un était la chaire épiscopale et royale, le trône du cardinal d'Angleterre, parmi les sièges de ses prélats. Sur l'autre devaient figurer les personnages du lugubre drame, le prédicateur, les juges et le bailli, enfin la condamnée. On voyait à part un grand échafaud de plâtre, chargé et surchargé de bois ; on n'avait rien plaint au bûcher, il effrayait par sa hauteur. Ce n'était pas seulement pour rendre l'exécution plus solennelle ; il y avait une intention, c'était afin que, le bûcher étant si haut échafaudé, le bourreau n'y atteignît que par en bas, pour allumer seulement, qu'ainsi il ne pût abréger le supplice[1], ni expédier la patiente, comme il faisait des autres, leur faisant grâce de la flamme. Ici, il ne s'agissait pas de frauder la justice, de donner au feu un corps mort ; on voulait qu'elle fût bien réellement brûlée vive, que, placée au sommet de cette montagne de bois, et dominant le

---

1. « De quoi il estoit fort marry et avoit grant compassion... » *App.* 67.

cercle des lances et des épées, elle pût être observée de toute la place. Lentement, longuement brûlée sous les yeux d'une foule curieuse, il y avait lieu de croire qu'à la fin elle laisserait surprendre quelque faiblesse, qu'il lui échapperait quelque chose qu'on pût donner pour un désaveu, tout au moins des mots confus qu'on pourrait interpréter, peut-être de basses prières, d'humiliants cris de grâce, comme d'une femme éperdue...

Un chroniqueur, ami des Anglais, les charge ici cruellement. Ils voulaient, si on l'en croit, que, la robe étant brûlée d'abord, la patiente restât nue, « pour oster les doubtes du peuple »; que le feu étant éloigné, chacun vînt la voir, « et tous les secrez qui povent ou doivent estre en une femme »; et qu'après cette impudique et féroce exhibition, « le bourrel remist le grand feu sur sa povre charogne[1]... ».

L'effroyable cérémonie commença par un sermon. Maître Nicolas Midy, une des lumières de l'Université de Paris, prêcha sur ce texte édifiant : « Quand un membre de l'Église est malade, toute l'Église est malade. » Cette pauvre Église ne pouvait guérir qu'en se coupant un membre. Il concluait par la formule : « Jehanne, *allez* en paix, l'Église ne peut plus *te* défendre. »

Alors le juge d'Église, l'évêque de Beauvais, l'exhorta bénignement à s'occuper de son âme et à se rappeler tous ses méfaits, pour s'exciter à la contrition. Les

---

1. *Journal du Bourgeois.*

assesseurs avaient jugé qu'il était de droit de lui relire son abjuration; l'évêque n'en fit rien. Il craignait des démentis, des réclamations. Mais la pauvre fille ne songeait guère à chicaner ainsi sa vie, elle avait bien d'autres pensées. Avant même qu'on ne l'eût exhortée à la contrition, elle s'était mise à genoux, invoquant Dieu, la Vierge, saint Michel et sainte Catherine, pardonnant à tous et demandant pardon, disant aux assistants : « Priez pour moi!... » Elle requérait surtout les prêtres de dire chacun une messe pour son âme... Tout cela de façon si dévote, si humble et si touchante, que l'émotion gagnant, personne ne peut plus se contenir; l'évêque de Beauvais se mit à pleurer, celui de Boulogne sanglotait, et voilà que les Anglais eux-mêmes pleuraient et larmoyaient aussi, Winchester comme les autres[1].

Serait-ce dans ce moment d'attendrissement universel, de larmes, de contagieuse faiblesse, que l'infortunée, amollie et redevenue simple femme, aurait avoué qu'elle voyait bien qu'elle avait eu tort, qu'on l'avait trompée apparemment en lui promettant délivrance? Nous n'en pouvons trop croire là-dessus le témoignage intéressé des Anglais[2]. Toutefois, il faudrait bien peu connaître la nature humaine pour douter qu'ainsi trompée dans son espoir, elle n'ait vacillé dans sa foi...

---

1. « Episcopus Belvacensis flevit... » — « Le cardinal d'Angleterre et plusieurs autres Anglois furent contraincts plourer. » (*Notices des mss.*)

2. L'information qu'ils firent faire sur ces prétendues rétractations n'est signée ni des témoins devant qui elles auraient eu lieu, ni des greffiers du procès. — Trois de ces témoins, qui furent interrogés plus tard, n'en disent rien et paraissent n'en avoir eu aucune connaissance. (L'Averdy.)

A-t-elle dit le mot, c'est chose incertaine ; j'affirme qu'elle l'a pensé.

Cependant les juges, un moment décontenancés, s'étaient remis et raffermis. L'évêque de Beauvais, s'essuyant les yeux, se mit à lire la condamnation. Il remémora à la coupable tous ses crimes, schisme, idolâtrie, invocation de démons, comment elle avait été admise à pénitence, et comment, « séduite par le Prince du mensonge, elle étoit retombée, ô douleur ! *comme le chien qui retourne à son vomissement...* Donc, nous prononçons que vous êtes un membre pourri, et comme tel, retranché de l'Église. Nous vous livrons à la puissance séculière, la priant toutefois de modérer son jugement, en vous évitant la mort et la mutilation des membres. »

Délaissée ainsi de l'Église, elle se remit en toute confiance à Dieu. Elle demanda la croix. Un Anglais lui passa une croix de bois, qu'il fit d'un bâton ; elle ne la reçut pas moins dévotement, elle la baisa et la mit, cette rude croix, sous ses vêtements et sur sa chair... Mais elle aurait voulu la croix de l'église, pour la tenir devant ses yeux jusqu'à la mort. Le bon huissier Massieu et frère Isambart firent tant, qu'on la lui apporta de la paroisse Saint-Sauveur. Comme elle embrassait cette croix, et qu'Isambart l'encourageait, les Anglais commencèrent à trouver tout cela bien long ; il devait être au moins midi ; les soldats grondaient, les capitaines disaient : « Comment ? prêtre, nous ferez-vous dîner ici ?... » Alors, perdant patience et n'attendant pas l'ordre du bailli, qui seul pourtant avait autorité pour l'envoyer à la mort, ils firent monter deux sergents pour la tirer des mains des prêtres. Au pied du tribunal, elle fut saisie par les hommes d'armes, qui la traînèrent au bourreau, lui disant : « Fais ton office... » Cette furie de soldats fit horreur ; plusieurs des assistants, des juges même, s'enfuirent, pour n'en pas voir davantage.

Quand elle se trouva en bas dans la place, entre ces Anglais qui portaient les mains sur elle, la nature pâtit et la chair se troubla ; elle cria de nouveau : « O Rouen, tu seras donc ma dernière demeure !... » Elle n'en dit pas plus, et *ne pécha pas par ses lèvres*[1], dans ce moment même d'effroi et de trouble...

Elle n'accusa ni son roi ni ses Saintes. Mais parvenue au haut du bûcher, voyant cette grande ville, cette foule immobile et silencieuse, elle ne put s'empêcher de dire : « Ah ! Rouen, Rouen, j'ai grand'peur que tu n'aies à souffrir de ma mort ! » Celle qui avait sauvé le peuple et que le peuple abandonnait n'exprima en mourant (admirable douceur d'âme !) que de la compassion pour lui...

Elle fut liée sous l'écriteau infâme, mitrée d'une mitre où on lisait : « Hérétique, relapse, apostate, ydolastre »... Et alors le bourreau mit le feu... Elle le vit d'en haut et poussa un cri... Puis, comme le frère qui l'exhortait ne faisait pas attention à la flamme, elle eut peur pour lui, s'oubliant elle-même, et elle le fit descendre.

---

1. Job.

Ce qui prouve bien que jusque-là elle n'avait rien rétracté expressément, c'est que ce malheureux Cauchon fut obligé (sans doute par la haute volonté satanique qui présidait) à venir au pied du bûcher, obligé à affronter de près la face de sa victime, pour essayer d'en tirer quelque parole... Il n'en obtint qu'une, désespérante. Elle lui dit avec douceur ce qu'elle avait déjà dit : « Évêque, je meurs par vous... Si vous m'aviez mise aux prisons d'Église, ceci ne fût pas advenu. » On avait espéré sans doute que, se croyant abandonnée de son roi, elle l'accuserait enfin et parlerait contre lui. Elle le défendit encore : « Que j'aie bien fait, que j'aie mal fait, mon roi n'y est pour rien ; ce n'est pas lui qui m'a conseillée. »

Cependant la flamme montait... Au moment où elle toucha, la malheureuse frémit et demanda *de l'eau* bénite ; *de l'eau*, c'était apparemment le cri de la frayeur... Mais, se relevant aussitôt, elle ne nomma plus que Dieu, que ses anges et ses Saintes. Elle leur rendit témoignage : « Oui, mes voix étaient de Dieu, mes voix ne m'ont pas trompée !... [1] » Que toute incertitude ait cessé dans les flammes, cela nous doit faire croire qu'elle accepta la mort pour la *délivrance* promise, qu'elle n'entendit plus le *salut* au sens judaïque et matériel, comme elle avait fait jusque-là, qu'elle vit clair enfin, et que, sortant des ombres, elle obtint ce qui lui manquait encore de lumière et de sainteté.

Cette grande parole est attestée par le témoin obligé

---

1. *App.* 68.

et juré de la mort, par le dominicain qui monta avec elle sur le bûcher, qu'elle en fit descendre, mais qui d'en bas lui parlait, l'écoutait et lui tenait la croix.

Nous avons encore un autre témoin de cette mort sainte, un témoin bien grave, qui lui-même fut sans doute un saint. Cet homme, dont l'histoire doit conserver le nom, était le moine augustin déjà mentionné, frère Isambart de la Pierre ; dans le procès, il avait failli périr pour avoir conseillé la Pucelle, et néanmoins, quoique si bien désigné à la haine des Anglais, il voulut monter avec elle dans la charrette, lui fit venir la croix de la paroisse, l'assista parmi cette foule furieuse, et sur l'échafaud et au bûcher.

Vingt ans après, les deux vénérables religieux, simples moines, voués à la pauvreté et n'ayant rien à gagner ni à craindre en ce monde, déposent ce qu'on vient de lire : « Nous l'entendions, disent-ils, dans le feu, invoquer ses Saintes, son archange ; elle répétait le nom du Sauveur... Enfin, laissant tomber sa tête, elle poussa un grand cri : « Jésus ! »

« Dix mille hommes pleuraient... » Quelques Anglais seuls riaient ou tâchaient de rire. Un d'eux, des plus furieux, avait juré de mettre un fagot au bûcher ; elle expirait au moment où il le mit, il se trouva mal ; ses camarades le menèrent à une taverne pour le faire boire et reprendre ses esprits ; mais il ne pouvait se remettre : « J'ai vu, disait-il hors de lui-même, j'ai vu de sa bouche, avec le dernier soupir, s'envoler une colombe. » D'autres avaient lu dans les flammes le mot qu'elle répétait : « Jésus ! » Le bourreau alla le soir trouver frère Isambart ; il était tout épouvanté ; il se confessa, mais il ne pouvait croire que Dieu lui pardonnât jamais... Un secrétaire du roi d'Angleterre disait tout haut en revenant : « Nous sommes perdus ; nous avons brûlé une sainte ! »

Cette parole, échappée à un ennemi, n'en est pas moins grave. Elle restera. L'avenir n'y contredira point. Oui, selon la Religion, selon la patrie, Jeanne Darc fut une sainte.

Quelle légende plus belle que cette incontestable histoire[1] ? Mais il faut se garder bien d'en faire une légende[2] ; on doit en conserver pieusement tous les traits, même les plus humains, en respecter la réalité touchante et terrible...

Que l'esprit romanesque y touche, s'il ose ; la poésie ne le fera jamais. Eh ! que saurait-elle ajouter?... L'idée qu'elle avait, pendant tout le moyen âge, poursuivie de légende en légende, cette idée se trouva à la fin être une personne ; ce rêve, on le toucha. La Vierge secourable des batailles que les chevaliers appelaient, attendaient d'en haut, elle fut ici-bas... En qui? C'est la merveille. Dans ce qu'on méprisait, dans ce qui semblait le plus humble, dans une enfant, dans la

---

1. *App.* 69.
2. Le cadre serait tout tracé ; c'est la formule même de la vie héroïque : 1, la forêt, la *révélation;* 2, Orléans, l'*action;* 3, Reims, l'*honneur.* — 4, Paris et Compiègne, la *tribulation,* la *trahison;* 5, Rouen, la *passion.* — Mais rien ne fausse plus l'histoire que d'y chercher des types complets et absolus. Quelle qu'ait été l'émotion de l'historien en écrivant cet Évangile, il s'est attaché au réel, sans jamais céder à la tentation d'idéaliser.

simple fille des campagnes, du pauvre peuple de France... Car il y eut un peuple, il y eut une France. Cette dernière figure du passé fut aussi la première du temps qui commençait. En elle apparurent à la fois la Vierge... et déjà la Patrie.

Telle est la poésie de ce grand fait, telle en est la philosophie, la haute vérité. Mais la réalité historique n'en est pas moins certaine; elle ne fut que trop positive et trop cruellement constatée... Cette vivante énigme, cette mystérieuse créature, que tous jugèrent surnaturelle, cet ange ou ce démon, qui, selon quelques-uns, devait s'envoler un matin [1], il se trouva que c'était une jeune femme, une jeune fille, qu'elle n'avait point d'ailes, qu'attachée comme nous à un corps mortel, elle devait souffrir, mourir, et de quelle affreuse mort !

Mais c'est justement dans cette réalité qui semble dégradante, dans cette triste épreuve de la nature, que l'idéal se retrouve et rayonne. Les contemporains eux-mêmes y reconnurent le Christ parmi les Pharisiens [2]... Toutefois nous devons y voir encore autre chose, la Passion de la Vierge, le martyre de la pureté.

Il y a eu bien des martyrs; l'histoire en cite d'innombrables, plus ou moins purs, plus ou moins glorieux.

---

1. Lorsqu'elle entra à Troyes, le clergé lui jeta de l'eau bénite, pour s'assurer si c'était une personne réelle, ou une vision diabolique. Elle sourit et dit : « Approchez hardiment, je ne m'envoulleray pas. » Voy. l'interrogatoire du 3 mars 1430.

2. L'évêque de Beauvais .. « et sa compagnie ne se montrèrent pas moins affectés à faire mourir la Pucelle que Cayphe et Anne, et les scribes et pharisées se montrèrent affectés à faire mourir Notre-Seigneur. » (*Chronique de la Pucelle.*)

L'orgueil a eu les siens, et la haine et l'esprit de dispute. Aucun siècle n'a manqué de martyrs batailleurs, qui sans doute mouraient de bonne grâce, quand ils n'avaient pu tuer... Ces fanatiques n'ont rien à voir ici. La sainte fille n'est point des leurs, elle eut un signe à part : Bonté, charité, douceur d'âme.

Elle eut la douceur des anciens martyrs, mais avec une différence. Les premiers chrétiens ne restaient doux et purs qu'en fuyant l'action, en s'épargnant la lutte et l'épreuve du monde. Celle-ci fut douce dans la plus âpre lutte, bonne parmi les mauvais, pacifique dans la guerre même ; la guerre, ce triomphe du Diable, elle y porta l'esprit de Dieu.

Elle prit les armes quand elle sut « la pitié qu'il y avoit au royaume de France ». Elle ne pouvait voir « couler le sang françois ». Cette tendresse de cœur, elle l'eut pour tous les hommes ; elle pleurait après les victoires et soignait les Anglais blessés.

Pureté, douceur, bonté héroïque, que cette suprême beauté de l'âme se soit rencontrée en une fille de France, cela peut surprendre les étrangers qui n'aiment à juger notre nation que par la légèreté de ses mœurs. Disons-leur (et sans partialité, aujourd'hui que tout cela est si loin de nous) que sous cette légèreté, parmi ses folies et ses vices même, la vieille France n'en fut pas moins le peuple de l'amour et de la grâce.

Le sauveur de la France devait être une femme. La France était femme elle-même. Elle en avait la mobilité, mais aussi l'aimable douceur, la pitié facile et charmante, l'excellence au moins du premier mouvement.

Lors même qu'elle se plaisait aux vaines élégances et aux raffinements extérieurs, elle restait au fond plus près de la nature. Le Français, même vicieux, gardait plus qu'aucun autre le bon sens et le bon cœur [1]...

Puisse la nouvelle France ne pas oublier le mot de l'ancienne : « Il n'y a que les grands cœurs qui sachent combien il y a de gloire à *être bon* [2] *!* » L'être et rester tel, entre les injustices des hommes et les sévérités de la Providence, ce n'est pas seulement le don d'une heureuse nature, c'est de la force et de l'héroïsme... Garder la douceur et la bienveillance, parmi tant d'aigres disputes, traverser l'expérience sans lui permettre de toucher à ce trésor intérieur, cela est divin. Ceux qui persistent et vont ainsi jusqu'au bout sont les vrais élus. Et quand même ils auraient quelquefois heurté dans le sentier difficile du monde, parmi leurs chutes, leurs faiblesses et leurs *enfances* [3], ils n'en resteront pas moins les enfants de Dieu !

---

[1]. Il restait toujours *bon enfant;* petit mot, grande chose. Personne aujourd'hui ne veut être ni *enfant* ni *bon;* ce dernier mot est une épithète de dérision.

[2]. C'est le mot du Philoctète de Fénelon. *App.* 70.

[3]. Saint François de Sales.

LIVRE XI

CHAPITRE PREMIER

<small>Henri VI et Charles VII. — Discordes de l'Angleterre, réconciliation des princes français. — État de la France. (1431-1440.)</small>

La mort de la Pucelle était, dans l'opinion des Anglais, *le salut du roi*. Warwick disait, quand il crut qu'elle échapperait : « *Le roi va mal*, la fille ne sera pas brûlée. » Et encore : « Le roi l'a achetée cher ; *il ne voudrait* pour rien au monde qu'elle mourût de mort naturelle. »

Ce roi qui, disait-on, ne pouvait vivre que par la mort de la jeune fille, qui voulait qu'elle pérît, c'était lui-même un tout jeune enfant de neuf ans, innocente et malheureuse créature, déjà marquée pour l'expiation... Pâle effigie de la France mourante, il se trouvait, par la malice du sort ou la justice de Dieu, placé dans le trône d'Henri V, afin qu'en réalité ce trône restât vide et que pendant un demi-siècle l'Angleterre n'eût ni roi ni loi.

La sagesse anglaise s'était jouée elle-même; elle s'était chargée de rendre la France sage, et c'est elle qui devint folle. Par la victoire, la conquête et le mariage forcé, l'Angleterre réussit à se donner un Charles VI. Conçu dans la haine, enfanté dans les larmes, peut-être à sa naissance regardé de travers par sa mère elle-même [1], le triste enfant vint au monde sous de fâcheux auspices et pauvrement doué. C'était du reste un enfant bon et doux; avec de la douceur, il pouvait se faire que l'on tirât quelque parti de cette faible nature, mais il aurait fallu la patience de l'Amour et les tempéraments de la Grâce. L'esprit anglais est celui de la Loi. Le formalisme, la roideur, le *cant*, étaient déjà ce qu'ils sont aujourd'hui. Combien plus, sous un gouvernement de prêtres politiques, sortis pour la plupart de la scolastique, du pédantisme, et qui gouvernaient d'une même férule le roi et le royaume!... Scolastique et Politique, dures nourrices pour le pauvre enfant!... Le gouverneur, l'homme d'exécution pour cette discipline, ce fut le violent Warwick. Tour à tour gouverneur et geôlier, il fut choisi, nous l'avons dit, comme l'*honnête homme* du temps; brave, dur et dévot, il se faisait fort de former son élève sur le patron voulu, de le corriger et *le châtier* [2]... Il travailla si bien sur le patient, il amenda et émonda si consciencieusement qu'il ne resta plus

---

1. Elle se hâta de se remarier avec un ennemi des Anglais, le Gallois Owen Tudor. C'est justement de ce mariage d'un Gallois et d'une Française que vinrent les rois les plus absolus que l'Angleterre ait eus, les Tudors, Henri VIII, Marie, Élisabeth.

2. Voy. plus haut, p. 99. *App.* 71.

rien... Rien de l'homme, encore moins du roi, une ombre à peine, quelque chose de passif et d'inoffensif, une âme prête pour l'autre monde... Un tel roi fit l'humiliation, la rage des Anglais ; ils trouvèrent que le saint n'était bon qu'à faire un martyr ; les durs raisonneurs n'ont jamais senti ce qu'il y a de Dieu en l'innocent, tout au moins de touchant dans le simple d'esprit.

Le martyre commença par le couronnement, par la riche moisson de malédictions qu'on lui fit recueillir dans les deux royaumes. Après avoir attendu neuf mois à Calais que les routes fussent moins dangereuses[1], il fut enfin amené à Paris, en décembre, au cœur de l'hiver. C'était le temps des grandes souffrances du peuple ; la cherté des vivres était extrême ; la misère et la dépopulation telles que le régent fut obligé de défendre de brûler les maisons abandonnées.

Ce prétendu sacre du roi de France fut tout anglais. D'abord, point de Français dans le cortège, sauf Cauchon et quelques évêques qui suivaient le cardinal Winchester. Nul prince du sang de France, sinon en comédie[2], un faux duc de Bourgogne, un faux comte de Nevers. La grand'mère ne paraît pas avoir été invitée ; on lui laissa à peine entrevoir son petit-fils dans une solennelle et cérémonieuse visite. Il semblait

---

1. Un laird écossais qui avait osé passer avant le roi, fut si content de lui-même qu'il entra, avec trompes, clairons et quatre bardes ou ménestrels, qui marchaient devant lui en chantant leurs chants sauvages, comme s'il fût entré par la brèche. (*Journal du Bourgeois.*)

2. « Et estoient vestus par personnages des cottes d'armes des dessus dits seigneurs. » (Monstrelet.)

politique de gagner la ville, de laisser officier l'évêque de Paris dans sa cathédrale. Mais le cardinal anglais, qui payait les frais du sacre[1], voulut aussi en avoir l'honneur. Il officia pontificalement à Notre-Dame, prit et mania la couronne de France, et la mit sur la tête de l'enfant à genoux[2]. Au grand scandale du chapitre, tout se fit selon les rites anglais[3]. C'était le droit du sacre pour les chanoines de garder le vase de vermeil qui contenait le vin; les officiers du roi soutinrent que ce vase leur revenait.

Les grands corps ne furent point ménagés. Le Parlement zélé qui avait banni Charles VII, l'Université dont les docteurs jugeaient la Pucelle, les échevins enfin, ils virent tous au banquet royal le cas que faisaient d'eux leurs bons amis les Anglais. Magistrats et docteurs, arrivant dans la majesté de leurs robes fourrées, vermeilles ou cramoisies, ils restèrent dans la boue, à la porte du Palais, sans trouver personne pour les introduire. S'ils parvinrent à entrer, ce fut en traversant à grand'peine le sale populaire; la foule malhonnête et méchante qui les poussait, les faisait tomber; les filous ramassaient... Arrivés dans la salle, à la Table de marbre, ils ne trouvèrent point de places, sinon parmi les savetiers, les maçons, déjà attablés. Aux joutes, les hérauts n'eurent pas la peine de crier : Largesse ! Les gens s'en allèrent les mains vides :

---

1. D'après tout ce que nous savons de ce grand prêteur sur gages, il est infiniment probable qu'il fit seulement les avances; son panégyriste n'ose pas dire qu'il donna. *App.* 72.
2. Jean Chartier. Monstrelet.
3. « Plus en suivant les coutumes d'Angleterre que de France. » (*Ibid.*)

« Nous en aurions eu davantage, disaient-ils furieux, au mariage d'un orfèvre[1]. » Encore, s'il y eût eu une légère baisse de taille; point de baisse. On ne fit même pas la grâce économique de mettre dehors un prisonnier.

Et pourtant, il faut le dire, quand ils le voulaient bien, les Anglais savaient dépenser. Ils avaient fait, peu d'années auparavant, un immense gala que la ville paya par une taille établie tout exprès. La gloutonnerie de cette gent vorace[2] faisait l'étonnement de la foule affamée et béante. Dans un de leurs repas, le chroniqueur compte, outre les bœufs et les moutons, huit cents plats de menue viande; en une fois, ils burent quarante muids[3].

Le jeune roi fut ramené par Rouen, logé au château, non loin de la Pucelle, le roi près de la prisonnière, sans que celle-ci en fût mieux traitée. Dans les temps vraiment chrétiens, ce voisinage seul eût sauvé l'accusée. On eût craint que si la grâce du roi ne s'étendait sur elle, elle n'étendît sur lui son malheur.

Il lui fallait recevoir encore une couronne à Londres. L'*entrée* royale fut pompeuse, mais grave, tout empreinte d'un caractère théologique et pédagogique; les divertissements furent des moralités, propres à former l'esprit et le cœur d'un jeune prince chrétien. L'enfant royal entendit au pont de Londres une ballade chantée par les sept dons de la Grâce; plus loin, il vit les sept Sciences avec la Sagesse, puis la figure

---

1. *Journal du Bourgeois.* — 2. *App.* 73.
3. *Journal du Bourgeois*, ann. 1424, 1423.

d'un roi entre deux dames, Vérité et Mercie. Harangué par la Pureté, il trouva sur son passage les trois fontaines de Générosité, de Grâce et de Mercie, qui, il est vrai, ne coulaient point[1]. Au banquet royal, il fut régalé de ballades orthodoxes, à la gloire d'Henri V et de Sigismond qui punirent Oldcastle et Jean Huss, et *enseignèrent la crainte de Dieu*. Pour que rien ne manquât à la réjouissance, on brûla un homme à Smithfield[2].

Il y avait bien des choses, et trop claires, dans la sinistre comédie du couronnement. Qui eût su voir eût déjà vu la guerre civile parmi le cérémonial de religion et de paix. Ces pieux personnages qui siégeaient autour de leur royal pupille en leurs pacifiques robes violettes, ces loyaux barons qui venaient, Glocester en tête, rendre hommage avec leur *livery*[3], c'étaient deux partis, deux armées qui déjà se mesuraient des yeux. Les uns et les autres apportaient même pensée à l'autel, une pensée homicide. Les moyens seulement devaient différer.

Glocester et les barons, bouffis d'orgueil et de violence, devaient conspirer à grand bruit. A les entendre, sans les prêtres, ils auraient déjà conquis la France. Les évêques avaient tant peur de payer un schelling,

---

1. « Il fallait demander discrètement à goûter de l'une des trois vertus, et alors on recevait un verre de vin. » (Turner.)

2. « In the whiche pastyme... an hereticke was brent... » (*Idem.*)

3. Ces couleurs par lesquelles se désignaient les vassaux d'un même lord étaient une occasion fréquente de disputes, un moyen de guerre civile. Voy. Shakespeare sur la *livery* jaune de Winchester, etc. Mais ce ne fut qu'après l'horrible guerre de la Rose *rouge* et de la Rose *blanche*, qu'Henri VII parvint à supprimer les *liverics*.

qu'en 1430 ils avaient proposé de démolir les places fortes, dont l'entretien était trop coûteux. N'était-ce pas une haute trahison?... Voilà pourquoi sans doute ils fermaient le conseil à lord Glocester, au roi même. Leur effronterie allait jusqu'à envoyer au Parlement, comme membres des Communes, des gens qui n'avaient pas été élus... Glocester couronnait ces accusations par une terrible histoire. Son frère Henri V lui avait conté qu'une nuit qu'il couchait à Winchester, son chien jappa, et l'on trouva un homme caché sous un tapis; l'homme avoua que Winchester l'avait chargé de tuer le roi[1]; mais on ne voulut pas donner suite à la chose, il fut noyé dans la Tamise.

De son côté, Winchester avait beau jeu pour récriminer. Tout le monde savait, voyait les fureurs de Glocester : prises d'armes dans la Cité, coup de main pour forcer la Tour, son mariage improvisé, et sa folle guerre contre l'allié de l'Angleterre pour se faire un État à lui. Ce violent et dissolu Glocester avait osé épouser publiquement deux femmes; les chastes ladies de Londres avaient tellement souffert en leur délicatesse de cet énorme scandale, qu'elles en portèrent plainte au Parlement[2]. La seconde femme était d'une famille alliée au fameux hérétique Oldcastle; c'était une Lenoma Cobhar, belle, méchante, qui n'avait que trop d'esprit, et qui, après je ne sais combien d'aventures, n'en avait pas moins ensorcelé le duc, au point de s'en faire épouser. Cette femme

---

1. *App.* 74. — 2. Voy. plus haut, p. 20, note 1.

avait une cour de gens suspects, faiseurs de vers satiriques, alchimistes, astrologues. Enfermée avec eux, que pouvait-elle faire, sinon travailler contre l'Église, lire aux astres la mort de ses ennemis, ou la hâter par des poisons ou des sorts ?... Il y avait là bonne et riche matière aux procès ecclésiastiques. En 1432, Winchester, revenant de l'exécution de Rouen, crut pouvoir répéter la même scène à Londres. Il fit prendre une sorcière, nommée Margery, qui devait être attachée à la duchesse de Glocester[1]; il la fit examiner à Windsor même, au château royal; mais quelque bonne volonté qu'on y mît, la Margery fut trop habile, il n'y eut pas moyen d'en rien tirer; il fallut attendre.

Glocester à son tour, voyant Winchester parti pour le concile, crut avoir tout gagné; il fit arrêter à l'embarquement l'argent du cardinal. Un déficit énorme fut avoué dans le Parlement. Les Communes, effrayées, appelèrent au gouvernement du royaume, non Glocester qui s'y attendait, mais son frère, le régent de France. Ce qui peint la nation, c'est que Bedford, pour première question, demanda quel traitement lui serait alloué... Le silence fut général.

Que le gouvernement fût entre les mains de Winchester ou de Bedford, les affaires ne pouvaient qu'aller mal. C'était justement l'époque où le faible lien qui attachait encore le duc de Bourgogne aux Anglais achevait de se rompre. Sa sœur, femme de Bedford, mourut cette année.

---

1. Elle l'était certainement dix ans après.

Cette alliance n'avait jamais été solide ni sûre. Le duc de Bourgogne avait dans ses archives un gage touchant de l'amitié anglaise, à savoir : les lettres secrètes de Glocester et de Bedford, où les deux princes agitaient ensemble les moyens de l'arrêter ou de le tuer. Bedford, beau-frère du duc de Bourgogne, opinait pour le dernier parti, sauf la difficulté de la chose [1].

Les variations de cette orageuse alliance feraient toute une histoire. D'abord Henri V, outre l'argent qu'il donna au duc pour l'attirer dans son parti, semblait lui avoir fait espérer de grands avantages. Mais, bien loin de lui faire part dans leurs acquisitions, les Anglais essayèrent de prendre l'héritage de Hollande et de Hainaut, qu'il regardait comme sien. Dans leurs succès, ils lui tournaient le dos ou tâchaient de lui nuire ; dès qu'ils avaient besoin de lui, les dogues revenaient rampants.

Après leur équipée de Hainaut, serrés de près par Charles VII, ils apaisèrent le duc en lui engageant Péronne et Tournai, puis Bar, Auxerre et Mâcon. En 1429, ils refusèrent de remettre Orléans entre ses mains. Orléans pris et Charles VII marchant sur Reims, ils se jetèrent dans les bras du beau-frère, lui engagèrent Meaux et firent semblant de lui confier Paris. Lorsqu'ils eurent la Pucelle, et que leur roi fut sacré, ils firent acte de souveraineté en Flandre [2], écrivant aux Gantais et leur offrant protection.

Le duc de Bourgogne n'avait jamais eu grande

---

1. *App.* 75. — 2. *App.* 76.

raison d'aimer les Anglais, et il n'en avait plus de les craindre. Leur guerre en France devenait ridicule. Dunois leur prit Chartres, pendant que la garnison anglaise était au sermon. Ils assiégeaient Lagny ; le régent en personne, le comte de Warwick, étaient venus et avaient fait brèche ; mais voyant sur la brèche, déjà ouverte et praticable, les assiégés qui leur montraient les dents, ils crurent prudent de laisser là ces enragés et ils revinrent à Paris la veille de Pâques, « apparemment pour se confesser [1] ».

Les Parisiens, réjouis de cette retraite de Bedford, ne s'amusèrent pas moins de son mariage. Il épousait à cinquante ans une petite fille de dix-sept, « frisque, belle et gracieuse [2] », une fille du comte de Saint-Pol, d'un vassal du duc de Bourgogne, et cela brusquement, sournoisement, sans rien dire à son beau-frère. Le duc n'y eût pas consenti ; les Saint-Pol, élevés par lui [3] pour garder sa frontière, commençaient le rôle double qui devait les perdre ; ils donnaient pied aux Anglais chez le duc de Bourgogne.

Winchester comprenait mieux que, l'alliance de Bourgogne rompue, la guerre allait changer de face, qu'elle deviendrait bien autrement coûteuse et qu'infailliblement l'Église payerait les frais. On avait commencé par l'Église de France. On voulait lui faire rendre tous les dons pieux qu'elle avait reçus depuis soixante ans.

[1]. *Journal du Bourgeois de Paris.* — [2]. Monstrelet.
[3]. A ce moment même, Philippe obligeait René à leur laisser la ville de Guise, dont il était en possession. (Villeneuve-Bargemont.)

Dans cette inquiétude, il s'entremit vivement pour la paix. Il obtint qu'une conférence aurait lieu entre Bedford et Philippe-le-Bon. Il parvint à faire avancer les deux ducs, l'un vers l'autre, jusqu'à Saint-Omer. Mais ce fut tout; une fois dans la ville, ni l'un ni l'autre ne voulut faire la première démarche. Quoique Bedford dût bien voir que la France était perdue pour les Anglais, s'il ne regagnait le duc de Bourgogne, il resta ferme sur l'étiquette; représentant du roi, il attendit la visite du vassal du roi, lequel ne bougea; la rupture fut définitive.

Tout au contraire, la France se ralliait peu à peu. Le rapprochement fut surtout l'ouvrage de la maison d'Anjou. La vieille reine Yolande d'Anjou, belle-mère du roi, lui ramenait les Bretons; de concert avec le connétable de Richemont, frère du duc de Bretagne, elle chassa le favori La Trémouille.

Il était plus difficile de gagner le duc de Bourgogne, qui soutenait en Lorraine le prétendant Vaudemont contre René d'Anjou, fils d'Yolande. Ce prince, qui est resté dans la mémoire des Angevins et des Provençaux sous le nom du *bon roi René*, avait toutes les qualités aimables de la vieille France chevaleresque; il en avait aussi l'imprudence, la légèreté. Il s'était fait battre et prendre à Bulgnéville par les Bourguignons (1431). Il consacra les loisirs de la prison, non à la poésie, comme Charles d'Orléans, mais à la peinture. Il fit des tableaux pour la chapelle qu'il construisit dans sa prison, il en fit pour les chartreux de Dijon; il travailla même pour celui qui le retenait prisonnier; lorsque Philippe-le-Bon vint le voir, René lui fit présent d'un beau portrait de Jean-sans-Peur. Il n'y avait pas moyen de rester ennemi de l'aimable peintre; le duc de Bourgogne lui rendit la liberté, sous caution.

Les princes se rapprochaient, et il ne tenait pas aux peuples qu'ils n'en fissent autant. Paris, gouverné par Cauchon et autres évêques, essaya de s'en débarrasser et de chasser les Anglais. La Normandie même, cette petite Angleterre de France, finit par se lasser d'une guerre dont on lui faisait porter tout le poids. Un vaste soulèvement eut lieu dans les campagnes de la basse Normandie; le chef était un paysan, nommé Quatrepieds, mais il y avait aussi des chevaliers; ce n'était pas une simple Jacquerie. La province ne pouvait manquer d'échapper bientôt aux Anglais.

Ils avaient l'air eux-mêmes de désespérer. Bedford délaissait Paris. La pauvre ville, frappée tour à tour de la famine et de la peste, était un trop affreux séjour. Le duc de Bourgogne osa pourtant la visiter; il y passa avec sa femme et son fils, se rendant à la grande assemblée d'Arras, où l'on allait traiter de la paix. Les Parisiens le reçurent, l'implorèrent comme un ange de Dieu.

Cette assemblée était celle de toute la chrétienté. On y vit les ambassadeurs du concile, du pape, de l'empereur, ceux des rois de Castille, d'Aragon et de Navarre, ceux de Naples, de Milan, de Sicile, de Chypre, ceux de Pologne et de Danemark. Tous les princes français, tous ceux des Pays-Bas, étaient venus ou avaient envoyé ; de même l'Université de Paris et nombre de bonnes villes. Tout ce monde étant rassemblé, l'Angleterre elle-même arriva dans la personne du cardinal de Winchester.

La première question était de savoir s'il était possible d'accorder Charles VII et Henri VI. Mais quel moyen ? chacun d'eux prétendait garder la couronne. Charles VII offrait l'Aquitaine, la Normandie même, que les Anglais avaient encore. Ceux-ci demandaient que chacun restât en possession de ce qu'il avait, en s'arrondissant par des échanges [1]. Leur étrange infatuation est admirablement marquée dans les instructions que le conseil de Londres donnait au cardinal, quatre ans après l'assemblée d'Arras (1439), lorsque les affaires anglaises avaient encore bien empiré. D'abord, il devait engager Charles-de-Valois à cesser de troubler le roi Henri dans la jouissance de son royaume de France, et pour le bien de la paix lui offrir en Languedoc *vingt mille livres de rente* [2] à tenir en fief. Puis, le cardinal, comme homme d'Église, devait faire un long discours sur les avantages de la paix. Et alors, les autres ambassadeurs du roi devaient se laisser gagner jusqu'à proposer mariage avec une fille de Charles, et reconnaître deux royaumes de France.

Il n'y avait rien à faire avec les Anglais ; on les laissa partir d'Arras. Tout le monde se tourna vers le duc de Bourgogne. On le suppliait d'avoir pitié du royaume,

1. *App.* 77.
2. « To the valeu, in demayne and revenue..., of XX mil. l. yerly. » (Rymer, 21 mai 1439.)

de la chrétienté, qui souffraient tant de ces longues guerres. Mais il ne pouvait se décider; sa conscience, son honneur de chevalier étaient engagés, disait-il, il avait signé; de plus, n'était-il pas lié par la vengeance de son père? Les légats du pape lui disaient qu'à cela ne tînt, qu'ils avaient pouvoir pour le délier de ses serments. Mais cela ne le rassurait pas encore. Le droit ecclésiastique ne semblant pas suffisant, on eut recours au droit civil : on fit une belle consultation où, pour laisser les esprits plus libres, les parties étaient désignées par les noms de Darius et d'Assuérus. Les docteurs anglais et français opinèrent, comme on devait s'y attendre, en sens contraire; mais ceux de Bologne, qu'avaient amenés les légats, déclarèrent, conformément à l'avis des Français, que Charles VI n'avait pu conclure le traité de Troyes : « Les *lois* défendent que l'on traite de la succession d'un homme vivant, et annulent les serments contraires aux bonnes mœurs. Le traité contient d'ailleurs une chose impie, l'engagement du père *de ne pas traiter avec son fils* sans le consentement des Anglais... Si le roi avait un crime à reprocher à son fils, il devait se pourvoir devant le pape, qui seul a le droit de déclarer un prince incapable d'hériter. »

Le duc de Bourgogne laissait raisonner, supplier. Mais au fond, le changement qu'on demandait était déjà fait en lui; il était las des Anglais. Les Flamands, qui tant de fois avaient forcé leurs comtes de rester unis à l'Angleterre, lui devenaient hostiles; ils souffraient des courses de la garnison de Calais; ils étaient maltraités lorsqu'ils allaient à ce grand marché des laines. Les Anglais, chose plus grave, se mettaient à filer aussi la laine, à faire du drap; ces draps, ces laines filées envahissaient la Flandre même, par le bon marché, et forçaient toutes les barrières. On les défendit en 1428, et il fallut les défendre encore en 1446, en 1464, en 1494[1]. Enfin en 1499 il n'y eut plus moyen de les défendre; la Flandre, alors sous un prince étranger, se soumit à les recevoir.

L'Angleterre devenait donc une rivale de la Flandre, une ennemie; eût-elle été amie, son amitié eût peu servi désormais. Le duc de Bourgogne avait gagné par l'alliance des Anglais la barrière de la Somme, arrondi, complété sa Bourgogne; mais leur alliance ne pouvait plus lui garantir ses acquisitions. Ils avaient peine à se défendre, divisés comme ils l'étaient. Entre Winchester et Glocester, Bedford pouvait seul maintenir quelque équilibre; Bedford mourut; cette mort soulagea encore la conscience du duc de Bourgogne. Les traités conclus avec Bedford, comme régent de France, lui parurent dès lors moins sacrés; c'était le point de vue tout littéral du moyen âge; on se croyait lié viagèrement à celui qui avait signé[2].

Les deux beaux-frères du duc de Bourgogne, le duc de Bourbon et le connétable de Richemont, frère du duc de Bretagne, ne contribuèrent pas peu à le décider. Depuis sa prison d'Azincourt, depuis que,

1. *App.* 78. — 2. *App.* 79.

traîné partout à la suite d'Henri V, il avait vu de près la morgue des Anglais, Richemont en était resté ennemi implacable. Le duc de Bourbon, dont le père était mort prisonnier sans pouvoir se racheter jamais ni par argent ni par bassesse, n'aimait guère plus les Anglais; tout récemment encore, ils venaient de donner à Talbot son comté de Clermont[1], qui était dans la maison de Bourbon depuis saint Louis.

Bourbon et Richemont prièrent tant leur beau-frère, qu'il céda et voulut bien faire grâce. Le traité d'Arras ne peut être qualifié autrement. Le roi demandait pardon au duc, et le duc ne lui rendait pas hommage: en cela il devenait lui-même comme roi. Il gardait pour lui et ses hoirs tout ce qu'il avait acquis : d'un côté Péronne et toutes les places de la Somme, de l'autre Auxerre et Mâcon.

Les explications et réparations pour la mort du duc Jean étaient fort humiliantes. Le roi devait dire ou faire dire qu'en ce temps-là il était bien jeune, avait encore petite connaissance, et n'avait pas été assez avisé pour y pourvoir; mais qu'il allait faire toute diligence pour rechercher les coupables. Il devait fonder à Montereau une chapelle dans l'église, et un couvent pour douze chartreux; de plus, sur le pont où l'acte avait été perpétré, une croix en pierre, qui serait entretenue aux frais du roi.

La cérémonie du pardon eut lieu dans l'église de Saint-Waast. Le doyen de Paris, Jean Tudert[2], se jeta

---

1. *Bibliothèque royale, mss. Colbert*, LII, f° 313. — 2. *App.* 80.

aux pieds du duc Philippe, et cria merci de la part du roi pour le meurtre de Jean-sans-Peur. Le duc se montra ému, le releva, l'embrassa, et lui dit qu'il n'y aurait jamais de guerre entre le roi Charles et lui. Le duc de Bourbon et le connétable jurèrent ensuite la paix, ainsi que les ambassadeurs et les seigneurs français et bourguignons.

Mais la réconciliation n'eût pas été complète, si le duc de Bourgogne n'eût conclu un arrangement définitif avec le beau-frère de Charles VII, René d'Anjou. René, n'ayant pu se tenir au premier traité, avait mieux aimé rentrer en prison. Philippe-le-Bon l'en fit sortir, et lui remit une partie de sa rançon en faveur du mariage de sa nièce, Marie de Bourbon, avec un fils de René. Ainsi les maisons de Bourgogne, de Bourbon et d'Anjou se trouvaient unies entre elles et avec le roi. Celle de Bretagne flottait ; le duc ne se déclarait pas ; il trouvait grand profit à la guerre ; on disait que trente mille Normands s'étaient réfugiés en Bretagne. Mais, que le duc fût anglais ou français, son frère Richemont était connétable de France : les Bretons le suivaient volontiers ; les bandes bretonnes faisaient la force de Charles VII ; on les appelait les *bons corps*[1].

Cette réconciliation de la France mit les Anglais hors d'eux-mêmes[2] ; la colère les aveugla, et ils s'enfoncèrent, comme à plaisir, dans leur malheur. Le duc de Bourgogne voulait garder des ménagements avec eux ; il leur offrait sa médiation, ils la repous-

---

1. Daru. — 2. « Le jeune roi Henry prit en ce si grand desplaisance que les larmes lui saillirent hors des yeux. » (Monstrelet.)

sèrent, ils pillèrent et tuèrent les marchands flamands dans Londres. La Flandre s'irritant à son tour, le duc en profita pour entraîner les communes, et il les mena assiéger Calais. Le parti bourguignon tourna comme le duc de Bourgogne ; ceux de Paris, les halles même, le quartier bourguignon par excellence, appelèrent les gens du roi, son connétable, et les mirent dans la ville. Les Anglais, qui y avaient encore quinze cents hommes d'armes et faisaient d'abord mine de résister, s'enfermèrent piteusement dans la Bastille ; puis, ayant peur de la faim, ils obtinrent de s'embarquer et de descendre à Rouen. Le peuple, que trois évêques avaient durement gouverné pour les Anglais, les poursuivit de ses huées ; il criait après l'évêque de Térouane, chancelier des Anglais[1] : « Au renard, au renard ! » Les Parisiens avaient regret de les tenir quittes à si bon marché ; mais il eût fallu assiéger la Bastille, et le connétable lui-même était aux expédients ; l'argent lui manquait : le roi, pour reprendre Paris, n'avait eu que mille francs à lui donner. (1436.)

Les Anglais traîneront encore quinze ans en France, chaque jour plus humiliés, échouant partout, mais ne voulant jamais s'avouer leur impuissance, aimant mieux s'accuser les uns les autres, crier à la trahison, jusqu'à ce que l'orgueil et la haine tournent en cette horrible maladie, cette rage épileptique que l'on a baptisée du poétique nom de guerre des Roses. Dès ce moment, le roi a peu à craindre ; il n'a qu'à

---

1. Ce chancelier dit depuis « qu'il avoit bien payé son escot ». (Jean Charlier.)

patienter, saisir l'occasion, frapper à propos; il peut déjà, moins inquiet de ce côté, s'informer des affaires intérieures, examiner l'état de la France, après tant de maux, s'il y a encore une France.

Dans cette vaste et confuse misère, parmi tant de ruines, deux choses étaient debout : la noblesse et l'Église. La noblesse avait servi le roi contre les Anglais, servi gratis un roi Mendiant; elle y avait mangé beaucoup du sien, tout en mangeant le peuple; elle comptait être dédommagée. L'Église, d'autre part, se présentait comme bien pauvre et souffreteuse, mais il y avait cette notable différence qu'elle était pauvre par l'interruption du revenu; généralement le fonds restait. Le roi, débiteur de la noblesse, ne pouvait s'acquitter qu'aux dépens de l'Église, soit en forçant celle-ci de payer, ce qui semblait difficile et dangereux, soit plutôt doucement, indirectement, au nom des libertés ecclésiastiques, en rétablissant les élections où dominaient les seigneurs, et les mettant à même de disposer ainsi des bénéfices. Le pape y nommait souvent des partisans de l'Angleterre; Charles VII n'avait pas à les ménager. Il adopta dans sa Pragmatique de Bourges (7 juillet 1438) les décrets du concile de Bâle qui rétablissaient les élections et reconnaissaient les droits des nobles patrons des Églises à *présenter* aux bénéfices[1]. Ces patrons, descendants des pieux fondateurs ou protecteurs, regar-

1. *App.* 81.

daient les églises comme des démembrements de leurs fiefs; ils ne demandaient pas mieux que de les *protéger* encore, c'est-à-dire d'y mettre leurs hommes, en faisant élire ceux-ci par les moines ou chanoines.

On n'eût pas attendu cette réforme aristocratique du concile de Bâle, à en juger par la prépondérance qu'y exerçait l'élément démocratique de l'Église, les universitaires. Ceux-ci avaient eu pourtant une leçon; ils avaient travaillé ardemment à la réforme de Constance, et ils n'en avaient pas profité. Les évêques, relevés par eux, mais généralement serviteurs craintifs des seigneurs, faisaient élire les gens recommandés, et les universitaires mouraient de faim. L'Université de Paris, ne cachant point son désappointement, avait avoué à cette époque qu'elle aimait mieux encore que le *pape donnât* les prébendes[1]. A Bâle, elle crut avoir mieux pris ses précautions. Une part déterminée était assurée dans les bénéfices aux gradués, à ceux qui auraient étudié dix ans, sept ans, trois ans, et non seulement aux théologiens, mais aux gradués en droit, en médecine; l'avocat et le médecin avaient droit à une cure, à un canonicat; quelque bizarre que fût la chose, c'était un pas, nécessaire peut-être, hors de la scolastique. On offrait ainsi le choix aux patrons : seulement, en leur rendant ce beau droit de *présentation*, les universitaires se chargeaient modestement de désigner un certain nombre des leurs parmi lesquels ils *pourraient* choisir.

1. Bulæus.

Le concile de Bâle était dans une situation difficile; le pape ouvrait contre lui son concile de Florence et faisait grand bruit de la réunion de l'Église grecque. Ceux de Bâle, *in extremis*[1], se hâtèrent d'accomplir la grande réforme qui devait leur gagner les seigneurs, les évêques, les universités, c'est-à-dire confédérer tous les pouvoirs locaux contre l'unité pontificale. Pour la collation des bénéfices, le pape était réduit par le concile presque à rien; on lui en laissait un sur cinquante. Autre réduction sur les annates et droits de chancellerie. Enfin la grande force d'unité, celle qui traînait à Rome des nations de plaideurs, qui y faisait couler des fleuves d'or, l'appel[2], était interdit (sauf quelques cas extraordinaires), toutes les fois que les plaideurs auraient *plus de quatre jours* de chemin pour se rendre à Rome; c'était faire descendre le juge des rois au rôle de podestat de la banlieue.

Ce qui charmait la France, alors si pauvre, c'est que la Pragmatique allait empêcher l'or et l'argent de sortir du royaume. Plus tard, lorsque la défense fut levée, le Parlement, dans une remontrance, fait un compte lamentable des millions d'or qui ont passé à Rome en quelques années. « Le Pont-au-Change, dit-il douloureusement, n'a plus ni change ni changeurs; on n'y

---

1. Le concile dura longtemps encore, mais en concurrence avec celui de Ferrare.

2. Quand la Pucelle en appela au pape, l'évêque de Beauvais répondit : « Le pape est trop loin. » Dans la réalité, il se trouva que les évêques eux-mêmes, pour s'être ainsi débarrassés du pape, eurent un pape (et plus dur) dans le Parlement. *App.* 82.

voit que des chapeliers, des faiseurs de poupées[1]. » Le Parlement se montre peu touché des retours en parchemin qu'on obtenait de Rome. L'absence de l'or se faisait vivement sentir. Sous Charles VII, il était vraiment nécessaire comme instrument de la guerre, comme moyen d'action rapide : la banque tournait de ce côté ses spéculations; jusque-là occupée du change de Rome et de la transmission des décimes ecclésiastiques, elle allait tirer sur les Anglais cette lettre de change qu'ils payèrent avec la Normandie[2].

Puisqu'on chassait les Anglais, il semblait naturel de chasser aussi les Italiens. La France voulait faire elle-même ses affaires, affaires d'argent, affaires d'Église. Pourquoi l'Église *établie* d'Angleterre subsistait-elle parmi tant d'attaques? C'est qu'elle était toute anglaise, fermée aux étrangers, soutenue par les familles nobles, par ses ennemis même qui y plaçaient leurs parents ou leurs serviteurs ; n'était-ce pas un exemple pour l'Église de France?

Il y avait toutefois une chose à craindre, c'est qu'une Église si bien fermée aux influences pontificales ne devînt, non pas nationale, mais purement seigneuriale. Ce n'était pas le roi, l'État, qui hériterait de ce que perdait le pape, mais bien les seigneurs et les nobles. A une époque où l'organisation était si faible encore, on n'agissait guère à distance; or, à chaque élection, le seigneur était là pour *présenter* ou

1. Il est curieux de voir avec quel enthousiasme ces magistrats parlent de l'argent : « Numisma est mensura omnium rerum, etc. » *App.* 83.
2. Voy. plus bas l'influence du grand banquier Jacques Cœur.

recommander, les chapitres élisaient docilement[1] ; le roi était bien loin. Il s'agissait de savoir si la noblesse était digne qu'on lui remît la principale action dans les affaires de l'Église, si les seigneurs, à qui véritablement revenaient le choix des pasteurs, la responsabilité du salut des âmes, étaient eux-mêmes les âmes pures qu'en matière si délicate éclairerait le Saint-Esprit.

Le moyen âge avait redouté une telle influence comme l'anéantissement de l'Église. Et pourtant les barons du douzième siècle, ceux mêmes qui se battirent si longtemps pour le sceptre contre la crosse, ceux qui plantèrent le drapeau de l'empereur sur les murs de Rome, comme un Godefroi de Bouillon, c'étaient des hommes craignant Dieu.

Dans son fief, le baron, tout fier et dur qu'il pouvait être, avait encore une règle qui, pour n'être pas écrite, ne semblait que plus respectable. Cette règle était l'*usage*, la coutume[2]. Dans ses plus grandes violences, il voyait venir ses hommes qui lui disaient avec respect : « Messire, ce n'est pas l'*usage* des bonnes gens de céans. » On lui amenait les prud'hommes, les vieux du pays, qui semblaient l'*usage* vivant, des gens qui l'avaient vu naître, qu'il voyait tous les jours et connaissait par leurs noms. L'emportement brutal du jeune homme tombait souvent en présence de ces

---

1. *App.* 84.
2. De là la fixité des redevances, qui était un si grand adoucissement. Souvent, elles étaient de pure cérémonie ; en certains lieux, l'usage voulait que le seigneur donnât plus qu'il ne recevait. Voy. mes *Origines du droit*.

vieillards, devant cette humble et grave figure de l'antiquité.

La crainte de Dieu, le respect de l'*usage*, ces deux freins des temps féodaux, sont brisés au quinzième siècle. Le seigneur ne réside plus, il ne connaît plus ni ses gens ni leurs coutumes. S'il revient, c'est avec des soldats pour faire de l'argent brusquement ; il retombe par moments sur le pays, comme l'orage et la grêle ; on se cache à son approche ; c'est dans toute la contrée une alarme, un *sauve-qui-peut*.

Ce seigneur, pour porter le nom seigneurial de son père, n'en est pas plus un seigneur ; c'est ordinairement un rude capitaine, un barbare, à peine un chrétien. Souvent ce sera un chef d'*houspilleurs*, de *tondeurs*, d'*écorcheurs*, comme le bâtard de Bourbon, le bâtard de Vaurus, un Chabannes, un La Hire. *Écorcheurs* était le vrai nom : ruinant ce qui l'était déjà, enlevant la chemise à celui qu'on avait laissé en chemise ; s'il ne restait que la peau, ils prenaient la peau.

On se tromperait, si l'on croyait que c'étaient seulement les capitaines d'écorcheurs, les bâtards, les seigneurs sans seigneurie, qui se montraient si féroces. Les grands, les princes, avaient pris dans ces guerres hideuses un étrange goût du sang. Que dire quand on voit Jean de Ligny, de la maison de Luxembourg, exercer son neveu, le comte de Saint-Pol, un enfant de quinze ans, à massacrer des gens qui fuyaient[1] ?

---

1. Monstrelet.

Ils traitaient au reste leurs parents comme leurs ennemis. Mieux valait même, pour la sûreté, être ennemi que parent. Il semble qu'en ce temps-là il n'y ait plus ni pères ni frères... Le comte d'Harcourt tient son père prisonnier toute sa vie [1] ; la comtesse de Foix empoisonne sa sœur, le sire de Giac sa femme [2] ; le duc de Bretagne fait mourir de faim son frère, et cela publiquement : les passants entendaient avec horreur cette voix lamentable qui demandait en grâce la charité d'un peu de pain... Un soir, le 10 janvier, le comte Adolphe de Gueldre arrache du lit son vieux père, il le traîne cinq lieues à pied, sans chausses, par la neige, et le jette dans un cul de basse-fosse... Le fils avait à dire, il est vrai, que le parricide était l'usage de la famille [3]... Mais nous le trouvons aussi dans la plupart des grandes maisons du temps, dans toutes celles des Pays-Bas, dans celles de Bar, de Verdun, dans celle d'Armagnac, etc.

On était bien fait à ces choses, et pourtant il en éclata une dont tout le monde fut stupéfait : *conticuit terra.*

Le duc de Bretagne se trouvant à Nantes, l'évêque, qui était son cousin et son chancelier, s'enhardit par sa présence à procéder contre un grand seigneur du voisinage, singulièrement redouté, un Retz de la maison des Laval, qui eux-mêmes étaient des Montfort, de

---

1. Monstrelet.
2. « Et quand elle eut bu les poisons, il la feist monter derrière luy à cheval, et chevaucha quinze lieues en celuy estat ; puis mourut la dicte dame incontinent. Il faisoit ce pour avoir madame de Tonnerre. » (*Mémoires de Richemont.*) — 3. App. 85.

la lignée des ducs de Bretagne. Telle était la terreur qu'inspirait ce nom que, depuis quatorze ans, personne n'avait osé parler.

L'accusation était étrange[1]. Une vieille femme, qu'on appelait la Meffraie, parcourait les campagnes, les landes ; elle approchait des petits enfants qui gardaient les bêtes ou qui mendiaient, elle les flattait et les caressait, mais toujours en se tenant le visage à moitié caché d'une étamine noire ; elle les attirait jusqu'au château du sire de Retz, et on ne les revoyait plus... Tant que les victimes furent des enfants de paysans qu'on pouvait croire égarés, ou encore de pauvres petites créatures comme délaissées de leur famille, il n'y eut aucune plainte. Mais, la hardiesse croissant, on en vint aux enfants des villes. Dans la grande ville même, à Nantes, dans une famille établie et connue, la femme d'un peintre ayant confié son jeune frère aux gens de Retz qui le demandaient pour le faire enfant de chœur à la chapelle du château, le petit ne reparut jamais.

Le duc de Bretagne accueillit l'accusation ; il fut ravi de frapper sur les Laval[2] ; l'évêque avait à se venger du sire de Retz, qui avait forcé à main armée une de ses églises. Un tribunal fut formé de l'évêque, chancelier de Bretagne, du vicaire de l'inquisition et de Pierre de l'Hospital, grand juge du duché. Retz, qui

---

1. *App.* 86.
2. D'autant plus sans doute que le roi venait d'ériger la baronnie des Laval en comté (1431). Ces Laval, issus des Montfort, formèrent contre eux une opposition toute française, et finirent par livrer la Bretagne au roi en 1488.

sans doute eût pu fuir, se crut trop fort pour rien craindre, et se laissa prendre.

Ce Gilles de Retz était un très grand seigneur, riche de famille, riche de son mariage dans la maison de Thouars, et qui de plus avait hérité de son aïeul maternel, Jean de Craon, seigneur de la Suze, de Chantocé et d'Ingrande. Ces barons des Marches du Maine, de Bretagne et de Poitou, toujours nageant entre le roi et le duc, étaient, comme les Marches, entre deux juridictions, entre deux droits, c'est-à-dire hors du droit. On se rappelle Clisson *le boucher* et son assassin Pierre de Craon. Quant à Gilles de Retz, dont il s'agit ici, il semblait fait pour gagner la confiance. C'était, dit-on, un seigneur « de bon entendement, belle personne et bonne façon », lettré de plus, et appréciant fort ceux qui parlaient avec élégance la langue latine [1]. Il avait bien servi le roi, qui le fit maréchal, et qui, au sacre de Reims, parmi ces sauvages Bretons que Richemont conduisait, choisit Gilles de Retz pour quérir à Saint-Remy et porter la Sainte Ampoule!... Retz, malgré ses démêlés avec l'évêque, passait pour dévot; or, une dévotion alors fort en vogue, c'était d'avoir une riche chapelle et beaucoup d'enfants de chœur qu'on élevait à grands frais; à cette époque la musique d'Église prenait l'essor en Flandre, avec les encouragements des ducs de Bourgogne. Retz avait, tout comme un prince, une nombreuse musique, une grande troupe d'enfants de chœur, dont il se faisait suivre partout.

---

1. *Manuscrit des Archives de Nantes.*

Ces présomptions étaient favorables ; d'autre part on ne pouvait nier que ses juges ne fussent ses ennemis. Il les récusa. Mais il n'était pas facile de récuser une foule de témoins, pauvres gens, pères ou mères affligés, qui venaient à la file, pleurant et sanglotant, raconter avec détail comment leurs enfants avaient été enlevés. Les misérables qui avaient servi à tout cela, n'épargnaient pas non plus celui qu'ils voyaient perdu sans ressource. Alors il cessa de nier, et, se mettant à pleurer, il fit sa confession. Telle était cette confession que ceux qui l'entendirent, juges ou prêtres, habitués à recevoir les aveux du crime, frémirent d'apprendre tant de choses inouïes et se signèrent... Ni les Néron de l'empire, ni les tyrans de Lombardie, n'auraient eu rien à mettre en comparaison ; il eût fallu ajouter tout ce que recouvrit la mer Morte, et par-dessus encore les sacrifices de ces dieux exécrables qui dévoraient des enfants.

On trouva dans la tour de Chantocé une pleine tonne d'ossements calcinés, des os d'enfants en tel nombre qu'on présuma qu'il pouvait y en avoir une quarantaine[1]. On en trouva également dans les latrines du château de la Suze, dans d'autres lieux, partout où il avait passé. Partout il fallait qu'il tuât... On porte à cent quarante le nombre d'enfants qu'avait égorgés la bête d'extermination[2].

Comment égorgé, et pourquoi ? c'est ce qui était plus

---

1. *Manuscrit des Archives de Nantes, dépositions d'Étienne Corillant et de Griart.*

2. *Ibid., pièces justificatives.* Le seul valet de chambre Henriet reconnaît en avoir livré quarante. (*Bibl. royale, mss.* 493, F.)

horrible que la mort même. C'étaient des offrandes au Diable. Il invoquait les démons Barron, Orient, Belzébut, Satan et Bélial. Il les priait de lui accorder « l'or, la science et la puissance ». Il lui était venu d'Italie une jeune prêtre de Pistoïa, qui promettait de lui faire voir ces démons. Il avait aussi un Anglais qui aidait à les conjurer. La chose était difficile. Un des moyens essayés c'était de chanter l'office de la Toussaint en l'honneur des malins esprits. Mais cette dérision du saint sacrifice ne leur suffisait pas. Il fallait à ces ennemis du Créateur quelque chose de plus impie encore, le contraire de la création, la dérision meurtrière de l'image vivante de Dieu... Retz offrait parfois à son magicien le sang d'un enfant, sa main, ses yeux et son cœur.

Cette religion du Diable avait cela de terrible que peu à peu l'homme étant parvenu à détruire en soi tout ce qu'il avait de l'homme, il changeait de nature et se faisait Diable. Après avoir tué pour son maître, d'abord sans doute avec répugnance, il tuait pour lui-même avec volupté[1]. Il jouissait de la mort, encore plus de la douleur; d'une chose si cruellement sérieuse, il avait fini par se faire un passe-temps, une farce; les cris déchirants, le râle, flattaient son oreille, les grimaces de l'agonisant le faisaient pâmer de rire; aux dernières convulsions, il s'asseyait, l'effroyable vampire, sur la victime palpitante[2].

1. Et le dit sire prenoit plus de plaisir à leur couper ou voir couper la gorge qu'à... Il leur faisoit couper le col par derrière pour les faire languir. » (*Bibl. royale*, mss. 493, F.)

2. *Archives de Nantes, déposition de Griart*, témoin et complice.

Un prédicateur d'une imagination grande et terrible[1] a dit que dans la damnation le feu était la moindre chose, que le supplice propre au damné, c'était le progrès infini dans le vice et dans le crime, l'âme s'endurcissant, se dépravant toujours, s'enfonçant incessamment dans le mal de minute en minute (en progression géométrique!) pendant une éternité... Le damné dont nous parlions, **semble** avoir commencé sur cette terre des vivants l'effroyable descente du mal infini.

Ce qui est triste à dire, c'est qu'ayant perdu toute notion du bien, du mal, du jugement, il eut toujours jusqu'au bout bonne opinion de son salut. Le misérable croyait avoir attrapé à la fois le Diable et Dieu. Il ne niait pas Dieu, il le ménageait, croyant corrompre son juge avec des messes et des processions. Le Diable, il ne s'y fiait qu'à bon escient, faisant toujours ses réserves, lui offrant tout, « hors sa vie et son âme[2] ». Cela le rassurait. Quand on le sépara de son magicien, il lui dit en sanglotant ces étranges paroles : « Adieu, François, mon ami, je prie Dieu qu'il vous donne bonne patience et connaissance, et soyez certain que, pourvu que vous ayez bonne patience et espérance en Dieu, nous nous entreverrons en la grant joie du Paradis[3]. »

Il fut condamné au feu et mis sur le bûcher, mais non brûlé. Par ménagement pour sa puissante famille et pour la noblesse en général, on l'étrangla avant que

---

1. M. Monod fils; tous ceux qui l'ont entendu en tremblent encore.
2. *Bibl. royale, mss.* 493, F. — 3. *Archives de Nantes.*

la flamme ne l'eût touché. Le corps ne fut pas mis en cendres. « Des damoiselles de grand estat[1] » vinrent le chercher à la prairie de Nantes où était le bûcher, levèrent le corps de leurs nobles mains, et, avec l'aide de quelques religieuses, l'enterrèrent dans l'église des Carmes fort honorablement.

Le maréchal de Retz avait poursuivi son horrible carrière pendant quatorze ans, sans que personne osât l'accuser. Il n'eût jamais été accusé ni jugé sans cette circonstance singulière que trois puissances, ordinairement opposées, semblent s'être accordées pour sa mort : le duc, l'évêque, le roi. Le duc voyait les Laval et les Retz occuper une ligne de forteresses sur les Marches du Maine, de Bretagne et de Poitou ; l'évêque était l'ennemi personnel de Retz, qui ne ménageait ni églises ni prêtres ; le roi enfin, à qui il avait rendu des services et sur lequel peut-être il comptait, ne voulait plus défendre les brigands qui avaient fait tant de tort à sa cause. Le connétable de France, Richemont, frère du duc de Bretagne, était l'implacable ennemi des sorciers, aussi bien que des écorcheurs ; c'était sans doute par son conseil que, deux ans auparavant, le dauphin, tout jeune encore, avait été envoyé pour pacifier ces Marches et s'était fait livrer un des lieutenants du maréchal de Retz en Poitou[2]. Cette rigueur du roi prépara sans doute sa chute, et enhardit le duc de

---

1. Jean Chartier.
2. *Bibl. royale*, Legrand, *Hist. mss. de Louis XI.*

Bretagne à faire agir contre lui l'évêque et l'inquisiteur.

Une justice qui dépendait d'un si rare accord de circonstances, ne devait pas se reproduire aisément. Il n'y avait guère d'exemple qu'un homme de ce rang fût puni[1]. D'autres peut-être étaient aussi coupables. Ces hommes de sang, qui, peu à peu, rentraient dans leurs manoirs après la guerre, la continuaient, et plus atroce encore, contre les pauvres gens sans défense.

Voilà le service que les Anglais nous avaient rendu, la réforme qu'ils avaient accomplie dans nos mœurs. Telle ils laissaient la France... Ils avaient fait entendre, sur le champ même d'Azincourt, qu'ils avaient reçu de Dieu plein pouvoir pour la châtier, l'amender. Jeune en effet et bien légère avait été cette France de Charles VI et de Charles d'Orléans. Les Anglais à coup sûr étaient gens plus sérieux. Examinons ce que nos sages tuteurs avaient fait de nous, dans un séjour de vingt-cinq ans.

D'abord, ce par quoi la France est la France, l'unité du royaume, ils l'avaient rompue. Cette heureuse unité avait été la trêve aux violences féodales, la *paix du roi;* paix orageuse encore, mais à la place, les Anglais laissaient partout une horrible petite guerre. Grâce à eux, ce pays se trouvait reporté en arrière, jusque dans les temps barbares; il semblait que, par-dessus cette

---

[1]. On trouva et l'on punit des Retz dans les rangs inférieurs. La même année (1440) on pendit à Paris un homme, « lequel estoit coustumier, quant il véoit ung petit enffant au maillot ou autrement, il l'ostoit à la mère, et tantost le gettoit au feu sans pitié ». (*Journal du Bourgeois.*)

tuerie d'un million d'hommes, ils avaient tué deux ou trois siècles, annulé la longue période où nous avions péniblement bâti cette monarchie.

La barbarie reparaissait, moins ce qu'elle eut de bon, la simplicité et la foi. La féodalité revenait, mais non ses dévouements, ses fidélités, sa chevalerie. Ces revenants féodaux apparaissaient comme des damnés qui rapportaient de là-bas des crimes inconnus.

Les Anglais avaient beau se retirer, la France continuait de s'exterminer elle-même. Les provinces du Nord devenaient un désert, les landes gagnaient; au centre, nous l'avons vu, la Beauce se couvrait de broussailles; deux armées s'y cherchèrent et se trouvèrent à peine. Les villes, où tout le peuple des campagnes venait chercher asile, dévoraient cette foule misérable et n'en restaient pas moins désolées. Nombre de maisons étaient vides, on ne voyait que portes closes qui ne s'ouvraient plus[1], les pauvres tiraient de ces maisons tout ce qu'ils pouvaient pour se chauffer[2]. La ville se brûlait elle-même. Jugeons des autres villes par celle-ci, la plus populeuse, celle où le gouvernement avait siégé, où résidaient les grands corps, l'Université, le Parlement. La misère et la faim en avaient fait un foyer de dégoûtantes maladies

---

1. Les gens du roi s'informaient curieusement de ces maisons abandonnées, des morts, des testaments, des héritiers, afin d'en tirer quelque chose : « Ils alloient parmy Paris, et quant ils véoient huys fermés, ils demandoient aux voisins d'entour : « Pourquoi sont ces huys fermés ? — Ha ! sire, respondoient-ils, les gens en sont trespassés. — Et n'ont-ils nuls hoirs qui y fussent demourés. — Ha ! sire ils demourent ailleurs, etc. » (*Journal du Bourgeois*.)

2. « Défense d'abattre et de brûler les maisons désertes. » (*Ordonnances*, XIII, 31 janvier 1432.)

contagieuses, qu'on ne distinguait pas trop, mais qu'on appelait au hasard la peste. Charles VII entrevit cette chose affreuse qu'on nommait encore Paris ; il en eut horreur et il se sauva... Les Anglais n'essayaient pas d'y revenir. Les deux partis s'éloignaient, comme de concert. Les loups seuls venaient volontiers ; ils entraient le soir, cherchant les charognes ; comme ils ne trouvaient plus rien aux champs, ils étaient enragés de faim et se jetaient sur les hommes. Le contemporain, qui sans doute exagère, assure qu'en septembre 1438 ils dévorèrent quatorze personnes entre Montmartre et la porte Saint-Antoine[1].

Ces terribles misères sont exprimées, bien faiblement encore, dans la « Complainte du pauvre commun et des pauvres laboureurs[2]. » C'est un mélange de lamentations et de menaces ; les malheureux affamés avertissent l'Église, le roi, les bourgeois et marchands, les seigneurs surtout « que le feu est bien près de leurs hostels ». Ils appellent le roi à leur secours... Mais que pouvait Charles VII ? ce roi de Bourges, cette faible et mesquine figure[3] ; comment espérer qu'elle

---

1. *Journal du Bourgeois.* « Et si mangèrent un enffent de nuit en la place aux Chats, derrière les Innocents. » (*Ibid.*) Ces loups étranglèrent par le plat pays plus de soixante à quatre-vingts personnes. (Jean Chartier.)

2.   Hélas ! hélas ! hélas ! hélas !
         Prélats, princes et bons seigneurs,
         Bourgeois, marchans et advocats,
         Gens de mestiers, grans et mineurs,
         Gens d'armes, et les trois Estats,
         Qui vivez sur nous, laboureurs, etc.

3. Charles VII avait une physionomie agréable, mais il n'était pas grand, il avait les jambes minces et grêles. Il paraissait à son avantage, quand il était

imposerait à tant d'hommes audacieux le respect et l'obéissance? Avec quelles forces réprimerait-il ces *écorcheurs* des campagnes, ces terribles petits rois de châteaux? C'étaient ses propres capitaines[1], c'était avec eux et par eux qu'il faisait la guerre aux Anglais.

revêtu de son manteau; le plus souvent il n'avait qu'une veste courte de drap vert, et l'on était choqué de lui voir des jambes si menues, avec de gros genoux. (Amelgard.)

1. Ils se disaient toujours capitaines du roi, mais ils se moquaient de ses ordres. Nous voyons dans Monstrelet le meilleur peut-être de ces capitaines, La Hire, prendre en trahison un seigneur qui l'a reçu et hébergé chez lui; le roi a beau intervenir; il faut que le pauvre homme se ruine pour se racheter. (Ann. 1434.)

Plusieurs de ces capitaines d'*écorcheurs* ont laissé un long souvenir dans la mémoire du peuple. Le Gascon *La Hire* a donné son nom au valet de cœur. L'Anglais Matthew Gough, que les chroniqueurs appellent *Mathago*, est resté, je crois, dans certaines provinces, comme marionnette et épouvantail d'enfants. L'histoire du Breton Retz, fort adoucie, a fourni la matière d'un conte; de plus (pour l'honneur de la famille ou du pays?), on a substitué à son nom celui du partisan anglais *Blue barb*.

CHAPITRE II

Réforme et pacification de la France. (1439-1448.)

La longue et confuse période des dernières années de Charles VII peut néanmoins se résumer ainsi : la guérison de la France. — Elle guérit, et l'Angleterre tombe malade.

La guérison semblait improbable ; mais l'instinct vital qui se réveille à l'extrémité, ramassa, concentra les forces. Tout ce qui souffrait se serra.

Ceux qui souffraient, c'était d'une part la royauté réduite à rien; de l'autre, les petits, bourgeois ou paysans. Ceux-ci avisèrent que le roi était le seul qui n'eût pas intérêt au désordre, et ils regardèrent vers lui. Le roi sentit qu'il n'avait de sûr que ces petits. Il confia la guerre aux hommes de paix, qui la firent à merveille. Un marchand paya les armées; un homme de plume dirigea l'artillerie, fit les sièges, força dans les places les ennemis, les rebelles.

On fit si rude guerre à la guerre, qu'elle sortit du

royaume. L'Angleterre, qui nous l'avait jetée, la reprit à son bord.

Les grands, sans appui, vont se trouver petits en face du roi, à mesure que ce roi grandira par le peuple ; ils seront obligés peu à peu de compter avec lui. Pour cela, il faut du temps, quarante ans et deux règnes. Le travail se fait à petit bruit sous Charles VII, et il ne finit pas. Il doit durer tant qu'à côté du roi subsiste un roi, le duc de Bourgogne.

Le 2 novembre 1439, Charles VII, aux États d'Orléans, ordonne, à la prière des États, que désormais le roi seul nommera les capitaines, que les seigneurs, comme les capitaines royaux, seront responsables de ce que font leurs gens ; que les uns et les autres doivent répondre également devant les gens du roi, c'est-à-dire que désormais la guerre sera soumise à la justice. Les barons ne prendront plus rien au delà de leurs droits seigneuriaux[1], sous prétexte de guerre.

La guerre devient l'affaire du roi ; pour douze cent mille livres par an que les États lui accordent, il se charge d'avoir quinze cents lances de six hommes chacune. Plus tard, nous le verrons, à l'appui de cette cavalerie, créer une nouvelle infanterie des communes.

Les contrevenants n'obtiendront aucune grâce ; si le roi pardonnait, les gens du roi n'y auront nul égard. L'ordonnance ajoute une menace plus directe et plus

---

1. Sinon, le roi « déclare dès à présent la terre et seigneurie commise et confisquée envers le Roy et à jamais sans restitution ». (*Ordonnances*, XIII.)

efficace : La dépouille des contrevenants appartient à qui leur court sus[1]. — Ce mot était terrible ; c'était armer le paysan, sonner, pour ainsi dire, le tocsin des villages.

Que le roi osât déclarer ainsi la guerre au désordre, lorsque les Anglais étaient encore en France, qu'il tentât une telle réforme en présence de l'ennemi, n'était-ce pas une imprudence ? Quoique dans le préambule il dise que l'ordonnance a été faite sur la demande des États, il est douteux que les princes et la noblesse qui y siégeaient, aient bien sérieusement sollicité une réforme qui les atteignait.

Ce qui explique en partie la hardiesse de la mesure, c'est que les capitaines soi-disant royaux, les pillards, les écorcheurs venaient de s'affaiblir eux-mêmes. Ils avaient tenté une course vers Bâle, comptant rançonner le concile, et tout au contraire, ils furent eux-mêmes sur la route fort malmenés par les paysans de l'Alsace ; puis, voyant les Suisses prêts à les recevoir[2], ils revinrent l'oreille basse. Le roi, qui avait pris Montereau vaillamment et de sa personne[3] (1437), prit Meaux par son artillerie (1439). Alors, se sentant fort, il vint siéger à Paris ; il écouta les plaintes contre les

---

1. « Les chevaux, harnois et autres biens qui seront prins sur les dits capitaines et autres gens faisans contre cette présente loy et ordonnance... (appartiendront)... à ceux qui les auront conquis. » (*Ordonnances*, XIII.)

2. *App.* 87.)

3. « Auquel assaut, le Roy, nostre seigneur, s'est exposé en personne et vaillamment s'est mis dans les fossés en l'eaue jusques au-dessus de la ceinture, et monté par une échelle durant l'assaut, l'épée au poing, et entré dedans que encore y avoit très peu de ses gens. » (*Registres du Parlement*, 11 oct. 1437.)

gens de guerre, entendit les pleurs et les lamentations des bonnes gens. On fit des justices rapides : le connétable de Richemont, qui de connétable se faisait volontiers prévôt, pendait, noyait sur tout son chemin. Son frère, le duc de Bretagne, ne tarda pas à frapper ce grand coup, de juger et brûler le maréchal de Retz. Cette première justice sur un seigneur ne se fit qu'au nom de Dieu et avec l'aide de l'Église. Mais elle n'en fut pas moins un avertissement pour la noblesse, qu'il n'y aurait plus d'impunité.

Quels furent les hardis conseillers qui poussèrent le roi dans cette route? Quels serviteurs ont pu lui inspirer ces réformes, lui faire donner le nom que lui donnent les contemporains : Charles *le bien servi?*

Dans le conseil de Charles VII, nous voyons à côté des princes, du comte du Maine, du cadet de Bretagne, du bâtard d'Orléans, siéger de petits nobles, le brave Xaintrailles, les sages et politiques Brézé, nobles, mais n'étant rien que par le roi[1]. Nous y voyons deux bourgeois, l'argentier Jacques Cœur, le maître de l'artillerie Jean Bureau, deux petits noms bien roturiers[2]. Cette roture est placée en lumière par leur anoblissement et leurs armoiries. Cœur mit dans son blason trois cœurs rouges et l'héroïque rébus : *A vaillans*

---

1. D'autre part, ils sentaient parfaitement combien le roi avait besoin d'eux. A la mort de Charles VII, le nouveau roi, mortel ennemi de Pierre de Brézé, avait mis sa tête à prix; mais cela était inutile, il alla la porter lui-même, et Louis XI, qui avait beaucoup d'esprit, le reçut à merveille. Voir le beau récit de Chastellain.

2. Le père des frères Bureau était un petit cadet de Champagne, venu à Paris. En cherchant bien, ils trouvèrent qu'ils descendaient d'un serf affranchi et anobli en 1171. (Godefroy.)

(cœurs) *riens impossible*[1]. Bureau prit pour armes trois burettes ou fioles; mais le peuple, préférant l'autre étymologie, tout aussi roturière, tira *bureau* de *bure* et en fit le proverbe : *Bureau vaut escarlate.*

Ce Bureau était un homme de robe, un maître des comptes. Il laissa là la plume, montrant par cette remarquable transformation qu'un bon esprit peut s'appliquer à tout. Henri IV réforma les finances par un homme de guerre; Charles VII fit la guerre par un homme de finance. Bureau fit le premier un usage habile et savant de l'artillerie.

La guerre veut de l'argent, Jacques Cœur sut en trouver. D'où venait celui-ci? Quels furent ses commencements, on regrette de le savoir si peu. Seulement, dès 1432, nous le voyons commerçant à Beyrouth en Syrie[2]; un peu plus tard, nous le trouvons à Bourges argentier du roi. Ce grand commerçant eut toujours un pied dans l'Orient, un pied en France. Ici, il faisait son fils archevêque de Bourges; là-bas, il mariait ses nièces ou autres parentes aux patrons de ses galères. D'une part, il continuait le trafic en Égypte; de l'autre il spéculait sur l'entretien des armées, sur la conquête de la Normandie.

Tels furent les habiles et modestes conseillers de Charles VII. Maintenant, si l'on veut savoir qui les approcha de lui, quelle influence le rendit docile à leurs conseils, on trouvera, si je ne me trompe, que ce fut celle d'une femme, de sa belle-mère, Yolande

---

1. C'est la devise qu'on lit encore sur la maison de Jacques Cœur, à Bourges. A la place du mot *cœurs*, il y a deux cœurs. — 2. *App.* 88.

d'Anjou. Dès le commencement de ce règne, nous la voyons puissante ; c'est elle qui fait accueillir la Pucelle ; c'est avec elle, dans une occasion, que le duc d'Alençon s'entend sur les préparatifs de la campagne. Cette influence, balancée par celle des favoris, semble avoir été sans rivale, du moment que la vieille reine eut donné à son gendre une maîtresse, qu'il aima vingt années (1431-1450).

Tout le monde connaît le petit conte : Agnès dit un jour au roi que, toute jeune, elle a su d'un astrologue qu'elle serait aimée d'un des plus vaillants rois du monde : elle avait cru que c'était Charles, mais elle voit bien que c'est plutôt le roi d'Angleterre, qui lui prend tant de belles villes à sa barbe ; donc elle ira le trouver... Ces paroles piquent si fort le roi qu'il se met à pleurer, « et quittant sa chasse et ses jardins, il prend le frein aux dents », si bien qu'il chasse les Anglais du royaume[1].

Les jolis vers[2] de François Ier prouvent que cette tradition remonte plus haut que Brantôme. Quoi qu'il en soit, nous trouvons un éloge équivalent d'Agnès dans une bouche ennemie, celle du chroniqueur bourguignon, à peu près contemporain : « Certes, Agnez estoit une des plus belles femmes que je vis oncques, et fit en sa qualité *beaucoup de bien au royaulme.* » Et encore : « Elle prenoit plaisir à avancer devers le roy

---

1. Brantôme.
2.   Gentille Agnès, plus de los en mérite
      (La cause estant de France recouvrer),
      Que ce que peut, dedans un cloistre, ouvrer
      Close nonnain ou bien dévot ermite.

jeunes gens d'armes et gentilz compaignons, dont le roy fut depuis bien servi[1]. »

Agnès-la-Sorelle ou Surelle (elle prit pour armes un sureau d'or) était fille d'un homme de robe[2], Jean Sureau, mais elle était noble de mère. Elle naquit dans cette bonne Touraine où le paysan même parle encore notre vieux gaulois dans tout son charme, mollement, comme on sait, lentement et avec un semblant de naïveté. La naïveté d'Agnès fut de bonne heure transplantée dans un pays de ruse et de politique, en Lorraine; elle fut élevée près d'Isabelle de Lorraine, avec laquelle René d'Anjou épousa ce duché. Femme d'un prisonnier, Isabelle vint demander secours au roi, menant ses enfants avec elle, et de plus sa bonne amie d'enfance, la demoiselle Agnès. La belle-mère du roi, Yolande d'Anjou, belle-mère aussi d'Isabelle, était, comme elle, une tête d'homme; elles avisèrent à lier pour toujours Charles VII aux intérêts de la maison d'Anjou-Lorraine. On lui donna pour maîtresse la douce créature, à la grande satisfaction de la reine, qui voulait à tout prix éloigner La Trémouille et autres favoris.

Charles VII trouva la sagesse aimable dans une telle bouche; la vieille Yolande parlait vraisemblablement par Agnès, et sans doute elle eut la part principale dans tout ce qui se fit. Plus politique que scrupuleuse, elle avait accueilli également bien les deux filles qui lui vinrent si à propos de Lorraine, Jeanne Darc et

---

1. Olivier de La Marche. — 2. Conseiller du comte de Clermont.

Agnès, la sainte et la maîtresse, qui toutes deux, chacune à leur manière, servirent le roi et le royaume.

Ce conseil de femmes, de parvenus, de roturiers, n'imposait pas beaucoup, il faut le dire; la figure peu royale de Charles VII n'en était pas grandement relevée. Pour siéger comme juge du royaume sur le trône de saint Louis, pour se faire, comme lui, le gardien de la Paix de Dieu, il semblait qu'il fallût s'entourer d'autres gens. La ligue des trois dames, la vieille reine, la reine et la maîtresse, n'édifiait personne. Qu'était-ce que Richemont? un bourreau. Jacques Cœur? un trafiquant en pays sarrasins... Un Jean Bureau? un robin; « une escriptoire[1] », s'était fait capitaine; il chevauchait avec ses canons par tout le royaume, sans qu'il y eût forteresse qui tînt devant lui; n'était-ce pas une honte pour les gens d'épée?... Ainsi les renards s'étaient faits des lions. Il fallait désormais que les chevaliers rendissent compte aux *chevaliers ès-loix*. Les plus nobles seigneurs, les hauts justiciers devaient désormais avoir peur des gens de justice. Pour une poule qu'un page aura prise, le baron sera obligé de faire vingt lieues et de parler chapeau bas au singe en robe accroupi dans son greffe.

C'était là si bien la pensée des nobles, de ceux qui entouraient de plus près Charles VII, qu'après la fameuse ordonnance, Dunois même quitta le conseil.

---

[1]. Mot d'Henri IV : « Je sais d'une escriptoire faire un capitaine. »

« Le froid et attrempé seigneur[1] » se repentit d'avoir trop bien servi.

Ce bâtard d'Orléans avait commencé sa fortune en défendant la ville d'Orléans, apanage de son frère; il avait employé fort habilement la simplicité héroïque de la Pucelle. Après avoir grandi par le roi, il voulait grandir contre le roi. Le malheur, c'est que le duc son frère était encore en Angleterre; l'ancien ennemi de la maison d'Orléans, le duc de Bourgogne (sans doute converti par Dunois) travaillait à tirer des mains des Anglais ce chef futur des mécontents.

Le duc d'Alençon se jeta tête baissée dans l'affaire; les Bourbon et Vendôme y donnèrent les mains. L'ancien favori La Trémouille, chassé par Richemont, ne manqua pas de s'engager. Les plus ardents de tous étaient les chefs des écorcheurs, le bâtard de Bourbon, Chabannes, le Sanglier; à vrai dire, la chose les touchait de près; pour les seigneurs il s'agissait d'honneur et de juridiction; mais pour eux il y allait de leur col, ils voyaient de près la potence.

Il ne manquait plus qu'un chef; au défaut du duc d'Orléans, on prit le dauphin, un enfant, à en juger par l'âge; mais on pensa qu'un nom suffisait.

Celui qu'on croyait un enfant, et qui était déjà Louis XI, avait justement fait ses premières armes (comme il fit ses dernières) contre les seigneurs. A

---

1. Un des beaux parleurs en France qui fust de la langue de France... voulant persuader aux Anglais de rendre Vernon-sur-Seine, il leur récita en beau style, aussi prudemment qu'eust quasi sceu faire un docteur en théologie, le faict et l'estat de la guerre entre le roy et celui d'Angleterre. » (Jean Chartier.)

quatorze ans, il avait été chargé de pacifier les Marches de Bretagne et de Poitou[1]. Sa première capture fut celle d'un lieutenant du maréchal de Retz : un tel commencement ne promettait pas aux grands un ami bien sûr.

Ami ou non, il accepta leurs offres. Le trait dominant de son caractère, c'était l'impatience. Il lui tardait d'être et d'agir. Il avait de la vivacité et de l'esprit à faire trembler ; point de cœur, ni amitié, ni parenté, ni humanité, nul frein. Il ne tenait à son temps que par le bigotisme, qui, loin de le gêner, lui venait toujours à point pour tuer ses scrupules.

« Il ne faisoit que subtilier jour et nuit diverses « pensées... Tous jours il avisoit soudainement « maintes étrangetés[2]. » Chose bizarre, parmi le radotage des petites dévotions, il y avait dans cet homme un vif instinct de nouveauté, le désir de remuer, de changer, déjà l'inquiétude de l'esprit moderne, sa terrible ardeur d'aller (où ? n'importe), d'aller toujours, en foulant tout aux pieds, en marchant, au besoin, sur les os de son père.

Ce dauphin de France n'avait rien de Charles VII ; il tenait plutôt de sa grand'mère, issue des maisons de Bar et d'Aragon ; plusieurs traits de son caractère font penser à ses futurs cousins les Guises. Comme les Guises, il commença par se porter pour chef des nobles, les laissant volontiers agir en sa faveur, puisqu'il leur tardait tant d'avoir pour roi celui qui devait leur couper la tête.

1. Mss. *Legrand, Histoire de Louis XI.* — 2. Chastellain.

Le roi faisait ses pâques à Poitiers, il était à table et dînait lorsqu'on lui apprend que Saint-Maixent a été saisi par le duc d'Alençon et le sire de La Roche. Sur quoi, Richemont lui dit à la bretonne : « Vous souvienne du roi Richard II, qui s'enferma dans une place et se fit prendre. » Le roi trouva le conseil bon ; il monta à cheval et galopa avec quatre cents lances jusqu'à Saint-Maixent. Les bourgeois s'y battaient depuis vingt-quatre heures pour le roi, lorsqu'il vint à leur secours. Les gens de La Roche furent, selon l'usage de Richemont, décapités, noyés, mais ceux d'Alençon renvoyés ; on espérait détacher celui-ci, qui, après tout, était prince du sang, et qui n'était pas plus ferme pour la révolte qu'il ne l'avait été pour le roi[1].

Les petites places du Poitou ne tinrent pas ; Richemont les enleva une à une. Dunois commença alors à réfléchir. Le bourgeois était pour le roi, qui voulait la sûreté des routes, autrement dit, l'approvisionnement facile, le bon marché des vivres. Le paysan, sur qui les gens de guerre étaient retombés, n'y voyait que des ennemis. Le seigneur ne tirait plus rien de son paysan ruiné. L'écorcheur même, qui ne trouvait pas grand'chose, et qui, après avoir couru tout un jour, couchait dans les bois sans souper, en venait à songer qu'après tout il serait mieux de faire une fin, de se reposer et d'engraisser à la solde du roi dans quelque honnête garnison.

---

1. Cette mobilité de caractère ressort partout de son procès. (*Procès mss. du duc d'Alençon*, 1456.)

Dunois comprit tout cela; il calcula aussi que le premier qui laisserait les autres aurait un bon traité. Il vint, fut bien reçu, et se félicita du parti qu'il avait pris quand il vit le roi plus fort qu'il ne croyait, fort de quatre mille huit cents cavaliers et de deux mille archers, sans avoir été obligé de dégarnir les Marches de Normandie.

Plus d'un pensa comme Dunois. Maint écorcheur du Midi vint gagner l'argent du roi en combattant les écorcheurs du Nord. Charles VII poussa le duc de Bourbon vers le Bourbonnais, s'assurant des villes et châteaux, ne permettant pas qu'on pillât. Il assembla les États d'Auvergne et fit déclarer hautement que les rebelles n'en voulaient au roi que parce qu'il protégeait les pauvres gens contre les pillards. Les princes, abandonnés et n'obtenant nul appui du duc de Bourgogne, vinrent faire leur soumission; Alençon d'abord, puis le duc de Bourbon et le dauphin. Pour La Trémouille et deux autres, le roi ne voulait pas les recevoir; le dauphin hésita s'il accepterait un pardon qui ne couvrait pas ses amis. Il dit au roi : « Monseigneur, il faut donc que je m'en retourne, car ainsi leur ai promis. » Le roi répondit froidement : « Louis, les portes vous sont ouvertes, et si elles ne vous sont assez grandes, je vous en ferai abattre seize ou vingt toises de mur[1]. »

---

[1]. Le chroniqueur bourguignon met encore dans la bouche du roi un mot fort douteux, mais qui devait plaire à l'ambition de la maison de Bourgogne : « Au plaisir de Dieu, nous trouverons aucuns de notre sang, qui nous aideront mieux à maintenir et entretenir notre honneur et seigneurie, qu'encore n'avez fait jusques à ci. » (Monstrelet.)

Cette guerre, si bien conduite, ne fut pas moins sagement terminée. On ôta au duc de Bourbon ce qu'il avait au centre (Corbeil, Vincennes, etc.), et l'on éloigna le dauphin; on lui donna un établissement sur la frontière, le Dauphiné; c'était l'isoler, lui faire sa part; on ne pouvait en être quitte qu'en lui donnant, par avance d'hoirie, une petite royauté[1].

Cette *Praguerie* de France (on la baptisa ainsi du nom de la grande *Praguerie* de Bohême) n'en eut pas moins, quoique finie si vite, de tristes résultats. La réforme militaire fut ajournée. Les Anglais enhardis prirent Harfleur et le gardèrent. Ils lâchèrent le duc d'Orléans, à la prière du duc de Bourgogne[2]. L'ancien ennemi de sa maison s'employant ainsi pour le tirer de prison, le roi ne put décemment se dispenser de garantir aussi la rançon et d'aider à la délivrance du dangereux prisonnier. Il descendit tout droit chez le duc de Bourgogne, qui lui passa au col la chaîne de la Toison-d'Or et lui fit épouser une de ses parentes. Contre qui se faisait une si étroite union de deux ennemis, sinon contre le roi? Il se tint pour averti.

D'abord, il obtint des États un dixième à lever sur tous les ecclésiastiques du royaume. Il rappela Tannegui Duchâtel, l'ennemi capital de la maison de Bourgogne. Puis, portant toutes ses forces vers le Nord, il vint le long de la frontière faire justice des

---

1. *Mss. Legrand.*
2. Malgré l'opposition du duc de Glocester. La raison qu'il donne pour retenir le duc d'Orléans est assez curieuse. Elle prouve que les Anglais croyaient alors le roi et le dauphin (Louis XI) tout à fait incapables. (Rymer, 2 juin.)

capitaines bourguignons, lorrains et autres qui désolaient le pays. Parmi ceux qui firent leur soumission se trouvait un homme de trouble, le plus hardi des pillards, hardi par sa naissance, hardi parce qu'il était l'agent commun des ducs de Bourbon et de Bourgogne : c'était le bâtard de Bourbon. Il ne fut pas quitte si aisément qu'il croyait. Le roi le livra, tout Bourbon qu'il était, au prévôt qui lui fit son procès comme à tout autre voleur; bien et dûment jugé, il fut mis dans un sac et jeté à la rivière. Le chroniqueur bourguignon avoue lui-même que cet exemple fut d'un excellent effet[1]; les capitaines soi-disant royaux qui couraient les champs, eurent sérieusement peur et crurent qu'il était temps de s'amender.

Autre leçon non moins instructive. Le jeune comte de Saint-Pol, se fiant à la protection du duc de Bourgogne, osa enlever sur la route des canons du roi; le roi lui enleva deux de ses meilleures forteresses. Saint-Pol accourut et demanda grâce, mais il n'obtint rien qu'en se soumettant au Parlement pour l'affaire litigieuse de la succession de Ligny. La duchesse de Bourgogne, qui vint en personne présenter au roi une longue liste de griefs, fut reçue poliment, poliment renvoyée, sans avoir rien obtenu.

Cependant les Anglais, toujours si près de Paris, si puissamment établis sur la basse Seine, l'avaient remontée, saisi Pontoise. Celui qui avait surpris ce grand et dangereux poste, lord Clifford, le gardait lui-même; l'acharnement et l'opiniâtreté des Clifford

---

1. Monstrelet.

ne se sont que trop fait connaître dans les guerres des Roses. Outre les Anglais, il y avait dans Pontoise nombre de transfuges qui savaient bien qu'il n'y aurait pas de quartier pour eux. Ce n'était pas chose facile de reprendre une telle place; mais comment laisser ainsi les Anglais à la porte de Paris?

Des deux côtés on fit preuve d'une inébranlable volonté. Le siège de Pontoise fut comme un siège de Troie. Le duc d'York, régent de France, qui devait plus tard faire tuer Clifford dans la guerre civile, vint à son secours. Il amena une armée de Normandie, ravitailla la place, offrit la bataille (juin); Talbot était avec lui. Les Anglais croyaient toujours avoir affaire au roi Jean; mais les sages et froids conseillers de Charles VII se souciaient fort peu du point d'honneur chevaleresque. La guerre était déjà pour eux une affaire de simple tactique. Le roi laissa donc passer les Anglais, s'écarta, revint. Talbot revint à son tour, et fit entrer encore des vivres (juillet). Le duc d'York ramena de nouveau son armée, et n'obtint pas encore la bataille. On le laissa, tant qu'il voudrait, courir l'Ile-de-France ruinée et se ruiner lui-même dans ces vaines évolutions. Le roi ne lâchait pas prise; il avait fortifié près de la ville une formidable bastille que les Anglais ne purent attaquer. Quand ils se furent épuisés, harassés pour ravitailler quatre fois Pontoise, Charles VII reprit sérieusement le siège; Jean Bureau battit la ville en brèche avec une activité admirable [1];

---

1. « Tellement s'y comporta qu'il en est digne de recommandation perpétuelle. » (Jean Chartier.)

deux assauts meurtriers, cinq heures durant, furent livrés; d'abord une église qui faisait redoute fut emportée, puis la place elle-même (16 sept. 1441). Ainsi des gens qui n'osaient combattre les Anglais en plaine les forçaient dans un assaut.

La reprise de Pontoise était une délivrance pour Paris et pour tout le pays d'alentour; la culture pouvait dès lors recommencer; les subsistances étaient assurées. Les Parisiens n'en surent nul gré au roi. Ils ne sentaient que leur misère présente, le poids des taxes; elles atteignaient les confréries même, les églises, qui se plaignaient fort.

La bonne volonté ne manquait pas aux princes pour profiter de ces mécontentements. Le duc de Bourgogne, sans paraître lui-même, les rassembla chez lui à Nevers (mars 1442). Le duc d'Orléans dont il faisait ce qu'il voulait, depuis qu'il l'avait délivré, présidait pour lui l'assemblée, les ducs de Bourbon et d'Alençon, les comtes d'Angoulême, d'Étampes, de Vendôme et de Dunois. Le roi envoya bonnement son chancelier à ce conciliabule qui se tenait contre lui, lui faisant dire qu'il les écouterait volontiers.

Leurs demandes et doléances laissaient voir très bien le fond de leur pensée. La *Praguerie* ayant échoué, parce que les villes étaient restées fidèles au roi, il s'agissait cette fois de les tourner contre lui, de faire en sorte que le peuple s'en prît au roi seul de tout ce qu'il souffrait. Les princes donc, dans leur amour du bien public et du bon peuple de France, remontraient au roi la nécessité de faire *la paix;* et c'étaient eux justement qui avaient reculé la paix, en nous faisant perdre Harfleur. Ils demandaient la *répression des brigands;* mais les brigands n'étaient que trop souvent leurs hommes, comme on vient de le voir par le bâtard de Bourbon. Pour réprimer les brigands, il fallait des troupes, et des tailles, des aides, pour payer les troupes ; or les princes demandaient en même temps la *suppression des aides et des tailles.* Après ces demandes hypocrites, il y en avait de sincères, chacun réclamant pour soi telle charge, telle pension.

La réponse du roi, qu'on eut soin de rendre publique, fut d'autant plus accablante qu'elle était plus douce et plus modérée[1]. Il répond, spécialement sur l'article des impôts : que les aides ont été consenties par les seigneurs chez qui elles étaient levées ; quant aux tailles, le roi les a « fait savoir » aux trois États, quoique, dans des affaires si urgentes, lorsque les ennemis occupent une partie du royaume et détruisent le reste, il ait bien droit de lever les tailles de son autorité royale. Pour cela, ajoute-t-il, il n'est besoin d'assembler les États ; ce n'est que charge pour le pauvre peuple qui paye les dépenses de ceux qui y viennent ; plusieurs notables personnes ont requis qu'on cessât ces convocations.
— Une autre raison que le roi s'abstint de dire, c'est qu'il eût été souvent difficile d'obtenir des États, où les grands dominaient, un argent qui devait servir à faire la guerre aux grands mêmes.

---

1. Réponse singulièrement habile et qui fait beaucoup d'honneur à la sagesse des conseillers de Charles VII. Elle mérite d'être lue en entier dans Monstrelet.

La *Praguerie* cette fois s'en tint aux doléances, aux cahiers. Le roi, les laissant perdre le temps à leur assemblée de Nevers, faisait alors un grand et utile voyage à travers tout le royaume, de la Picardie à la Gascogne, mettant partout la paix sur la route, notamment dans les Marches, en Poitou, Saintonge et Limousin. Affermi dans le Nord par la prise de Pontoise, il allait tenir tête aux Anglais dans le Midi. Le comte d'Albret, pressé par eux, avait promis de se rendre, si le roi ne venait le 23 juin *tenir sa journée* et les attendre sur la lande de Tartas. La condition leur plut. Ils ne croyaient pas qu'il pût venir à temps, encore moins qu'il offrît bataille. Au jour dit, ils virent sur la lande le roi de France et son armée (21 juin 1442).

Cent vingt bannières, cent vingt comtes, barons, seigneurs, se trouvèrent sur cette lande autour de Charles VII. Tous ces Gascons qui s'étaient crus loin du roi, dans un autre monde, commençaient à sentir qu'il était partout. Ils venaient rendre hommage, faire service féodal, et le roi leur rendait justice.

Il en fit une grande et solennelle, l'année suivante (mars 1443). Entre les deux tyrans des Pyrénées, Armagnac et Foix, le petit comté de Comminges était cruellement tiraillé. L'héritière de Comminges avait épousé d'abord, de gré ou de force, un Armagnac, puis le comte de Foix. Celui-ci, qui ne voulait que son bien, se fit faire par elle donation, et il la jeta dans une tour. Il l'y tenait encore vingt ans après, sous prétexte de jalousie; elle était, disait-il, trop galante. La pauvre femme avait quatre-vingts ans. Les États du Comminges implorèrent Charles VII, qui reçut gracieusement leur requête, fit peur au comte de Foix, délivra la vieille comtesse, partagea entre les deux époux l'usufruit du Comminges et s'en adjugea la propriété. Cette justice hardie donna beaucoup à penser à tous ces seigneurs, jusque-là si indépendants.

Ce ne fut pas tout. Le roi, pour rester toujours parmi eux, comme juge, leur donna un parlement royal qui résiderait à Toulouse. Cette royauté judiciaire du Midi n'avait rien à voir avec le Parlement de Paris ; elle jugeait selon le droit du pays, le droit écrit ; elle ne dépendait de personne, se recrutant elle-même. En attendant que ce grand corps pût rétablir l'ordre et la justice dans le Languedoc, Charles VII autorisa les pauvres gens à se faire justice eux-mêmes, à courir sus aux brigands, aux soldats vagabonds[1].

Il ne pouvait s'éloigner longtemps du Nord. Dieppe, qui avait été repris par un heureux coup d'audace, risquait d'être encore perdu. Un capitaine français, sans le secours du roi, s'était avisé d'escalader les murs à la marée basse, les bourgeois aidant, et il avait pris les Anglais au lit. Dieppe, fortifié à la hâte des trois tours qu'on voit encore, était devenu le port de tous les corsaires de terre qui faisaient la course dans la haute Normandie. Ces braves tenaient en échec toutes les petites places anglaises qui, à la fin, tombaient l'une après l'autre. Qui n'a pas Dieppe n'a rien sur la côte ; les Anglais, qui tenaient encore Arques, ne désespé-

---

1. D. Vaissette.

rèrent pas de reprendre l'importante petite ville. Ils envoyèrent là, comme partout où il fallait de la vigueur, leur vieux lord Talbot. Il prit poste au-dessus du Pollet sur la falaise ; il y établit une bonne bastille, une tour avec force canons et bombardes, pour répondre au fort et écraser la ville qui est entre. Une grande flotte, une armée allait venir d'Angleterre ; on l'attendait de moment en moment ; il fallait la prévenir. Le dauphin obtint d'être envoyé avec Dunois ; beaucoup de gentilshommes picards et normands voulurent être de la partie. Le soir de son arrivée, il fit les premières approches. Il ne prit pas même le temps de mettre en batterie l'artillerie qu'il avait amenée ; il fit des ponts de bois pour franchir les fossés de la bastille, et tenta tout d'abord l'escalade. Au second assaut, pendant que la ville en alarme faisait une procession à la Vierge et que les cloches étaient en branle, la bastille fut emportée.

La grande flotte apparut enfin majestueusement, à temps pour être témoin des fêtes de la délivrance. Il en resta pour Dieppe les folles farces des *mitouries de la mi-août*, qu'on faisait dans les églises. Le dauphin eut aussi sa fête (déjà à la Louis XI), la pendaison d'une soixantaine de vieux Bourguignons pris dans la bastille, et le lendemain encore, il passa les Anglais en revue pour bien reconnaître ceux qui lui avaient *chanté pouille* du haut des murs et les faire accrocher aux pommiers du voisinage[1].

---

1. *App.* 89.

Tout le résultat qu'eut la grande et coûteuse expédition anglaise, ce fut pour le commandant, le lord duc de Somerset, l'honneur d'une promenade chevaleresque de Normandie en Anjou. Ayant réuni tout ce qu'il y avait de forces disponibles, il s'en alla sans obstacle, sans mauvaise rencontre (sauf une affaire de nuit où il tua trente hommes), assiéger la petite place de Pouancé ; mais, n'ayant pas été plus heureux à prendre Pouancé qu'à reprendre Dieppe, il revint à Rouen se reposer de ses travaux et prendre ses quartiers d'hiver[1].

Cet hiver, pendant que Somerset jouissait de ce victorieux repos, le dauphin Louis traversait brusquement tout le royaume pour ruiner et détruire le meilleur ami des Anglais. Le comte d'Armagnac, mécontent de l'arrangement du Comminges, où on ne lui faisait point part, avait essayé de prendre le tout ; il défendit à ses sujets de rien payer désormais au roi Charles, et leva sa bannière d'Armagnac contre la bannière de France[2]. Il comptait sur les Anglais, sur le duc de Glocester, qui voulait en effet marier Henri VI avec une fille du comte. La chose se serait peut-être arrangée pour le printemps ; l'hiver même il n'y eut plus d'Armagnac ; la fille et le père, tout fut pris. Le dauphin, qui était un âpre chasseur, se chargea encore de cette chasse au loup. Il part en janvier, franchit les neiges, les fleuves grossis, et trouve la proie au gîte, tout ce qu'il y avait

---

1. Jean Chartier.
2. L'une des principales ressources du comte pour la guerre était la monnaie, bonne ou mauvaise, qu'il fabriquait dans tous ses châteaux. (*Archives, Trésor des Chartes, Registre* 177, n° 222.)

d'Armagnac enfermé dans une place. La place était forte ; il fallait les tirer de là. Le dauphin parla doucement, comme parent, et fit si bien que *son beau cousin* (il l'appelait ainsi) vint se livrer avec les siens, croyant en être quitte pour cette parole, que dès lors il était au roi de France. Le dauphin le prit au mot, emmena tous ces Armagnac et les mit sous bonne garde. Ils ne furent lâchés que deux ans après, lorsque Henri VI était marié dans la maison de France, et que l'Angleterre, occupée de ses discordes, ne pouvait ranimer les nôtres[1].

Glocester et le parti de la guerre avaient bien pu encourager Armagnac, mais non le défendre. Ils avaient assez de peine à se défendre eux-mêmes en Angleterre contre les évêques, contre les partisans de la paix, Winchester et Suffolk, qui avaient pris le dessus. Ceux-ci, après la vaine et ruineuse expédition de Somerset, furent décidément les maîtres, et, quoiqu'il en coûtât à l'orgueil anglais, ils négocièrent une trêve, un mariage qui rapprochât, sinon les deux peuples, au moins les deux rois.

Mais il y avait un troisième peuple bien embarrassant pendant la trêve, le peuple des gens de guerre. Que faire de cette tourbe d'hommes de toutes nations qui étaient depuis si longtemps en possession de désoler le pays ? Ni les Anglais ni les Français ne pouvaient espérer de contenir les leurs. Ce qu'on pouvait, c'était de les décider à aller voler ailleurs, à quitter la France ruinée pour visiter la bonne Allemagne, pour faire un

---

1. *App.* 90.

pèlerinage au concile de Bâle, aux saintes et riches villes du Rhin, aux grasses principautés ecclésiastiques.

Le roi, justement alors, recevait deux propositions, deux demandes de secours, l'une de l'empereur contre les Suisses, l'autre de René, duc de Lorraine, contre les villes d'Empire. Le roi fut également favorable et promit généreusement des secours pour et contre les Allemands.

Les Allemagnes, comme on disait très bien, tout grandes, grosses, populeuses qu'elles étaient, semblaient pouvoir être envahies avec avantage. Le Saint-Empire était tombé par pièces ; chaque pièce se divisait. Les Lorrains, les Suisses, par exemple, étaient en guerre, et avec les autres Allemands, et avec eux-mêmes.

Les deux demandes qu'on faisait au roi étaient au fond moins opposées qu'il ne semblait ; des deux côtés, il s'agissait de défendre la noblesse contre les villes et communes. Ces communes, après avoir admirablement conquis leur liberté, en usaient souvent assez mal. Metz et autres villes de Lorraine, affranchies de leurs évêques et devenues de riches républiques marchandes, soldaient les meilleurs hommes d'épée, les plus braves aventuriers du pays[1], et se trouvaient souvent compromises par eux avec les seigneurs et même avec le duc. Ceux de Metz, ayant ainsi querelle avec un gentilhomme de la duchesse Isabelle, s'en prirent à elle-même. Ils l'attendirent, entre Nancy et Pont-à-Mousson

---

1. *App.* 91.

où elle allait en pèlerinage, se jetèrent sur ses bagages, ouvrirent tout, pillèrent tout, joyaux et nippes de femme, contre toute chevalerie.

Cette violence particulière n'était qu'un accident d'une grande querelle qui durait toujours en Lorraine. Metz et les autres villes libres étaient-elles françaises ou allemandes? *Quelle était la vraie et légitime frontière de l'Empire?*

Cette question des droits de l'Empire était débattue plus violemment encore du côté de la Suisse. Les cantons comptaient s'être définitivement séparés de l'Allemagne, et néanmoins Zurich venait de s'allier de nouveau à l'empereur, duc d'Autriche; elle soutenait que la Confédération suisse était toujours un membre de l'Empire. Les autres Cantons tenaient Zurich assiégée, et, selon toute apparence, allaient la détruire. C'était une guerre sans quartier. Les montagnards, déjà maîtres de Greiffensee, en avaient fait passer la garnison par la main du bourreau. On assurait qu'après un combat ils avaient bu le sang de leurs ennemis et mangé leur cœur[1].

Toute cette rude histoire a été obscurcie en bien des points par les deux grands historiens qui l'ont écrite, au seizième et au dix-huitième siècle. L'honnête Tschudi, dans sa partialité naïve, a recueilli religieusement les menteries patriotiques qui circulaient de son temps sur l'âge d'or des Suisses; toutefois, il n'a pas caché ce que leur héroïsme avait de barbare. Puis

---

1. *App.* 92.

est venu le bon et éloquent Jean de Muller, grand moraliste, grand citoyen, tout occupé de ranimer le sentiment national : dans ce louable but il choisit, il arrange ; s'il ne nie point la barbarie, il la couvre, tant qu'il peut, des fleurs de sa rhétorique. J'en suis fâché ; une telle histoire pouvait se passer d'ornements : âpre, rude, sauvage, elle n'en était pas moins grande. Que penser d'un homme qui se chargerait de parer les Alpes ?

Et il y a en Suisse quelque chose de plus grand que les Alpes, de plus haut que la Iungfrau, de plus majestueux que la majesté sombre du lac de Lucerne... Entrez dans Lucerne même, pénétrez dans ses noires archives ; ouvrez leurs grilles de fer, leurs portes de fer, leurs coffres de fer, et touchez (mais doucement) ce vieux lambeau de soie tachée... C'est la plus ancienne relique de la liberté en ce monde ; la tache est le sang de Gundoldingen, la soie c'est le drapeau où il s'enveloppa pour mourir à la bataille de Sempach.

Nous reviendrons sur tout cela, lorsque nous aurons à montrer la Suisse en lutte avec Charles-le-Téméraire. Qu'il nous suffise ici de dire qu'en cette histoire il faut distinguer les époques.

Au quatorzième siècle, les Suisses s'affranchirent par trois ou quatre petites batailles d'éternelle mémoire. Ils firent connaître, au même temps que les Anglais, ce que pouvait le fantassin ; toutefois avec cette différence, les Anglais de loin comme archers, les Suisses de près avec la lance ou la hallebarde ; de près, car cette lance, ils la tenaient *par le milieu*[1], c'est-à-dire d'une main sûre : c'est le secret de leurs victoires.

Depuis ces belles batailles, ce fut pour eux une ferme foi que le Suisse en corps de canton, poussant devant lui la hallebarde, se lançant les yeux fermés, comme le taureau cornes basses, était plus fort que le cheval, et ne pouvait manquer de jeter bas le cavalier bardé de fer. Ils avaient raison de le croire; mais dans leur orgueil stupide ils attribuaient volontiers ces grands effets d'ensemble à la force individuelle. Ils faisaient là-dessus des contes que tout le monde répétait. Les Suisses, à les entendre, avaient tant de vie et de sang que, mortellement blessés, ils combattaient longtemps encore. Ils buvaient comme ils combattaient; en cela, ils étaient de même invincibles. Dans maintes guerres d'Italie, on avait sur leur passage pris soin d'empoisonner les vins; peine perdue, tout passait, vin et poison, les Suisses ne s'en portaient que mieux[2].

Ce brutal orgueil de la force eut son résultat naturel; ils se gâtèrent de très bonne heure. Il ne faut pas tout croire, à beaucoup près, dans ce qu'on se plaît à dire de la pureté de ces temps. A la fin du quinzième siècle, le saint homme Nicolas de Flue pleurait dans son ermitage sur la corruption de la Suisse. Au milieu du même siècle, nous voyons leurs soldats mener avec eux des bandes de femmes et de filles[3]. Tout au moins leurs armées traînaient beaucoup de bagages, d'em-

---

1. Tandis que généralement on tenait la lance par le bout. (Tillier.)
2. *App.* 93.
3. Il en périt tout un bateau en 1476, dans l'expédition de Strasbourg.

barras, de superfluités ; en 1420, une armée suisse de cinq mille hommes, entreprenant de passer les Alpes par un passage alors difficile, ne s'en faisait pas moins suivre de quinze cents mulets, pesamment chargés[1].

L'avidité des Suisses était l'effroi de leurs voisins. Il n'y avait guère d'année où ils ne descendissent pour chercher quelque querelle. Tout dévots qu'ils étaient (aux saints de la montagne, à Notre-Dame-des-Ermites[2]), ils n'en respectaient pas davantage le bien du prochain. Allemands ennemis de l'Allemagne, ayant brisé le droit de l'Empire sans en avoir d'autres, leur droit c'était la hallebarde, pointue, crochue, qui perçait et ramenait...

De force ou d'amitié, avec ou sans prétexte, sous ombre d'héritage, d'alliance, de combourgeoisie, ils prenaient toujours. Ils ne voulaient rien connaître aux écritures, aux traités, bonnes et simples gens qui ne savaient lire... Un de leurs moyens ordinaires pour dépouiller les seigneurs voisins, c'était de protéger leurs vassaux, c'est-à-dire d'en faire les leurs[3] ; ils appelaient cela affranchir ; les prétendus affranchis regrettaient souvent le maître héréditaire, sous cette rude et mobile seigneurie de paysans[4].

Les Magnifiques Seigneurs, vachers de la montagne ou bourgeois de la plaine, se disputaient leurs sujets. Les bourgeois abusaient volontiers de ce que les mon-

---

1. Tillier. — 2. *App.* 94.

3. De très bonne heure, la Suisse ouvrit asile aux étrangers de conditions diverses. *App.* 95.

4. Par exemple, les gens de Gaster et de Sargans regrettaient fort la domination autrichienne. (Müller, 1436.)

tagnards, si souvent affamés dans leurs neiges, étaient obligés de venir acheter du blé aux marchés d'en bas. Souvent ils refusaient d'en vendre, dussent les autres crever de faim. « Hommes d'Uznach, disait un bourgmestre, vous êtes à nous, vous, votre pays, votre avoir, jusqu'à vos entrailles »; leur reprochant durement le pain que Zurich leur vendait.

Dans la guerre contre les autres Cantons[1], Zurich avait l'alliance de l'empereur, mais non l'appui de l'Empire. Les Allemagnes ne se mettaient pas aisément en mouvement. Consultées par l'empereur, elles répondirent froidement que se mêler de ces affaires entre villes suisses, c'était « mettre la main entre la porte et les gonds[2] ».

Quelques nobles allemands se jetèrent dans la ville pour la défendre; néanmoins les autres Cantons l'attaquaient avec tant d'acharnement qu'elle ne pouvait guère résister. L'empereur s'adressa au roi de France, dont son cousin Sigismond allait épouser la fille; le margrave de Bade invoqua l'appui de la reine, sa parente; la noblesse de Souabe envoya près de Charles VII le plus violent ennemi des Suisses, Burckard Monck, pour lui représenter que la chose était dangereuse, qu'elle pouvait gagner de proche en proche, que toute noblesse était en danger. Le roi, le dauphin déjà en route, reçurent je ne sais combien d'ambassades coup sur coup, à Tours, à Langres, à Joinville, à Montbéliard, à Altkirk[3]. La chose pressait en effet. Zurich

---

1. Berne resta étrangère à cette guerre contre Zurich. *App.* 96.
2. Fugger. — 3. *App.* 97.

était assiégée depuis deux mois; on pouvait apprendre d'un moment à l'autre qu'elle était prise, saccagée, passée au fil de l'épée.

L'armée était en mouvement; mais ce n'était pas une opération facile que de mener si loin, en toute sagesse et modestie, ce grand troupeau de voleurs. Il y avait quatorze mille Français, huit mille Anglais, des Écossais, toutes sortes de gens. Chaque nation marchait à part sous ses chefs. Le dauphin avait le titre de commandant général. Sur le passage de ces bandes, les Bourguignons fort inquiets étaient sur pied, en armes, et tout prêts à tomber dessus. Elles arrivèrent pourtant sans grand désordre en Alsace.

Bâle avait beaucoup à craindre. Avant-garde des Cantons, elle savait que le pape avait offert de l'argent au dauphin pour que, chemin faisant, il le débarrassât du concile. Les bourgeois, les Pères, fort effrayés, avertirent les Suisses en toute hâte, énumérant les troupes de toute nation qui approchaient de la ville, et répétant les terribles histoires que l'on contait partout sur les brigands armagnacs. Les Suisses, tout acharnés qu'ils étaient au siège, résolurent, sans le quitter, d'envoyer quelques milliers d'hommes[1], pour voir ce qu'étaient ces gens-là.

La grande armée tournait le Jura et venait, corps par corps, à la file, vers la petite rivière (la Birse). Déjà un corps avait passé; les Suisses se ruèrent dessus; ce choc de deux ou trois mille lances à

---

1. *App.* 98.

pied étonna fort des gens qui, dans leurs guerres anglaises, n'avaient jamais rencontré le fantassin que comme archer. Ils reculèrent en désordre, et repassèrent l'eau, laissant leurs bagages; l'armée ainsi avertie, on détacha des troupes du côté de la ville, afin que les bourgeois ne pussent aider les Suisses ni ceux-ci se jeter dans Bâle.

Les deux mille ignoraient si bien à quelles forces ils avaient affaire, qu'ils voulurent pousser en avant. On leur avait défendu en partant d'aller plus loin que la Birse; ils n'en tinrent compte; ces bandes étaient menées démocratiquement, les capitaines par les soldats. Un messager leur vint de Bâle, qui les avertit du grand nombre de leurs ennemis, les conjurant au nom de leur salut de ne point passer la rivière. Mais telle était leur ivresse et leur brutalité féroce, qu'ils tuèrent le messager [1].

Ils passèrent, furent écrasés; les gens d'armes en poussèrent cinq cents dans une prairie, d'où ils ne sortirent jamais. Mille environ, croyant gagner Bâle, se trouvèrent heureux de rencontrer une tour, un cimetière, où les haies, les vignes, une vieille muraille arrêtaient la cavalerie. Ils tinrent là en désespérés; ils n'avaient pas plus de quartier à espérer qu'ils n'en avaient fait à Greiffensee; Burckard Monck, leur ennemi, était là pour solder ce compte. Les gens d'armes, laissant leurs chevaux, forcèrent la muraille, mirent le feu à la tour. Les Suisses furent tués jus-

---

1. Tschudi.

qu'au dernier. Un historien français leur rend ce témoignage : « Les nobles hommes qui avoient esté en plusieurs journées contre les Anglois et autres, m'ont dit qu'ils n'avoient vu ni trouvé aucune gens de si grande défense, ni si outrageux et téméraires pour abandonner leur vie [1]. »

C'était une défaite honorable, une leçon toutefois, la seconde qu'eussent reçue les Suisses ; la première leur avait été donnée par le Piémontais Carmagnola. Il faut voir aussi avec quels efforts, quelles adresses maladroites, quel flot de phrases et de rhétorique leurs historiens ont tâché de couvrir la réalité du fait ; ils diminuent le nombre des Suisses, augmentent celui de leurs ennemis ; ils tâchent de faire entendre que toute l'armée des Armagnacs fut engagée ; ils peignent l'admiration du dauphin (*qui n'y était pas* [2] et qui de sa nature n'admirait pas aisément) ; enfin, pour que rien ne manque au merveilleux, ils ajoutent ce petit conte. Le Souabe Burckard Monck se promenait sur le champ de bataille, riant aux éclats à la vue de ses cadavres, et il se mit à dire : « Nous nageons dans les roses. » Mais, parmi tous ces gens quasi-morts, en voilà un qui ressuscite et qui, d'une pierre roidement lancée, frappe Burckard à la tête ; il en meurt trois jours après [3].

Le dauphin, ajoutent-ils, fut si effrayé de la valeur

---

[1]. Mathieu de Couci.
[2]. « Le dauphin ne se trouva point en personne à cette besogne, ny aucuns des plus grands et principaux de son conseil. » (*Ibid.*) *App.* 99.
[3]. Tschudi.

des Suisses, qu'*il se retira* à la hâte et ne leur demanda plus que leur amitié. Et justement le contraire est exact et parfaitement prouvé. Ce sont les Suisses qui brusquement *se retirèrent*, laissèrent Zurich[1] et rentrèrent dans les montagnes. Le dauphin voulut bien traiter avec Bâle et le concile; le parti que les Suisses avaient dans Bâle et qui était tout prêt à faire main basse sur les nobles, n'osa remuer; les troupes se répandirent sans obstacle dans la Suisse, entre le Jura et l'Aar; enfin, après avoir bien vu qu'il n'y avait pas grand'chose à prendre chez leurs ennemis, elles retombèrent sur leurs amis, et se mirent à piller l'Alsace et la Souabe.

Les Allemands jetèrent les hauts cris. Mais les autres répondaient qu'on leur avait promis des vivres, une solde, et qu'ils n'avaient rien reçu[2]. Enfin le duc de Bourgogne, craignant de voir les Français s'habituer en Suisse et en Alsace, se porta pour médiateur. Le dauphin, qui se plaignait d'avoir sauvé des ingrats, fit volontiers la paix avec les Suisses. Il

---

1. « Ceux de Zurich disaient aux assiégeants : « Allez à Bâle saler des viandes; la chair ne vous manquera pas. » Les autres, ne sachant pas encore pourquoi les assiégés se réjouissaient, leur crièrent : « Le vin a donc baissé de prix chez vous, combien la mesure? — Aussi bon marché qu'à Bâle la mesure de sang. » (Tschudi.)

Les Autrichiens ne se réjouirent pas moins que ceux de Zurich. Ils firent sur la bataille une méchante complainte, dit le chroniqueur ennemi : « Les Suisses ont marché vers Bâle à grands cris, à grand bruit, mais ils ont trouvé le dauphin », etc. (*Idem.*)

2. L'empereur répliquait qu'il avait demandé un secours de six mille hommes, et non de trente mille. On pouvait lui répondre que six mille hommes n'auraient servi à rien, que les Suisses n'auraient pas été intimidés ni Zurich délivrée. *App.* 100.

sentit, en homme avisé, tout ce qu'on pouvait faire avec ces braves, qui se vendaient aisément, qui n'avaient peur de rien et frappaient sans raisonner. Il les encouragea à venir en France. Il se montra leur ami contre la noblesse qu'il était venu secourir, déclarant que si les nobles de Bâle ne voulaient pas s'arranger, il se joindrait à la ville pour leur faire la guerre. Il aimait tant cette ville de Bâle qu'il aurait voulu qu'elle se fît française. De leur côté, les Suisses, qui ne demandaient qu'à gagner, lui offrirent amicalement de lui louer quelques mille hommes.

Le retour du dauphin et le bruit de l'échec des Suisses avancèrent fort les affaires de Lorraine. Les villes qui se couvraient du nom de l'Empire comprirent que, si l'empereur et la noblesse allemande avaient appelé les Français au fond des pays allemands pour sauver Zurich, ils ne viendraient pas se battre contre les Français sur les Marches de France. Toul et Verdun reconnurent le roi comme protecteur[1].

Metz seul résistait. Cette grande et orgueilleuse ville avait d'autres villes dans sa dépendance, et autour d'elle vingt-quatre ou trente forts. Cependant, dès le commencement, Épinal avait saisi l'occasion de s'affranchir et s'était jetée dans les bras du roi[2]. Ses forts s'étant rendus ensuite, les Messins se décidèrent à négocier; ils représentèrent au roi « qu'ils n'étoient point de son royaume ni de sa seigneurie; mais que dans ses guerres avec le duc de Bourgogne

---

1. *Archives, Trésor des chartes, Reg.* 177, n°s 54, 55. — 2. D. Calmet.

et autres, ils avoient toujours reçu et conforté ses gens. » Alors, par ordre du roi, maître Jean Rabateau, président du Parlement, proposa à l'encontre plusieurs raisons, savoir : Que le Roy prouveroit suffisamment, si besoin étoit, tant par chartes que chroniques et histoires, qu'ils étoient et avoient été de tout temps passé sujets du Roy et du royaume ; que le Roy étoit bien averti qu'ils étoient coutumiers de faire et trouver telles cauteles et cavillations, et comment, quand l'empereur d'Allemagne étoit venu à grande puissance et intention de les contraindre d'obéir à lui, pour leur défense ils se disoient lors être *dépendans du royaume de France et tenans de la couronne;* semblablement, quand aucuns roys des prédécesseurs du Roy de France étoient venus pour les faire obéir à eux, ils se disoient être *de l'Empire et sujets de l'Empereur*[1].

Le grand procès des limites de la France et de l'Empire ne pouvait se régler ainsi incidemment et pendant une trêve de la guerre d'Angleterre. La chose resta indécise. Le roi se contenta de faire financer cette riche ville de Metz.

Au reste, il avait fait tout ce qu'il pouvait désirer, occupé ses troupes, relevé à bon marché la réputation des armes françaises. Les capitaines, jusque-là dispersés et à peine dépendants du roi, avaient suivi son drapeau. Le moment était venu d'accomplir la grande réforme militaire que la *Praguerie* avait fait ajourner.

---

1. Mathieu de Couci.

L'opération était délicate ; elle fut habilement conduite[1] ; le roi chargea les seigneurs qui lui étaient le plus dévoués de sonder les principaux capitaines et de leur offrir le commandement des quinze compagnies de gendarmerie régulière. Ces compagnies, chacune de cent lances (600 hommes), furent réparties entre les villes ; mais on eut soin de les diviser de sorte que dans chaque ville (même dans les plus grandes, Troyes, Châlons, Reims), il n'y avait que vingt ou trente lances. La ville payait sa petite escouade et la surveillait ; partout les bourgeois étaient les plus forts et pouvaient mettre les soldats à la raison. Les gens de guerre qui ne furent pas admis dans les compagnies, se trouvèrent tout à coup isolés, sans force ; ils se dispersèrent. « Les Marches et pays du royaume devinrent plus sûrs et mieux en paix, dès les deux mois qui suivirent, qu'ils n'avaient été trente ans auparavant[2]. »

Il y avait trop de gens qui gagnaient au désordre pour que cette réforme se fît sans obstacle. Elle en rencontra, de timides, il est vrai, dans le conseil même du roi. Les objections ne manquèrent pas : les gens de guerre allaient se soulever, le roi n'était pas assez riche pour de telles dépenses, etc.

La réforme financière, qui seule rendait l'autre possible, fut due, selon toute apparence, à Jacques Cœur.

---

1. On n'a pu retrouver l'ordonnance relative à cette organisation militaire. — Quant à la taille, elle fut consentie par les États d'après l'ordonnance de 1439, sans qu'il fût spécifié qu'elle était *permanente* et *perpétuelle*. Cette grave innovation fut introduite par un sous-entendu. (*Ordonnances*, XIII.)
2. Mathieu de Couci.

Dans la belle et sage ordonnance de 1443 qui règle la comptabilité[1], on croit reconnaître, comme dans celles de Colbert, la main d'un homme formé aux affaires par la pratique du commerce et qui applique en grand au royaume la sage et simple économie d'une maison de banque.

L'argent donne la force. En 1447, le roi prend la police dans sa main ; il attribue au prévôt de *Paris* la juridiction sur tous les vagabonds et malfaiteurs du *royaume*[2]. Cette haute justice prévôtale était le seul moyen d'atteindre les brigands, de les soustraire à leurs nobles protecteurs, à la connivence, à la faiblesse des juridictions locales.

On trouva ce remède dur, on se plaignit fort ; mais l'ordre et la paix revinrent, les routes furent enfin praticables. « Les marchands commencèrent de divers lieux à travers de pays à autres et faire leur négoce... Pareillement les laboureurs et autres gens du plat pays s'efforçoient à labourer et réédifier leurs maisons, à essarter leurs terres, vignes et jardinages. Plusieurs villes et pays furent remis sus et repeuplez. Après avoir été si longtemps en tribulation et affliction, il leur sembloit que Dieu les eût enfin pourvus de sa grâce et miséricorde[3]. »

---

[1]. Les officiers de finances exercent un contrôle les uns sur les autres. Les receveurs rendront compte au receveur général tous les deux ans, celui-ci tous les ans à la chambre des comptes ; les grands officiers (l'argentier, l'écuyer, le trésorier des guerres et le maître de l'artillerie) compteront tous les mois avec le roi même. *App.* 101.

[2]. Dès 1438, le roi avait nommé le prévôt de Paris « espécial et général réformateur... ».

[3]. Mathieu de Couci.

Cette renaissance de la France fut signalée par une chose grande et nouvelle, la création d'une infanterie nationale.

L'institution militaire sortit d'une institution financière. En 1445, le roi avait ordonné que les *élus* chargés de répartir la taille seraient appointés par lui[1], que ces élus ne seraient plus les juges seigneuriaux, les serviteurs des seigneurs, mais les agents royaux, les agents du pouvoir central, dépendant de lui seul, par conséquent plus libres des influences locales, plus impartiaux. En 1448, ces *élus* reçoivent ordre d'élire un homme par paroisse, lequel sera franc et exempt de la taille, s'armera à ses frais et s'exercera les dimanches et fêtes à tirer de l'arc. Le franc-archer recevra une solde, seulement en temps de guerre.

Les élus devaient, selon l'ordonnance, choisir de préférence dans la paroisse « un bon compagnon qui auroit fait la guerre[2] ». Néanmoins on s'égaya fort sur la nouvelle milice, on prétendait que rien n'était moins guerrier; on en fit des satires, il en est resté le *Franc-Archer de Bagnolet*[3].

Plus d'un en riait, qui au fond n'avait pas envie de rire. La noblesse entrevoyait combien l'innovation était grave. Ces essais plus ou moins heureux,

---

1. *App.* 102. — 2. *App.* 103.
3. C'est une des meilleures satires qu'on attribue à Villon : « Apperçoit le franc-archer un espoventail... faict en façon d'un gendarme », et il lui demande grâce :

« En l'honneur de la Passion
De Dieu, que j'aie confession !
Car, je me sens jà fort malade... »

francs-archers de Charles VII, *légions* de François Ier, devaient amener le temps où la force, la gloire du pays seraient aux roturiers. L'archer de Bagnolet n'en était pas moins l'aïeul du terrible soldat de Rocroi, d'Austerlitz.

Au reste, les francs-archers semblent avoir été plus guerriers que la satire ne veut le faire croire. Ils aidèrent fort utilement l'armée qui reconquit la Normandie et la Guyenne.

Eussent-ils été inutiles, une telle institution eût toujours témoigné une grande chose, savoir, que le roi n'avait rien à craindre de ses sujets, qu'ils étaient bien à lui, les petits surtout, bourgeois et bonnes gens des villages. Le treizième siècle avait été celui de la *paix du roi*; il avait fallu alors qu'il défendît la guerre aux communes, comme aux seigneurs, qu'il leur ôtât à tous les armes dont ils se servaient mal. Mais maintenant la guerre sera la *guerre du roi*. Il arme lui-même ses sujets ; le roi se fie au peuple, la France à la France.

Elle a trouvé son unité, au moment où l'Angleterre perd la sienne. Nous allons voir tout à l'heure (1453) le Parlement anglais voter une armée, mais on n'osera la lever; ce serait convoquer la discorde de toutes les provinces, amener des soldats à la guerre civile, les mettre aux prises ; ils commenceraient par se battre entre eux.

CHAPITRE III

Troubles de l'Angleterre. — Les Anglais chassés de France.
(1442-1453.)

C'est une opinion établie en Angleterre dès le quinzième siècle, adoptée par les chroniqueurs, consacrée par Shakespeare[1], que ce pays dut la perte de ses provinces de France et tous ses malheurs au malheur d'avoir eu une reine française, Marguerite d'Anjou. Historiens et poètes, tous voient la fatalité, le mauvais génie de l'Angleterre débarquer avec Marguerite.

Qui aurait pu le soupçonner? Marguerite était une enfant, elle n'avait que quinze ans; elle sortait de l'aimable maison d'Anjou, qui, plus qu'aucune autre, avait contribué à rapprocher tous les princes français, à réconcilier la France avec elle-même. Cette jeune reine était la fille du plus doux des hommes, du *bon*

---

1. Disons mieux, par le nom de Shakespeare. En mettant son nom à plusieurs tragédies médiocres qu'il arrangeait un peu, le grand poète a immortalisé toutes les erreurs et les non-sens des chroniqueurs et dramaturges du seizième siècle, qui parlent au hasard du quinzième.

roi René, l'innocent peintre et poète, qui finit par vouloir se faire berger[1] ; elle était nièce de Louis d'Anjou, qui laissa à Naples une si chère mémoire[2].

Le côté maternel était moins rassurant peut-être. La maison de Lorraine, remuante et guerrière, s'il en fut, n'en devait pas moins, adoucie par le sang d'Anjou, séduire, ensorceler les peuples... La France fut « folle des Guises, car c'est trop peu dire amoureuse ». On sait quel souvenir a laissé leur nièce, Marie Stuart !... Héros de roman autant que d'histoire, ces princes de Lorraine devaient en deux siècles essayer, manquer tous les trônes[3].

La jeune Marguerite était née parmi les plus étranges, les plus incroyables aventures, en plein roman. Son père était prisonnier, une de ses sœurs en otage, mariée d'avance à l'ennemi de la maison d'Anjou. René reçut dans sa captivité la couronne de Naples et commença son règne en prison. Son rival, Alphonse d'Aragon, était lui-même captif à Milan. C'était une guerre entre deux prisonniers. La femme de René, Isabelle de Lorraine, sans troupes, sans argent, chassée de son duché, s'en va conquérir un royaume. Elle

---

1. Sur cette bergerie du vieux roi et de sa jeune femme, voy. Villeneuve-Bargemont. — 2. *App.* 104.

3. On ne peut voir sans intérêt, près de la mer, dans la petite église des jésuites de la petite ville d'Eu, la triste et rêveuse effigie de Henri de Guise. Dans les plis infinis de ce front, il n'y a pas seulement la tragédie personnelle, il y a le long et pénible imbroglio des destinées de la famille, les couronnes de France, d'Écosse, de Naples, de Jérusalem, d'Aragon, revendiquées, touchées, manquées toujours .. Cependant, à la fin, ces Lorrains ont pu se consoler, ils ont fait fortune, en laissant la Lorraine pour épouser l'héritière d'Autriche ; mais cela n'est arrivé que lorsqu'ils ont perdu l'esprit de la famille et rassuré l'Europe par une sage et honnête médiocrité.

trouve Alphonse libre et plus fort que jamais ; elle lutte trois ans, se ruine pour racheter son mari et le faire venir. Il ne vient que pour échouer [1].

La vaillante Lorraine n'emmena pas sa fille plus loin que Marseille ; elle la laissa sur ce bord avec son jeune frère, parmi les Provençaux qu'aimait René, qui le lui rendaient bien, et dont l'enthousiasme facile s'animait de l'intrépidité d'Isabelle et de la beauté de ses enfants. La petite Marguerite, Provençale d'adoption, eut pour éducation les périls de sa mère, les haines d'Anjou et d'Aragon ; elle fut nourrie dans ces mouvements dramatiques de guerre et d'intrigues ; elle grandit d'esprit, de passion, au souffle des factions du Midi.

« C'était, dit un chroniqueur anglais et peu ami, c'était une femme de grand esprit, de plus grand orgueil, avide de gloire, d'honneur ; elle ne manquait pas de diligence, de soin, d'application ; elle n'était pas dénuée de l'expérience des affaires. Et parmi tout cela, c'était bien une femme, il y avait en elle une pointe de caprice ; souvent, quand elle était animée et toute à une affaire, le vent changeait, la girouette tournait brusquement [2]. »

Avec cet esprit violent et mobile, elle était très belle. La furie, le démon, comme l'appellent les Anglais, n'en avait pas moins les traits d'un ange [3], au dire du chroniqueur provençal. Même âgée, accablée

---

1. *App.* 105.
2. « Like to a wethercock, mutable and turning. » (Hall and Grafton.)
3. On admiroit son fils et sa fille (Marguerite), comme s'ils eussent esté deux anges de divers sexes, descendus du palais céleste. » (*Chronique de Provence.*)

de malheurs, elle fut toujours belle et majestueuse. Le grand historien de l'époque, qui la vit à la cour de Flandre bannie et suppliante, n'en fut pas moins frappé de cette imposante figure : « La Reine, avec son maintenir, se montroit, dit-il, un des beaulx personnages du monde, représentant dame[1]. »

Marguerite ne pouvait apparemment épouser qu'une grande infortune. Elle fut deux fois promise, et deux fois à de célèbres victimes du sort, à Charles de Nevers, dépouillé par son oncle, et à ce comte de Saint-Pol avec lequel la féodalité devait finir en Grève. Elle fut mariée plus mal encore : elle épousa l'anarchie, la guerre civile, la malédiction... A tort ou à droit, cette malédiction dure encore dans l'histoire.

Tout ce qu'elle avait de brillant, d'éminent et qui l'eût servie ailleurs, devait lui nuire en Angleterre. Si les reines françaises avaient toujours déplu, sous Jean, sous Édouard II, sous Richard II, combien davantage celle-ci, qui était plus que Française ! Le contraste des deux nations devait ressortir violemment. Ce fut comme un coup du soleil de Provence dans le monotone brouillard. « Les pâles fleurs du Nord », comme les appelle leur poète, ne purent qu'être blessées de cette vive apparition du Midi.

Avant même qu'elle ne vînt, lorsque son nom n'avait pas encore été prononcé, on travaillait déjà contre elle, contre la reine qui viendrait. Tant que le roi n'était pas marié, la première dame du royaume était Éléonore

---

[1]. Chastellain. L'ensemble du passage prouve que c'est bien du corps, de la personne physique qu'il s'agit.

Cobhar, duchesse de Glocester, femme de l'oncle du roi ; l'oncle était jusque-là l'héritier présomptif du neveu. Une reine arrivant, la duchesse allait descendre à la seconde place ; qu'il survînt un enfant, Glocester n'était plus l'héritier, il ne lui restait qu'à s'en aller, à mourir de son vivant, en s'enterrant dans quelque manoir. Le seul remède, c'était que le bon roi, trop bon pour cette terre, fût envoyé tout droit au ciel[1]... Dès lors, Glocester régnait et lady Cobhar, qui avait déjà eu l'habileté de se faire duchesse, se faisait reine et recevait la couronne dans l'abbaye de Westminster.

La dame peu scrupuleuse eut certainement ces pensées ; on ne sait trop jusqu'où elle alla dans l'exécution. Elle était entourée des gens les plus suspects. Son directeur en ces affaires était un certain Bolingbroke, grand clerc[2], surtout dans les mauvaises sciences. Elle consultait aussi un chanoine de Westminster, et se servait d'une sorcière, la Margery, dont nous avons parlé.

Le but étant la mort du roi, on avait fait un roi de cire, lequel fondant, Henri fondrait aussi. Le grand magicien, Bolingbroke, siégeait pendant l'opération sur une sorte de trône, tenant en main le sceptre et l'épée de justice ; des quatre coins du siège partaient quatre épées, dirigées contre autant d'images de cuivre[3]. Mais tout

---

1. « Entended to destroy the King... By examination convict. » (Hall and Grafton.)
2. « Notabilissimus clericus unus illorum in toto mundo. » (Wyrcester.)
3. C'étaient probablement les figures du roi, du cardinal et des deux princes qui avaient chance d'arriver au trône, York et Somerset.

cela n'avançait pas beaucoup ; la duchesse elle-même, folle de passion et de désir, s'était hasardée la nuit à entrer dans le sanctuaire de la noire abbaye... Qu'y venait-elle faire? Voulait-elle, de ses ongles, fouiller la royauté au fond des tombes, où déjà, femme vaine, s'asseoir dans le trône sur la fameuse pierre des rois ?

L'occasion était belle pour frapper Glocester, pour perdre sa femme, *infamer*[1] sa maison. Mais d'aller dans cette forte maison, parmi tant de vassaux armés et de nobles amis, chercher jusqu'à la chambre conjugale, dans les bras de Glocester, celle qu'il avait tant aimée, son épouse qui portait son nom, c'était plus de courage qu'on n'en eût attendu du vieux Winchester et de ses évêques. Ils ne s'y seraient pas hasardés, s'ils n'eussent été soutenus, suivis de la populace qui criait *à la sorcière !* Ce mot était terrible ; il suffisait de le prononcer pour que toute une ville fût comme ivre et ne se connût plus... Le peuple en ces moments devenait d'autant plus furieux qu'il avait peur lui-même ; il laissait tout pour faire la guerre au diable ; tant que le feu n'en avait pas fait raison, il croyait sentir sur lui-même la griffe invisible...

La duchesse fut saisie et examinée par le primat, ses gens pendus, brûlés. Pour elle, par une grâce cruelle, elle fut réservée. L'ambitieuse avait rêvé une *entrée* solennelle, une marche pompeuse dans Londres ; elle l'eut en effet. Elle fut promenée comme pénitente et

---

[1]. Pourquoi l'historien du quinzième siècle n'emploierait-il pas un mot qui evient si souvent dans les chroniques de ce temps ?

la torche au poing, par les rues, au milieu des dérisions féroces, la canaille, les *apprentis* de la Cité aboyant après... Si, comme il faut le croire, les ennemis de la victime ne lui épargnèrent pas les duretés ordinaires de la pénitence publique, elle était en chemise, tête nue, au brouillard de novembre... Elle subit l'horrible promenade par trois jours, par trois quartiers [1]. Et ensuite, comme elle n'était pas morte, on la remit à la garde d'un lord, et on l'envoya pour pleurer toute sa vie au milieu de la mer, dans l'île lointaine de Man.

On serait tenté de croire que cette scène avait été arrangée pour pousser à bout Glocester, lui faire perdre toute mesure, lui faire prendre les armes et rompre la *paix de la Cité*; il aurait eu cette fois contre lui les gens de Londres, il eût été tué peut-être, à coup sûr perdu. Au grand étonnement de tout le monde, le duc ne bougea [2]. Ses ennemis en furent pour leur cruelle comédie. Il laissa faire, il abandonna sa femme plutôt que sa popularité, il resta pour le peuple *le bon duc*. Cette patience d'un homme si fougueux, et dans une si terrible épreuve, donna fort à réfléchir; pour se contenir ainsi lui-même, il avait selon toute apparence des desseins profonds. Par deux fois il avait essayé de se faire souverain dans les Pays-Bas [3], et il avait

---

1. « Tribus diebus... pertransiens cum uno cero in manu... et feria sexta cum cero... et die sabbati... simili modo. » (Wyrcester.)

2. « Toke all things paciently and sayde little. » (Hall and Grafton.)

3. Récemment encore, à la rupture de 1436, il s'était fait faire par Henri VI, comme roi de France, le don impolitique, insensé, du comté de Flandre. (Rymer, 1436, 30 juil.)

échoué. Mais la chose était certainement plus facile en Angleterre; il n'était séparé du trône que par une vie d'homme, tant que le roi n'était pas marié, n'avait pas d'enfants.

Donc, il fallait marier le roi au plus vite, le marier en France, faire la paix avec la France. L'Angleterre avait assez de la sourde et terrible guerre qui déjà grondait en elle-même.

Cette raison était bonne, et il y en avait une autre non moins forte : c'est que l'Angleterre s'épuisait à faire une guerre inutile, qu'elle n'en pouvait plus, que les dépenses croissaient d'heure en heure, que les possessions françaises coûtaient, loin de rapporter. Dans un temps bien meilleur, en 1427, on en tirait 57,000 livres sterling, et l'on y en dépensait 68,000 [1].

Si ces provinces rapportaient, ce n'était pas au roi. Ceci demande d'être expliqué avec quelque détail.

Le régent de France, peu secouru, toujours aux expédients, ne sachant comment faire face à mille embarras, avait inféodé aux lords tous les meilleurs fiefs; il leur avait mis entre les mains les châteaux, les places, dans l'espoir qu'ils les défendraient avec leurs bandes de vassaux. Cela créait aux lords des intérêts très divers, souvent opposés entre eux, souvent peu d'accord avec l'intérêt du roi. Ainsi, Glocester avait des places en Guyenne et il était l'allié des Armagnacs; mais le duc de Suffolk, mariant sa nièce dans la maison rivale de Foix, fit passer au mari les

---

1. Turner, d'après un document ms.

fiefs de Glocester. Au nord, Talbot avait Falaise ; le duc d'York, devenu régent, prit pour lui une ville capitale, royale, la grande ville de Caen.

Le pis, c'est que ces lords, sentant toujours qu'ici ils n'étaient pas chez eux, ne faisaient rien pour les fiefs qu'ils s'étaient chargés de défendre. Ils laissaient tout tomber, murs et tours, en ruine. Ils n'y auraient pas mis un penny ; tout ce qu'ils pouvaient tirer, extorquer, ils l'envoyaient vite au manoir, *home*... Le *home* est l'idée fixe de l'Anglais en pays étranger. Tout allait donc s'enfouir dans les constructions de ces monstrueux châteaux, aujourd'hui trop grands pour des rois. Mais les Warwick, les Northumberland, les jugeaient trop petits pour la grandeur future qu'ils rêvaient à leur famille, pour l'*aîné*, l'héritier, quand *Sa Grâce* siégerait à Noël dans un banquet de quelques mille vassaux... Ils ne devinaient guère que bientôt père, aîné et puînés, vassaux, biens et fiefs, tout allait périr dans la guerre civile ; tout, sauf le paisible et vrai possesseur de ces tours, le lierre qui dès lors commençait à les vêtir, et qui a fini par envelopper l'immensité de Warwick-Castle.

Quiconque parlait de traiter avec la France, allait avoir contre lui tous ces lords ; ils trouvaient bon que le pays se ruinât pour leur conserver leurs fiefs du continent, leurs fermes, pour mieux dire : ils n'y voyaient rien autre chose. Il était tout simple qu'ils y tinssent. Ce qui était plus surprenant, c'est que la guerre avait tout autant de partisans parmi ceux qui n'avaient rien en France, chez ceux que la guerre ruinait; ces pauvres diables avaient sur le continent une richesse d'orgueil, une royauté d'imagination; au moindre mot d'arrangement, le *fellow* sans chausses entrait en fureur, on voulait lui rogner son royaume de France, lui voler ce que la vieille Angleterre avait si légitimement gagné à la bataille d'Azincourt.

Les évêques régnants (Winchester, Cantorbéry, Salisbury et Chichester), dans le désir qu'ils avaient de la paix, dans leurs craintes que les dépenses de la guerre ne fissent toucher aux biens d'Église, négociaient toujours, mais n'osaient conclure. Ils n'en seraient peut-être jamais venus là, s'ils n'eussent eu avec eux dans le conseil un homme d'épée, lord Suffolk, qui les entraîna; il fallait un homme de guerre pour amener la paix.

Suffolk n'était pas d'une famille ancienne. Les Delapole (c'était leur vrai nom) étaient de braves marchands et marins. L'aïeul fut anobli pour avoir fourni des vivres à Édouard Ier dans la guerre d'Écosse. Le grand-père, factotum du violent Richard II, le servit comme amiral, général, chancelier; loin de faire ainsi sa fortune, il fut poursuivi par le Parlement et il alla mourir à Paris. Le père, pour relever sa maison, tourna court et se donna aux ennemis de Richard, se donna corps et âme; il se fit tuer, lui et trois de ses fils, pour la maison de Lancastre.

Le dernier fils, celui dont nous parlons, avait fait trente-quatre ans les guerres de France avec beaucoup d'honneur. Les revers d'Orléans et de Jargeau n'avaient fait aucun tort à sa réputation de bravoure. Cette dernière place étant forcée, il se défendait encore ; enfin, se voyant presque seul, il avise un jeune Français : « Es-tu chevalier? lui dit-il. — Non. — Eh bien ! sois-le de ma main. » Ensuite il se rendit à lui.

Il revint en Angleterre, ruiné par une rançon de deux ou trois millions. Néanmoins, loin de garder rancune à la France, il conseilla la paix, s'attacha au parti de la paix ; malheureusement il portait dans ce parti la dureté, l'insolence de la guerre.

La pensée du cardinal Winchester, c'eût été de faire épouser au roi d'Angleterre une fille du roi de France ; pensée timide qu'il osa à peine exprimer dans les négociations[1]. La fille étant impossible, on se contenta d'une nièce. Le choix tomba sur la fille d'un prince pauvre, René, qui ne pouvait porter ombrage aux Anglais. Il y avait encore cet avantage que, si l'on était obligé, pour diminuer les dépenses, d'abandonner les deux provinces non maritimes, le Maine et l'Anjou, on les rendrait à René et à son frère, non à Charles VII, ce qui serait peut-être moins blessant pour l'orgueil anglais[2].

Le traité de mariage et de cession était raisonnable, et néanmoins d'un extrême péril pour celui qui oserait le conclure. Suffolk, qui ne l'ignorait pas, ne se contenta point de l'autorisation du conseil, il eut la précaution de se faire pardonner d'avance par le roi

---

1. Rymer, 1439, 21 mai.
2. Le Maine devait être remis à René, et non au roi de France ; Henri VI demande expressément à Charles VII qu'il en soit ainsi par sa lettre originale du 28 juillet 1447. (*Mss. du Puy.*)

« les erreurs de jugement dans lesquelles il pourrait tomber ». Ce singulier pardon des fautes à commettre fut ratifié par le Parlement[1].

Rendre une partie pour consolider le reste, c'était faire justement ce que fit saint Louis, lorsque, malgré ses barons, il restitua aux Anglais quelques-unes des provinces que Philippe-Auguste avait confisquées sur Jean-sans-Terre.

Mais ici, il n'y avait même pas restitution définitive pour le Maine. Le roi d'Angleterre accordait, non la souveraineté, mais l'*usufruit viager* du Maine au frère de René. Encore pour cet usufruit les Français devaient payer aux Anglais, qui tenaient dans ce comté des fiefs de la Couronne, le *revenu de dix années*[2]; pour une possession si précaire, ces feudataires allaient recevoir une somme ronde, en argent, plus sûre et probablement plus forte que tout ce qu'ils en auraient tiré jamais.

Suffolk, de retour, trouva contre lui une unanimité terrible. Jusque-là, on était divisé sur la question; bien des gens voyaient que pour garder ces possessions ruineuses il faudrait aller jusqu'au fond de toutes les bourses, et ils ne savaient pas trop s'ils voulaient garder à ce prix : l'orgueil disait *oui*, l'ava-

---

1. Le Parlement anglais dégage le roi de la promesse qu'il avait faite, à l'exemple du roi de France, de ne point faire de paix « sans l'aveu des trois États de la nation », 1445. — Le 24 avril 1446, le Parlement déclare que le traité a été fait du propre mouvement du roi, *sans qu'il ait été conseillé*. (*Mss. Bréquigny.*)

2. « Moyennant récompensation de la valeur des dites terres pour dix ans. » (Rymer, 1448, 11 mars.)

rice *non*. Le traité de Suffolk ayant tranquillisé l'avarice, l'orgueil parla seul. Les moins disposés à financer pour la guerre se montrèrent les plus guerriers, les plus indignés. Le caractère morose et bizarre de la nation ne parut jamais mieux. L'Angleterre ne voulait rien faire ni pour garder ni pour rendre avec avantage. Elle allait tout perdre sans dédommagement ; la plus vulgaire prudence eût suffi pour le prévoir. Et le négociateur qui, pour assurer le reste, rendait une partie avec indemnité, fut haï, conspué, poursuivi jusqu'à la mort.

Tels furent les tristes auspices sous lesquels Marguerite d'Anjou débarqua en Angleterre. Elle y trouva un soulèvement universel contre Suffolk, contre la France et la reine française, une révolution toute mûre, un roi chancelant, un autre roi tout prêt. Glocester avait toujours eu pour lui le parti de la guerre, les mécontents de diverses sortes; mais voilà que tout le monde était pour la guerre, tout le monde mécontent. Lorsqu'il marchait, selon sa coutume, avec un grand cortège de gens armés qui portaient ses couleurs, lorsque les petites gens suivaient et saluaient le *bon duc*, on sentait bien que la puissance était là, que cet homme si humilié allait se trouver maître à son tour, qu'il devait régner, comme *protecteur* ou comme roi... Il en était moins loin à coup sûr que le duc d'York, qui pourtant en vint à bout plus tard.

De l'autre part, que voyait-on? de vieux prélats, riches et timides, un octogénaire, le cardinal Winchester, une reine toute jeune, un roi dont la sainteté semblait simplicité d'esprit. Les alarmes croissant, un Parlement fut convoqué, et le peuple requis de prendre les armes et de veiller à la sûreté du roi. Le Parlement fut ouvert par un sermon de l'archevêque de Cantorbéry et du chancelier, évêque de Chichester, sur la paix et le bon conseil; le lendemain Glocester fut arrêté (11 février); on répandit qu'il voulait tuer le roi pour délivrer sa femme. Peu de jours après, le prisonnier mourut (23 février). Sa mort ne fut ni subite ni imprévue; elle avait été préparée par une maladie de quelques jours[1]. Depuis longtemps d'ailleurs il était loin d'être en bonne santé, si nous en croyons un livre écrit plusieurs années auparavant par son médecin[2].

Toute l'Angleterre n'en resta pas moins convaincue qu'il avait péri de mort violente. On arrangeait ainsi le roman : la reine avait pour amant Suffolk (un amant de cinquante ou soixante ans pour une reine de dix-sept!), tous deux s'étaient entendus avec le cardinal; le soir, Glocester se portait à merveille; le matin il était mort[3]!... Comment avait-il été tué? Ici

---

1. *App.* 106.

2. Dans ce curieux ouvrage que le médecin adresse au duc, il lui décrit avec les plus grands détails l'état où se trouvent les divers organes de Sa Grâce. Il n'en compte pas moins de *sept* qui sont fort altérés : le cerveau, la poitrine, le foie, la rate, les nerfs, les reins et genitalia. Il observe, entre autre choses, que le noble malade est épuisé par l'usage immodéré des plaisirs de l'amour, qu'il a le flux de ventre une fois par mois, etc. Quand même on supposerait que le médecin a voulu effrayer, pour obtenir un peu plus de sobriété et de modération, cet inventaire d'infirmités, de maladies naissantes, même réduit de moitié, serait encore peu rassurant. (Hearne.)

3. « Vespere sospes et incolumis, mane (proh dolor!) mortuus elatus est et ostensus. »

les récits différaient; les uns le disaient étranglé, quoiqu'il eût été exposé et ne portât aucune marque; les autres reproduisaient l'histoire lugubre de l'autre Glocester, oncle de Richard II, étouffé, disait-on, entre deux matelas. D'autres, enfin, plus cruels, préféraient l'horrible tradition d'Édouard II, et le faisaient mourir empalé.

Il est rare qu'une femme de dix-sept ans ait déjà le courage atroce d'un tel crime; il est rare qu'un vieillard de quatre-vingts ans ordonne un meurtre, au moment de paraître devant Dieu. Je crains qu'il n'y ait ici erreur de date, qu'on n'ait jugé Winchester mourant par le Winchester d'un autre âge; et que, d'autre part, on n'ait déjà vu dans une reine enfant, à peine sortie de la cour de René, cette terrible Marguerite qui, dans la suite, effarouchée de haine et de vengeance, mit une couronne de papier sur la tête sanglante d'York.

Quant à Suffolk, l'accusation était moins invraisemblable. Il avait eu le tort d'autoriser d'avance tout ce qu'on pourrait dire, en se donnant, par un arrangement odieux, un intérêt pécuniaire à la mort de Glocester. Cependant ses ennemis les plus acharnés, dans l'acte d'accusation qu'ils lancèrent contre lui de son vivant, ne font nulle mention de ce crime. On ne le lui a jamais reproché en face, mais plus tard, après sa mort, lorsqu'il n'était plus là pour se défendre.

Le crime, au reste, s'il y en eut un, ne pouvait qu'être inutile. Il restait un prétendant dans la ligne de Lancastre, le duc de Somerset; et il en restait un hors de cette ligne, et plus légitime. Les Lancastre ne descendaient que du *quatrième* fils d'Édouard III ; et le duc d'York descendait du *troisième.* Donc son titre était supérieur, et la mort de Glocester ne faisait que produire sur la scène un prétendant plus dangereux.

Winchester, selon toute apparence, était malade au moment de la mort de Glocester, car il mourut un mois après. Sa mort fut un événement grave. Il avait été cinquante ans le chef de l'Église, et alors, tout vieux qu'il était, son nom en faisait l'unité. Suffolk n'était pas évêque pour remplacer Winchester ; homme d'épée, et dans une telle crise, il ne pouvait guère suivre une politique de prêtres. Les prélats qui, pour défendre l'*Établissement*, avaient fait la royauté des Lancastre, qui s'en étaient servis et avaient régné avec elle, s'en éloignèrent à temps [1] et se résignèrent pieusement à la laisser tomber.

Pourquoi d'ailleurs l'Église aurait-elle mis au hasard un *Établissement* déjà fort menacé pour sauver ce qui ne servait plus, ce qui nuisait plutôt ? Suffolk commençait à prendre de l'argent, aux moines d'abord, il est vrai ; mais il allait en venir aux évêques. Si l'ami agissait ainsi, que pouvait faire de plus l'ennemi ?

Et en effet, sa détresse augmentant, le Parlement lui refusant tout, il vendit des évêchés [2]. C'était le sûr

---

1. L'évêque de Chichester ne peut plus venir au Parlement pour cause de vieillesse, mauvaise vue, etc. L'évêque d'Hereford donne sa démission, etc. (Rymer, 1449, 9 et 19 décembre.) — 2. *App.* 107.

moyen de mettre contre soi non seulement l'Église, mais les lords, qui souvent pouvaient payer leurs dettes avec des bénéfices, faire évêques leurs chapelains, leurs serviteurs. Les grands étaient blessés doublement à leur endroit le plus sensible ; on leur ôtait leur influence sur l'Église, au moment où ils perdaient leurs fiefs de France. L'indemnité promise pour les terres qu'ils avaient dans le Maine se réduisit à rien ; elle fut échangée par un nouveau traité pour certaines sommes que les Marches anglaises de Normandie payaient jusque-là aux Français ; le roi d'Angleterre se chargeait d'indemniser ses sujets du Maine ; c'est dire assez qu'ils ne reçurent pas un sol.

Un pouvoir qui blessait les grands dans leur fortune, le peuple en son orgueil, et que l'Église ne soutenait plus, ne pouvait subsister. A qui sa ruine allait-elle profiter ? c'était la question.

Les deux princes les plus près du trône étaient York et Somerset. Suffolk crut s'assurer de tous deux. Il ôta au plus dangereux, au duc d'York, l'armée principale, celle de France, et il le relégua honorablement dans le gouvernement d'Irlande. Somerset qui, après tout, était Lancastre et proche parent du roi, eut le poste de confiance, la régence de France, l'armée la plus nombreuse. Mais il n'en fut pas moins hostile. Il crut, il dit du moins qu'on l'avait envoyé en France pour le déshonorer, pour le laisser périr sans secours, lorsque les places étaient ruinées, démantelées, lorsque la Normandie l'était elle-même par l'abandon du Maine qui découvrait ses flancs.

Au mois de janvier 1449, le Parlement reçut de Somerset une plainte solennelle : la trêve allait expirer, le roi de France, disait-il, pouvait attaquer avec soixante mille hommes[1]; sans un prompt secours, tout était perdu. Cette plainte était le testament de l'Angleterre française, les paroles dernières... Le sage Parlement les accueille, mais uniquement pour nuire à Suffolk; il ne vote pas un homme, pas un schelling, ce serait voter pour Suffolk; la grande guerre maintenant est contre lui et non contre la France; périsse Suffolk, et avec lui, s'il le faut, la Normandie, la Guyenne, l'Angleterre elle-même !

Somerset avait admirablement prophétisé le soufflet qu'il allait recevoir. La trêve fut rompue. Le Maine étant livré, un capitaine aragonais au service d'Angleterre[2] vint de cette province demander refuge aux villes normandes. Il trouva toute porte fermée, aucune garnison ne voulait s'affamer en partageant avec ces fugitifs. Alors il fallut bien que l'Aragonais devînt sa providence à lui-même; il trouva sur les Marches deux petites villes, mais désertes, dépourvues; de là, la faim pressant, il se jeta, avec sa bande, sur une bonne grosse ville bretonne, sur Fougères. Voilà la guerre recommencée[3].

Le roi, le duc de Bretagne, s'adressent à Somerset, lui redemandent la ville, avec indemnité[4]. Mais quand

---

1. Somerset assurait que le roi avait ordonné que chaque trentaine d'hommes en armerait un. (*Rolss Parl.*)
2. « De l'ordre de la Jarretière... et signale capitaine. » (Jean Chartier.)
3. *App.* 108.
4. Le roi de France se plaignait aussi des courses que les Anglais faisaient

il aurait pu donner satisfaction, il n'eût osé le faire ; il avait peur de l'Angleterre encore plus que de la France. N'obtenant pas d'indemnités, les Français en prennent. Le 15 mai, ils saisissent Pont-de-l'Arche à quatre lieues de Rouen ; un mois après, Verneuil. L'armée royale, sous Dunois, entre par Évreux, les Bretons par la Basse-Normandie, les Bourguignons par la Haute. Le comte de Foix attaquait la Guyenne. Tout le monde voulait part dans cette curée.

Le roi coupa toute communication entre Caen et Rouen, reçut la soumission de Lisieux, de Mantes, de Gournay, fit paisiblement son entrée à Verneuil, à Évreux et à Louviers, où René d'Anjou le joignit. Enfin, réunissant toutes ses forces, il vint sommer Rouen de se rendre. La ville était déjà toute rendue de cœur ; sous la croix rouge, tout était français. Quoique Somerset y fût en personne avec le vieux Talbot, il désespéra de défendre cette grande population qui ne voulait pas être défendue. Il se retira dans le château, et en un moment toute la ville eut pris la croix blanche[1]. Somerset avait avec lui sa femme et ses enfants ; nul espoir de sortir ; les bourgeois étaient comme une seconde armée pour l'assiéger ; il se décida à traiter. Pour lui, pour sa femme et ses enfants, pour sa garnison, le roi se contentait de recevoir une petite somme de 50,000 écus ; c'était une bien faible

---

contre les vaisseaux de son allié le roi de Castille, et de leurs brigandages sur les grandes routes de France : « Et se nommoient les *faux visages*, à cause qu'ils se déguisoient d'habits dissolus. » (Jean Chartier.)

1. *App.* 109.

rançon à cette époque ; celle de Suffolk tout seul avait été de 2,400,000 francs. Somerset payait le surplus, il est vrai, de son honneur, de sa probité; pour ne pas se ruiner, il ruinait le roi d'Angleterre; il s'engageait, lui régent, à livrer aux Français le fort d'*Arques* (ce qui leur assurait Dieppe), à leur donner toute la basse Seine, *Caudebec, Lillebonne, Tancarville*, l'embouchure de la Seine, *Honfleur!*

Mais on pouvait douter qu'il eût pouvoir pour faire de tels présents; il ne le fit croire qu'en donnant mieux encore, il mit en gage son bras droit, lord Talbot, le seul homme qui inspirât confiance aux Anglais... Et il ne put le dégager ni remplir son traité; Honfleur désobéit; en sorte que Talbot resta à la suite de l'armée française, pour être témoin de la ruine des siens[1]. Les Anglais d'Honfleur restèrent sans secours; ils virent en face la grosse ville d'Harfleur, bien autrement forte, forcée en plein hiver par l'artillerie de Jean Bureau (déc. 1449)[2]; alors, ayant encore appelé en vain Somerset à leur aide, ils finirent par se rendre aussi (18 févr. 1450).

Si l'on songe que la seule Harfleur avait seize cents hommes, une petite armée pour garnison, il ne semble

---

1. A l'entrée de Charles VII dans Rouen « estoient aux fenestres la femme du comte de Dunois et celle du duc de Somerset pour voir le mystère et cette grande cérémonie, avec lesquelles estoient le sire de Talbot et les autres Anglois détenus en ostage, qui estoient fort pensifs et marris ». (Jean Chartier.)

2. « S'abandonna et hasarda fort le roi, allant en personne ès fossez et aux mines... D'icelles artillerie et mines estoit gouverneur maître Jean Bureau, trésorier de France, lequel estoit fort subtil et ingénieux en telles matières et en plusieurs autres choses. » (*Idem*.)

pas que la Normandie ait été aussi dégarnie que Somerset voulait le faire croire. Mais les troupes étaient dispersées, dans chaque ville quelques Anglais au milieu d'une population hostile. Qu'auraient-ils fait, même plus forts, contre ce grand et invincible mouvement de la France qui voulait redevenir française?

Personne ne comprenait cela en Angleterre. La Normandie avait été désarmée à dessein, trahie, vendue. N'avait-on pas vu le père de la reine dans l'armée du roi de France?... Tous les revers de cette campagne, la Seine perdue, Rouen rendue, l'épée de l'Angleterre, lord Talbot, mise en gage, toute cette masse de malheurs et de hontes retomba d'aplomb sur la tête de Suffolk.

Le 28 janvier 1450, la Chambre basse présente au roi une humble adresse : « Les pauvres communes du royaume sont tendrement, passionnément et de cœur portées au bien de sa personne, autant que jamais communes le furent pour leur souverain lord[1]... » Toutes ces tendresses pour demander du sang... Dans cette étrange pièce, les choses les plus contradictoires étaient affirmées en même temps : Suffolk vendait l'Angleterre au roi de France et *au père de la reine;* il tenait un château tout plein de munitions pour l'ennemi qui devait faire une descente. Et pourquoi appelait-il les Français, les parents et amis de la reine? *Pour faire roi son fils*[2] à lui Suffolk, en renversant le

---

1. « As lovingly, as heartily, and as tenderly... » (Turner.)
2. Il avait fait épouser à son fils la fille de l'aîné des Somerset, laquelle

roi et la reine. — Cela parut logique et bien lié ; John Bull n'eut pas un doute !

Le contradictoire et l'absurde étant admis comme évidents, il n'y avait rien à répondre. Suffolk essaya néanmoins. Il énuméra les services de sa famille, tous ses parents tués pour le pays, il rappela que lui-même il avait passé trente-quatre ans à faire la guerre en France, dix-sept hivers de suite sous les armes sans revoir le foyer[1], puis sa fortune ruinée par sa rançon, puis douze années dans le conseil. Était-il bien probable qu'il voulût couronner tant de services, une vie si avancée, par une trahison ?

Il avait beau dire ; à chaque mot de justification survenait, comme une charge de plus, quelque mauvaise nouvelle. Il n'abordait plus de bateau qu'il n'apprît un malheur : Harfleur aujourd'hui, Honfleur demain, puis, une à une, toutes les villes de la Basse-Normandie ; puis (chose plus sensible encore), la défense de vendre les draps anglais en Hollande... Ainsi les bruits lugubres se succédaient sans intervalle ; c'était comme une cloche funèbre qui de l'autre rivage sonnait la mort de Suffolk... On peut juger de la rage du peuple par une ballade du temps où l'on mêle ironiquement son nom et ceux de ses amis aux paroles consacrées de l'office des morts.

La reine essaya d'un moyen pour sauver la victime ;

---

avait le premier droit au trône, après Henri VI, dans la ligne de Lancastre. Mariée à tout autre qu'au fils du ministre, confident de la reine, cette héritière eût été infiniment dangereuse. Nul doute que ce mariage ne se soit fait par la volonté de Marguerite. — 1. *App.* 110.

ce fut de faire prononcer par le roi contre Suffolk un bannissement de cinq années. Il sortit de Londres à grand'peine, à travers une meute altérée de sang; mais ce ne fut pas pour passer en France; il eût justifié les accusations. Il resta dans ses terres, sans doute pour attendre l'effet d'une tentative où il avait mis son dernier enjeu. Il avait fait passer trois mille hommes à Cherbourg, avec le brave Thomas Kyriel, qui devait faire tout le contraire de ce qui avait perdu Somerset, concentrer les troupes, tenter un coup. Une belle bataille eût peut-être sauvé Suffolk. Kyriel réussit d'abord; il assiégea et prit Valognes. De là, il voulait joindre Somerset en suivant le long de la mer. Mais les Français le tenaient, le comte de Clermont en queue, Richemont en tête, pour lui barrer le passage à Formigny (15 avril 1450). Kyriel se battit vaillamment, et fut écrasé. On sut, à partir de ce jour, que les Anglais pouvaient être battus en plaine. Il n'y eut pas quatre mille morts[1], mais avec eux gisait l'orgueil anglais, la confiance, l'espoir; Azincourt ne fut plus dans la mémoire des deux nations *la dernière bataille*.

C'était l'arrêt de Suffolk; il le comprit et se prépara. Il écrivit à son fils une belle lettre, sans faiblesse, noble et pieuse, lui recommandant seulement de craindre Dieu, de défendre le roi, d'honorer sa mère. Puis il fit venir ce qu'il y avait de gentlemen dans le voisinage, et, en leur présence, jura sur l'hostie

---

1. Trois mille sept cent soixante-quatorze, au dire des hérauts. D'après leur rapport, l'armée anglaise eût été forte de six à sept mille hommes, et les Français n'auraient eu que trois mille combattants. *App.* 111.

qu'il mourrait innocent. Cela fait, il se jeta dans un petit bâtiment, à la garde de Dieu. Mais il y avait trop de gens intéressés à ce qu'il n'échappât point. York voyait en lui le champion intrépide de la maison de Lancastre; Somerset craignait un accusateur, au retour de sa belle campagne; l'Angleterre aurait eu à juger, entre lui et Suffolk, qui des deux avait perdu la Normandie.

Selon Monstrelet et Mathieu de Couci, qui par les Flamands pouvaient savoir très bien les affaires d'Angleterre, celles de mer surtout, ce fut un vaisseau des amis de Somerset qui le *rencontra*[1]. Ils lui firent son procès à bord; rien ne manqua pour que la chose eût l'air d'une vengeance populaire; le pair du royaume eut pour pairs et jurés les matelots qui l'avaient pris. Ils le déclarèrent coupable, lui accordant pour toute grâce, vu son rang, d'être décapité. Ces jurés novices ne l'étaient pas moins comme bourreaux; ce ne fut qu'au douzième coup qu'ils parvinrent à lui détacher la tête avec une épée rouillée.

Cette mort ne finit rien. L'agitation, la fureur sombre qu'avait mise partout la défaite, étaient bonnes à exploiter. Les puissants s'en servirent; ils savaient parfaitement, dans ce pays déjà vieux d'expérience, tout ce qu'on pouvait faire du peuple quand il était ainsi malade; le mal anglais, l'orgueil, l'orgueil exaspéré, en faisait une bête aveugle. On pouvait, pendant

---

1. « Estant sur la mer, fut rencontré des gens du duc de Sombresset. » (Mathieu de Couci.)

cet accès, le tirer à droite ou à gauche, sans qu'il devinât la main ni la corde, sans qu'il sentît qu'on le tirât.

Avant tout, un coup de terreur fut frappé sur l'Église, un coup efficace, après lequel, toute puissante qu'elle était, elle ne bougea plus, laissant les lords faire ce qui leur plairait. Il suffit pour cela qu'il y eût deux évêques tués, deux des prélats qui avaient gouverné avant Suffolk ou avec lui. Tués par qui? On ne le sut trop. Par leurs gens, par la populace, le *mob* des ports? A qui s'en prendre [1]?

Cela fait, on opéra en grand. On combina un soulèvement, une levée *spontanée* du peuple, un de ces vagues mouvements qu'une main savante peut tourner ensuite en révolution déterminée. Les petits cultivateurs de Kent, ces masses à vues courtes, ont toujours été propres à commencer n'importe quoi; il y a là des éléments tout particuliers d'agitation, mobilité d'esprit, vieille misère, et de plus une facilité d'entraînement fanatique qu'on ne s'attendrait guère à trouver sur la grande route du monde, entre Londres et Paris [2].

En tête, il fallait un meneur, un homme de paille; non pas tout à fait un fripon, le vrai fripon ne joue pas si gros jeu. On trouva l'homme même, un Irlandais [3], un bâtard, qui avait fait jadis un assez mauvais coup; puis, il avait servi en France; il revenait léger et ne sachant que faire; du reste, jeune encore,

---

1. *App.* 112. — 2. *App.* 113. — 3. *App.* 114.

brave, de belle taille[1], spirituel et passablement fol.

Cade, c'était son nom, trouva plaisant de faire le prince pour quelques jours; il déclara s'appeler Mortimer. Cela était d'une audace incroyable, le personnage étant connu, et tout le monde sachant que Mortimer, le petit-fils d'Édouard III, était bien et dûment enterré. N'importe, il n'en ressuscita pas moins facilement; le nouveau Mortimer réussit à merveille, il était amusant, entraînant, il jouait son rôle avec la vivacité irlandaise, bon prince, ami des braves gens, mais grand justicier... Il faisait les délices du peuple.

Avec le tact parfait qu'ont souvent les fols parlant à des fols, il fit une proclamation absolument absurde, et qui fut d'un effet excellent. Il y disait, entre autres choses, que selon le bruit public on voulait détruire tout le pays de Kent et en faire une forêt pour venger la mort de Suffolk sur les innocentes communes. Puis, venaient des protestations de dévouement au roi; on souhaitait seulement que ce bon roi daignât s'entourer de ses vrais lords et conseillers naturels, les *ducs d'York, d'Exeter, de Buckingham et de Norfolk*. Cela était fort clair; on voyait d'ailleurs parmi la canaille de Kent un héraut du duc d'Exeter et un gentilhomme du duc de Norfolk, qui suivaient le mouvement et avaient l'œil à tout.

Cade eut tout d'abord vingt mille hommes, et davantage en avançant. On envoya quelques troupes contre

---

[1] « A certaine yong man of a goodly stature, and pregnant wit. » (Hall and Grafton.)

lui : il les battit ; puis d'illustres parlementaires, l'archevêque de Cantorbéry, le duc de Buckingham : il les reçut avec aplomb, sagesse et dignité, modéré dans la discussion, mais sobre de communications, inébranlable [1].

Cependant les soldats du roi criaient que le duc d'York devrait bien revenir pour s'entendre avec son cousin Mortimer, et mettre à la raison la reine et ses complices. On essaya de les calmer en leur disant qu'il serait fait justice, et l'on mit à la Tour lord Say, trésorier d'Angleterre.

Le faubourg étant occupé déjà, le lord maire consulte les bourgeois : « Faut-il ouvrir la Cité ? » Un seul ose dire *non*, on l'emprisonne. La foule entre... Cade, avec beaucoup de présence d'esprit, coupe lui-même de son épée les cordes du pont-levis, s'assurant qu'ainsi on ne le relèvera pas. De son épée il frappe la vieille pierre de Londres, en disant gravement : « Mortimer est lord de la Cité. » Défense de piller sous peine de mort ; la défense était sérieuse, il venait de faire décapiter un de ses officiers pour désobéissance. Il se piquait fort de justice. Il tira lord Say de la Tour pour le faire mourir ; mais auparavant il le fit juger dans la rue, à Cheapside, par le lord maire et les aldermen demi-morts de peur. Il était assez adroit de s'associer ainsi, de gré ou de force, le magistrat de Londres.

Après le spectacle de ce jugement de carrefour, après l'exécution, on ne pouvait empêcher les gens de Kent

---

1. « Sober in communication, wise in disputyng. » (Hall and Grafton.)

de se répandre par la ville. Les voilà qui courent les rues, admirent, regardent les portes closes ; ils commencent à flairer le butin ; les mains démangent, ils pillent. Le prince lui-même, tout prince et Mortimer qu'il est, ne peut tellement dominer ses vieilles habitudes des guerres de France qu'il ne vole aussi, tant soit peu, dans la maison où il a dîné.

Les respectables bourgeois de Londres, marchands, gens de boutique et autres, avaient jusque-là assez bien pris la chose, y compris les exécutions. Mais, quand ils virent que les chères boutiques, les précieux magasins, allaient être violés, alors ils s'animèrent contre ces brigands d'une vertueuse fureur. Ils prirent les armes, eux, leurs ouvriers, leurs apprentis ; une furieuse batterie eut lieu dans les rues et au pont de Londres.

Les gens de Kent, rejetés au faubourg, y passèrent la nuit, un peu étourdis de l'accueil qu'ils avaient reçu dans la Cité. Ils réfléchirent, ils se refroidirent. C'était le bon moment pour parlementer avec eux ; ils étaient découragés, crédules. Le primat et l'archevêque d'York passèrent de la Cité à Southwark dans un batelet, porteurs du sceau royal. Ils leur scellèrent des pardons, tant qu'ils en voulurent, et les braves gens s'en allèrent, chacun de son côté, sans dire adieu au capitaine Cade[1]. Lui, intrépide, il essaya d'abord de diriger la retraite de ceux qui lui restaient ; puis, voyant qu'ils ne songeaient qu'à se battre pour le butin, il monta à cheval et s'enfuit ; mais sa tête était mise à prix, il n'alla pas loin (juillet 1450).

1. « Without bydding farewell to their capitaine. » (Hall and Grafton.)

Cette terrible farce, toute terrible qu'elle pût sembler, n'était qu'un prélude. La grossière supposition d'un Mortimer que tout le monde connaissait pour Cade avait cette utilité de donner un premier ébranlement aux esprits, de faire songer le peuple... C'était, comme dans *Hamlet*, une pièce dans la pièce pour aider à comprendre, une fiction pour expliquer l'histoire, un commentaire en action pour mettre à la portée des simples l'abstruse question de droit.

L'homme de paille ayant fini, le prétendant sérieux pouvait commencer. Le duc d'York accourt d'Irlande, pour travailler sur le texte que lui fournissait Somerset. Ce triste général venait de répéter à Caen son aventure de Rouen ; pour la seconde fois, il s'était fait prendre ; mais cette fois la faiblesse ressemblait encore plus à la trahison. Tel fut du moins le bruit qui courut. Le régent, comme faisaient, comme font volontiers les Anglais, traînait partout avec lui sa femme et ses enfants, dangereux et trop cher bagage qui dans plus d'une occasion peut amollir l'homme de guerre, faire de l'homme une femme. Celle de Somerset, dans les horreurs du siège, lorsque les pierres et les boulets pleuvaient, vit une pierre tomber entre elle et ses enfants ; elle courut se jeter aux genoux de son mari[1], le suppliant d'avoir pitié des pauvres petits... Le malheureux, dès ce moment, eut peur aussi, il voulut se rendre. Mais la ville était au duc d'York ; un capitaine y commandait pour lui et prétendait défendre à toute extré-

---

1. « Kneeling on his knees, to have mercy and compassion of his smalle infantes. » (Holinshed.)

mité la ville de son maître. Alors, Somerset (s'il faut en croire ses accusateurs) fit par faiblesse une chose audacieuse, coupable ; il s'entendit avec les bourgeois, les encouragea sous main à demander qu'on se rendît ; la ville fut livrée[1]. Le capitaine échappa et s'en alla rendre compte, non pas à Londres, mais droit en Irlande, au duc d'York. Celui-ci, brusquement et sans ordre, quitte l'Irlande, traverse l'Angleterre avec une bande armée, et présente au roi une plainte humblement insolente.

Personne ne parlait encore du droit d'York, tout le monde y pensait. La reine ne pouvait se fier qu'à un seul homme, à celui qui avait droit dans la branche de Lancastre, à l'héritier présomptif du roi. Mais cet héritier était justement Somerset ; elle le fit connétable, lui mit en main l'épée du royaume au moment où il venait de rendre la sienne aux Français. Ce défenseur du roi avait assez de mal à se défendre, ayant perdu la Normandie. Il eût fallu du moins qu'il réparât ; pour réparation, on perdit la Guyenne.

Charles VII, ayant complété sa Normandie par Falaise et Cherbourg[2], avait envoyé, l'hiver, son armée au Midi. La milice nationale des francs-archers commençait à

---

1. De plus, Somerset abandonna son artillerie. (Mathieu de Couci.)
2. L'artillerie française, toujours dirigée par Jean Bureau, fit preuve à Cherbourg d'une habileté toute nouvelle. Il établit *ses batteries dans la mer même*, au grand étonnement des Anglais : « Elle venoit là deux fois le jour ; néanmoins, par le moyen de certaines peaux et graisses dont les bombardes estoient revestues, onques la mer ne porta dommage à la poudre ; mais aussitost que la mer estoit retirée, les canonniers levoient les manteaux, et tiroient et jettoient, comme auparavant, contre ladite place, dequoy les Anglois estoient fort esbahis. » (Jean Chartier.)

figurer avec quelque honneur. Jean Bureau conduisait de place en place son infaillible artillerie ; peu de villes résistaient. Les petits rois de Gascogne, Albret, Foix, Armagnac, voyant le roi si fort, venaient à son secours, dans leur zèle et leur loyauté ; ils poussaient tant qu'ils pouvaient à cette saisie des dépouilles anglaises, prenaient, aidaient à prendre, dans l'espoir que le roi leur en laisserait bien quelque chose. Quatre sièges furent ainsi commencés à la fois.

Dans cette rapide conversion des Gascons, Bordeaux seule résistait ; ville capitale jusque-là, elle ne pouvait que déchoir ; les Anglais la ménageaient fort [1], ils l'enrichissaient, achetaient, buvaient ses vins ; Bordeaux n'espérait pas trouver des maîtres qui en bussent davantage [2]. Aussi les bourgeois y étaient tellement Anglais qu'ils voulurent tirer l'épée pour le roi d'Angleterre, faire une sortie ; ce fut, il est vrai, pour fuir à toutes jambes. Bureau, qui déjà avait pris Blaye, et dans Blaye le maire et le sous-maire de Bordeaux, fut nommé, avec Chabannes et autres, pour faire un arrangement. Ils se montrèrent singulièrement faciles, ne demandant ni taxe aux villes, ni rançon aux seigneurs, confirmant, amplifiant les privilèges. Ceux qui ne voulaient pas rester Français pouvaient partir ; les marchands en ce cas auraient six mois pour régler leurs affaires [3], les

---

1. *App.* 115.

2. De plus, la Guyenne et la Gascogne perdaient un commerce de transit ; les draps anglais traversaient ces provinces pour entrer en Espagne. (Amelgard.)

3. Il en partit un si grand nombre que Bordeaux en fut, dit-on, presque dépeuplé pour quelques années. (*Chronique Bourdeloise.*)

seigneurs transmettraient leurs fiefs à leurs enfants. Il n'y avait pas d'exemple de guerre si douce, si clémente[1]. Le roi voulut bien encore accorder un délai à Bordeaux ; enfin, n'étant pas secourue, elle ouvrit ses portes (23 juin) ; Bayonne s'obstina et tint deux mois de plus (21 août).

La perte de ces villes dévouées, opiniâtres dans leur fidélité et abandonnées sans secours, c'était une arme terrible pour York. Ses partisans calculaient emphatiquement qu'en perdant l'Aquitaine, l'Angleterre avait perdu trois archevêchés, trente-quatre évêchés, quinze comtés, cent deux baronnies, plus de mille capitaineries, etc., etc. Puis on rappelait la perte de la Normandie, du Maine, de l'Anjou, on annonçait celle de Calais ; le traître Somerset l'avait déjà vendue, disait-on, au duc de Bourgogne.

York se crut si fort qu'un de ses hommes, député des communes, proposa de le déclarer *héritier présomptif*. L'intention était claire, mais elle était avouée trop tôt ; il y avait encore de la loyauté dans le pays. Ce mot révolta les communes ; l'imprudent fut mis à la Tour.

Une tentative d'York à main armée ne fut pas plus heureuse ; il rassembla des troupes, et arrivé en face du roi, il se trouva faible ; il vit que les siens hésitaient, les licencia lui-même et se livra. Il savait bien qu'on n'oserait le faire périr, qu'il en serait quitte, et il le fut

---

1. Le roi avait ordonné aux soldats de payer tout ce qu'ils prendraient ; s'ils prenaient sans payer, ils devaient rendre et *perdre leur solde pour quinze jours*. Cette pénalité, fort douce, dut être plus efficace que les plus rigoureuses, parce qu'elle put être sérieusement appliquée. *App.* 116.

en effet, pour un serment de loyauté, serment solennel, à Saint-Paul, sur l'hostie. Mais qu'importe? dans ces guerres anglaises, nous voyons les chefs de factions jurer sans cesse, et le peuple n'en paraît pas scandalisé.

La reine, en ce moment, avait l'espoir de regagner le cœur des Anglais, de leur prouver que la Française ne les trahissait pas; elle voulait reprendre aux Français la Guyenne. Ce pays était déjà las de ses nouveaux maîtres; il ne voulait point se soumettre à la loi générale du royaume, selon laquelle les villes logeaient et payaient les compagnies d'ordonnance; il trouvait fort mauvais que le roi gardât la province avec ses troupes, qu'il ne se reposât pas sur la foi gasconne[1]. Les seigneurs aussi, qui avaient laissé leurs fiefs et qui avaient hâte de les revoir, assuraient à Londres que les Anglais n'avaient qu'à se montrer en mer, et que tout serait à eux. La reine et Somerset avaient grand besoin de ce succès, ils désiraient sincèrement réussir; ils envoyèrent Talbot. Cet homme de quatre-vingts ans était, de cœur et de courage, le plus jeune des capitaines anglais, homme loyal surtout et dont la parole inspirerait confiance; on lui donna pouvoir pour traiter, pardonner, aussi bien que pour combattre.

Les Bordelais mirent eux-mêmes Talbot dans leur ville, lui livrant la garnison, qui ne se doutait de rien. En plein hiver, il reprit les places d'alentour. Le roi, occupé ailleurs et comptant trop sans doute sur les

1. *App.* 117.

troubles de l'Angleterre, avait dégarni la province de troupes. Ce ne fut qu'au printemps qu'une armée vint disputer le terrain à Talbot. Les Français, suivant la direction de Bureau, voulurent d'abord se rendre maîtres de la Dordogne et assiégèrent Châtillon, à huit lieues de Bordeaux. Talbot les y trouva bien retranchés, et dans ces retranchements une formidable artillerie. Il n'en tint pas grand compte, et les Français le confirmèrent à dessein dans ce mépris. Le matin, pendant qu'il entendait sa messe, on vient lui dire que les Français s'enfuient de leurs retranchements. « Que jamais je n'entende la messe, dit le fougueux vieillard, si je ne jette ces gens-là par terre [1] ! » Il laisse tout, messe et chapelain, pour courir à l'ennemi ; un des siens l'avertit de l'erreur, il le frappe et va son chemin.

Cependant, derrière les retranchements, derrière les canons, le sage maître des comptes, Jean Bureau, attendait froidement ce paladin du moyen âge [2]. Talbot arrive sur son petit cheval, signalé entre tous par un surtout de velours rouge. A la première décharge, il voit tout tomber autour de lui ; il persiste, il fait planter son étendard sur la barrière. La seconde décharge emporte l'étendard et Talbot. Les Français sortent ; on se bat sur le corps, il est pris et repris [3] ; dans la confusion,

---

1. « Jamais je n'oiray la messe, ou aujourdhuy jauray rué jus la compagnie des François, estant en ce parc icy devant moy. » (Mathieu de Couci.)

2. Non pas toutefois tellement *paladin* qu'il n'ait soigné, en véritable Anglais, ses intérêts d'argent et de fortune. *App.* 118.

3. Il fut défiguré, ce qui donna lieu à une scène touchante que l'historien français raconte dans tous ses détails avec une noble compassion : « Auquel herault de Tallebot il fut demandé : s'il voyoit son maistre, s'il le reconnois-

un soldat lui met, sans le connaître, sa dague dans la gorge. Le désastre des Anglais fut complet ; au rapport des hérauts, chargés de compter les morts, ils en laissèrent quatre mille sur la place.

La Guyenne fut reprise, moins Bordeaux, que l'on resserra en occupant tout ce qui l'environnait. Du côté même de la mer, la flotte anglaise et bordelaise ne put empêcher celle du roi de venir fermer la Gironde. A vrai dire, il n'y avait pas de flotte royale ; mais la rivale de Bordeaux, La Rochelle, avait envoyé seize vaisseaux armés [1] ; la Bretagne en avait prêté d'autres, auxquels s'étaient joints quinze gros navires hollandais [2], sans compter ceux que le roi avait pu emprunter en Castille.

Cette grande ville de Bordeaux avait pour garnison toute une armée, anglaise et gasconne ; mais le nombre même était un inconvénient pour une ville qui ne recevait plus de vivres ; d'autre part, entre ces défenseurs

---

troit bien. A quoi il respondit joyeusement, croyant qu'il fust encore vivant... Et sur ce, il fut mené au lieu... et on luy dist : Regardez si c'est là vostre maistre. Lors il changea tout à coup de couleur, sans de prime face donner encore son jugement... Neantmoins il se mit à genoux, et dit qu'incontinent on en sçauroit la vérité ; et lors il lui fourra l'un des doigts de sa main dextre dans sa bouche pour chercher au costé gauche l'endroit d'une dont maceler qu'il sçavoit de certain qu'il avoit perdue... Et incontinent... luy estant à genoux, il le baisa en la bouche, en disant ces mots : « Monseigneur mon « maistre, Monseigneur mon maistre, ce estes-vous ! je prie à Dieu qu'il vous « pardonne vos meffaits ! J'ay esté vostre officier d'armes quarante ans, ou « plus ; il est temps que je vous le rende ! »... en faisant piteux crys et lamentations, et en rendant eau par les yeux très piteusement. Et lors, il devestit sa cotte d'armes et la mit sur son dict maistre. (Mathieu de Couci.)

1. *App.* 119.
2. Mathieu de Couci dit à tort que ces vaisseaux appartenaient au duc de Bourgogne ; le duc avait en ce moment, ainsi qu'on le verra, des intérêts tout opposés à ceux du roi, il était fort mécontent de lui. Il est probable que les Hollandais, sujets fort indépendants de Philippe, envoyèrent ces vaisseaux malgré lui.

l'intérêt était divers, le danger inégal ; la ville prise, les Anglais ne risquaient rien autre chose que d'être prisonniers de guerre ; les Gascons avaient fort à craindre d'être traités comme rebelles. Ils se méfiaient les uns des autres. Déjà les Anglais des places voisines avaient fait leur traité à part[1].

Les Bordelais alarmés envoyèrent au roi, ne demandant rien de plus que les biens et la vie. Mais il voulait faire un exemple ; il ne promit rien. Les députés s'en allaient assez tristes, lorsque le grand maître de l'artillerie, Jean Bureau, s'approchant du roi, lui dit : « Sire, je viens de visiter tous les alentours pour choisir les places propres aux batteries ; si tel est votre bon plaisir, je vous promets sur ma vie qu'en peu de jours j'aurai démoli la ville. »

Cependant le roi lui-même désirait un arrangement ; la fièvre était dans son camp ; il se relâcha de sa sévérité, se contenta de cent mille écus et du bannissement de vingt coupables ; tous les autres avaient leur grâce ; les Anglais s'embarquaient librement. La ville perdit ses privilèges[2] ; mais elle resta une capitale ; elle ne dépendit point des Parlements de Paris ni de Toulouse ;

---

1. Mathieu de Coucy.
2. Quant à son commerce, Bordeaux ne le perdit pas pour longtemps. L'esprit mercantile, plus fort chez les Anglais que l'orgueil même, ne leur permit pas de renoncer au commerce de vins de Guyenne. Ils subirent toutes les humiliations qu'on voulut. Il faut voir les conditions auxquelles les anciens maîtres du pays obtenaient de venir commercer dans leur capitale de Guyenne. Ils devaient porter tous ostensiblement la croix rouge ; ils ne pouvaient aller dans la banlieue sans avoir la permission écrite du maire. S'ils voulaient traverser la province, aller à Bayonne, les gouverneurs les y faisaient conduire à leurs dépens, sous la garde d'un archer. (*Archives, Supplément au Trésor des chartes*, J, 925.)

le Parlement de Bordeaux ne tarda pas à être institué, et il étendit son ressort jusqu'au Limousin, jusqu'à La Rochelle.

L'Angleterre avait perdu en France la Normandie, l'Aquitaine, tout, excepté Calais...

La Normandie, une autre elle-même, une terre anglaise d'aspect, de productions, qu'elle devait toujours voir en face pour la regretter ; — l'Aquitaine, son paradis de France, toutes les bénédictions du Midi, l'olivier, le vin, le soleil.

Il y avait presque trois siècles que l'Angleterre avait épousé l'Aquitaine avec Éléonore, plus qu'épousée, aimée, souvent préférée à elle-même. Le Prince noir se sentait chez lui à Bordeaux ; il était comme étranger à Londres.

Plus d'un prince anglais était né en France, plus d'un y était mort et avait voulu y être enseveli. Le sage régent de France, le duc de Bedford, fut ainsi enterré à Rouen. Le cœur de Richard Cœur-de-Lion resta à nos religieuses de l'abbaye de Fontevrault.

Ce n'était pas de la terre seulement que l'Angleterre avait perdue, c'étaient ses meilleurs souvenirs, deux ou trois cents ans d'efforts et de guerres, la vieille gloire et la gloire récente, Poitiers et Azincourt, le Prince noir et Henri V... Il semblait que ces morts s'étaient jusque-là survécu en leurs conquêtes, et qu'alors seulement ils venaient de mourir.

Le coup fut si douloureusement ressenti par l'Angleterre, qu'on put croire qu'elle en oublierait ses discordes, qu'au moins elle y ferait trêve. Le Parlement vota des subsides, non pour trois ans, comme c'était l'usage, mais « pour la vie du roi ». Il vota une armée presque aussi forte que celle d'Azincourt, vingt mille archers.

Le difficile était de les lever. Il n'y avait partout dans le peuple qu'abattement, découragement, peur des guerres lointaines... une peur orgueilleuse qui se faisait mécontente, indignée ; le cœur avait baissé, non l'orgueil. Il y avait péril à éclaircir ce triste mystère... Le Parlement se rabattit de vingt mille archers à treize mille[1], et on n'en leva pas un.

La main de Dieu pesait sur l'Angleterre. Après avoir tant perdu au dehors, elle semblait au moment de se perdre elle-même. La guerre qu'elle ne faisait plus en France, elle l'avait dans son sein, une guerre sourde jusque-là, sans bataille, sans victoire pour personne ; il n'y avait pas même ce triste espoir que le pays retrouvât l'unité pour le triomphe d'un parti. Somerset était fini et York ne pouvait commencer. La royauté n'était pas abolie, mais elle tombait chaque jour davantage dans la solitude et le délaissement. Le roi, ayant distribué, engagé son domaine et ne recevant rien du Parlement, était le plus pauvre homme du royaume. La nuit des Rois, au banquet de famille, le roi et la reine se mirent à table, et l'on n'eut rien à leur servir[2].

---

1. Turner. *Parl. Rolls.*
2. « A l'heure du disner, quand ils penserent seoir à table, il n'y avoit rien comme de prest, dautant que les officiers qui avoient accoustumé de les servir

Le bon Henri prenait tout en patience. Humble au milieu de ses orgueilleux lords, vêtu comme le moindre bourgeois de Londres[1], ami des pauvres et charitable, tout pauvre qu'il était lui-même. Tout le temps qu'il ne passait pas au conseil, il l'employait à lire les anciennes histoires, à méditer la Sainte-Écriture. Cet âge dur le nomma un simple; au moyen âge, c'eût été un saint. Il parut généralement au-dessous de la royauté, et quelquefois il était au-dessus; en dédommagement de la prudence vulgaire qui lui manquait, il semble avoir été, en certains moments, éclairé d'un rayon d'en haut[2].

Ce fut le sort de cet homme de paix[3] de passer toute sa vie au milieu des discordes, d'assister à une interminable discussion sur son propre droit. On voit, par quelques sages paroles qui restent de lui, qu'il ne rassurait sa conscience que *par la longue possession*[4]. Il

---

et faire leurs provisions ne sçavoient où avoir et recouvrer argent; car on ne vouloit plus rien leur bailler et délivrer sans argent comptant. » (Mathieu de Couci.)

1. *App.* 120.
2. Lorsqu'il était enfermé à la Tour, il crut voir une femme qui vouloit noyer son enfant; il avertit; on trouva la femme, et l'enfant fut sauvé.
3. Cet esprit de paix se montre à merveille dans le fait suivant : « Edmond Gallet dit qu'il fut envoyé au roy d'Angleterre pour l'inviter à faire une descente en Normandie pendant que le roy de France étoit occupé contre son fils en Dauphiné. Sur quoy le roy d'Angleterre demanda quelle personne estoit son oncle de France, et l'envoyé répondit qu'il ne l'avoit vu qu'une fois à cheval et luy sembla gentil prince, et une autre fois en une abbaye de Caën, où il lisoit une chronique, et lui sembla estre le mieux lisant qu'il vist oncques. Après quoy le roy d'Angleterre dit qu'il s'étonnoit comment les princes de France avoient si grande volonté de luy faire desplaisir; puis il ajouta : « Au fait, autant m'en font ceux de mon pays. »
4. « Mon père a régné paisiblement jusqu'au bout de sa vie. Son père, mon aïeul, fut aussi roi. Et moi, dès le berceau, j'ai été couronné, reconnu par

avait régné quarante ans; son père avait régné avant lui et encore son grand-père Henri IV... Mais si le grand-père avait usurpé, pouvait-il transmettre ? Il y avait là de quoi faire songer le saint roi, dans ses longues heures de méditation et de prière... Les revers de France n'étaient-ils pas une sorte de jugement de Dieu, un signe contre la maison de Lancastre ?... Cette maison avait régné longtemps par l'Église et avec elle; mais voilà que l'Église s'en éloignait peu à peu. Dieu retirait à lui les grands prélats qui avaient gouverné le royaume, le cardinal Winchester, le chancelier évêque de Chichester, celui enfin à qui le roi se confiait, comme à un des plus sages lords, le primat d'Angleterre, archevêque de Cantorbéry.

Les pacifiques s'en allaient; mais les violents ne manquaient pas moins: Suffolk avait péri, Somerset était enfermé à la Tour, la reine était malade; elle allait mettre au monde un prince, une victime pour la guerre civile[1]. Le pauvre roi, délaissé de tous ceux qui jusque-là le soutenaient, qui voulaient pour lui, finit par s'abandonner lui-même; son faible esprit déserta et s'en alla dès lors vers de meilleures régions[2].

tout le royaume; j'ai porté quarante ans la couronne, et tous m'ont fait hommage... » — Au reste, quel que fût son droit, il n'eût pas consenti, pour le défendre, à la mort d'un seul homme. Entrant un jour à Londres, il vit les membres d'un traître que l'on avait exposés : « Otez, ôtez, dit-il; à Dieu ne plaise qu'un chrétien soit traité si cruellement pour moi ! » (Blakman, ap. Hearne.)

1. *App.* 121.

2. Tenait-il uniquement cette disposition de la folie de son grand-père, Charles VI ? Son père, Henri V, qui fit preuve d'un jugement si ferme, était

En cela, fort innocemment, il embarrassa ses ennemis. On sait que dans la subtile théorie de la loi anglaise le roi est parfait, qu'il ne peut ni mourir ni se tromper [1], ni oublier, ni être en démence [2]. Il fallait donc obtenir de lui un mot contre lui, tout au moins un signe [3] par lequel il semblerait approuver la création d'un régent et la nomination d'un primat. Chez ce peuple formaliste, il n'y avait pas moyen de passer outre ; si le roi ne faisait entendre sa volonté, il n'y avait point de gouvernement civil ni ecclésiastique, point de magistrat ni d'évêque, point de *paix du roi* ni de Dieu ; il n'y avait plus d'État, l'Angleterre était morte légalement.

Une députation de douze pairs laïques et ecclésiastiques fut envoyée à Windsor. « Ils attendirent que le roi eût dîné, et ensuite l'évêque de Chester lui présenta respectueusement les premiers articles de la demande ; mais il ne répondit pas. Le prélat expliqua le reste ; mais pas un mot, pas un signe. Les lamentations, les

---

toutefois fort excentrique dans sa jeunesse ; on se rappelle qu'il se présenta un jour à son père dans le costume d'un fol. Son portrait a quelque chose de bizarre et de béat, si j'en juge du moins par la belle gravure que M. Endell Tyler a donnée, d'après l'original de Kensington, en tête de ses *Memoirs of Henry the fifth*.

1. Sir Edward Coke admet à grand'peine que le roi, immortel *in genere*, meure pourtant *in individuo*. App. 122.

2. C'est comme une sorte de vertu magique, attribuée par les jurisconsultes au grand sceau royal : sa possession rendait légal tout gouvernement... Richard II, âgé de dix ans et demi, fut supposé en état de régner sans l'assistance d'une régence. (Hallam.)

3. Il nous reste un compte terrible de tous les médicaments que le Parlement employa pour essayer de remettre le roi en état d'exprimer une volonté : « Clisteria, suppositoria, caputpurgia, gargarismata, balnea, emplastra, emoroidarum provocationes, etc. » (Rymer, 6 april 1454.)

exhortations des lords n'eurent pas plus d'effet. Ils allèrent dîner et revinrent ensuite près du roi. Ils le touchèrent, le remuèrent, sans obtenir ni parole ni attention. Ils le firent conduire par deux hommes de cette salle dans une autre, le remuèrent encore et travaillèrent à le tirer de cette insensibilité léthargique. Tout fut inutile ; la personne royale pouvait encore respirer et manger, mais elle ne parlait plus, n'entendait plus, ne comprenait plus[1]. »

Arrêtons-nous en présence de cette muette image d'expiation. Ce silence parle haut ; tout homme, toute nation l'entendra : à vrai dire, il n'y a plus de nation devant de tels spectacles, ni Français, ni Anglais, mais seulement des hommes.

Si pourtant nous voulions l'envisager au point de vue de la France, ce serait seulement pour nous demander de sang-froid, sans rancune, ce qui reste de tout ceci.

Les Anglais, nous l'avons dit, laissent peu sur le continent, si ce n'est des ruines. Ce peuple sérieux et politique, dans cette longue conquête, n'a presque rien fondé[2]. — Et avec tout cela, ils ont rendu au pays un immense service qu'on ne peut méconnaître.

La France jusque-là vivait de la vie commune et générale du moyen âge autant et plus que de la sienne ; elle était catholique et féodale avant d'être française.

---

1. *Parl. Rolls.* — 2. *App.* 123.

L'Angleterre l'a refoulée durement sur elle-même, l'a forcée de rentrer en soi. La France a cherché, a fouillé, elle est descendue au plus profond de sa vie populaire ; elle a trouvé quoi ? la France. Elle doit à son ennemi de s'être connue comme nation.

Il ne fallait pas moins pour nous calmer qu'une pensée si grave, que cette forte et virile consolation, lorsque, souvent ramenés vers la mer, nous portions sur la plage, de La Hogue à Dunkerque, tout ce pesant passé... Eh bien ! déposons-le aux marches de la nouvelle Église, sur cette pierre d'oubli qu'une bonne et pieuse Anglaise a placée à Boulogne [1], pour relever ce qu'ont détruit ses pères. « Qui de là ne dira volontiers à cette mer, aux dunes opposées : « My curse shall be forgiveness [2] ! »

On voit mieux de ce point... On y voit l'Océan rouler sa vague impartiale de l'une à l'autre rive. On y distingue le mouvement alternatif de ces grandes eaux et de ces grands peuples. Le flot qui porta là-bas César et le christianisme rapporte Pélage et Colomban. Le flux pousse Guillaume, Éléonore et les Plantagenets ; le reflux ramène Édouard, Henri V. L'Angleterre imite au temps de la reine Anne ; sous Louis XVI, c'est la France. Hier, la grande rivale nous enseigna la liberté ; demain, la France reconnaissante lui apprendra l'égalité... Tel est ce majestueux balancement, cette féconde alluvion qui alterne d'un bord à l'autre... Non, cette mer n'est pas *la mer stérile* [3].

---

1. *App.* 124. — 2. « Ma malédiction sera... le pardon. » (Byron.)
3. Homère.

Dure l'émulation, la rivalité ! sinon la guerre... Ces deux grands peuples doivent à jamais s'observer, se jalouser, s'imiter, se développer à l'envi : « Ils ne peuvent cesser de se chercher ni de se haïr. Dieu les a placés en regard, comme deux aimants prodigieux qui s'attirent par un côté et se fuient par l'autre ; car ils sont à la fois ennemis et parents[1]. »

1. De Maistre.

LIVRE XII

CHAPITRE PREMIER.

Charles VII. — Philippe-le-Bon. — Guerres de Flandre. (1436-1453.)

Au moment où l'on apprit à la cour de Bourgogne que Talbot débarquait en Guyenne, un confident de Philippe-le-Bon ne put s'empêcher de dire : « Plût à Dieu que les Anglais fussent aussi bien à Rouen et dans toute la Normandie[1]. »

C'est qu'à ce moment même le roi avait à Gand des envoyés, il essayait d'intervenir entre le duc et les Flamands en armes ; sans le débarquement de Talbot, il allait peut-être, comme suzerain et protecteur, venir en aide à la ville de Gand.

Au reste, la mésintelligence avait commencé bien avant, dès le traité d'Arras ; la guerre diplomatique datait de la paix même. La maison de Bourgogne, cette

1. *App.* 125.

branche cadette de France, devient peu à peu ennemie de la France, anglaise de volonté ; bientôt elle le sera d'alliance et de sang. La duchesse de Bourgogne, la sérieuse et politique Isabelle, qui est Lancastre du côté de sa mère, viendra à bout de marier son fils à une Anglaise, Marguerite d'York ; celle-ci, à son tour, donnera sa fille, son unique enfant, à l'Autrichien Maximilien, qui compte les Lancastre parmi ses aïeux maternels ; en sorte que leur petit-fils, l'étrange et dernier produit de ces combinaisons, Charles-Quint, Bourguignon, Espagnol, Autrichien, n'en est pas moins trois fois Lancastre [1].

Tout cela se fit doucement, lentement, un long travail de haine par des moyens d'amour, par alliances, mariages et de femmes en femmes. Les Isabelle, les Marguerite, et les Marie, ces rois en jupe des Pays-Bas (qui n'en souffraient guère d'autres), ont pendant plus d'un siècle ourdi de leurs belles mains la toile immense où la France semblait devoir se prendre [2].

Dès maintenant la lutte est entre Charles VII d'une part, de l'autre Philippe-le-Bon et sa femme Isabelle, lutte entre le roi et le duc, entre deux rois plutôt et Philippe n'est pas le moins roi des deux.

Il a certainement plus de prise sur le roi que Charles VII n'en a sur lui. Il tient toujours Paris de près par Auxerre et Péronne, tandis que, tout autour,

---

[1] *App.* 126.

[2] Il est bien entendu qu'il n'y eut pas conspiration expresse, ni plan, ni dessein fixe, mais seulement action constante d'une même passion, haine et jalousie persévérante.

ses beaux cousins, ses chevaliers de la Toison, occupent les postes de Nemours, de Montfort et de Vendôme. Au centre même de la France, s'il y voulait entrer, le duc d'Orléans lui donnerait passage sur la Loire. Partout, les grands sont ses amis; ils l'aiment davantage à mesure que le roi devient maître. Où il n'agit pas, il influe; tandis que sur toute la frontière il acquiert, prend, hérite, achète et cerne peu à peu le royaume, il est déjà partout au cœur.

Le roi, quelle arme a-t-il contre le duc de Bourgogne? Sa haute juridiction; mais les provinces françaises de son adversaire, bien loin de réclamer cette juridiction, craignent de se rattacher au royaume, de partager ses extrêmes misères. La Bourgogne par exemple, à qui son duc ne demandait guère que des hommes, presque point d'argent, n'eût voulu pour rien au monde avoir affaire au roi [1].

Les pays, au contraire, qui se croyaient bien sûrs de n'être pas français, qui ne craignaient pas les empiètements de la fiscalité française, hésitaient moins à recourir au roi, à invoquer, sinon sa juridiction, au moins son arbitrage. Liège et Gand étaient en correspondance habituelle avec la France; le roi y avait un parti, il y tenait des gens pour profiter des mouvements, pour les exciter quelquefois. Ces formidables machines populaires lui servaient, quand

---

1. « Item, ils appellent les subjez du Roy qui vont es païs de mondit seigneur de Bourgogne : Traitres, vilains, serfs, allez, *allez payer vos tailles*, et plusieurs autres villenies et injures. » (*Archives du royaume, Trésor des chartes*, J, 258, n° 25.)

son adversaire avançait trop sur lui, à le tirer en arrière et l'obliger de tourner la tête.

C'était la force et la faiblesse du duc de Bourgogne d'avoir ces grosses villes, ces populations si nombreuses, si riches, mais si agitées. Dans cette mort du quinzième siècle, lui, il gouvernait des vivants. Quoi de plus beau que la vie, mais quoi de plus inquiet, de plus difficile à régler? Une vie puissante bouillonnait dans les Flandres.

Que ce pays ait contenu tant de germes de troubles, on peut s'en étonner. La Flandre, c'est le travail; le travail n'est-ce pas la paix?... Le laborieux tisserand de Flandre semble au premier coup d'œil le frère des *humiliati* lombards, l'imitateur des pieux ouvriers de saint Antoine et de saint Pacôme, de ces bénédictins auxquels saint Benoît dit : « Être moine, c'est travailler [1]. » Quoi de plus saint et de plus pacifique?... Ce tisserand paraît presque plus moine que le moine; seul, dans l'obscurité de l'étroite rue, de la cave profonde, créature dépendante des causes inconnues qui allongent le travail, diminuent le salaire, il se remet de tout à Dieu. Sa foi, c'est que l'homme ne peut rien par lui-même, sinon aimer et croire. On appelait ces ouvriers *beghards* (ceux qui prient) ou *lollards* [2], d'après leurs pieuses complaintes, leurs chants monotones, comme d'une femme qui berce un enfant [3].

---

1. « Tunc vere monachi sunt, si labore manuum suarum vivunt. » (*S. Benedicti regula.*) — 2. *App.* 127.

3. En anglais, *to lull*, bercer; en suédois, *lulla*, endormir; en vieil alle-

Le pauvre reclus se sentait bien toujours mineur, toujours enfant, et il se chantait un chant de nourrice pour endormir l'inquiète et gémissante volonté aux genoux de Dieu.

Doux et féminin mysticisme. Aussi y eut-il encore plus de béguines que de beghards. Quelques-unes, de leur vivant, furent tenues pour saintes; témoin celle de Nivelle que le roi de France, Philippe-le-Hardi, envoya consulter. Généralement, elles vivaient ensemble dans des béguinages où se trouvaient unis des ateliers et des écoles, et à côté il y avait l'hôpital où elles soignaient les pauvres. Ces béguinages étaient d'aimables cloîtres, non cloîtrés. Point de vœux, ou très courts; la béguine pouvait se marier; elle passait, sans changer de vie, dans la maison d'un pieux ouvrier. Elle la sanctifiait; l'obscur atelier s'illuminait d'un doux rayon de la grâce.

« Il ne faut pas que l'homme soit seul. » Cela est vrai partout, bien plus en ces contrées, dans ce pluvieux Nord (qui n'a pas la poésie du Nord des glaces), sous ces brouillards, dans ces courtes journées... Qu'est-ce que les Pays-Bas, sinon les dernières alluvions, sables, boues et tourbières, par lesquelles les grands fleuves, ennuyés de leur trop long cours, meurent, comme de langueur, dans l'indifférent Océan [1]?

---

mand, *lullen, lollen, lallen,* chanter à voix basse; en allemand moderne, *lallen,* balbutier.

 1. Tout cela est peut-être plus frappant encore en Hollande qu'en Flandre. Combien la famille m'y semblait touchante, quand je voyais dans les basses prairies, au-dessous des canaux, ces doux paysages de Paul Potter, dans un

Plus la nature est triste, plus le foyer est cher. Là plus qu'ailleurs, on a senti le bonheur de la vie de famille, des travaux, des repos communs... Il y a peu d'air et peu de jour peut-être sous ces étages qui surplombent, et pourtant la Flamande trouve encore moyen d'y élever une pâle fleur. Il n'importe guère que la maison soit sombre, l'homme ne peut s'en apercevoir[1]; il est près des siens, son cœur chante... Qu'a-t-il besoin de la nature? Dans quelle campagne verrait-il plus de soleil que dans les yeux de sa femme et de ses enfants?

La famille, le foyer, c'est l'amour. Et c'est aussi le nom d'amour ou d'*amitié*[2] qu'ils donnaient à la famille de choix, à la grande confrérie ou commune. L'on disait l'*amitié* de Lille, l'*amitié* d'Aire, etc. Cela s'appelait encore (et plus souvent) *ghilde*, ou contribution, sacrifice mutuel[3]. Tous pour chacun, chacun

---

pâle soleil d'après-midi, ces bonnes gens si paisibles, ces bestiaux, ces vaches laitières parmi les enfants... J'aurais voulu exhausser leurs digues; je craignais que ces eaux ne se trompassent un jour, comme fit l'Océan quand il couvrit d'une nappe soixante villages, et mit à la place la mer d'Harlem... — Chose curieuse, là même où la terre manque, la famille continue. Le gros bateau hollandais (dont l'étranger inintelligent se moque) ne doit pas être jugé comme un bateau, mais bien comme une maison, une arche, où la femme, les enfants les animaux domestiques vivent commodément ensemble. La Hollandaise y est chez elle et parfaitement établie, soignant les enfants, étendant le linge, souvent, au défaut du mari, dirigeant le gouvernail. L'être aquatique, vivant là dans une lente et perpétuelle migration, s'y est fait un monde à lui; pourvu qu'il ne compromette pas ce petit monde, peu lui importe d'aller vite; jamais il ne changera la forme (lourde, mais sûre) de cette embarcation de famille, jamais il ne se hâtera. A voir sa lenteur, vous diriez plutôt qu'il craint d'arriver. Voy. dans le tome XII le chapitre sur la Hollande (Louis XIV, 1860).

1. *App.* 128. — 2. *App.* 129.

3. Je traduis ici avec propriété et selon le sens primitif. Le sens ordinaire est *association*, le sens primitif est *don, contribution* (præstatio). Que donne-t-on dans la forme originaire de la ghilde? soi-même, son sang.

pour tous, leur mot de ralliement à Courtrai : « Mon ami, mon bouclier. »

Simple et belle organisation. Chaque homme, chaque famille est représentée dans la cité par sa maison qui paie et répond pour lui; le comte, tout comme un autre, doit avoir sa maison qui réponde à son petit nom d'Hanotin de Flandre. Chaque famille d'amis ou confrérie a de même sa maison qu'elle orne et pare à l'envi, qu'elle sculpte et peint au dehors, au dedans. Combien plus orneront-ils la maison de l'*Amitié* générale, la maison de ville! Nulle dépense ne coûtera, nul effort pour en élargir le portail, en exhausser le beffroi, en sorte que les villes voisines le voient de dix lieues sur les grandes plaines, et que leurs tours fassent la révérence à la dominante tour.

Telle apparaît au loin celle de Bruges, svelte et majestueuse tout ensemble, par-dessus la forte halle qui gardait le trésor des dix-sept nations. Tel s'étend, plus large de cent pieds que toute la longueur de Notre-Dame de Paris, l'incomparable façade de la halle d'Ypres... Celui qui rencontre dans une petite ville déserte ce monument, digne des plus puissants empires, reste muet devant une telle grandeur... Et la grandeur n'est pas ce qu'il faut admirer ici; mais bien l'identité des formes, l'harmonie, l'unité de plan, celle de volonté qui dut gouverner la ville pendant cette longue construction[1]; vous croyez y voir un peuple voulant comme un homme, une concorde persévérante, un siècle au moins d'*amitié*.

1. De 1200 à 1304. *App.* 130.

Vraie cathédrale du peuple, aussi haute que sa voisine, la cathédrale de Dieu [1]. Si la première eût rempli sa destinée, si ces villes eussent suivi jusqu'au bout leur idée vitale, la maison de l'*amitié* eût fini par contenir tous les amis, toute la ville ; elle n'eût pas été seulement le comptoir des comptoirs, mais l'atelier des ateliers [2], le foyer des foyers, la table des tables, de même qu'en son beffroi semblent s'être réunies les cloches des quartiers, des confréries, des *justices* [3]. Par-dessus toutes ces voix, qu'il accorde et qu'il domine, se joue souverainement le carillon de la *loi*, avec son Martin ou Jacquemart. Cloche de bronze, homme de fer ; celui-ci est le plus vieux bourgeois de la ville, le plus gai, le plus infatigable, avec sa femme Jacqueline... Que chantent-ils nuit et jour, d'heure en heure, de quart en quart ? Un seul chant, celui du psaume : *Quam jucundum est fratres habitare in unum !*

Voilà l'idéal, le rêve ! un peuple travaillant dans l'amour... Mais le diable en est jaloux.

Il ne lui faut pas grand'place ; il aura toujours bien un coin dans la plus sainte maison. Au sanctuaire

---

1. Voir dans la cathédrale la pierre de Jansénius, au milieu même du chœur, mais si ingénieusement dissimulée.

2. C'est ce qui existait effectivement pour une partie des fabricants d'Ypres ; ils travaillaient dans la halle même : « L'étage principal contenait les métiers des tisserands de draps et de serge... Les différents locaux du rez-de-chaussée contenaient les peigneurs, cardeurs, fileurs, tondeurs, foulons, teinturiers.... » (Lambin.)

3. Droits de cloche, de ban, de justice, sont synonymes au moyen âge. Le carillon n'aurait-il pas été originairement la simple centralisation des cloches, c'est-à-dire des justices ? Les dissonances trop choquantes auront forcé à y mettre une harmonie quelconque, qui peu à peu se sera adoucie. *App.* 131.

même de piété, dans cette cellule de béguine (d'où Lucas de Leyde a tiré son aimable *Annonciation*), il trouvera prise. Où donc? Au petit ménage, « au petit jardin¹ ». Pour le cacher, il suffirait d'une feuille de ce beau lis².

Moins qu'une feuille, un souffle, un chant... Dans la pieuse complainte du tisserand que nous écoutions naguère, est-il sûr que tout soit de Dieu?... Le chant qu'il se chante à lui-même ne rappelle ni les airs rituels de l'église³, ni les airs officiels⁴ des confréries... Ce solitaire ouvrier de la banlieue, ce *buissonnier*⁵, comme on l'appelle, quelles sont ses secrètes pensées? Ne peut-il pas lui arriver de lire quelque

---

1. Passage charmant de Sainte-Beuve : « Nous avons tous un petit jardin, et l'on y tient souvent plus qu'au grand. » (*Port-Royal*, I.) Voir dans les discours de M. Vinet, celui qui a pour titre : *Des idoles favorites*. L'idée première est le verset : « Et le jeune homme s'en alla triste, car il avait un *petit bien*. » — Dans les béguinages flamands l'esprit d'individualité est très marqué. « En France et en Allemagne, le béguinage était un seul couvent divisé en cellules; dans les Pays-Bas, c'était comme un village qui comptait autant de maisons isolées qu'il y avait de béguines. » (Mosheim.) Aujourd'hui, il y en a ordinairement plusieurs dans chaque maison, mais chaque béguine a sa petite cuisine; dans une maison où il y avait vingt filles, je remarquai (chose minutieuse à dire, mais très caractéristique) vingt petits fourneaux, vingt petits moulins à café, etc. Je demande pardon aux saintes filles d'une révélation peut-être indiscrète.

2. Voy. au Musée du Louvre l'*Annonciation* de Lucas de Leyde.

3. C'étaient des hymnes en langue vulgaire. (Mosheim.)

4. Un caractère particulier de la poésie et de la musique des confréries allemandes (et je crois, des confréries en général), c'est la servilité de la tradition. *App.* 132.

5. Quos *dumicos* vocant. » (Meïer.) Je traduis *dumicos* par un mot consacré dans l'histoire du protestantisme : Écoles *buissonnières*. — Les ouvriers *buissonniers* pourraient bien être des lollards. Le pape Grégoire XI nous représente ceux-ci comme vivant originairement en ermites. (Mosheim.) Saint Bernard nous dit que des prêtres quittaient leurs églises et leurs troupeaux pour aller vivre « inter textores et textrices ». (*Serm. in Canticum cantic.*)

jour dans son Évangile que le plus petit sera le plus grand? Rejeté du monde, adopté de Dieu, s'il s'avisait de réclamer le monde, comme héritage de son Père?... On sait qu'il menait la vie de lollard, qu'il péchait[1], tout en rêvant, dans l'Escaut, ce Philippe Artevelde qui jeta là un matin son filet pour prendre la tyrannie des Flandres. Le roi tailleur de Leyde[2] songea, en taillant son drap, que Dieu l'appelait à tailler les royaumes... En ces ouvriers mystiques, en ces doux rêveurs, résidait un élément de trouble, vague et obscur encore, mais bien autrement dangereux que le bruyant orage communal qui éclatait à la surface; des ateliers souterrains, des caves, s'entendait, pour qui eût su entendre, un sourd et lointain grondement des révolutions à venir.

Ce que le lollard est pour l'Église et la commune, le tisserand *buissonnier* pour la confrérie[3], la campagne en général l'est pour la ville, la petite ville pour la grande[4]. Que la petite prenne garde d'élever

---

1. *App.* 133.
2. Voy. mes *Mémoires de Luther*. Toutefois l'originalité de Jean de Leyde fut de porter dans le mysticisme l'esprit anti-mystique de l'Ancien Testament.
3. Nous trouvons les ouvriers de confrérie et de commune en guerre et avec les *buissonniers* de la banlieue et avec les *lollards* (deux mots peut-être identiques) : ils se plaignent au magistrat de la concurrence qu'ils ne peuvent soutenir. Le magistrat, leur élu, se prête à gêner, paralyser l'industrie des lollards. L'empereur Charles IV, en dépouillant les lollards, attribue un tiers de leurs dépouilles aux *corporations* locales (universitatibus ipsorum locorum). Cf. Mosheim. Les persécutions ecclésiastiques obligèrent aussi souvent les lollards à se dire Mendiants et à se réfugier sous l'abri du tiers-ordre de saint François. Ceux d'Anvers ne se décidèrent à vivre en commun qu'en 1455. En 1468, ils prirent l'habit de moines *et laissèrent le métier de tisserands;* c'est ce qu'on lisait sur un tableau suspendu dans leur église d'Anvers.
4. Les preuves surabondent ici. Je remarquerai seulement que la domina-

trop haut sa tour, qu'elle n'aille pas fabriquer ou vendre sans expresse autorisation... Cela est dur. Et pourtant, s'il en eût été autrement, la Flandre n'eût pu subsister; disons mieux, selon toute apparence, elle n'eût existé jamais. Ceci demande explication.

La Flandre s'est formée, pour ainsi dire, malgré la nature; c'est une œuvre du travail humain. L'occidentale a été en grande partie conquise sur la mer qui, en 1251, était encore tout près de Bruges[1]. Jusqu'en 1348, on stipulait dans les ventes de terres que le contrat serait résilié si la terre était reprise par la mer avant dix ans[2]. La Flandre orientale a eu à lutter tout autant contre les eaux douces. Il lui a fallu resserrer, diriger tant de cours d'eaux qui la traversent. De polder en polder[3], les terres ont été endiguées, purgées, raffermies; les parties même qui semblent aujourd'hui les plus sèches, rappellent par leurs noms[4] qu'elles sont sorties des eaux.

La faible population de ces campagnes, alors noyées, malsaines, n'eût jamais fait à coup sûr des travaux si longs et si coûteux. Il fallait beaucoup de bras, de grandes avances, surtout pouvoir attendre. Ce ne fut qu'à la longue, lorsque l'industrie eut entassé les

---

tion des grandes villes était souvent encore appesantie par le despotisme tracassier des métiers : ainsi les tisserands de Damme étaient réglementés, surveillés par ceux de Bruges ; les chandeliers de Bruges exerçaient la même tyrannie sur ceux de l'Écluse, etc. (Delpierre.)

1. *App.* 134.
2. C'est du moins ce qu'affirme Guichardin dans sa *Description de la Flandre.* — 3. *App.* 135.
4. Beaucoup finissent en *dyck*, en *dam*, etc.

hommes et l'argent dans quelques fortes villes, que la population débordante put former des faubourgs, des bourgs, des hameaux, ou changer les hameaux en villes. Ainsi généralement la campagne fut créée par la ville, la terre par l'homme; l'agriculture fut la dernière manufacture née du succès des autres.

L'industrie, ayant fait ce pays de rien, méritait bien d'en être souveraine[1]. Les trois grands ateliers, Gand, Ypres et Bruges, furent les trois membres de Flandre. Ces villes considéraient la plupart des autres comme leurs colonies, leurs dépendances; et, en effet, à regarder ce vaste jardin où les habitations se succèdent sans interruption, les petites villes autour d'une cité apparaissent comme ses faubourgs, un peu éloignés d'elle, mais en vue de sa tour, souvent même à portée de sa cloche. Elles profitaient de son voisinage, se couvrant de sa bannière redoutée, se recommandant de son industrie célèbre. Si la Flandre fabriquait pour le monde, si Venise d'une part, de l'autre Bergen ou Novogorod, venait chercher les produits de ses ateliers, c'est qu'ils étaient marqués du sceau[2] révéré de ses principales villes. Leur réputation faisait la fortune du pays, y accumulait la richesse, sans laquelle on n'eût

---

1. Cela se trouva fait au quatorzième siècle. Jacques Artevelde n'eut qu'à écrire cette révolution dans les lois. L'ouvrier, *l'ongle bleu* (c'est le nom que lui donnaient dans le Nord les bourgeois et les marchands), se trouva à cette époque avoir tellement multiplié, que la commune primitive fut presque absorbée dans les confréries de métiers. Le gouvernement des *arts*, comme on disait à Florence, prévalut presque partout. App. 136.

2. J'ai vu encore aux archives d'Ypres le sceau réprobateur de la ville où on lit ces mots français : « Condamné par Ypres. » — A Gand, la toile, condamnée comme défectueuse et *blâmée* par les experts, est attachée à un anneau de fer, à la tour du Marché du vendredi, puis distribuée aux hospices.

jamais pu accomplir l'énorme travail de rendre cette terre habitable, en sorte qu'elles pouvaient dire, avec quelque apparence : « Nous gouvernons la Flandre, mais c'est nous qui l'avons faite. »

Ce gouvernement, pour être une gloire, n'en était pas moins une charge. L'artisan payait cher l'honneur d'être de « Messieurs de Gand ». Sa souveraineté lui coûtait bien des journées de travail ; la cloche l'appelait aux assemblées, aux élections, fréquemment aux armes. L'assemblée armée, le *wapening*, ce beau droit germanique qu'il maintenait si fièrement, n'en était pas moins un grand trouble pour lui. Il travaillait moins, et d'autre part, dans ces populeuses villes, il payait les vivres plus cher. Aussi, quantité de ces ouvriers souverains aimaient mieux abdiquer et s'établir modestement dans quelque bourg voisin, vivant à bon marché, fabriquant à bas prix, profitant du renom de la ville, détournant ses pratiques. Celle-ci finissait par interdire le travail à la banlieue. La population se portait plus loin, dans quelque hameau qui devenait une petite ville, dont la grande brisait les métiers[1]. De là des haines terribles, d'*inexpiables* violences, des sièges de Troie ou de Jérusalem autour d'une bicoque[2], l'infini des passions dans l'infiniment petit.

Les grandes villes, malgré les petites, malgré le comte, auraient maintenu leur domination, si elles

---

1. *App.* 137.
2. La plus terrible de ces histoires n'est pas, il est vrai, flamande, mais du pays wallon ; c'est la guerre de Dinant et de Bovines sur la Meuse. Voy. le tome suivant.

étaient restées unies. Elles se brouillèrent pour diverses causes, d'abord à l'occasion de la direction des eaux, question capitale en ce pays. Ypres entreprit d'ouvrir au commerce une route abrégée, en creusant l'Yperlé, le rendant navigable, et dispensant ainsi les bateaux de suivre l'immense détour des anciens canaux, de Gand à Damme, de Damme à Nieuport. De son côté, Bruges voulait détourner la Lys, au préjudice de Gand. Celle-ci, placée au centre naturel des eaux, au point où se rapprochent les fleuves, souffrait de toute innovation. Malgré les secours que les Brugeois tirèrent de leur comte et du roi de France, malgré la défaite des Gantois à Roosebeke, Gand prévalut sur Bruges; elle lui donna une cruelle leçon, et elle maintint l'ancien cours de la Lys. Elle eut moins de peine à prévaloir sur Ypres; par menace ou autrement, elle obtint du comte sentence pour combler l'Yperlé[1].

Dans cette question des eaux qui remplit le quatorzième siècle, la dispute fut entre les villes; le comte y était auxiliaire autant ou plus que partie principale. Au quinzième, la lutte fut directement entre les villes et le comte; la désunion des villes les fit succomber. Bruges ne fut point soutenue de Gand (1436), et il lui fallut se soumettre. Gand ne fut pas soutenue de Bruges (1453), et Gand fut brisée.

L'occasion de la révolte de 1436 fut le siège de Calais. Les Flamands, irrités alors contre l'Angleterre,

---

1. Le comte reconnut, après enquête, qu'Ypres avait bon droit, et n'en décida pas moins qu'on planterait des pieux dans l'Yperlé, de sorte qu'il n'y pût passer qu'une petite barque. (Olivier van Dixmude, ann. 1431.)

qui maltraitait leurs marchands et se mettait à fabriquer elle-même, avaient pris ce siège à cœur; ils en avaient fait une croisade populaire, y avaient été en corps de peuple, bannières par bannières, apportant avec eux quantité de bagages, de meubles, jusqu'à leurs coqs, comme pour indiquer qu'ils y *élisaient domicile*[1] jusqu'à la prise de Calais... Et tout à coup, ils étaient revenus. Ils alléguaient pour excuse, et non sans apparence, qu'ils n'avaient point été soutenus des autres sujets du comte, ni des Hollandais par mer, ni par terre de la noblesse wallonne. L'expédition ayant manqué par la faute des autres, ils réclamaient leur droit ordinaire d'armement général, *une robe par homme;* on se moqua de la réclamation.

Les voilà irrités et honteux, accusant tout le monde. Gand mit à mort un doyen des métiers qui avait commandé la retraite. Bruges accusait ses vassaux, les gens de l'Écluse, de n'avoir pas suivi sa bannière; elle accusait la noblesse des côtes, à qui elle payait pension pour garder la mer et repousser les pirates. Loin de les repousser, les ports avaient vendu des vivres aux Anglais, au moment même où ils enlevaient dans la campagne (chose horrible) cinq mille enfants[2]; les paysans furieux mirent à mort l'amiral de Horn et le trésorier de Zélande, qui avaient assisté à la descente sans y mettre obstacle. Zélandais, Hollandais, s'étaient visiblement arrangés avec les Anglais, ils ne bougèrent point[3].

1. *App.* 138. — 2. *App.* 139.
3. Les milices hollandaises furent appelées en vain à la défense des côtes;

Bruges éclata ; les forgerons crièrent que tout irait mal tant qu'on ne tuerait pas les grosses têtes qui trahissaient, qu'il fallait faire *comme ceux de Gand.* Ce dernier mot semblait devoir peu réussir à Bruges, où, depuis l'affaire de la Lys, on détestait les Gantais. Mais il se trouva cette fois que les tout-puissants marchands de Bruges, les Hanséatiques, qui ordinairement calmaient les révoltes, avaient justement alors intérêt à la révolte; le duc leur faisait la guerre en Hollande et plus tard en Frise, ils trouvèrent bon sans doute de l'occuper en Flandre, d'unir contre lui Bruges et Gand. Ce qui est sûr, c'est que le peuple de Bruges reçut d'une seule ville de la Hanse cinq mille sacs de blé[1].

Gand avait commencé avant Bruges, elle finit avant. Une population d'ouvriers avait moins d'avances, moins de ressources qu'une ville de marchands qui d'ailleurs étaient soutenus du dehors. Quand les Gantais eurent chômé quelque temps, ils commencèrent à trouver que c'était trop souffrir, et pourquoi? pour conserver à Bruges sa domination sur la côte. Les Brugeois s'étaient donné un tort, dans lequel les Gantais, gens formalistes et scrupuleux, devaient trouver prétexte pour abandonner leur parti. Le serment féodal engageait le vassal à respecter la vie de son seigneur, son corps, ses membres, sa femme, etc.

---

et M. de Launoy ayant demandé aux États s'ils avaient un traité secret avec l'Angleterre, ils répondirent qu'ils n'avaient pas pouvoir pour s'expliquer. (Dujardin et Sellius, *Histoire des Provinces unies.*)

1. *App.* 140.

Le duc, ayant compté là-dessus, s'était jeté dans Bruges et avait failli y périr. La duchesse, non moins hardie, avait cru imposer en restant, et le peuple avait arraché d'auprès d'elle la veuve de l'amiral. Nous trouvons ainsi cette princesse mêlée de sa personne dans toutes ces terribles affaires, en Hollande comme en Flandre. Elle se chargea, en 1444, de calmer la révolte des cabéliaux, qui voulaient tuer leur gouverneur, M. de Lannoy, et ils le cherchèrent jusque sous sa robe.

Un jour donc, le doyen des forgerons de Gand plante la bannière des métiers sur le marché, et dit que, puisque personne ne s'occupe de rétablir la paix et le commerce, il faut y pourvoir soi-même. Chacun s'effraie et craint un mouvement de la populace. Mais c'était tout le contraire ; près des forgerons vinrent se ranger les orfèvres, les gros de la ville, les *mangeurs de foie*[1] ; ils avaient imaginé de faire commencer par les pauvres une réaction aristocratique. Les tisserands même, fort divisés, mais qui après tout mouraient de faim, depuis que la laine anglaise ne leur venait plus, finirent par se mettre du côté de la paix à tout prix.

Un honorable bourgeois fut fait capitaine, et ce qui flatta fort la ville, c'est qu'avec l'autorisation du comte il exerça une sorte de dictature dans la Flandre, menant les milices vers Bruges, et lui signifiant qu'elle eût à se soumettre à l'arbitrage du comte, à recon-

---

1. « Jecoris esores. » (Meyer.) Cette qualification haineuse désigne évidemment les gros fabricants, les entrepreneurs, les *exploiteurs d'hommes*.

naître l'indépendance de l'Écluse et du Franc. Bruges indignée, par représailles, envoya des émissaires à Courtrai et autres villes dépendantes de Gand, pour les engager à s'en affranchir. Le capitaine de Gand fit décapiter ces émissaires; il défendit qu'on portât des vivres à Bruges, et donna ordre que partout où les Brugeois paraîtraient, on sonnât contre eux la cloche d'alarme. Il fallut bien que Bruges cédât, qu'elle reconnût le Franc pour quatrième membre de Flandre.

C'était un beau succès pour le comte d'avoir brisé l'ancienne trinité communale, un plus grand d'avoir fait cela par les mains de Gand, d'avoir créé contre elle une éternelle haine, de l'avoir isolée pour toujours. Gand restait plus faible en réalité, par suite de cette triste victoire, plus faible et plus orgueilleuse, persuadée qu'elle était que le comte n'eût jamais pacifié la Flandre sans elle. La bannière souveraine de Flandre était-elle désormais celle de Gand ou celle du comte? cela devait tôt ou tard se régler par une bataille.

Quoi qu'aient pu dire les chroniqueurs gagés de la maison de Bourgogne contre les Gantais, cette population ne paraît pas avoir été indigne du grand rôle qu'elle joua. Ces gens de métier, fort renfermés, connaissant peu le monde (en comparaison des marchands de Bruges), de plus, préoccupés des petits gains et des petites dévotions qui ne peuvent étendre l'esprit[1],

---

[1]. Nombre de passages que je pourrais citer prouvent que, dès ce temps,

n'en montrèrent pas moins souvent un véritable instinct politique, toujours du courage, assez d'esprit de suite, parfois de la modération. Gand, après tout, est le cœur, l'énergie des Flandres, comme leur grand centre pour les eaux, pour les populations. Ce n'est pas sans raison que tant de rivières y viennent déposer vingt-six villes en une cité, et se marier ensemble au *Pont du jugement.*

Le jugement suprême de la Flandre orientale résidait en effet dans l'échevinage de Gand. Les villes voisines, qui elles-mêmes étaient des capitales, des tribunaux supérieurs (la seule Alost pour cent soixante-dix cantons, deux principautés, une foule de baronnies [1]), étaient obligées d'y *ressortir*. Courtrai et Oudenarde, si grandes et si fortes, Alost et Dendermonde, fiefs d'Empire, libres alleux ou *fiefs du soleil*, n'en étaient pas moins forcées d'aller défendre leurs appels à Gand, de répondre à la *loi* de Gand, de reconnaître en elle un juge, et ce juge n'était que trop souvent, comme dit la vieille formule allemande, un *lion courroucé.*

Chose bizarre, et qui ne s'explique que par l'extrême attachement des Flamands aux traditions de familles et de communes, ces grandes villes d'industrie, loin

---

les Gantais étaient fort dévots. Dans la terrible guerre de 1453, ils ne brûlèrent pas une église, quoique les églises fussent souvent des forts dont pouvait profiter l'ennemi. — A Gand, les mœurs étaient très pures. Nous lisons dans les registres criminels qu'un tribunal bannit un citoyen distingué, pour avoir offensé de propos indécents les oreilles d'une petite fille. — La *Keure* des savetiers de 1304 porte que celui qui vit dans une union illégitime ne peut ni concourir aux élections ni assister aux délibérations. (Lenz.)

1. *App.* 141.

d'avoir la mobilité que nous voyons dans les nôtres, se faisaient une religion de rester fidèles à l'esprit du droit germanique, si peu en rapport avec leur existence industrielle et mercantile. Il ne s'agit donc pas ici, comme on pourrait croire, d'une querelle spéciale entre le comte et une ville; c'est la grande et profonde lutte de deux droits et de deux esprits.

Les hommes de basse Allemagne, comme d'Allemagne en général, n'avaient jamais eu beaucoup d'estime pour nous autres Welches, pour le droit scribe, paperassier, chicaneur, défiant, du Midi. Le leur était, à les entendre, un droit simple et libre, fondé sur la bonne foi, sur la ferme croyance à la véracité de l'homme. En Flandre, les grandes assemblées judiciaires s'appelaient *vérités, franches et pacifiques vérités*[1], parce que les hommes libres y siégeaient pour chercher le vrai[2] en commun. Chacun disait, ou devait dire le vrai, même contre soi. Le défendeur pouvait se justifier par sa propre affirmation, jurer son innocence, puis tourner le dos et aller son chemin. Tel était l'idéal de ce droit[3], sinon la pratique.

Le peuple ne pouvant toujours rester assemblé, les jugements se faisaient par quelques-uns du peuple que l'on appelait la *loi*. La *loi* se réunissait, pronon-

---

1. *Generaele waerheden, stille waerheden;* — *coies vérités, franches vérités, communes vérités,* ou simplement *vérités.* (Warnkœnig, trad. de Gheldolf.)

2. Dans le droit allemand, dont le droit flamand est une émanation (au moins dans sa partie la plus originale), le juriste et le poète ont même nom : *Finder,* trouveur ou trouvère. (Grimm, et mes *Origines du droit.*)

3. *App.* 142.

çait, exécutait par son *vorst* ou président, qui tenait l'épée de justice. *Vorst* est en Flandre le propre nom du comte[1]. Il ne devait présider qu'en personne; s'il commettait un lieutenant, ce lieutenant était réputé la propre personne du comte, de même que la *loi*, si peu nombreuse qu'elle fût, était comme le peuple entier. Aussi, il n'y avait point d'appel[2], les jugements étaient exécutés immédiatement[3]. A qui eût-on appelé? au comte? au peuple? Mais tous deux avaient été présents. Le peuple même avait jugé, il était infaillible; la voix du peuple est, comme on sait, celle de Dieu.

Le comte et ses légistes bourguignons et francs-comtois ne voulaient rien comprendre à ce droit primitif. Comme il nommait les magistrats, choisissait la *loi*, il croyait la créer. Ce mot la *loi*, employé par les Flamands pour désigner simplement les hommes qui doivent attester et appliquer la coutume, le comte le prenait volontiers au sens romain, qui place la loi, le droit, dans le souverain, dans les magistrats, ses délégués.

Les deux principes étaient contraires. Les formes ne l'étaient pas moins. Les procédures des Flamands étaient simples, peu coûteusess, orales le plus souvent;

---

1. Que les Français avaient traduit au hasard par un mot qui sonnait à peu près de même : Forestier, le forestier de Flandre.
2. En Flandre, comme dans les autres provinces des Pays-Bas, les sentences capitales étaient sans appel ni revision, jusqu'à la fin du dernier siècle. *App*. 143.
3. Le comte ne pouvait gracier les condamnés par l'échevinage qu'autant qu'ils prouvaient que la partie adverse y consentait.

en cela elles convenaient fort à des travailleurs qui sentaient le prix du temps. De plus, contrairement aux procédures écrites, si sèches et pourtant si verbeuses, surtout prosaïques, ces vieilles formes allemandes s'exprimaient en poétiques symboles, en petits drames juridiques où les parties, les témoins, les juges même, devenaient acteurs.

Il y avait des symboles généraux et communs, employés presque partout, comme la paille rompue dans les contrats [1], la glèbe de témoignage déposée à l'église, l'épée de justice, la cloche, ce grand symbole communal auquel vibraient tous les cœurs. De plus, chaque localité avait quelques signes spéciaux, quelque curieuse comédie juridique, par exemple, à Liège, l'anneau de la porte rouge [2], le chat d'Ypres, etc. [3]. Celui qui regarde ces vieux usages flamands du haut de la sagesse moderne n'y verra sans doute qu'un jeu déplacé dans les choses sérieuses, les amusements juridiques d'un peuple artiste, des tableaux en action, souvent

---

1. En Hollande, la tradition s'est faite par le fétu jusqu'en 1764. En Flandre, le maître du fonds donné ou vendu y coupait une motte de gazon de forme circulaire et large de quatre doigts; il y fichait un brin d'herbe, si c'était un pré ; si c'était un champ, une petite branche de quatre doigts de haut, de manière à représenter ainsi le fonds cédé, et il mettait le tout dans la main du nouveau possesseur. *App.* 144.

2. Celui qui demandait justice se rendait à la Porte rouge du palais de l'évêque, et, soulevant un anneau qui s'y trouvait fixé, il le faisait fortement retentir à trois reprises différentes ; l'évêque devait venir et l'écouter sur-le-champ. (Communiqué par M. Polain, de Liège.)

3. Chaque année, le premier mercredi d'août, on jetait un chat par les fenêtres d'Ypres, et le peuple le brûlait; pendant ce temps, la cloche du beffroi tintait, et tant qu'on pouvait l'entendre, les gens bannis de la ville trouvaient les portes ouvertes et pouvaient rentrer (comme si la victime expiatoire se fût chargée de leur faute). On a continué de jeter le chat jusqu'en 1837 (Communiqué par Mme Millet van Popelen.)

burlesques, les Téniers du droit... D'autres, avec plus de raison, y sentiront la religion du passé, la protestation fidèle de l'esprit local... Ces signes, ces symboles, c'était pour eux la liberté, sensible et tangible ; ils la serraient d'autant plus qu'elle allait leur échapper : Ah! Freedom is a noble thing[1]!...

Des villages aux villes, des villes à la grande cité, de celle-ci au comte, du comte au roi, à tous les degrés le droit d'appel était contesté ; à tous, il était odieux, parce qu'en éloignant les jugements du tribunal local, il les éloignait aussi de plus en plus des usances du pays, des vieilles et chères superstitions juridiques. Plus le droit montait, plus il prenait un caractère abstrait, général, prosaïque, anti-symbolique ; caractère plus rationnel, quelquefois moins raisonnable, parce que les tribunaux supérieurs daignaient rarement s'informer des circonstances locales, qui, dans ce pays, plus que partout ailleurs, peuvent expliquer les faits et les placer dans leur vrai jour.

La guerre de juridiction avait commencé au moment où finissait la guerre des armées, le conflit après le combat (1385). Philippe-le-Hardi ayant vu, par son inutile victoire de Roosebeke, qu'il était plus aisé de battre la Flandre que de la soumettre, lui jura ses franchises, et se mit en mesure de les violer tout doucement. Il fonda chez lui, du côté français, à Lille, un modeste

---

[1]. « Ah ! la noble chose que la liberté ! » Voir ces beaux vers de Barbour dans M. de Chateaubriand, *Essai sur la littérature anglaise*. — Comparez les vers de Pétrarque, qui ont été retranchés de plusieurs éditions :

Libertà, dolce e desiato bene, etc.

tribunal, une toute petite petite chambre, deux conseillers de justice, deux maîtres des comptes pour faire rentrer les recettes arriérées (les menues sommes seulement), pour informer au besoin contre les officiers du comte, pour protéger contre les gens de guerre et les nobles « les églises, les veuves, les pauvres laboureurs et autres personnes misérables ; » enfin, pour « composer aussy les délicts *dont la vérité ne polra clairement estre enfonchié*[1] ». Du reste, nul appareil, peu de formes, point de procureur.

Il se trouva peu à peu que la petite chambre attirait tout, que toute affaire se trouvait être de celles *dont la vérité ne pouvait être clairement enfoncée.* Mais les Flamands ne se laissaient pas faire ; au lieu de débattre leurs droits contre ce tribunal français, ils aimaient mieux embarrasser le duc, alors tuteur du roi de France, en se faisant plus Français que lui, et en disant qu'ils ressortissaient directement au Parlement de Paris.

Au fond, ils ne voulaient dépendre ni de la France ni de l'Empire. L'un et l'autre, à peu près dissous au temps de Charles VI, n'étaient guère en état de réclamer leur suzeraineté. Les embarras continuels de Jean-sans-Peur et de Philippe-le-Bon les firent longtemps serviteurs plutôt que maîtres des Flamands. Le premier pourtant, au moment où il crut avoir tué Liège aussi bien que le duc d'Orléans, en ce moment terrible de violence et d'audace, il osa aussi mettre la main sur les libertés flamandes. Il établit sa justice à Gand, un

---

1. *App.* 145.

conseil suprême de justice, où l'on porterait les appels, qui jugerait les Flamands en flamand, mais *parlerait français à huis clos.*

Ce conseil, placé à Gand, au milieu même du peuple contre la juridiction duquel on l'établissait, ne put faire grand'chose, et finit de lui-même à la mort de Jean. Mais dès que Philippe-le-Bon eut acquis le Hainaut et la Hollande, et qu'il tint ainsi la Flandre serrée de droite et de gauche, il ne craignit point de rétablir le conseil. Peu de gens osèrent s'y adresser; Ypres, toute déchue qu'elle était, punit une petite ville d'y avoir porté un appel.

Seigneur pour seigneur, les Flamands préféraient quelquefois le plus éloigné, le roi. Les villages en querelle avec Ypres la citèrent devant les gens du roi qui se trouvaient à Lille. Ypres et Cassel, dans une autre occasion, s'adressèrent tout droit à Paris. Le duc de Bourgogne se trouva de plus en plus engagé dans un double procès avec ses deux suzerains, la France et l'Empire, procès complexe, à titre différent. L'Empire réclamait *hommage*, non *juridiction*. La France réclamait *juridiction*, mais non *hommage* (le traité de 1435 en dispensait). Le Parlement de Paris devait, selon lui, recevoir les appels de Flandre ; Lyon avait reçu jadis ceux de Mâcon, Sens ceux d'Auxerre. Ces prétentions juridiques étaient d'autant plus difficiles à admettre que derrière venaient les réclamations fiscales. Le roi soutenait qu'il n'avait point abandonné sur les provinces françaises du duc les droits inaliénables de la couronne : monnaie, taille, collation et régale, ici la gabelle, là certains droits sur les vins. La Bourgogne était si peu disposée à reconnaître ces droits, qu'elle tenait, dit-on, des hommes déguisés en marchands pour tuer les sergents royaux qui s'aventuraient à franchir la limite. D'autre part, les gens du roi ne permettaient plus aux Francs-Comtois de venir faucher sur les terres qu'ils avaient de ce côté-ci; ils leur faisaient payer un droit de passage. De là des plaintes, des violences, une querelle infinie, interminable, sur toute la frontière.

J'ai dit comment, après le mauvais succès de la *Praguerie*, Philippe-le-Bon avait cru embarrasser le roi en rachetant le duc d'Orléans, en lui faisant tenir l'assemblée des grands à Nevers, laquelle, faute d'audace ou de force, ne réussit qu'à présenter des doléances. A cette guerre d'intrigues contre la France ajoutez celle des armes que le duc faisait à l'Allemagne, en se saisissant du Luxembourg[1]. Ces embarras se compliquèrent et d'une manière alarmante, en 1444, lorsque d'une part la guerre civile éclata en Hollande[2], et que de l'autre les bandes françaises et anglaises, sous la bannière du dauphin, traversèrent les Bourgognes pour aller en Suisse.

Elles auraient bien pu ne pas aller jusqu'en Suisse, la maison d'Anjou poussait le roi à la guerre. Mais la commencer contre la Bourgogne, lorsqu'on n'était encore sûr de rien du côté de l'Angleterre, c'eût été folie. La maison d'Anjou, ne pouvant agir contre son

---

1. Et en se brouillant ainsi avec les maisons d'Autriche et de Saxe.
2. *App.* 146.

ennemi, s'arrangea avec lui comme avaient fait les ducs d'Orléans, de Bourbon et tant d'autres, comme allait faire le duc de Bretagne. La duchesse de Bourgogne eut en grande partie le mérite de ces négociations [1].

Elle obtint du roi que les appels de Flandre seraient ajournés pour neuf ans [2]. Mais les Flamands ne pouvaient lui en savoir gré, cet ajournement devant profiter au conseil du comte, à ce tribunal qui siégeait contre eux, chez eux, et duquel ils se défendaient bien plus difficilement que des empiétements lointains du Parlement de Paris. L'indépendance que le comte se faisait ainsi contre la France et l'Empire, il ne l'obtenait que par des armements, des intrigues coûteuses, par des dépenses qui retombaient principalement sur la Flandre. La question de juridiction et tous les embarras qu'elle entraînait rendaient de plus en plus grave la question de subsides ; tandis que la cité souffrait chaque jour dans son indépendance et son orgueil, l'individu souffrait dans ses intérêts, dans son argent, c'est-à-dire dans son travail : car les guerres, les fêtes, les magnificences, devaient ajouter des heures à la journée de l'ouvrier.

L'impôt était non seulement lourd, mais singulièrement variable [3] ; de plus, réparti entre les provinces avec une odieuse inégalité [4]. La Bourgogne et le Hai-

---

1. « Elle remit grande somme au roi de Sicile. » (Mathieu de Couci.)
2. *Archives du royaume, Trésor des chartes*, J, 257, n° 38, 4 juillet 1445.
3. Jusqu'à doubler ou tripler, dans les années 1436, 1440, 1443, 1445, 1452, 1457. *App.* 147.
4. Ainsi, en 1406, au premier siège de Calais, la Flandre paye 47,000 écus

naut payaient peu d'argent ; il est vrai qu'ils payaient en hommes, qu'ils fournissaient une superbe gendarmerie. Mais c'était encore là ce qui blessait les Flamands ; tandis que les Wallons s'acquittaient ainsi en *aides nobles*, avec des hommes et du sang, on traitait les Flamands en manouvriers, on ne leur demandait que de l'argent, *aide servile*, qu'on tournait au besoin contre eux.

En 1439, en pleine paix, l'impôt fut énorme. C'était, disait-on, pour racheter le duc d'Orléans. La rançon du seigneur était bien un cas d'aide féodale, mais non, à coup sûr, la rançon du cousin du seigneur. Une bonne partie de l'argent se mangea dans une fête, et la fête fut pour Bruges [1], pour les marchands et les étrangers.

De là, le duc alla passer près de deux ans dans les fêtes et les tournois de Bourgogne, dans la guerre de Luxembourg. La Flandre paya pour cette guerre ; elle paya pour les armements qui protégèrent la Bourgogne au passage des Armagnacs. Enfin, le duc vint à Gand,

---

et 8,000 fr., tandis que le duché de Bourgogne paye 12,000 livres, le comté de Bourgogne 3,000 livres ! — Au second siège de Calais, en 1436, la Flandre, qui alla au siège en corps de peuple, et qui dut fournir énormément en nature, paya de plus 120,000 livres, tandis que les deux Bourgognes ne payèrent que 58,000 livres et 600 saluts. (*Archives de Lille, notes communiquées par M. Edward Le Glay*).

1. Cette fête fut un triomphe pour le duc de Bourgogne sur Bruges elle-même et sur la Flandre occidentale, un triomphe en espérance sur la France, qu'il croyait désormais dominer par son union avec le duc d'Orléans. Mais ce ne fut pas moins un triomphe pour les marchands hanséatiques qui avaient profité du mouvement de la Flandre pour forcer le duc de leur sacrifier l'intérêt des Hollandais, alors leurs ennemis et leurs concurrents. Le duc avait condamné la Hollande à indemniser la Hanse. Ces tout-puissants marchands du Nord parurent à la fête dans la majesté sombre de leurs vêtements rouges et noirs. (Meyer, Altmeyer, Dujardin.)

au foyer du mécontentement, tenir une solennelle assemblée de la Toison d'or, faire en quelque sorte par-devant les Flamands une revue des princes et seigneurs qui le soutenaient, leur montrer quel redoutable souverain était leur comte de Flandre. Une cérémonie coûteuse étalée devant ce peuple économe, un tournoi magnifique au Marché des vieux habits, la Toison d'or donnée à un de ces Zélandais qui avaient fait manquer le siège de Calais, qui aidèrent à la chute de Bruges, et bientôt à celle de Gand, rien de tout cela, sans doute, ne pouvait calmer les esprits. Il y avait à parier qu'à la première vexation fiscale, il y aurait explosion.

Cette année même, 1448 [1], le duc se crut assez fort pour risquer la chose. Il essaya d'un droit sur le sel, droit odieux pour bien des causes, mais spécialement en ceci, qu'il portait sur tous, annulait tout privilège ; pour les privilégiés, nobles et bourgeois, payer un tel impôt, c'était déroger.

Il faut savoir pourquoi le duc se croyait assez tranquille du côté du roi pour faire en Flandre ces tentatives hardies. C'est qu'il avait un bon ami en France pour troubler le pays, un roi en espérance, contre le roi régnant. Le dauphin, nous l'avons dit, n'avait eu ni jeunesse ni enfance ; il était né Louis XI, c'est-à-dire singulièrement inquiet, spirituel et malfaisant. Dès quatorze ans, il faisait ce qu'il fit pendant son règne, la chasse aux grands, aux Retz, aux Armagnacs. A

---

1. *App.* 148.

seize ans, il voulait détrôner son père, qui le désarma et lui donna le Dauphiné. Nous l'avons vu ensuite à Dieppe, en Guyenne, en Suisse, se faisant donner le Comminges, partie du Rouergue, Château-Thierry. Cet établissement considérable, mais faible, en ce qu'il était dispersé, ne lui faisait que désirer davantage la possession d'une grande province, Normandie, Guyenne ou Languedoc, avec quoi il eût pris le reste.

Il y aurait réussi peut-être, si Charles VII n'eût eu près de lui le sage, ferme et courageux Brézé[1], qui, reprenant la politique de la vieille Yolande d'Anjou, le gouvernait par Agnès Sorel et lui faisait vouloir le bien du royaume. Le dauphin, désespérant de se faire un instrument d'un tel homme, essaya en 1446 de le faire tuer. Découvert, mais non convaincu, il se fortifie dans son Dauphiné, se fait protecteur du Comtat et gonfalonier de l'Église, ami des Suisses, de la Savoie, de Gênes, qui le demande au roi pour gouverneur[2]; il se lie surtout avec le duc de Bourgogne. En 1448, il semble avoir eu le projet de venir en force avec les Bourguignons, pour s'emparer du roi et du royaume[3]. Lorsqu'Agnès

---

1. Pierre de Brézé, à qui appartiennent la grande réforme militaire et tant d'autres actes de ce règne, me paraît être l'homme le plus complet de l'époque, politique, homme de guerre, littérateur (De la Rue). Il gouverna son maître sans lui plaire (Legrand, *Hist. mss. de Louis XI*). Il ne fut point favori de Charles VII, mais *l'homme du roi*. Le roi mort, il alla trouver le roi, qui avait voulu l'assassiner, qui le cherchait pour lui faire couper la tête, et qui changea au point de lui donner sa confiance. Voy. le beau récit de Chastellain. *App.* 149.

2. Dans cette demande adressée au roi, les Génois font du dauphin un éloge dont son père dut être effrayé; ils s'attendent à lui voir faire des choses qu'on n'a encore vues ni entendues, etc. (Legrand.)

3. Le dénonciateur tomba malade, et le dauphin tenait tant à éclaircir la

mourut, en 1450, tout le monde crut que le dauphin l'avait empoisonnée. Dans cette même année, où la Normandie venait d'être reconquise, il osa la demander, non au roi, mais à elle-même, aux prélats et seigneurs normands[1]. Visiblement, il se sentait soutenu. On le vit mieux encore l'année suivante, lorsque, malgré les défenses expresses de son père, il épousa la fille du duc de Savoie[2]. Ni ce petit prince, ni le dauphin, ne s'y seraient hasardés, s'ils n'avaient cru avoir l'appui du duc de Bourgogne.

Justement cet appui manqua. Loin de pouvoir faire la guerre au roi, Philippe-le-Bon lui adressait supplique pour qu'il n'évoquât point l'affaire de Gand (29 juillet 1451)[3]. Cette affaire devenait une guerre et une guerre générale de Flandre. Sans renoncer à la gabelle, il voulait frapper d'autres droits plus vexatoires encore : droit sur la laine, c'est-à-dire sur le travail; droit sur les consommations les plus populaires, le pain, le hareng; des péages sur les canaux entravaient les communications et mettaient tout le pays comme en état de siège. Le droit de mouture, qui indirectement atteignait tout le monde, directement le paysan, eut cet effet, nouveau en Flandre, de mettre les campagnes du même parti que les villes.

---

chose qu'il lui envoya son médecin et son apothicaire. Le malade eut si peur du médecin de Louis XI qu'il échappa au traitement. Il se sauva à Lyon, fut amené à Paris, ne put prouver son accusation et eut la tête tranchée. (Legrand.)

1. Bazin, évêque de Lisieux, remit la lettre du dauphin au roi.

2. « La veille des noces, arriva le héraut de Normandie de la part du Roy, etc. » On fit la célébration avant d'ouvrir ses lettres. (Legrand).

3. *App.* 150.

Le duc s'aperçut alors de sa folie, il retira sa gabelle, il donna de bonnes paroles, caressa Bruges et l'apaisa. Les marchands, comme à l'ordinaire, aidèrent à calmer le peuple. Gand resta seule, et le duc crut ne venir jamais à bout de cette éternelle résistance, s'il ne changeait la ville même en ce qu'elle avait de plus vital, s'il n'y détruisait la prépondérance qu'y avaient prise les métiers[1], s'il ne la ramenait à la constitution qu'elle avait subie pendant l'invasion de Philippe-le-Bel; la commune ainsi brisée, il eût brisé les confréries, y introduisant peu à peu des faux frères, des artisans des campagnes, en sorte que non seulement l'esprit de la cité, mais la population même changeât à la longue.

En 1449, tout cela semblait possible, parce que la guerre recommençant entre la France et l'Angleterre, le duc croyait n'avoir rien à craindre du côté du roi. Il barra les canaux, mit des garnisons autour de Gand, cassa la *loi*. La ville déclara hardiment que la *loi* serait maintenue. Le duc suivit la politique qui lui avait réussi en 1436, lorsqu'il s'était servi de Gand contre Bruges; il recourut cette fois à l'intervention des Brugeois et autres Flamands contre les Gantais. Les États de Flandre se chargèrent de *lire* les privilèges de Gand; ils y lurent que la *loi* était *nommée* par le

---

1. Qui pouvait s'étonner que ceux qui faisaient la force de la ville, sa grandeur, qui contribuaient le plus en argent et en hommes, eussent la part principale au pouvoir? Les deux chefs doyens des métiers influèrent peu à peu sur l'élection des échevins, et en vinrent jusqu'à juger avec eux. Sans une part à la puissance judiciaire, il n'y avait nulle puissance dans une telle ville, peut-être même nulle sûreté pour un corps et pour un parti. Voir Diericx, *Mémoires sur Gand*.

comte ; s'en tenant ainsi à la lettre morte, ils firent semblant de croire que *nommée* voulait dire *créée*.

Cette décision ne décidait rien. Les nouveaux doyens des métiers trouvèrent par enquête qu'on avait furtivement enregistré des *buissonniers* dans le métier des tisserands[1]; ils prononcèrent le bannissement des officiers qui, en introduisant ainsi des étrangers parmi les bourgeois, avaient violé le droit de cité. Le duc, par représailles, voulut bannir ceux qui avaient prononcé ce bannissement; il les cita à comparaître à Termonde. Si les magistrats de Gand pouvaient ainsi être attirés hors de la ville, jugés pour leurs jugements, il n'y avait plus ni commune ni magistrats. Ceux-ci néanmoins, sur la promesse que le duc se contenterait de leur comparution et leur ferait grâce, vinrent se présenter humblement à lui. Et il n'y eut point de grâce; il bannit l'un à *vingt lieues* pour *vingt années*, l'autre à *dix lieues* pour *dix années*, etc.[2].

Cette rude sentence indique assez que le duc ne demandait qu'une révolte, espérant écraser la ville, si le roi n'intervenait pas. Il agissait tout à la fois contre le roi et près du roi. Il lui adressait une supplique pour qu'il n'évoquât point l'affaire. Mais, par derrière, il poussait le duc de Bretagne et probablement le dauphin. Le roi voyait et savait tout. A ce moment même, il fit arrêter Jacques Cœur (31 juillet),

---

1. *App.* 151.
2. Ceci doit être une vieille formule de condamnation.

qui prêtait de l'argent au dauphin[1] et qu'on soupçonnait de l'avoir délivré d'Agnès.

Si l'on en croit les Gantais, l'exaspération du duc eût été si furieuse[2] que ses députés à Gand crurent lui faire plaisir en y préparant un massacre. La ville les lui dénonça, et sur son refus de les rappeler, elle les jugea elle-même et leur fit trancher la tête. Les résolutions de ce peuple irrité, souffrant, sans travail, devaient être violentes et cruelles. Je vois cependant qu'un ex-échevin de Gand, un grand seigneur, ayant été pris lorsqu'il coupait les canaux pour affamer la ville, le peuple ajourna son supplice, à la prière de la noblesse, et finit par lui permettre de se racheter.

Le bailli du comte ayant été rappelé et la justice ne pouvant être suspendue dans cette grande population en effervescence, on créa grand justicier un *maçon*, Lievin Boone. Si j'en juge par la guerre savante et par l'emploi des machines que firent les Gantais sous sa conduite, celui-ci devait être un de ces *maçons* architectes et ingénieurs qui bâtissaient les cathédrales, de ceux que l'Italie faisait venir des loges maçonniques du Rhin pour fermer les voûtes du duomo de Milan.

Le Vendredi saint (7 avril 1452), une dernière tentative fut faite auprès du duc pour le fléchir ; mais il voulait qu'on désarmât. Alors le grand justicier de Gand, faisant sonner le *wapening* (l'assemblée armée), emporta tout par un moyen populaire, par la simple

---

1. Le roi fut persuadé « qu'il avoit intelligence avec luy, et que sous main il l'aydoit de conseil et *l'assistoit d'argent*. » (Godefroy.)
2. *App.* 152.

vue d'un signe[1]. Il montra des clefs dans un sac :
« Voici, dit-il, les clefs d'Audenarde. » Audenarde,
c'était l'Escaut supérieur, la route des vivres, l'approvisionnement du Midi ; en même temps, une ville sujette
et ennemie de Gand, dévouée au comte.

Ce mot et ce signe suffirent pour enlever trente
mille hommes. Chacun rentra chez soi pour prendre
ses armes et ses vivres. Toutefois, un si grand mouvement ne put se faire si vite qu'un des Lalaing ne
fût averti et ne se jetât dans Audenarde avec quelques
gentilshommes ; il l'approvisionna à sa manière,
engageant les paysans à y retirer leurs troupeaux,
leurs vivres, gardant vivres et troupeaux, chassant les
hommes. Il tint du 14 au 30 avril, et fut enfin secouru.
Mais il en coûta un rude combat, où les chevaliers,
s'élançant imprudemment entre les piques, y auraient
péri, si les archers de Picardie n'avaient pris les
Gantais en flanc. Les vaincus furent poursuivis jusqu'aux portes de Gand, où huit cents firent tête
avec intrépidité ; les chevaliers admirèrent surtout un
boucher qui portait la bannière du métier, fut blessé
aux jambes et se battait encore à genoux. Ces bouchers de Gand se prétendaient de meilleure maison
que toute la noblesse ; ils descendaient, disaient-ils,
du bâtard d'un comte de Flandre ; ils s'appelaient :
Enfants de prince, Prince-Kinderen.

Audenarde délivrée, le duc prit l'offensive et pénétra dans le pays de Waës, entre la Lys et l'Escaut,

---

[1]. *App.* 153.

pays tout coupé de canaux, d'accès difficile, dont les Gantais se croyaient aussi sûrs que de leur ville. La gendarmerie y était arrêtée à chaque pas par les eaux, par les haies, derrière lesquelles s'embusquaient les paysans. Dans une affaire, le brave Jacques de Lalaing ne ramena ses cavaliers engagés au delà d'un canal qu'avec des efforts incroyables, et il eut, dit-on, cinq chevaux tués sous lui.

Néanmoins, à la longue, le duc ne pouvait manquer d'avoir l'avantage. Les Gantais ne trouvaient qu'une froide sympathie dans les Pays-Bas. Bruxelles intercéda pour eux, mais mollement. Liège leur conseilla d'apaiser leur seigneur. Mons et Malines n'étaient rien moins qu'amies; le duc y assemblait sa noblesse, y faisait ses préparatifs, expliquait aux gens de ces villes ses projets de guerre et leur demandait des secours[1]. Quant aux Hollandais, dès longtemps ennemis des Flamands, ils se réunirent sans distinction de partis[2], remontèrent l'Escaut avec une flotte, débarquèrent une armée dans le pays de Waës, et firent ce qu'eux seuls pouvaient faire, une guerre habile parmi les canaux.

Abandonnée des uns, accablée par les autres, Gand ne faiblit point. Elle ne fit que deux choses et très dignes. D'une part, avec douze mille hommes, traversant tout le pays en armes, elle fit une sommation dernière à la ville de Bruges. Mais rien ne bougea; la

---

1. *App.* 154.
2. Avec le même empressement que montrèrent les Hollandais, Frisons et autres populations du Nord, en 1832.

noblesse et les marchands continrent le peuple; les Brugeois se contentèrent de faire boire et manger les douze mille hors de leurs murs [1].

D'autre part, Gand avait écrit au roi de France une belle et noble lettre, où elle exposait le mauvais gouvernement des gens du comte de Flandre; la lettre, fort obscure vers la fin, semble insinuer que le roi pourrait intervenir; mais ce qui, dans un tel péril, est héroïque et digne de mémoire, c'est qu'il n'y a pas un mot d'appel, pas un mot qui implique reconnaissance de la juridiction royale.

Cependant cet isolement, ce grand danger extérieur, produisait à l'intérieur son effet naturel; le pouvoir descendait aux petites gens, aux violents. Outre les compagnies ordinaires des *Blancs chaperons*, une confrérie s'organisa, qui s'appelait de la *Verte tente*, parce qu'une fois sortis de la ville, ils se vantaient, comme ces anciens barbares du Nord, *de ne plus coucher sous un toit* [2]. Le petit peuple suivait alors pour chef un homme d'un métier inférieur, un coutelier, d'un courage farouche, d'une taille et d'une force énormes. Il leur plaisait tant qu'ils disaient : « S'il gagne, nous le ferons comte de Flandre. » L'aveugle vaillance du coutelier tourna mal; surpris, lorsqu'il croyait surprendre, accablé par les Hollandais, il fut mené au duc avec ses braves, et tous, plutôt que de crier merci, aimèrent mieux mourir.

---

1. Le duc remercia les Brugeois. *App.* 155.
2. C'est une vieille vanterie germanique, celle même des Suèves dans leur guerre contre César.

Cette défaite, la réduction du pays de Waës, l'approche de l'armée ennemie, une épidémie qui éclata, tout donnait force aux partisans de la paix. Le peuple se rassembla au Marché des vendredis; sept mille osèrent voter pour la paix, contre douze mille qui tinrent pour la guerre. Les sept mille obtinrent que, sans poser les armes, on accepterait l'arbitrage des ambassadeurs du roi.

Le chef de l'ambassade, le fameux comte de Saint-Pol, qui commençait alors sa longue vie de duplicité, trompa tout à la fois le roi et Gand. Il avait du roi mission expresse de saisir cette occasion pour obtenir du duc le rachat des villes de la Somme[1]; mais il eût été probablement moins indépendant dans sa Picardie; il s'obstina à n'en point parler. D'autre part, contrairement aux promesses qu'il avait faites aux Gantais, il donna, sans la leur communiquer, et tout à l'avantage du duc de Bourgogne, une sentence d'arbitre qui lui eût livré la ville.

Un tel arbitrage ne pouvait être accepté. Ce qui servit mieux le duc, ce qui, selon toute apparence, avait été sollicité par lui, payé peut-être aux Anglais[2], c'est qu'à ce moment même Talbot débarque en Guyenne (21 octobre 1452), Bordeaux tourne; tous les ennemis du roi, le duc, le dauphin, la Savoie, sont sauvés du même coup.

Il faut voir ici l'insolence et les dérisions avec les-

---

1. *App.* 156.
2. Un peu plus tard, les ambassadeurs informent le roi que le duc va faire venir six ou huit mille Anglais en Flandre. (*Mss. Dupuy*, 28 mars 1453.)

quelles furent reçus les nouveaux ambassadeurs que le roi envoya en Flandre. On les fit attendre longuement, on leur dit que le duc ne voulait point qu'ils se mêlassent de ses affaires; enfin, les Bourguignons se lâchèrent en paroles aigres, comme elles viennent à des gens qui n'ont plus rien à ménager, par exemple, qu'on savait bien que le peuple de France était mécontent du roi pour les tailles et les aides, pour la *mangerie* qui s'y faisait, etc. A quoi les ambassadeurs répliquèrent que la seule aide du vin montait plus haut dans une seule ville du duc que dans deux du roi; que pour les tailles, le roi n'en mettait que pour les gens d'armes en tout quatorze ou quinze sols par feu, ce qui était peu de chose[1].

Ce qui rendait bien triste la situation des ambassadeurs qui venaient s'interposer et comme offrir leur justice, c'est que ni d'un côté ni de l'autre on ne voulait la recevoir, pas plus la ville que le duc. Ils firent alors la ridicule et hasardeuse démarche d'envoyer sous main un barbier[2] pour tâter les gens de Gand et leur insinuer timidement qu'ils devraient envoyer à Paris *pour demander provision*. Les Gantais, impatientés de ces démarches obliques, répondirent durement « qu'ils n'estoient pas délibérez de rescripre à aucune personne du monde ».

Ainsi cette fière ville ne songeait plus qu'à combattre, seule avec son droit. L'audace croissait par le

---

1. *App.* 157.
2. En même temps, un Français, Pierre Moreau, vint se mettre à la solde des Gantais, leur inspira de la confiance et les mena plusieurs fois au combat.

danger; les têtes se prenaient d'un vertige de guerre, comme il arrive alors dans les grandes masses, toutes les émotions, la peur même, tournant en témérité. Ces vastes mouvements de peuple comprennent mille éléments divers; divers ou non, tous vont tourbillonnant ensemble. D'abord, le brutal orgueil de la force et du bras, dans les métiers où l'on frappe, forgerons, bouchers. Puis, dans les métiers populeux, chez les tisserands par exemple, le fanatisme du nombre, qui s'éblouit de lui-même, se croit infini, un vague et sauvage orgueil, comme l'aurait l'Océan de ne pouvoir compter ses flots. A ces causes générales ajoutez les accidentelles, l'élément capricieux, le désœuvré, le vagabond, le plus malfaisant de tous, peut-être, l'enfant, l'apprenti déchaîné... Cela est partout de même. Mais il y avait une chose toute spéciale dans les soulèvements de ces villes du Nord, chose originale et terrible, et qui y était indigène, c'était l'ouvrier mystique, le lollard illuminé, le tisserand visionnaire, échappé des caves, effaré du jour, pâle et hâve, comme ivre de jeûne. Là, plus qu'ailleurs, se trouve naturellement l'homme qui doit marquer alors d'une manière sanglante, celui qui ce jour-là se sent tout à coup hardi, court au meurtre et dit : C'est mon jour!... Un seul de ces frénétiques, un ouvrier moine, égorgea quatre cents hommes dans le fossé de Courtrai.

Dans ces moments, il suffisait qu'une bannière de métier parût sur la place pour que toutes d'un mouvement invincible vinssent se poser à côté. Confréries, peuple, bannières, tout branlait au même son, un son lugubre qu'on n'entendait que dans les grandes crises, au moment de la bataille ou quand la ville était en feu. Cette note uniforme et sinistre de la monstrueuse cloche était : Roland! Roland! Roland[1]! C'était alors un profond trouble, tel que nous ne pouvons guère le deviner aujourd'hui. Nous, nous avons le sentiment d'une immense patrie, d'un empire; l'âme s'élève en y songeant... Mais là, l'amour de la patrie, d'une petite patrie, où chaque homme était beaucoup, d'une patrie toute locale, qu'on voyait, entendait, touchait, c'était un âpre et terrible amour... Qu'était-ce donc, quand elle appelait ses enfants de cette pénétrante voix de bronze; quand cette âme sonore, qui était née avec la commune, qui avait vécu avec elle, parlé dans tous ses grands jours, sonnait son danger suprême, sa propre agonie... Alors, sans doute, la vibration était trop puissante pour un cœur d'homme; il n'y avait plus en tout ce peuple ni volonté, ni raison, mais sur tous un vertige immense... Nul doute qu'ils auraient dit alors comme les Israélites à leur Dieu : « Que d'autres parlent à ta place, ne parle pas ainsi toi même, car nous en mourrons! »

Tous prirent les armes à la fois, de vingt ans jusqu'à soixante; les prêtres, les moines ne voulurent point être exceptés. Il sortit de la ville quarante-cinq mille hommes.

---

1. Voy. t. III, *App.* 21.

Ce grand peuple alla ainsi à la mort, dans sa simplicité héroïque, vendu d'avance et trahi[1]. Un homme à qui ils avaient confié la défense de leur château de Gavre, se chargea de les attirer. Il se sauva de la place et vint dire à Gand que le duc de Bourgogne était presque abandonné, qu'il n'avait plus avec lui que quatre mille hommes. Deux capitaines anglais, au service de la ville, parlèrent dans le même sens, et avec l'autorité que devaient avoir de vieux hommes d'armes[2]. Arrivés devant l'ennemi, les Anglais passèrent au duc, en disant : « Nous amenons les Gantais, ainsi que nous l'avions promis[3]. »

Cette défection alarmante ne les fit pas sourciller ; ils avancèrent en bon ordre[4], en faisant trois haltes pour mieux garder leurs rangs. L'artillerie légère du duc et ses archers les émouvaient peu encore ; mais voilà qu'au milieu d'eux un chariot de poudre éclate ; le chef de leur artillerie, soit prudence, soit trahison, crie : « Prenez garde ! prenez garde ! » Un vaste désordre commence, les longues piques s'em-

---

1. « Le bastard de Bourgongne eut moyen de parlementer secrètement à un qui estoit chef desdicts Anglois et se nommoit Jehan Fallot... Celuy Jehan Fallot remonstra à ses compaignons qu'ils ne pouvoient avoir honneur de servir celle commune contre leur seigneur, et aussi qu'ils estoient en danger de ce puissant peuple, et que communément le guerdon du peuple est de tuer et assommer ceux qui mieux le servent. » (Olivier de La Marche.)

2. M. Lenz pense que les Flamands ont devancé toutes les autres nations au quatorzième siècle pour l'organisation de l'infanterie. Ce qui est sûr, c'est que leur obstination à ne rien changer à cette organisation fut pour eux une cause de défaites, à Roosebeke, peut-être à Gavre, etc.

3. Olivier de La Marche.

4. « Tant d'armes, tant de vaillance et d'outrage, que si telle adventure estoit advenue à un homme de bien, et que je le sceusse nommer, je m'aquiteroye de porter honneur à son hardement. » (Olivier de La Marche.)

barrassent; la seconde bataille, formée d'hommes mal armés, la troisième de paysans et de vieilles gens, s'enfuient à toutes jambes; les archers picards ne leur laissent d'autre route que l'Escaut; ils nagent, ils plongent, enfoncent sous leurs armes, reviennent et trouvent au rivage les archers qui, jetant leurs arcs, n'employaient plus que les massues; il était recommandé de ne prendre personne en vie.

Deux mille furent poussés dans une prairie, entourée de trois côtés par un détour de l'Escaut, par un fossé et une haie. Les Bourguignons, reçus vivement aux approches, hésitaient; le duc s'élança, son fils après lui. On dit que les pauvres gens furent saisis et s'arrêtèrent lorsque, dans ce cavalier, tout d'or, ils reconnurent *leur seigneur,* celui à qui ils avaient juré par leur serment féodal de respecter *sa vie, ses membres...* Mais ils avaient eux aussi une vie à défendre; ils fondirent piques baissées. Le duc fut en danger, entouré, son cheval blessé. Les chevaliers ne furent encore cette fois sauvés que par les archers picards... Ils convinrent que ces vilains de Gand avaient bien gagné noblesse, et qu'il y avait eu parmi eux tel homme sans nom qui fit assez d'armes ce jour-là pour illustrer à jamais un *homme de bien.*

Vingt mille hommes périrent, parmi lesquels on trouva deux cents prêtres ou moines. Ce fut le lendemain une scène à crever le cœur, lorsque les pauvres femmes vinrent retourner tous les morts, pour reconnaître chacune le sien, et qu'elles les cherchaient jusque dans l'Escaut. Le duc en pleura. On lui parlait de sa victoire : « Hélas! dit-il, à qui profite-t-elle ? c'est moi qui y perds ; vous le voyez, ce sont mes sujets. »

Il fit son entrée dans la ville sur le même cheval qui, à la bataille, avait reçu quatre coups de pique. Les échevins et doyens, nu-pieds, en chemise, suivis de deux mille bourgeois en robe noire, vinrent crier : « Merci! » Ils entendirent leur condamnation, leur grâce... La grâce était rude. Sans parler de ce qu'elle payait, la ville perdait sa juridiction, sa domination sur le pays d'alentour; elle n'avait plus de sujets; ce n'était plus qu'une commune, et cette commune entrait en tutelle ; deux portes à jamais murées durent lui rappeler ce grave changement d'état. La souveraine bannière de Gand, celles des confréries de métiers, furent livrées au héraut Toison d'or qui, sans autre cérémonie, les mit dans un sac et les emporta.

CHAPITRE II

Grandeur de la maison de Bourgogne. Ses fêtes. — La Renaissance.

La bataille de Gavre eut lieu le 21 juillet; Talbot avait été tué le 17 en Guyenne. Si cette nouvelle eût pu venir à temps, si les Gantais avaient su que le roi de France était vainqueur, les choses auraient bien pu se passer tout autrement.

Quoi qu'il en soit, la Flandre était soumise, la guerre finie, et mieux qu'à Roosebeke. Gand cette fois avait été vaincue sous ses propres murs, à Gand même. Le duc de Bourgogne était décidément comte de Flandre, sans contestation et pour toujours.

Aussi l'orgueil fut sans mesure[1]. La noblesse crut

---

[1]. Et cet orgueil alla jusqu'à la folie, si l'on en juge par le fait suivant. Le duc, ayant été obligé, par une maladie, de se faire raser la tête, fit « un édict, que tous les nobles hommes se feroyent raire leurs testes, comme lui; et se trouvèrent plus de cinq cents nobles hommes, qui, pour l'amour du duc, firent comme luy; et aussi fut ordonné messire Pierre Vacquembac et autres, qui prestement qu'ils veoyent un noble homme, lui ostoient ses cheveux. » (Olivier de La Marche.)

avoir vaincu, non la ville de Gand, mais le roi et l'empereur ; c'était à eux à se tenir paisibles, à ne plus se mêler de la Flandre ni du Luxembourg, à remercier Dieu de ce que Monseigneur de Bourgogne était homme doux et pacifique.

Et en effet qu'y avait-il désormais de difficile ou d'impossible? Du côté de l'Orient ou de l'Occident, qui eût résisté?

La duchesse, qui était Lancastre par sa mère, regardait volontiers du côté de l'Angleterre, alors ouverte par la guerre civile. Elle voulait (et elle en vint à bout plus tard) marier son fils dans la branche d'York, pour unir les droits des deux branches, en sorte que l'enfant qui viendrait eût fini peut-être par tenir en une même main les Pays-Bas et l'Angleterre (plus que n'eut Guillaume III).

Ces idées, toutes hardies et ambitieuses qu'elles pouvaient être, étaient encore trop sages pour un tel moment. Le Nord brumeux, l'Angleterre, charmait peu l'imagination. Elle se tournait bien plus volontiers vers le Midi, vers les étranges et merveilleux pays dont on faisait tant de contes ; elle voyageait plutôt du côté des terres d'or, des hommes d'ébène, des oiseaux d'émeraude[1]... Il y avait là bien d'autres duchés, d'autres royaumes à prendre. N'avait-on pas vu la singulière fortune des Braquemont et des Béthen-

---

1. Voy. au musée de Bruges, l'*Offrande de la perruche à l'enfant Jésus*, un des tableaux les plus originaux de Van Eyck. Plusieurs intermèdes du Banquet du faisan (1454) indiquent aussi que les imaginations étaient fort préoccupées des contrées nouvellement découvertes.

court[1]? Ce Braquemont de Sedan, qui n'était qu'un arrière-vassal de l'évêque de Liège, ayant passé en Espagne, couru les mers, *cherché son aventure*, avait fini par léguer à son neveu, au Normand Béthencourt, la royauté des *Iles fortunées!*... Plus loin encore, les pilotes de Dieppe avaient fait sur la grande terre d'Afrique, parmi les hommes noirs, un Rouen, un Paris[2]. Le propre frère de la duchesse de Bourgogne, don Henri, prince-moine[3], s'était bâti son couvent sur la mer, dirigeant de là ses pilotes, leur traçant la route, et dans sa longue vie fondant peu à peu des forts portugais sur les ruines des comptoirs normands.

Cette patience n'allait pas à un si grand souverain que le duc de Bourgogne, tout cela était lent et obscur. L'Orient seul était digne de lui, l'Orient, la croisade!... Qui devait défendre la chrétienté, sinon le premier prince chrétien? L'Antéchrist était à la porte, on ne pouvait guère en douter. Nul signe n'y manquait. Le Turc, ses effroyables bandes de renégats habillés en moines, sous leur barbare et burlesque attirail[4], ce monstre, n'était-ce pas la Bête?...

Les Grecs venaient de succomber, Constantinople avait été prise par Mahomet II, justement deux mois

---

1. *App.* 158. — 2. Vitet.

3. Grand maître de l'ordre d'Avis. Il avait pris pour devise ces paroles françaises que les Portugais gravèrent dans tous leurs établissements : Talent de bien faire.

4. Je parle surtout du corps qui fit la force réelle des armées turques, des janissaires ; ils étaient, comme on sait, affiliés aux Derviches, ils en portaient à peu près le costume. De plus, comme commensaux du sultan, ils avaient sur la tête des cuillers au lieu de plumets ; le palladium de chaque corps était sa marmite, les chefs s'appelaient *cuisiniers, faiseurs de soupes*, etc.

avant la bataille de Gavre. Quel avertissement pour les chrétiens d'en finir avec leurs discordes! quelle menace de Dieu!... Après Constantinople, que restait-il, sinon de prendre Rome?... Chaque nouveau sultan qui allait ceindre le sabre à la caserne des janissaires, quand il avait bu dans leur coupe, et la leur rendait pleine d'or, leur disait : « Au revoir, à Rome[1] ! »

Les Italiens, tout tremblants, s'assemblaient et délibéraient ; le pape se mourait de peur, il appelait toute la chrétienté, *le grand duc* surtout. Pour avoir son secours, il eût tout fait pour lui ; il l'aurait fait roi... Mais si les Flamands prenaient cette fois Constantinople, comme ils l'avaient déjà fait sous leur comte Baudouin, leur comte allait, sans avoir besoin du pape, se trouver encore empereur, et d'un bien autre empire que celui d'Allemagne, lequel est tout simplement électif, tandis que l'empire d'Orient est héréditaire ; tous les jaloux, Allemands et Français, en crèveraient sûrement de dépit.

Et déjà, quelque part que soit le duc de Bourgogne, à Dijon, à Bruges, là est le centre du monde chrétien. Qu'il dresse sa tente dans une forêt de la Comté, les ambassadeurs des princes y viendront de l'Orient et de l'Occident, les princes eux-mêmes, les légats du Saint-Siège. Où trouver le roi, l'empereur? à grand'peine on pourrait le dire ; dans quelque obscur manoir apparemment, Charles VII à Mehun. Le rendez-vous

---

1. « Nous nous reverrons à la Pomme rouge. » C'est ainsi que les Ottomans nomment la ville de Rome. (Hammer.)

de la chevalerie, l'*hostel de toute gentillesse*, la cour, c'est la cour du duc de Bourgogne ; l'*ordre*, c'est son ordre, l'ordre galant et magnifique de la Toison d'or. Personne ne se soucie de celui qu'a fondé l'empereur, de l'ordre de la Sobriété ; triste empereur, qui, lorsqu'il pleut, remet ses vieux habits. Notre Charles VII, Charles *de Gonesse*[1], comme disaient les Flamands, n'était guère plus splendide ; il montait ordinairement « un bas cheval trottier d'entre deux selles ». Son serment doux et modeste était : *Sainct-Jean! Sainct-Jean!*[2] Le duc de Bourgogne jurait militairement, à l'anglaise : *Par Sainct-George!*

Pour mieux préparer la guerre, on fit à Lille une fête qui coûta autant qu'une guerre, fête nombreuse, immense et fabuleux gala, d'une dépense telle que ceux qui en avaient fait l'ordonnance en frémirent eux-mêmes.

Ces grandes fêtes flamandes de la maison de Bourgogne ne ressemblent guère à nos froides solennités modernes. On ne savait pas encore ce que c'était que de cacher les préparatifs, les moyens de jouissances, pour ne montrer que les résultats ; on montrait tout, nature et art, et tout art mêlé, tout plaisir. On jouissait, non pas tant de la petite part que chacun prend en une fête, mais bien plus de l'abondance étalée, du superflu, du trop-plein. Ostentation, sans doute, lourde pompe, sensualité barbare et par trop naïve... Mais les sens ne s'en plaignaient pas.

1. C'est le nom dérisoire qu'ils donnaient quelquefois à nos rois.
2. *App.* 159.

Dans ce prodigieux gala les intervalles des services étaient remplis par d'étranges spectacles, chants, comédies, représentations fictives mêlées de réalités. Parmi les acteurs, il y en avait d'automates, il y avait des animaux, par exemple un ours chevauché par un fol, un sanglier par un lutin. A un poteau l'on voyait, bien tenu par une chaine, un lion vivant qui gardait une belle figure de femme nue, vêtue de ses cheveux par derrière, par devant enveloppée « pour cacher où il appartenoit d'une serviette déliée... escripte de lettres grecques[1]... » Cette figure de femme jetait de l'hypocras par la mamelle droite.

Trois tables étaient dressées dans la salle : « Sur la moyenne, une église croisée, verrée, de gente façon, où il y avoit une cloche sonnante et quatre chantres... Il y avoit un autre entremets d'un petit enfant tout nu qui pissoit eau rose continuellement[2]. » Sur la seconde table, qui devait être prodigieusement longue, on voyait neuf entremets ou petits spectacles avec leurs acteurs; l'un des neuf entremets était « un pasté, dedans lequel avoit vingt-huit personnages vifs, jouant de divers instruments. »

Le grand spectacle mondain fut celui de Jason, conquérant de la Toison d'or, domptant les taureaux, tuant le serpent, gagnant sa bataille de Gavre sur les monstres mythologiques. Cela fait, commença l'acte

---

[1]. Tout ceci est d'Olivier de La Marche, qui fut un des principaux acteurs de la fête, qui fit les vers, etc.

[2]. Tout le monde connaît le Mannekenpiss, chéri des gens de Bruxelles, comme le plus vieux bourgeois de la ville. *App.* 160.

pieux de la fête, « l'entremets pitoyable », comme l'appelle Olivier de La Marche.

Un éléphant entra dans la salle, conduit par un géant sarrasin... Sur son dos s'élevait une tour, aux créneaux de laquelle on voyait une nonne éplorée, vêtue de satin blanc et noir ; ce n'était pas moins que la sainte Église. Notre chroniqueur Olivier, alors jeune et joyeux compère, s'était chargé du personnage. L'Église, dans une longue et peu poétique complainte, implora les chevaliers, et les pria de *jurer sur le faisan* qu'ils viendraient à son secours. Le duc jura, et tous après lui. Ce fut à qui se signalerait par le vœu le plus bizarre ; l'un jura de ne plus s'arrêter qu'il n'eût pris le Turc mort ou vif ; l'autre de ne plus porter d'armure au bras droit, de ne plus se mettre à table les mardis. Tel jura de ne pas revenir avant d'avoir jeté un Turc les jambes en l'air ; un autre, un écuyer tranchant, voua impudemment que s'il n'avait pas les faveurs de sa dame avant le départ, il épouserait au retour la première qui aurait vingt mille écus. Le duc finit par les faire taire.

Alors commença un bal où dansèrent avec les chevaliers douze Vertus, en satin cramoisi ; c'étaient les princesses elles-mêmes, les plus hautes dames. Le lendemain, le jeune comte de Charolais ouvrit un tournoi. Ces exercices, innocents dans un siècle où les armures étaient assez parfaites pour rendre l'homme invulnérable[1], inutiles aussi à une époque

---

1. Il est curieux de voir combien il y a peu de blessures et combien légères dans les interminables histoires de tournois que fait Olivier de La Marche. —

de grandes armées et déjà de tactique, étaient pourtant fort encouragés par la maison de Bourgogne. Quoique le spectacle fût peu dangereux, il n'en était pas moins une occasion de vives émotions, plus sensuelles qu'on ne croirait. Au moment même du choc, quand, les trompettes se taisant tout à coup, les chevaux lancés se heurtaient, quand les lances fragiles se brisaient sur l'impénétrable armure, le coup frappait ailleurs encore, les dames se troublaient et devenaient vraiment belles... Que s'il n'y avait rien de fait, s'il fallait recommencer, si le cavalier revenait à la charge, plus d'une ne se connaissait plus ; il n'y avait alors plus de ménagement, de respect humain... On jetait, pour encourager celui qu'on croyait en péril, gant, bracelet, tout ; on aurait jeté son cœur[2]...

Tout cela commençait à paraître assez puéril. Le pauvre Jacques de Lalaing, dernier héros de cette gymnastique, avait peine à trouver des gens qui voulussent le *délivrer de son emprise*. Son fameux pas d'armes de la Dame de pleurs auprès de Dijon, à la rencontre des routes de France, d'Italie, etc., et dans l'année du Jubilé, lui fournit peu d'adversaires : « Personne n'a pitié de la Dame de pleurs, et n'y veut toucher. » Le Bâtard de Saint-Pol a beau suspendre près de Saint-Omer l'écu de Tristan et de Lancelot-du-Lac, son pas de la Belle pèlerine est peu fréquenté. — Le dernier fol en ce genre, comme il est juste, est un lord anglais, qui va se poster au pont de l'Arno, pour forcer les pacifiques Toscans de se battre avec lui ; cet Anglais est à peu près contemporain de Cervantès.

2. Ces déchirantes voluptés de la peur ont été observées de tout le monde en Espagne dans les combats de taureaux. Mais elles ne sont nulle part exprimées de façon plus naïve et plus charmante que dans le roman de Perceforêt, qui est ici une histoire : « A la fin du tournoi, les dames se trouvoient quasi nues de leurs atours ; elles s'en alloient leurs cheveux d'or flottant sur leurs épaules, de plus, les cottes sans manches ; elles avoient jeté aux chevaliers guimpes et chaperons, mantel et camise... Quand elles se virent en ce point, elles en furent toutes honteuses ; puis, chacune s'apercevant que la voisine étoit de même, elles se mirent à rire de leur aventure ; elles n'avoient plus songé qu'elles alloient se trouver nues, tant elles donnoient de bon cœur ! »

Il y avait aussi des fêtes politiques, plus graves, mais non moins brillantes, les assemblées de la Toison d'or. Aux chapitres solennels de l'ordre, le duc de Bourgogne apparaissait comme chef de la noblesse chrétienne. Qui n'en eût pris cette idée, à l'assemblée de 1446, par exemple, lorsque dans l'église de Saint-Jean, majestueusement tapissée, parmi les triomphantes peintures de Van Eyck et la musique d'Ockenheim, le noble chapitre fut reçu par le clergé, et que chaque chevalier alla s'asseoir sous le large tableau où brillait son blason en vives couleurs ? Les tableaux vides ou noirs indiquaient les morts ou les expulsés, les sévères justices de l'ordre. Un ciel de drap d'or marquait la place d'un membre éminent, du roi d'Aragon.

Le tableau commun de l'ordre de la Toison, son symbole, était sur l'autel, l'Agneau de Jean Van Eyck[1], qu'on venait voir des plus lointaines contrées. Le grand peintre et chimiste[2], qui fut pour la peinture un Albert-le-Grand, qui seul entre les hommes eut, dit-on, la puissance d'infuser dans ses couleurs les rayons du soleil, avait laissé là l'inachevable Cologne, le vieux symbolisme, la rêverie allemande, et dans le plus mystique des sujets, dans l'Agneau même de saint Jean, l'audacieux génie sut introniser la nature.

Ce tableau, ce grand poème, qui date si bien le

---

1. *App.* 161.
2. Peu importe que Van Eyck ait trouvé la peinture à l'huile. La gloire appartient à celui qui s'est emparé, par le génie, d'une chose jusque-là inutile et obscure.

moment de la Renaissance, est gothique encore dans sa partie supérieure [1], mais tout moderne dans le reste. Il comprend un nombre innombrable de figures, tout le monde d'alors, et Philippe-le-Bon, et les serviteurs de Philippe-le-Bon, et les vingt nations qui venaient rendre hommage à l'agneau de la Toison d'or. De cette toison vivante, de l'agneau placé sur l'autel partent des rayons qui vont illuminer la foule pieuse ; par un bizarre allégorisme, les rayons touchent les hommes à la tête, les femmes au sein ; leur sein semble arrondi [2], fécondé du divin rayon [3].

Cette flamboyante couleur de Van Eyck éblouit l'Italie elle-même ; le pays de la lumière s'étonna de trouver la lumière au Nord. Le secret fut surpris, volé par un crime [4], le secret, mais non le génie. Aussi les Médicis aimèrent mieux s'adresser au maître lui-même. Le roi de Naples, Alphonse-le-Magnanime, âme poé-

---

[1]. Ce sont trois figures immobiles avec leurs auréoles d'or ; mais dans cette immobilité rayonne déjà la vie moderne. Elle éclate dans la partie inférieure du tableau, la vie, la nature, la variété ; c'est un vaste paysage et trois cents figures habilement groupées. Ainsi l'harmonie commence dans la peinture, presque en même temps que dans la musique ; le moyen âge n'avait connu que l'unisson monotone, ou la mélodie individuelle. Voy. la note sur la musique au moyen âge. (*Réforme*, 1855.)

[2]. Ceci est favorisé par le costume du temps, dont les modes du nôtre se sont un moment rapprochées.

[3]. C'est la pensée même de la Renaissance. Dans la femme, dans la Vierge-Mère, le moyen âge a surtout honoré la *virginité*, le quinzième siècle, la *maternité* ; la Vierge alors est Notre-Dame. Voy. Introduction à la *Renaissance* (1855).

[4]. Tout le monde connaît l'histoire, ou le conte, d'Antonello de Messine qui, ayant vu un tableau de Van Eyck, court à Bruges, sous le costume d'un noble amateur, et tire de lui le secret de la peinture à l'huile. De retour en Italie, ce furieux Sicilien, jaloux comme on l'est en Sicile, poignarda celui qui eût partagé avec lui sa maîtresse chérie, la peinture.

tique, qui, dit-on, consumait ses jours dans la pure contemplation de la beauté[1], pria le magicien des Pays-Bas de lui doubler son plaisir, de lui reproduire une femme, les longs et doux cheveux surtout[2] que les Italiens ne savaient peindre, la toison d'or de ce beau chef, la fleur de cette fleur humaine.

Quel charme pour l'heureux fondateur de la Toison d'or, pour le bon duc, si tendre aux belles choses, d'avoir à lui[3] justement celui qui savait les saisir dans le mouvement de la vie, et les empêcher de passer! celui qui le premier fixa l'iris capricieuse qui nous flatte et nous fuit sans cesse...

Dans l'empire de ce roi de la couleur et de la lumière, venaient se pacifier les teintes voyantes, les oppositions de figures, de costumes, de races, que présentait l'hétérogène empire de la maison de Bourgogne. L'art semblait un traité dans cette guerre intérieure de peuples mal unis. La grande école flamande des trois cents peintres de Bruges, avait pour maître Jean Van Eyck, un enfant de la Meuse. Et c'était tout au contraire un Flamand, Chastellain, qui, portant

---

1. C'est à un pape que nous devons le souvenir de ce pur et poétique amour. Pie II raconte que la dernière passion d'Alfonse fut une noble jeune fille, Lucrezia d'Alagna. En sa présence, il semblait hors de lui-même ; ses yeux étaient toujours fixés sur elle, il ne voyait, n'entendait qu'elle ; et néanmoins cette ardente passion ne coûta rien à sa vertu.

2. « Capillis naturam vincentibus. » (Keversberg.)

3. Il semble que Philippe-le-Bon ait montré Van Eyck aux nations étrangères comme Philippe IV leur montrait Rubens dans les ambassades : parmi les personnes attachées à l'ambassade qui alla chercher l'infante de Portugal, se trouvait Jehan Van Eyck, « varlet de chambre de mondit seigneur de Bourgoingne, et excellent maistre en art de peinture, » qui peignait « bien au vif la figure de l'infante Isabelle ».

dans le style la violence de Van Eyck et de Rubens, domptait notre langue française, la forçait, sobre et pure qu'elle était jusque-là, de recevoir d'un coup tout un torrent de mots, d'idées nouvelles, et de s'enivrer, bon gré, mal gré, aux sources mêlées de la Renaissance.

CHAPITRE III

Rivalité de Charles VII et de Philippe-le-Bon. — Jacques Cœur. Le dauphin Louis. (1452-1456.)

Les brillantes et voluptueuses fêtes de la maison de Bourgogne avaient un côté sérieux. Tous les grands seigneurs de la chrétienté, y venant jouer un rôle, se trouvaient pour quelques semaines, pour des mois entiers, les commensaux, les sujets volontaires du *grand duc*. Ils ne demandaient pas mieux que de rester à sa cour. Les belles dames de Bourgogne et de Flandre savaient bien les retenir ou les ramener. Ce fut, dit-on, l'adresse d'une dame de Croy qui décida la trahison du connétable de Bourbon et faillit démembrer la France.

Le duc de Bourgogne faisait au roi une guerre secrète et périlleuse, pour laquelle il n'avait même pas besoin d'agir expressément. Tout ce qu'il y avait de mécontent parmi les grands, regardait vers le duc, était ou croyait être encouragé de lui, intriguait sourdement sur la foi de la rupture prochaine. Charles VII eut ainsi plus d'une secrète épine, une surtout, terrible, dans sa famille, dont il fut piqué toute sa vie et mourut à la longue.

Dans toutes les affaires, grandes ou petites, qui troublèrent, vers la fin, ce règne, se retrouve toujours le nom du dauphin. Accusé en toutes, jamais convaincu, il reste pour tel historien (qui plus tard le traitera fort mal comme roi) le plus innocent prince du monde. Quant à lui, il s'est mieux jugé. Tout vindicatif qu'il pût être, il fit assez entendre à son avènement que ceux qui l'avaient désarmé et chassé de France, les Brézé et les Dammartin, avaient agi en cela comme loyaux serviteurs du roi, et il se les attacha, persuadé qu'ils serviraient non moins loyalement le roi, quel qu'il fût.

Le bonhomme Charles VII aimait les femmes, et il en avait quelque sujet. Une femme héroïque lui sauva son royaume. Une femme, bonne et douce, qu'il aima vingt années[1], fit servir cet amour à l'entourer d'utiles conseils, à lui donner les plus sages ministres, ceux qui devaient guérir la pauvre France. Cette excellente influence d'Agnès a été reconnue à la longue ; la Dame de Beauté, mal vue, mal accueillie du peuple, tant qu'elle vécut, n'en est pas moins restée un de ses plus doux souvenirs.

Les Bourguignons criaient fort au scandale, quoique pendant les vingt années où Charles VII fut fidèle à Agnès, leur duc ait eu justement vingt maîtresses. Il y

---

[1]. Après la mort d'Agnès, il eut d'autres amours, moins excusables. *App.* 162.

avait scandale, sans nul doute, mais surtout en ceci, qu'Agnès avait été donnée à Charles VII par la mère de sa femme, par sa femme peut-être. Le dauphin se montra de bonne heure plus jaloux pour sa mère que sa mère ne l'était. On assure qu'il porta la violence jusqu'à donner un soufflet à Agnès. Quand la Dame de Beauté mourut (par suite de couches, selon quelques-uns), tout le monde crut que le dauphin l'avait fait empoisonner. Au reste, dès ce temps, ceux qui lui déplaisaient vivaient peu ; témoin sa première femme, la trop savante et spirituelle Marguerite d'Écosse, celle qui est restée célèbre pour avoir baisé en passant le poète endormi[1].

Tous les gens suspects au roi devenaient infailliblement amis du dauphin. Cela est frappant surtout pour les Armagnacs. Le dauphin était né leur ennemi ; il commença sa vie militaire par les emprisonner, et il devait finir par les exterminer. Eh bien ! dans l'intervalle, ils lui plaisent comme ennemis de son père, il se rapproche d'eux et prend pour factotum, pour son bras droit, le bâtard d'Armagnac.

Autant qu'on peut juger cette époque assez obscure, les intrigues des Armagnacs, du duc d'Alençon, se rattachent à celles du dauphin, aux espérances que leur donnait à tous, cette guerre en paix du duc de Bourgogne et du roi. L'affaire même de Jacques Cœur s'y rapporte en partie ; on l'accusa d'avoir empoisonné Agnès et d'avoir prêté de l'argent à l'ennemi d'Agnès, au dauphin. Un mot sur Jacques Cœur.

1. *App.* 163.

Il faut visiter à Bourges la curieuse maison de ce personnage équivoque ; maison pleine de mystères, comme fut sa vie. On voit, à bien la regarder, qu'elle montre et qu'elle cache ; partout on y croit sentir deux choses opposées, la hardiesse et la défiance du parvenu, l'orgueil du commerce oriental, et en même temps la réserve de l'*argentier* du roi. Toutefois la hardiesse l'emporte ; ce mystère affiché est comme un défi au passant.

Cette maison, avancée un peu dans la rue, comme pour regarder et voir venir, se tient quasi toute close ; à ses fausses fenêtres, deux valets en pierre ont l'air d'épier les gens. Dans la cour, de petits bas-reliefs offrent les humbles images du travail, la fileuse, la balayeuse, le vigneron, le colporteur[1] ; mais par-dessus cette fausse humilité, la statue équestre du banquier plane impérialement[2]. Dans ce triomphe à huis clos, le grand homme d'argent ne dédaigne pas d'enseigner tout le secret de sa fortune ; il nous l'explique en deux devises. L'une est l'héroïque rébus : « *A vaillans* (cœurs) *riens impossible.* » Cette devise est de l'homme, de son audace, de son naïf orgueil. L'autre est la petite sagesse du marchand au moyen âge : « *Bouche close. Neutre. Entendre dire. Faire. Taire.* » Sage et discrète maxime, qu'il fallait suivre en la taisant. Dans la belle salle du haut, le vaillant Cœur est plus indiscret encore ; il s'est fait sculpter, pour son

---

[1]. Je crois pouvoir appeler ainsi l'homme qui paraît tenir un hoyau, et celui qui est en manteau.

[2]. *Planait* serait plus exact.

amusement quotidien, une joute burlesque, un tournoi à ânes, moquerie durable de la chevalerie qui dût déplaire à bien des gens.

Le beau portrait que Godefroi donne de Jacques Cœur d'après l'original, et qui doit ressembler, est une figure éminemment roturière (mais point du tout vulgaire), dure, fine et hardie. Elle sent un peu le trafiquant en pays sarrasin, le marchand d'hommes. La France ne remplit que le milieu de cette aventureuse vie[1], qui commence et finit en Orient; marchand en Syrie dès 1432, il meurt en Chypre amiral du Saint-Siège. Le pape, un pape espagnol, tout animé du feu des croisades, Calixte Borgia, l'accueillit dans son malheur et l'envoya combattre les Turcs.

C'est ce que rappelle à Bourges la chapelle funéraire des Cœurs. Jacques y paraît transfiguré dans les splendides vitraux sous le costume de saint Jacques, patron des pèlerins; dans ses armes, trois coquilles de pèlerinage, triste pèlerinage, les coquilles sont noires; mais entre sont postés fièrement trois cœurs rouges, le triple cœur du héros marchand. Le registre de l'Église ne lui donne qu'un titre : « Capitaine de l'Église contre les infidèles. » Du roi, de l'argentier du roi, pas un mot, rien qui rappelle ses services si mal reconnus; peut-être, en son amour-propre de banquier, a-t-il voulu qu'on oubliât cette mauvaise affaire qui sauva la France[2], cette faute d'avoir pris un trop puissant

---

1. Né à Bourges, mais, je crois, originaire de Paris. *App.* 164.
2. Il ne faut pas oublier dans quelle misère s'était trouvé Charles VII. La chronique raconte qu'un cordonnier étant venu lui apporter des souliers, et

débiteur, d'avoir prêté à qui pouvait le payer d'un gibet.

Il y avait pourtant dans ce qu'il fit ici une chose qui valait bien qu'on la rappelât; c'est que cet homme intelligent[1] rétablit les monnaies, inventa en finances la chose inouïe, la justice, et crut que pour le roi, comme pour tout le monde, le moyen d'être riche, c'était de payer.

Cela ne veut pas dire qu'il ait été fort scrupuleux sur les moyens de gagner pour lui-même. Sa double qualité de créancier de roi et d'argentier du roi, ce rôle étrange d'un homme qui prêtait d'une main et se payait de l'autre, devait l'exposer fort. Il paraît assez probable qu'il avait durement pressuré le Languedoc, et qu'il faisait l'usure indifféremment avec le roi et avec l'ennemi du roi, je veux dire avec le dauphin. Il avait en ce métier pour concurrents naturels les Florentins, qui l'avaient toujours fait. Nous savons par le journal de Pitti[2], tout à la fois ambassadeur, banquier et joueur gagé, ce que c'étaient que ces gens. Les rois leur reprenaient de temps en temps en gros, par confiscation, ce qu'ils avaient pris en détail. La colos-

---

lui en ayant déjà chaussé un, s'enquit du paiement, et comprenant qu'il était fort incertain, déchaussa bravement le roi et emporta la marchandise; on en fit une chanson, dont voici les quatre premiers vers :

> Quant le Roy s'en vint en France,
> Il feit oindre ses houssiaulx;
> Et la Reyne lui demande :
> Où veut aller cest damoiseaulx.   *App.* 165.

1. Le premier peut-être qui ait senti le besoin de connaître les ressources du royaume, et qui ait fait l'essai, il est vrai, inexécutable alors, d'une statistique. — Quant aux changements qu'il fit dans les monnaies, voy. Leblanc.
2. *App.* 166.

sale maison des Bardi et Peruzzi avait fait naufrage au quatorzième siècle, après avoir prêté à Édouard III de quoi nous faire la guerre, cent vingt millions[1]. Au quinzième, la grande maison, c'étaient les Médicis, banquiers du Saint-Siège, qui risquaient moins, dans leur occulte commerce de la daterie, échangeant bulles et lettres de change, papier pour papier. L'ennemi capital de Jacques Cœur, qui le ruina[2] et prit sa place, Otto Castellani, trésorier de Toulouse, paraît avoir été parent des Médicis. Les Italiens et les seigneurs agirent de concert dans ce procès, et en firent *une affaire*. On ameuta le peuple en disant que l'argentier faisait sortir l'argent du royaume, qu'il vendait des armes aux Sarrasins[3], qu'il leur avait rendu un esclave chrétien, etc. L'argent prêté au dauphin pour troubler le royaume fut peut-être son véritable crime. Ce qui est sûr, c'est que Louis XI, à peine roi, le réhabilita fort honorablement.

Un autre ami du dauphin, encore plus dangereux, c'était le duc d'Alençon, dont la ruine entraîna, précéda du moins de bien près la sienne ; Alençon fut arrêté le 27 mai 1456, et le dauphin s'enfuit du Dauphiné, de France, le 31 août, même année.

Ce prince du sang qui avait bien servi le roi contre

---

1. On ne peut estimer à moins de seize millions de ce temps-là (?)
2. *App.* 167.
3. Une telle accusation devait faire une grande impression au moment de la prise de Constantinople. La condamnation de Jacques Cœur est justement datée du jour de la prise de cette ville, 29 mai 1453. — Jacques Cœur aurait probablement péri s'il n'eût été sauvé par les patrons de ses galères, auxquels il avait donné ses nièces ou parentes en mariage. *App.* 168.

les Anglais, et qui se trouvait « petitement récompensé[1] », négociait sans trop de prudence à Londres et à Bruges; il était en correspondance avec le dauphin. Tout cela, pour avoir été nié, n'en paraît pas moins indubitable[2]. Il avait des places en Normandie, une artillerie plus forte, selon lui, que celle du roi. Il s'offrait au duc d'York[3], qui pour le moment était trop occupé par la guerre civile, mais qui, s'il eût trouvé un moment de répit, s'il eût pu faire une belle course ici, par exemple occuper Granville, Alençon, Domfront et le Mans, qu'on se faisait fort de lui livrer, n'aurait plus eu besoin de guerre civile pour prendre là-bas la couronne ; l'Angleterre tout entière se serait levée pour la lui mettre sur la tête.

Le dauphin, même après l'affaire d'Alençon, croyait tenir en Dauphiné. Il était en correspondance intime

---

1. Il semble même qu'il ait eu contre le roi une haine personnelle : « Icellui seigneur se complaignit à lui qui parle, en lui disant qu'il savoit bien que le Roy ne l'aimeroit jamais et qu'il estoit mal content de lui... Si je pouvois avoir *une pouldre* que je sçais bien et la mettre en la buée où les draps-linges du roy seroient mis, je le ferois *dormir tout sec...* » — Le duc avait envoyé à Bruges pour faire acheter chez un pharmacien de cette ville une herbe appelée martagon qui avait, disait-il, de nombreuses et merveilleuses propriétés, mais on n'était point parvenu à se procurer cette herbe. (*Procès du duc d'Alençon, dépositions de son valet de chambre anglais et du premier témoin entendu.*)

2. Les dépositions des témoins au *Procès* sont pleines de détails naïfs qui ne peuvent guère être inventés.

3. Robert Holgiles, natif de Londres et héraut d'armes du duc d'Excestre, dépose que le duc d'Alençon lui dit qu'il pouvoit dès ce moment mettre à la disposition du roi d'Angleterre « plus de *neuf cents bombardes, canons et serpentines;* mais qu'il feroit ses efforts pour en avoir mille ; qu'il faisoit construire, entr'autres pièces d'artillerie, deux bombardes, les plus belles du roiaulme de France, dont l'une estoit de mestail, lesquelles il donneroit au duc d'York avec deux coursiers... que monseigneur le *dauphin lui devoit envoier...* » (*Ibid.*)

et tendre avec son oncle de Bourgogne[1]. Il comptait sur la Savoie, un peu sur les Suisses. Il se faisait reconnaître par le pape, et lui faisait hommage des comtés de Valentinois et de Diois. Enfin, chose hardie, il ordonna une levée générale, de dix-huit ans jusqu'à soixante.

Cela lui tourna mal. Le Dauphiné était fatigué; ce tout petit pays, qui n'était pas riche, devenait, sous une main si terriblement active, un grand centre de politique et d'influence[2], insigne honneur, mais un peu cher. Tout le pays était debout, en mouvement; l'impôt avait doublé; une foule d'améliorations s'étaient faites[3], il est vrai, plus que le pays n'en voulait payer. La noblesse, qui ne payait pas, aurait soutenu le dauphin; mais, dans son impatience de se faire des créatures, d'abaisser les uns, d'élever les autres, il faisait tous les jours des nobles; il en fit d'innombrables, force gentilshommes qui pouvaient, sans déroger, commercer, labourer la terre. Ce mot: *Noblesse du dauphin Louis*, est resté proverbial. Elle ne venait pas toujours par de nobles moyens; tel, disait-on, n'avait pour titre que d'avoir tenu l'échelle, élargi la haie par où le dauphin entrait la nuit chez la dame de Sassenage.

L'intervention du duc de Bourgogne, du duc de Bretagne, suffirent plus tard pour sauver le duc d'Alençon;

1. Il venait de lui envoyer des arbalètes en présent; le duc de Bourgogne, à qui probablement le roi en écrivit, crut devoir s'excuser. App. 169.
2. Les Anglais disaient que de tous les hommes de France le dauphin était celui qu'ils redoutaient le plus. (*Procès du duc d'Alençon, déposition de son émissaire le prêtre Thomas Gillet.*) — 3. App. 170.

mais le dauphin était trop dangereux. Nulle intervention n'y fit, ni celle du roi de Castille, qui écrivit pour lui, et même approcha de la frontière, ni celle du pape qui eût sans doute parlé pour son vassal, s'il en eût eu le temps. Le dauphin comptait peut-être aussi mettre en mouvement le clergé. Nous avons vu son étrange démarche auprès des évêques de Normandie. Dans son dernier danger, il fit maint pèlerinage, et envoya des vœux, des offrandes aux églises qu'il ne pouvait visiter : Saint-Michel, Cléry, Saint-Claude, Saint-Jacques de Compostelle. Et à peine eut-il passé chez le duc de Bourgogne qu'il écrivit à tous les prélats de France.

C'était un peu tard. Il avait inquiété l'Église, en empiétant sur les droits des évêques du Dauphiné. Ses ennemis, Dunois, Chabannes, jugèrent avec raison qu'il ne serait point soutenu, que ni son oncle de Bourgogne, ni son beau-père le Savoyard, ni ses sujets du Dauphiné, ni ses amis secrets de la France, ne tireraient l'épée pour lui. Ils agirent avec une vivacité extrême, frappèrent coup sur coup.

D'abord, le 27 mai 1456, le duc d'Alençon fut arrêté par Dunois lui-même, la terreur imprimée dans les Marches d'Ouest, la porte fermée au duc d'York, que les malveillants auraient appelé sans nul doute *in extremis*.

Un second coup (7 juillet) frappé sur les Anglais, mais tout autant sur le duc de Bourgogne, fut la réhabilitation de la Pucelle d'Orléans[1], condamnation

---

1. Le peuple ne pouvait croire à la mort de la Pucelle ; elle ressuscita plusieurs fois. *App.* **171.**

implicite de ceux qui l'avaient brûlée, de celui qui l'avait livrée. Ce ne fut pas une œuvre médiocre de patience et d'habileté d'amener le pape à faire reviser le procès et les juges d'Église à réformer un jugement d'Église, de renouveler ainsi ce souvenir peu honorable pour le duc de Bourgogne, de le désigner aux rancunes populaires comme ami des Anglais, ennemi de la France.

Ces actes de vigueur avertirent tout le monde. Les nobles de l'Armagnac et du Rouergue comprirent que le dauphin, avec ses belles paroles, ne pourrait les soutenir, et ils se déclarèrent loyaux et fidèles sujets. Le beau-père du dauphin, le duc de Savoie, voyant venir une armée du côté de la France, rien du côté de la Bourgogne, écouta les paroles qui lui furent portées par l'ancien *écorcheur* Chabannes, qui avait pris joyeusement la commission de recors dans cette affaire, et se faisait fort d'*exécuter* le dauphin. Chabannes exigea du Savoyard qu'il abandonnât son gendre, et, pour plus de sûreté, il en tira un gage, la seigneurie de Clermont en Genevois. Ainsi le dauphin restait seul; et il voyait son père avancer vers Lyon. La bonne volonté ne lui faisait pas faute pour résister, on peut l'en croire lui-même : « Si Dieu ou fortune, écrivait ce bon fils[1], m'eût donné d'avoir moitié autant de gens d'armes comme le

---

[1]. Lorsqu'il sollicitait Dammartin d'enlever Charles VII, quelques années auparavant, il ajoutait : « Et y veux estre en personne, car chacun craint la personne du Roi quand on le voit; et quand je n'y seroye en personne, je doute que le cœur ne faillît à mes gens, quand ils le verroient, et en ma présence chacun fera ce que je voudrai. » (*Déposition de Dammartin.* Duclos.)

roi mon père, son armée n'eût pas eu la peine de venir ; je la fusse allé combattre dès Lyon[1]. »

La levée en masse qu'il avait ordonnée contre son père n'ayant rien produit, les nobles ne remuant pas plus que les autres, il ne lui restait qu'à fuir, s'il pouvait. Chabannes croyait ne rien faire en prenant le Dauphiné, s'il ne prenait le dauphin ; il lui avait dressé une embuscade et croyait bien le tenir. Mais il échappa par le Bugey, qui était à son beau-père ; sous prétexte d'une chasse, il envoya tous ses officiers d'un côté, et passa de l'autre. Lui septième, il traversa au galop le Bugey, le Val-Romey, et par cette course de trente lieues il se trouva à Saint-Claude en Franche-Comté, chez le duc de Bourgogne.

1. *App.* 172.

CHAPITRE IV

Suite de la rivalité de Charles VII et de Philippe-le-Bon.
(1456-1461.)

Charles VII dit en apprenant la fuite du dauphin et l'accueil qu'il avait trouvé chez le duc de Bourgogne : « Il a reçu chez lui un renard qui mangera ses poules. »

C'eût été en effet un curieux épisode à ajouter au vieux roman de Renard. Cette grande farce du moyen âge tant de fois reprise, rompue, reprise encore, après avoir fourni je ne sais combien de poèmes[1], semblait se continuer dans l'histoire. Ici, c'était Renard chez Isengrin, se faisant son hôte et son compère ; Renard amendé, humble et doux, mais tout doucement observant chaque chose, étudiant d'un regard oblique la maison ennemie.

D'abord, ce bon personnage, tout en laissant à ses gens l'ordre de tenir ferme contre son père[2], lui avait

---

1. *App.* 173.
2. Il retint prisonnier et voulait faire mourir un gentilhomme, dont le neveu avait rendu une de ses places au roi. (*Ms. Legrand.*)

écrit respectueusement, pieusement, « qu'étant, avec l'autorisation de son seigneur et père, gonfalonier de la sainte Église romaine, il n'avait pu se dispenser d'obtempérer à la requête du pape, et de se joindre à son bel oncle de Bourgogne, qui allait partir contre les Turcs pour la défense de la foi catholique ». Par une autre lettre adressée à tous les évêques de France, il se recommandait à leurs prières pour le succès de la sainte entreprise.

A l'arrivée, ce fut entre lui et la duchesse et le duc un grand combat d'humilité[1]; ils lui cédaient partout, et le traitaient presque comme le roi; lui, au contraire, de se faire d'autant plus petit et le plus pauvre homme du monde. Il les fit pleurer au récit lamentable des persécutions qu'il avait endurées. Le duc se mit à sa disposition, lui, ses sujets, ses biens, toutes choses[2], sauf la chose que voulait le dauphin, une armée pour rentrer dans le royaume et mettre son père en tutelle. Le duc n'avait nulle envie d'aller si vite; il se faisait vieux; ses États, ce vaste et magnifique corps, ne se portaient pas bien non plus; il était toujours endolori du côté de la Flandre, et il avait mal à la Hollande. Ajoutez que ses serviteurs, qui étaient ses maîtres, MM. de Croy, ne l'auraient pas laissé faire la guerre. Elle eût ramené les grosses taxes[3], les révoltes. Et qui

---

1. *App.* 174.
2. Il se contenta d'intercéder, quelquefois assez aigrement. Il dit au roi, dans une lettre, que le dauphin a fait demandes bonnes et raisonnables... « et a escript que lui aviez faict bien estrange response ». (*Ms. Baluze.*)
3. Sous l'influence pacifique des Croy, de 1458 à 1463, les taxes diminuent sensiblement. *App.* 175.

eût conduit cette guerre? L'héritier, le jeune et violent comte de Charolais, c'est-à-dire que tout fût tombé dans les mains de sa mère, qui aurait chassé les Croy.

Les conseillers de Charles VII n'ignoraient rien de tout cela. Ils étaient si persuadés que le duc n'oserait faire la guerre, que si le roi les eût crus, ils auraient hasardé un coup de main pour enlever le dauphin au fond du Brabant. Ils avaient décidé le roi à marier sa fille au jeune Ladislas, roi de Bohême et de Hongrie, issu de la maison de Luxembourg, et à occuper le Luxembourg comme héritage de son gendre. Déjà le roi avait déclaré prendre Thionville et le duché sous sa protection. Déjà l'ambassade hongroise était à Paris, et elle allait emmener la jeune princesse, lorsqu'on apprit que Ladislas venait de mourir.

Ce hasard ajournait la guerre[1], que d'ailleurs les deux ennemis étaient loin de désirer. Ils s'en firent une qui allait mieux à deux vieillards, une aigre petite guerre d'écrits, de jugements, de conflits de tribunaux. Avant d'entrer dans ce détail, il faut expliquer, une fois pour toutes, ce que c'était que la puissance de la maison de Bourgogne et faire connaître en général le caractère de la féodalité de ce temps.

Le duc de Bourgogne était chez lui, était en France même, le chef d'une féodalité politique qui n'avait rien de vraiment féodal. Ce qui avait fait le droit de la féodalité primitive, ce qui l'avait fait respecter, aimer de ceux mêmes sur qui elle pesait, c'est qu'elle était pro-

---

1. Le roi ne lâcha pas prise; il acheta du duc de Saxe les droits sur le Luxembourg qu'il tenait de l'héritière de Ladislas. *App.* 176.

fondément *naturelle*; c'est que la famille seigneuriale, née de la terre, y était enracinée, qu'elle vivait d'une même vie, qu'elle en était, pour ainsi parler, le *genius loci*[1]. Au quinzième siècle, les mariages, les héritages, les dons des rois, ont tout bouleversé. Les familles féodales qui avaient intérêt à fixer et concentrer les fiefs, ont travaillé elles-mêmes à leur dispersion. Séparées par de vieilles haines, elles se sont rarement alliées au voisin ; le voisin, c'est l'ennemi ; elles ont plutôt cherché, jusqu'au bout du royaume, l'alliance du plus lointain étranger. De là des réunions de fiefs, bizarres, étranges, comme Boulogne et Auvergne ; d'autres même odieuses ; ainsi, dans la France du Nord, où les Arma-

---

1. C'est elle, le plus souvent, qui avait en quelque sorte fait la terre ; elle y avait bâti des murs, un asile contre les païens du Nord, où l'agriculteur pouvait se retirer, ramener ses troupeaux. Les champs avaient été défrichés, cultivés aussi loin qu'on pouvait voir la tour. La terre était fille de la seigneurie, et le seigneur était fils de la terre ; il en savait la langue et les usages, il en connaissait les habitants, il était des leurs. Son fils, grandissant parmi eux, était l'enfant de la contrée. — Le blason d'une telle famille devait être compris du moindre paysan. Il n'était ordinairement autre chose que l'histoire même du pays. Ce *champ* héraldique était visiblement le champ, la terre, le fief ; ces tours étaient celles que le premier ancêtre avait bâties contre les Normands : ces besans, ces têtes de Mores, étaient un souvenir de la fameuse croisade où le seigneur avait mené ses hommes et qui faisait l'entretien du pays.

Mêmes blasons au quinzième siècle, tout autres familles. Il serait facile de prendre tous les fiefs de France et de montrer que la plupart sont alors entre les mains de familles étrangères, que tous les noms, tous les blasons sont faux. *Anjou n'est pas Anjou;* ce ne sont plus les Foulques, les infatigables batailleurs de la lande bretonne ; ce ne sont plus les Plante-genêts, plantés dans la Loire, transplantés glorieusement en Normandie, en Aquitaine, en Angleterre. *Bretagne n'est pas Bretagne;* la race indigène du vieux clan, Noménoé, s'est mariée en Capet, et les Capets bretons en Montfort ; vrai vaisseau de Thésée, où toute pièce change et le nom subsiste. *Foix n'est plus Foix*, la dynastie des Phébus, gracieuse, spirituelle, à la béarnaise ; ce sont les rudes Grailly de Buch, farouches capitaines, mêlés de l'âpreté des landes et d'orgueil anglais.

gnacs ont laissé tant d'affreux souvenirs, où leur nom même est un blasphème, ils s'y sont établis, y ont acquis le duché de Nemours.

Ces rapprochements de populations diverses, hostiles, sous une même domination, ne sont nulle part plus choquants que dans cet étrange empire de la maison de Bourgogne. Nulle part, pas même en Bourgogne, le duc n'était vraiment le seigneur *naturel*[1]. Ce mot si fort au moyen âge et qui imposait tant de respect, était ici trop visiblement un mensonge. Les sujets de cette maison la regrettèrent tombée ; mais tant qu'elle fut debout, elle ne maintint guère que par force ce discordant assemblage de pays si divers, cette association d'éléments indigestes.

Partout d'abord deux langues, et chacune de vingt dialectes, je ne sais combien de patois français que les Français n'entendent pas ; quantité de jargons allemands, inintelligibles aux Allemands ; vraie Babel, où, comme dans celle de la Genèse, l'un demandant la pierre, on lui donnait le plâtre ; dangereux quiproquo, où les procès flamands se traduisant bien ou mal en

---

1. Le blason de la maison de Bourgogne n'a nul rapport à ses destinées ni à son caractère. Le croix de Saint-André rappelait des souvenirs austères, l'époque de ferveur où un duc, se faisant moine de Cluny, malgré le pape, trente de ses vassaux prirent l'habit, l'époque où Citeaux prêchant la croisade par toute la terre, les princes bourguignons allèrent combattre avec le Cid et fonder des royaumes sur la terre des Maures. — Le lion noir sur or de la Flandre rappelait aux Flamands leurs vieux comtes, qui fortifièrent les villes, tracèrent le fossé entre France et Empire, fondèrent la paix publique, ou bien encore leur aimable dynastie de Hainaut, qui sut *dire* aussi bien que *faire*, qui fit et conta la croisade, s'y dévoua deux fois et couronna la tour de Bruges du dragon de Sainte-Sophie.

wallon ou en français[1], les parties s'entendant peu, le juge ne comprenant pas, il pouvait, en bonne conscience, condamner, pendre, rouer l'un pour l'autre.

Ce n'est pas tout. Chaque province, chaque ville ou village, fier de son patois, de sa coutume, se moquant du voisin : de là force querelles, batteries de kermesses, haines de villes, interminables petites guerres.

Entre les Wallons seuls, que de diversités ! de Mézières et Givet à Dinant, par exemple, du féodal Namur à la république épiscopale de Liége. Du côté de la langue allemande, on peut juger de la violence des antipathies par l'empressement avec lequel les Hollandais, au moindre signe, accouraient armés dans les Flandres.

Chose étrange qu'en ces contrées uniformes et monotones, sur ces terres basses, vagues, où toute différence s'adoucit et se pacifie, où les fleuves languissants semblent s'oublier plutôt que finir, que, là justement, dans l'indistinction géographique, les oppositions sociales se prononcent si fortement !

Mais les Pays-Bas n'étaient point le seul embarras du duc de Bourgogne. Le mariage qui fit la fortune de son grand-père l'avait établi à la fois sur la Saône, la Meuse et l'Escaut. Du même coup il s'était trouvé triple, multiple à l'infini. Il avait acquis un empire, mais aussi cent procès, procès pendants, procès à venir, relations avec tous, discussions avec tous, tentations d'acquérir, occasions de batailler, de la guerre pour

---

1. Je parle surtout du Conseil supérieur.

des siècles. Il avait, en ce mariage, épousé l'incompatibilité d'humeur, la discorde, le divorce permanent... Mais cela ne suffisait pas. Les ducs de Bourgogne allèrent augmentant toujours et compliquant l'imbroglio : « Plus ils estoient embrouillés, plus ils s'embrouilloient[1]. »

Par le Luxembourg, la Hollande et la Frise, ils avaient entamé un interminable procès avec l'Empire, avec les Allemagnes, les vastes, lentes et pesantes Allemagnes, dont on pouvait se jouer longtemps, mais pour perdre à la fin, comme dans toute dispute avec l'infini.

Du côté de la France, les affaires étaient bien plus mêlées encore. Par la Meuse, par Liège et les La Marck, la France remuait à volonté une petite France wallonne entre le Brabant et le Luxembourg. Vers la Flandre, le Parlement avait droit et justice ; il le faisait sentir rarement, mais rudement.

La France avait encore sur le duc une prise plus directe. Avec quoi, ce cadet de France, créé par nous guerroyait-il en France ? avec des Français. Il demandait de l'argent aux Flamands, mais, s'il s'agissait d'un conseil ou d'un coup d'épée, c'était aux Wallons, aux Français qu'on avait recours. Les conseillers principaux, Raulin, Hugonet, Humbercourt, les Granvelle, furent toujours des deux Bourgognes. Le valet confident de Philippe-le-Bon, Toustain, était un Bourguignon ; son chevalier, son Roland, Jacques de Lalaing, était un homme du Hainaut.

---

[1]. Ils essayèrent pourtant de simplifier par des moyens violents, par exemple en dépouillant la maison de Nevers. *App.* 177.

Si le duc de Bourgogne n'emploie que des Français, que feront-ils? Ils contreferont la France. Elle a une Chambre des comptes; ils font une Chambre des comptes. Elle a un Parlement; ils font un Parlement ou conseil supérieur. Elle parle de rédiger ses coutumes (1453); vite, ils se mettent à rédiger les leurs (1459).

Comment se fait-il que cette France pauvre, pâle, épuisée, entraîne cette fière Bourgogne, cette grosse Flandre, dans son tourbillon?... Cela tient sans doute à la grandeur d'un tel royaume, mais bien plus à son génie de centralisation, à son instinct généralisateur, que le monde imite de loin. De bonne heure chez nous la langue, le droit, ont tendu à l'unité. Dès 1300, la France a tiré de cent dialectes, une langue dominante, celle de Joinville et de Beaumanoir. En même temps, tandis que l'Allemagne et les Pays-Bas erraient au gré de leur rêverie par les mille sentiers du mysticisme, la France centralisait la philosophie dans la scolastique, la scolastique dans Paris.

La centralisation des coutumes, leur codification, éloignée encore, était préparée lentement, sûrement, sinon par la législation, au moins par la jurisprudence. De bonne heure, le Parlement déclara la guerre aux usages locaux, aux vieilles comédies juridiques, aux symboles matériels si chers à l'Allemagne et aux Pays-Bas; il avoua hautement ne connaître nulle autorité au-dessus de l'équité et de la raison [1].

Telle fut l'invincible attraction de la France; le duc

1. *App.* 178.

de Bourgogne, qui s'efforçait de s'en détacher, de devenir Allemand, Anglais, fut de plus en plus français malgré lui. Vers la fin, lorsque les évêchés impériaux d'Utrecht et de Liège repoussèrent ses évêques, lorsque la Frise appela l'empereur, Philippe-le-Bon céda définitivement à l'influence française. Il tomba sous la domination d'une famille picarde, les Croy, et leur confia, non seulement la part principale au pouvoir, mais ses places frontières, les clefs de sa maison, qu'ils purent à volonté ouvrir au roi de France. Enfin, il reçut, pour ainsi dire, la France elle-même, l'introduisit chez lui, se la mit au cœur et se l'inocula en ce qu'elle avait de plus inquiet, de plus dangereux, de plus possédé du démon de l'esprit moderne.

Cet humble et doux dauphin, nourri chez Philippe-le-Bon des miettes de sa table, était justement l'homme qui pouvait le mieux voir ce qu'il y avait de faible dans le brillant échafaudage de la maison de Bourgogne. Il avait bien le temps d'observer, de songer, dans son humble situation : il attendait patiemment à Genappe, près Bruxelles. Malgré la pension que lui payait son hôte, à grand'peine pouvait-il subsister, avec tant de gens qui l'avaient suivi. Il vivotait de sa dot de Savoie, d'emprunts faits aux marchands; il tendait la main aux princes, au duc de Bretagne, par exemple, qui refusa sèchement. Avec cela, il lui fallait plaire à ses hôtes; il lui fallait rire et faire rire, être bon compagnon, jouer aux petits contes, en faire lui-même, payer sa part aux *Cent Nouvelles* et dérider ainsi son tragique cousin Charolais,

Les *Cent Nouvelles*, les contes salés renouvelés des fabliaux, lui allaient mieux que les *Amadis* et tous les romans que l'on traduisait de nos poëmes chevaleresques[1] pour Philippe-le-Bon. La pesante rhétorique[2] devait peu convenir à un esprit net et vif comme celui du dauphin. Et tout était rhétorique dans cette cour : il y avait, non seulement dans les formes du style, mais dans le cérémonial et l'étiquette[3], une pompe, une enflure ridicule. Les villes imitaient la cour ; partout il se formait des confréries bourgeoises de parleurs et de beaux diseurs qui s'intitulaient naïvement de leur vrai nom : *Chambres de rhétorique*.

Les vaines formes, l'invention d'un symbolisme vide, étaient bien peu de saison, au moment où l'esprit moderne, jetant ses enveloppes, les signes, les symboles, éclatait dans l'imprimerie[4]. On conte qu'un rêveur, errant au vent du nord dans une pâle forêt de Hollande, vit l'écorce ridée des chênes se détacher en lettres mobiles et vouloir parler. Puis, un *chercheur* des bords du Rhin trouva le vrai mystère ; le profond

---

1. Le faible mérite de ces romans, chroniques, etc., ne doit diminuer en rien notre reconnaissance pour Philippe-le-Bon et pour son fils, qui ont été les véritables fondateurs de la précieuse Bibliothèque de Bourgogne. Un contemporain écrit en 1443 : « Nonobstant que ce soit le prince sur tout autre garni de la plus riche et noble librairie du monde, si est-il enclin et désirant de chascun jour l'accroistre comme il fait ; pourquoi il a journellement et en diverses contrées grands clercs, orateurs, translateurs et escripvains à ses propres gages occupez, etc. » *App*. 179.

2. C'est le défaut du plus grand écrivain de l'époque, de l'éloquent Chastellain. Comines, tout autrement fin et subtil, ne put tenir à la cour de Bourgogne ; il alla prendre sa place naturelle, près de Louis XI.

3. Cette étiquette, toute différente du cérémonial symbolique des temps anciens, n'en a pas moins servi de modèle à toutes les cours modernes. *App*. 180. — 4. *App*. 181.

génie allemand communiqua aux lettres la fécondité de la vie; il en trouva la génération; il fit qu'elles s'engendrassent et se fécondassent de mâle en femelle, de poinçons en matrices : le monde, ce jour-là, entra dans l'infini.

Dans l'infini de l'examen. Cet art humble et modeste, sans forme ni parure, agit partout, remua tout avec une puissance rapide et terrible. Il avait beau jeu sur un monde brisé. Toute nation l'était, l'Église autant qu'aucune nation; il fallait que tous fussent brisés pour se voir au fond et bien se connaître. Grain d'orge ne saurait, sans la meule, ce qu'il a de farine[1].

Notre dauphin Louis, liseur insatiable, avait fait venir sa librairie de Dauphiné en Brabant[2]; il dut y recevoir les premiers livres imprimés. Nul n'aurait mieux senti l'importance du nouvel art, s'il était vrai, comme on l'a dit, qu'à son avènement il eût envoyé à Strasbourg pour faire venir des imprimeurs. Ce qui est sûr, c'est qu'il les protégea contre ceux qui les croyaient sorciers[3].

Ce génie inquiet reçut en naissant tous les instincts modernes, bons et mauvais, mais par-dessus tout l'impatience de détruire, le mépris du passé; c'était un esprit vif, sec, prosaïque, à qui rien n'imposait, sauf un homme peut-être, le fils de la fortune, de l'épée et de la ruse, Francesco Sforza[4]. Pour les rado-

---

1. On connaît la ballade anglaise du martyre de *Grain d'orge*, moulu, noyé, rôti, etc.
2. *Ms. Legrand.* — 3. *App.* 182.
4. Sforza et le dauphin, son admirateur, s'entendaient à merveille. Sforza

tages chevaleresques de la maison de Bourgogne, il n'en tenait grand compte; il le montra dès qu'il fut roi. Au grand tournoi que le duc de Bourgogne donna à Paris, quand tous les grands seigneurs eurent couru, joûté, paradé, un inconnu parut en lice, un rude champion, payé tout exprès, qui les défia tous et les jeta par terre. Louis XI, caché dans un coin, jouissait du spectacle.

Revenons à Genappe. Dans cette retraite, il partageait son loisir forcé entre deux choses, désespérer son père et miner tout doucement la maison qui le recevait. Le pauvre Charles VII se sentait peu à peu entouré d'une force inquiète et malveillante; il ne trouvait plus rien de sûr[1]. Cette fascination alla si loin, que son esprit s'affaiblissant, il finit par s'abandonner lui-même[2]. De crainte de mourir empoisonné, il se laissa mourir de faim[3].

---

ne dédaigna pas de faire un traité avec ce fugitif (6 octobre 1460.) (*Ms. Legrand.*)

1. Lire dans la *Chronique Martinienne*, si curieuse pour ce règne, une lettre que le dauphin écrivait pour qu'elle tombât entre les mains de son père : « J'ai eu des lectres du comte de Dampmartin que je faingtz de hayr. Dictes luy quil me serve toujours bien. »

2. Quelques-uns disent que Charles VII songeait à placer la couronne sur la tête de son second fils. Le comte de Foix assura néanmoins qu'il n'avait pas même voulu lui donner la Guyenne en apanage. Il écrivit à Louis XI à son avènement : « L'année passée, estant le Roy vostre père à Mehun, les ambassadeurs du roy d'Espagne y estoient qui traictoient le mariage de mondit sieur vostre frère avec la sœur du roi d'Espagne ; il fut ouvert que les Espagnols requéroient que le Roy vostre père donnast et transportast la duché de Guyenne à monsieur vostre beau frère ; à quoy le Roy vostre dit père respondist qu'il ne luy sembloit pas bien raisonnable et que vous estiez absent, que estiez frère aisné et que estiez celuy à qui la chose touchoit le plus près après luy. » (Lenglet.)

3. Charles VII fut singulièrement regretté des gens de sa maison : « Et

Le duc de Bourgogne ne mourut pas encore; mais il n'en était guère mieux. Il devenait de plus en plus maladif de corps et d'esprit. Il passait sa vie à mettre d'accord les Croy avec son fils et sa femme. Le dauphin pratiquait les deux partis; il avait un homme sûr près du comte de Charolais. Son exemple (sinon ses conseils) suscitait au duc un ennemi dans son propre fils; les choses en vinrent au point entre le fils et le père, que l'impétueux jeune homme faillit imiter le dauphin, et fit demander à Charles VII s'il le recevrait en France.

La lutte du duc et du roi n'est donc pas près de finir. Que Charles VII meure, que Louis XI soit ramené en France par le duc, sacré par lui à Reims, il n'importe, la question restera la même. Ce sera toujours la guerre de la France aînée, de la grande France homogène, contre la France cadette, mêlée d'Allemagne. Le roi (qu'il le sache ou non), c'est toujours le roi du peuple naissant, le roi de la bourgeoisie, de la petite noblesse, du paysan, le roi de la Pucelle, de Brézé, de Bureau, de Jacques Cœur. Le duc est surtout un haut suzerain féodal, que tous les grands de la France et des Pays-Bas se plaisent à reconnaître pour chef; ceux qui ne sont pas ses vassaux ne veulent pas moins dépendre de lui, comme du suprême arbitre de l'honneur chevaleresque. Si le roi a contre le duc sa juridiction d'appel, son instrument légal, le Parlement[1], le duc a sur les

---

disoit on lors que lung desditz paiges avoit esté par quatre jours entiers sans boire et sans mangier. » (*Cronique Martiniane.*)

1. *App.* 183.

grands seigneurs de France une action moins légale, mais peut-être plus puissante, dans sa cour d'honneur de la Toison d'or.

Cet ordre de confrérie, d'égalité entre seigneurs, où le duc, tout comme un autre, venait se faire admonester, *chapitrer*[1], ce conseil auquel il faisait semblant de communiquer ses affaires[2], c'était au fond un tribunal où les plus fiers se trouvaient avoir le duc pour juge, où il pouvait les honorer, les déshonorer par une sentence de son ordre. Leur écusson répondait d'eux; appendu à Saint-Jean de Gand, il pouvait être biffé, noirci. C'est ainsi qu'il fit condamner le sire de Neufchâtel et le comte de Nevers, refuser, exclure, comme indignes, le prince d'Orange, et le roi de Danemark. Au contraire, le duc d'Alençon, condamné par le Parlement, n'en fut pas moins maintenu avec honneur parmi les membres de la Toison d'or. Les grands se consolaient aisément d'être dégradés à Paris par des procureurs, lorsqu'ils étaient glorifiés chez le duc de Bourgogne, dans une cour chevaleresque, où siégeaient des rois.

---

1. La plus curieuse remontrance est celle que fit l'Ordre à Charles-le-Téméraire et qu'il écouta avec beaucoup de patience : « Que Monseigneur, saulf sa bénigne correction et révérence, parle parfois un peu aigrement à ses serviteurs, et se trouble aulcune fois, en parlant des princes. Qu'il prend trop grande peine, dont fait à doubter qu'il en puist pis valoir en ses anciens jours. Que, quant il faict ses armées, lui pleust tellement drechier son faict que ses subjects ne fuissent plus ainsi travaillez ne foulez, comme ils ont été par cy-devant. Qu'il veuille estre bénigne et attempré et tenir ses pays en bonne justice. Que les choses qu'il accorde lui plaise entretenir, et estre véritable en ses paroles. Que le plus tard qu'il pourra il veuille mettre son peuple en guerre et qu'il ne le veuille faire sans bon et meur conseil. » (Reiffenberg.)

2. Les chevaliers avaient entrée au conseil. En 1491, ils se plaignent de ce que le duc ne les appelle pas à délibérer sur ses affaires. (Raynouard.)

Le chapitre de la Toison le plus glorieux, le plus complet peut-être et qui marque le mieux l'apogée de cette grandeur, est celui de 1446. Tout semblait paisible. Rien à craindre de l'Angleterre. Le duc d'Orléans, racheté par son ennemi, par le duc de Bourgogne, siégeait près de lui en chapitre; personne ne se souvenait de la vieille rivalité; Orléans et Bourgogne devenant confrères, et le duc de Bretagne entrant aussi dans l'ordre, la France, d'ailleurs fort occupée, devait être trop heureuse qu'on la laissât tranquille. Les Pays-Bas l'étaient, entre les deux éruptions de Bruges et de Gand. Dans ce même chapitre, le duc de Bourgogne, armant chevalier l'amiral de Zélande, semblait finir les vieilles disputes de Zélande et de Flandre, marier les deux moitiés ennemies des Pays-Bas, et consolider sa puissance sur les rivages du Nord.

Le bon Olivier de La Marche conte avec admiration comment, alors tout jeune et simple page, il suivit de point en point tout ce long cérémonial, dont le vieux roi d'armes de la Toison d'or voulait bien lui expliquer les mystères. Chacun des chevaliers allait en grande pompe à l'offrande, les absents même et les morts par représentants. Avant tous, le duc fut appelé à l'autel où l'attendait son carreau de drap d'or. « Le poursuivant d'armes, Fusil, prit le cierge du duc, fondateur et chef, le baisa et le donna au roi d'armes de la Toison d'or, lequel, en s'agenouillant par trois fois, vint devant le duc et dit : « Monseigneur le duc de Bourgogne, de Lotrich, de Brabant, de Lembourg et de Luxembourg, comte de Flandre, d'Artois et de Bourgongne, palatin de Hollande, de Zélande et de Namur, marquis du Sainct-Empire, seigneur de Frise, de Salins et de Malines, chef et fondateur de la noble ordre de Toison d'or, allez à l'offrande ! »

Ce jour même, au banquet de l'ordre, lorsque tous les chevaliers, « en leurs manteaux, en la gloire et solennité de leur estat », allaient s'asseoir à la table de velours étincelante de pierreries, lorsque le duc, « qui sembloit moins duc qu'empereur », prenait l'eau et la serviette de la main d'un de ses princes, un petit homme en noir jupon se trouva là, on ne sait comment, et se jetant à genoux, lui présenta à lire... une supplique ?... non, un exploit[1] ! un exploit, bien en forme, du Parlement de Paris, un ajournement en personne pour lui, pour son neveu, le comte d'Étampes, pour toute la haute baronnie qui se trouvait là... Et cela, pour un quidam, dont le Parlement déclarait évoquer l'affaire... Comme si l'huissier fût venu dire : « Voici le fléau de cette fière élévation que vous avez prise, qui vous vient corriger ici, pincer, monsieur, montrer qui vous êtes[2] ! »

Une autre fois, c'est encore un de ces hardis ser-

1. « Iceluy huissier, gardant son exploit jusque au jour Saint-Andrieu, le jour principal de la feste de son ordre... » (George Chastellain.) *App.* 184.
2. Quelque effronté que l'huissier puisse sembler au chroniqueur, je ne puis à cette occasion m'empêcher d'admirer l'intrépidité des hommes qui se chargeaient de tels messages, qui sans armes, en jaquette noire, n'ayant pas, comme le héraut, la protection de la cotte armoriée et du blason de leur maître, s'en allaient remettre au plus fier prince du monde, au baron le plus féroce, à un Armagnac, à un Retz, dans son funèbre donjon, le tout petit parchemin qui brisait les tours... Remarquez que l'huissier ne réussissait guère à faire un bon ajournement, régulier, légal, *en personne*, qu'en cachant sa qualité et risquant d'autant plus sa vie. Il fallait qu'il pénétrât comme mar-

gents qui s'en vient dans Lille, le duc étant dans cette ville, battre et rompre à marteau de forge la porte de la prison, pour en tirer un prisonnier. Grand esclandre et clameur du peuple; il fallut que le duc vînt : « Le gracieux exploitant toujours mailloit et frappoit; il avoit déjà rompu les serrures et grosses barres[1]. » Le duc se retint et ne parla pas, il arrêta ses gens qui voulaient jeter l'homme à la rivière.

Cette apparition de l'homme noir au banquet de la Toison d'or, qu'était-ce, sinon le *memento mori* d'une faible et fausse résurrection de la féodalité ? Et ce marteau de forge, dont l'homme de loi frappait si ferme, que brisait-il, sinon le fragile, l'artificiel, l'impossible empire, formé de vingt pièces ennemies, qui ne demandaient qu'à rentrer dans leur dispersion naturelle ?

chand, comme valet; il fallait que sa figure ne le fît point deviner, qu'il eût mine plate et bonasse, dos de fer et cœur de lion... Ces gens étaient, je le sais, puissamment encouragés par cette ferme croyance que chaque coup leur reviendrait en argent; mais cette foi au *tarif* ne suffit pas pour expliquer en tant d'occasions ces dévouements audacieux, cet abandon de la vie. Il y a là aussi, si je ne me trompe, le fanatisme de la loi.

1. Chastellain.

APPENDICE

1 — page 2 — *Le premier manuscrit de l'*Imitation...

De Imitatione Christi, ed Gence, 1826, descriptio codicum mss., p. xiii. M. Gence regarde le ms. de Mœlck, 1421, comme le plus ancien. M. Hase pense que le ms. de Grandmont pourrait être de la fin du quatorzième siècle. (*Bibl. royale, fonds de Saint-Germain, n° 837.*)

Deux mille éditions latines, etc.

Nul doute qu'il n'y ait un plus grand nombre de traductions et d'éditions; j'indique seulement ici le nombre de celles qui sont venues à la connaissance d'un de nos plus savants bibliographes : Barbier, *Dissertation sur soixante traductions françaises*, etc., p. 254 (1812). M. Gence a recueilli l'indication d'un grand nombre d'éditions dans les archives italiennes (*Catalogues de la congrégation de l'Index*), à l'époque où ces archives furent transférées à Paris. — Parmi les traducteurs de l'*Imitation*, on trouve avec surprise deux noms, Corneille et Lamennais. Le génie héroïque et polémique n'avait rien à voir avec le livre de la paix et de l'humilité.

Les Français y montrent des gallicismes...

De Imitatione, ed. Gence, index grammaticus.

Les Italiens des italianismes...

M. Gregory en cite quelques-uns; il est vrai que plusieurs de ces mots ne sont pas spécialement des italianismes, mais des mots communs à toutes les langues néo-latines. (Gregory, *Mémoire sur le véritable auteur de l'*Imitation, publié par M. Lanjuinais, in-12 (1827), p. 23-24.)

Les Allemands des germanismes...

Schmidt, *Essai sur Gerson*, 1839, p. 122; Gieseler, *Lehrbuch*, II, IV, 348.

Les prêtres la réclament pour Gerson...

Si l'on veut que l'auteur ou le dernier rédacteur de l'*Imitation* soit le plus grand homme du quinzième siècle, ce sera certainement Gerson. Le vénérable M. Gence a voué sa vie à la défense de cette thèse. Pour la soutenir, il faut supposer que le goût de Gerson a fort changé dans sa retraite de Lyon. Le livre *De Parvulis ad Christum trahendis*, la *Consolatio theologiæ*, qui sont pourtant de cette époque, sont généralement écrits dans la forme pédantesque du temps. Dans quelques-uns de ses sermons et opuscules français, surtout dans celui qu'il adresse à ses sœurs, on trouve un tour vif et simple qui ne serait pas indigne de l'auteur de l'*Imitation*. Toutefois, même dans ce dernier opuscule, il y a encore de la subtilité et du mauvais goût. Il dit, au sujet de l'Annonciation, que la Vierge « ferma la portière de discrétion », etc. (Gerson, t. III, p. 810-841.)

Les chanoines réguliers pour Thomas de Kempen...

Thomas de Kempen a pour lui le témoignage de ses trois compatriotes, Jean Busch, Pierre Schott et Jean Trittenheim, tous trois du quinzième siècle. Il semble pourtant bien difficile que ce laborieux copiste se soit élevé si haut; son *Soliloquium animæ* ne donne pas lieu de le croire. « *Le Christ, dit-il, m'a pris sur ses épaules, m'a enseigné comme une mère, me cassant les noix spirituelles et me les mettant dans la bouche.* » Ce luxe d'images (et quelles images!) est peu digne, comme l'observe très bien M. Faugère, de l'homme qui aurait écrit l'*Imitation*. (*Éloge de Gerson* (1838), p. 80.)

Les moines pour un certain Gersen...

Le prétendu Gersen a été créé par les bénédictins du dix-septième siècle, et accueilli par Rome en haine de Gerson. M. Gregory a dépensé beaucoup d'esprit à lui donner un souffle d'existence. Il avance l'ingénieuse hypothèse que l'*Imitation*, dans sa première ébauche, a dû être un programme d'école; je crois qu'elle serait plutôt sortie d'un manuel monastique. M. Daunou a montré jusqu'à l'évidence la faiblesse du système de M. Gregory (*Journal des savants*, déc. 1826, octob. et nov. 1827). L'unique pièce sur laquelle il s'appuie, le ms. d'Arona, est du quinzième siècle et non du treizième, au jugement de deux excellents paléographes, M. Daunon et M. Hase.

Il s'y trouve des passages de tous les saints, etc.

M. Gence va chercher dans tous les auteurs sacrés et profanes les passages qui peuvent avoir un rapport, même éloigné, avec les paroles de l'*Imitation*; il risque de faire tort à son livre chéri, en faisant croire que ce n'est qu'un centon. — Suarez pense que les trois premiers livres sont de Jean de Verceil, d'Ubertino de Casal, de Pietro Renalutio; Gerson aurait ajouté le quatrième livre, et Thomas de Kempen aurait mis le tout en ordre. Cet éclectisme est fort arbitraire. La seule chose spécieuse que j'y trouve, c'est que le quatrième livre, d'une tendance bien plus sacerdotale que les trois autres, pourrait fort bien ne pas être de la même main. (J. M. Suarez, *Conjectura de Imitatione*, 1667, in-4°, Romæ.)

L'auteur c'est le Saint-Esprit...

Voy. aussi dans l'édition de M. Gence (p. LIII) la note spirituelle et paradoxale qu'il a tirée d'un ms. de l'abbé Mercier de Saint-Léger.

Ce livre a été préparé dans des siècles antérieurs...

« Il y avait, au moyen âge, deux existences : l'une guerrière et l'autre monacale. D'une part, le camp et la guerre; de l'autre, l'oraison et le cloître. La classe guerrière a eu son expression dans les épopées chevaleresques: celle qui veillait dans les cloîtres a eu besoin de s'exprimer aussi; il lui a fallu dire ses effusions rêveuses, les tristesses de la solitude tempérée par la religion; et qui sait si l'*Imitation* n'a pas été l'épopée intérieure de la vie monastique, si elle ne s'est pas formée peu à peu, si elle n'a pas été suspendue et reprise, si elle n'a pas été enfin l'œuvre collective que le monachisme du moyen âge nous a léguée comme sa pensée la plus profonde et son monument le plus glorieux ? » Telle est l'opinion que M. Ampère a exprimée dans son cours. Je suis heureux de me rencontrer avec mon ingénieux ami. J'ajoute seulement que cette épopée monastique me paraît n'avoir pu se terminer qu'au quatorzième ou au quinzième siècle.

2 — page 5 — *Le franciscain Ubertino de Casal, Ludolph, et même Tauler*, etc.

Rien n'est moins judicieux, plus puéril même, que la manière dont Ubertino veut interpréter l'Évangile. « Le bœuf, dit-il, signifie que nous devons ruminer ce que le Christ a fait pour nous, l'âne », etc. (*Arbor crucifixi Jesu*, lib. III, c. III.) — Tauler lui-même, qui écrit plus tard, tombe encore dans ces explications ridicules : « Via per sinistri pedis vulnus est sitibunda nostræ sensualitatis mortificatio. » (Tauler, éd. Coloniæ, p. 809.) — Quant à

Ludolph, il surcharge l'Évangile d'embellissements romanesques qui n'ont rien d'édifiant, il donne le portrait de Jésus-Christ : « Il avoit les cheveulx à la manière d'une noys de couldre moult meure, en tirant sur le vert et le noir à la couleur de la mer, crespés et jusques aux oreilles pendans et sur les espales ventilans ; ou meillieu de son chief deux partyes de cheveulx en la manière des Nazareez, ayant le fronc plain et moult plaisant, la face sans fronce, playes et tache, et modérément rouge, et le nez compétament long, et sa bouche convenablement large sans aucune reprehension ; non longue barbe, mais assez et de la couleur des cheveulx, et au menton fourcheue, le regard simple et mortiffié, les yeux clercs. Estoit terrible en reprenant, et en admonestant doulx et amyable, joyeulx ; en regardant, toute greveté. Il a ploré aulcuneffois, mais jamais ne rist... En parler puissant et raisonnable, peu de parolles et bien attrempées, et en toutes choses bien composées. » (Ludolphus, *Vita Christi*, trad. par Guill. le Menand, éd. 1521, in-folio, fol. 7.)

3 — page 5 — *L'âme ne demande qu'à périr en soi,* etc.
Sur cette tendance de l'âme à se perdre en Dieu, et sur la nécessité d'y remédier, voy. saint Bonaventure, *Stimuli amoris*, p. 242, et Ruysbrock, *De Ornatu spiritualium nuptiarum*, lib. II, p. 333.

4 — page 7 — *Cet entretien a lieu sur les ruines du monde...*
L'ébauche grandiose de Grainville semble promettre dans son titre le développement de cette situation dramatique ; elle ne tient pas parole, et elle ne le pouvait. Cette épopée matérialiste est bien moins *Le dernier homme* que *La mort du globe*. Voy. sur la vie de Grainville le bel article de Ch. Nodier, *Dict. de la Conversation*, t. XXXI.

5 — page 9 — *Le style de la* Consolation internelle, etc.
Le rythme me paraît être généralement le même que celui de Gerson dans ses sermons français. Je le croirais volontiers l'auteur, non de l'*Imitation*, mais de la *Consolation*.

6 — page 9, note 3 — *Le latin est loin de cette noble confiance*, etc.
Imitatio, lib. III, c. xxi, fol. 56-57, éd. Gence. *Internelle consolacion*, livre II, c. xxvi, fol. 56-57, éd. 1520, in-12. — Cette édition de la *Consolation*, qui me paraît être une réimpression de l'in-4°

sans date, est la plus moderne qu'on puisse lire ; celle de 1522 est déjà gâtée pour le style et pour l'orthographe. Il est à souhaiter qu'on reproduise enfin ce beau livre dans sa forme originale, en supprimant les gloses qui, d'édition en édition, ont été mêlées au texte. M. Onésime Leroy a trouvé à Valenciennes un ms. important de la *Consolation*. (Onés. Leroy, *Études sur les mystères et sur les ms. de Gerson*, 1837, Paris.)

7 — page 10, note 3 — *Mêmes plaintes dans Clémengis...*

« Surrexerunt scriptores, quos *cursores* vocant, qui rapido juxta nomen *cursu* properantes, nec per membra curant orationem discernere, nec pleni aut imperfecti sensus notas apponere, sed in uno impetu, velut ii qui in stadio currunt... ut vix antequam ad metam veniant, pausam faciant... Oro ne per *cursorios* istos, ut ita dicam, broddiatores id describi facias. » (Nic. Clemeng. *Epist.*, t. II, p. 306.)

Le roi défend aux notaires les abréviations...

« Non apponant abbreviationes...; cartularia sua faciant in bono papyro, etc. » (*Ordonnances*, t. I, p. 417, jul. 1304.)

8 — page 12, note 3 — *En littérature, les Français*, etc.

Nic. Clemeng., t. II, p. 277, epist. 96. — Au reste, j'ai dit ailleurs plus au long ce que je pensais de notre langue et de notre littérature. (*Origines du droit*, Introduction.)

9 — page 18 — *Les Écossais battus à Crevant...*

Voy. sur la *messe de la victoire* fondée à Auxerre et sur le bizarre privilège accordé à la maison de Chastellux : Lebeuf, *Histoire d'Auxerre*, t. II, p. 283 ; Millin, *Voyage*, t. I, p. 163 ; Michelet, *Origines du droit*.

10 — page 18 — *Jacqueline, qui était une belle jeune femme, ne se résigna pas...*

Lire le charmant récit, un peu long, il est vrai, un peu romanesque, de Chastellain, ch. LXIV, p. 69-71 (éd. Buchon, 1836).

Page 18, note 1 — *Elle dit gaiement à Glocester*, etc.

Voy. Vossius, *Annal. Holl.*, lib. XIX, p. 528. Dujardin et Sellius, t. III, p. 426.

11 — page 19 et note 2 — *Bedford offrit une possession inestimable*, etc.

« Donnons, transportons et délaissons les villes, chasteaulx et chastellenies de Péronne, Roye et Mondidier... la ville, cité et bailliage de Tournay, Tournesis, Saint-Amand et Mortagne. » (*Archives, Trésor des chartes*, J, 249, n°˚ 12 et 13, septembre 1423). — L'histoire de la république de Tournay est encore à faire. Voy. *Archives, Trésor des chartes*, J, 528-607, et *Bibl. royale*, mss. *Collection d'Esnans*, vol. C.

Bedford avait engagé sa frontière de l'est, etc.

Le duc s'engage à restituer, « au cas que, dans ledit temps de deux ans, il ne fasse apparoir des sommes que ledit Roy lui doit. » (*Archives, Trésor des chartes*, J, 247, juin 1424.)

12 — page 23 et note 3 — *Le duc de Lorraine, Charles-le-Hardi*, etc.

Voir l'historiette que Juvénal rapporte à la gloire de son père, l'avocat général, et à la honte des ducs de Bourgogne et de Lorraine. (Juvénal des Ursins, p. 247.)

13 — page 25 — *En France, Bedford ne pouvait tirer d'argent*, etc.

« Dix mille marcs promis aux garnisons anglaises de Picardie et de Calais, à prendre sur la rançon du roi d'Écosse, sur le droit des laines, etc. » (*Bibl. royale*, mss. Bréquigny 58, ann. 1426, 25 juillet.)

Pour attirer et retenir les grands seigneurs anglais, etc.

M. Berriat-Saint-Prix (*Hist. de Jeanne d'Arc*, p. 159) a fait dans le *Trésor des chartes* le relevé des dons de terres, de rentes, etc., que le duc de Bedford fit en quelques années aux seigneurs anglais, à Warwick, Salisbury, Talbot, Arundel, Suffolk. Bedford ne s'oubliait pas lui-même. (*Archives, Trésor des chartes, Registres*, 173-175.)

14 — page 25 — *Le plan qu'un savant ingénieur a tracé de ces travaux...*

Histoire du siège d'Orléans, par M. Jollois, ingénieur en chef des ponts et chaussées (1833, in-folio, Orléans), p. 24-40. Voy. surtout les cartes et plans.

Page 27 — *Les bourgeois consentirent à laisser brûler leurs faubourgs...*

L'Histoire et Discours au vray du siège, etc. Orléans, 1606, p. 920.

Page 28 — *Un jour que le général en chef Salisbury*, etc.

Croniques de France dictes de Saint-Denis, imp. à Paris, par Anthoine Verard, 1493, III, 143. Grafton, p. 531.

15 — page 33 — *Le receveur général n'avait pas quatre écus en caisse...*

« Nisi quatuor scuta. » (*Déposition de la veuve du receveur, Marguerite la Touroulde, Procès ms. de la Pucelle, Revision.*)

Le roi qui fit dîner La Hire avec lui, etc.

Vigiles de Charles VII, par Martial de Paris. Cette chronique rimée était, dit-on, devenue si populaire, qu'on la chantait même dans les campagnes.

La situation désespérée de Charles VII est prouvée, etc.

Traité du 10 novembre 1428. (Barante, t. V, p. 256, 3ᵉ édition.) Dupuy affirme que le comté de Saintonge fut donné au roi d'Écosse et à ses hoirs mâles, à tenir en hommage et pairie de France. (*Bibl. royale, ms. Dupuy*, 337, nov. 1428.)

16 — page 34 — *Les villes voisines envoyèrent des vivres à Orléans*, etc.

M. Jollois (p. 52) a donné les reçus (*Archives de la ville d'Orléans, comptes de la commune*, ann. 1428-1429.)

17 — page 34 — *Il n'était pas d'homme qui n'eût chanté dans son enfance*, etc.

« Cantilenas lugubres super morte dolorosa et a proditoribus nephandis proditorie perpetrata... » (*Religieux de Saint-Denis*, ms., folio 878.) — Il est vrai qu'on fit aussi des complaintes sur la mort du duc de Bourgogne. Nous lisons dans une lettre de grâce qu'un chanoine de Reims, trouvant une de ces complaintes à la suite d'une généalogie d'Henri VI, s'était emporté, avait tiré son couteau et coupé les vers ; le roi lui pardonne à condition qu'il fera faire en expiation « deux tableaux plus beaux, lesquels seront atta- « chés à crampons de fer, l'un en la ville de Reims, et l'autre en « l'échevinage d'icelle. » (*Archives, Trésor des chartes, Registre* CLXXIII, 676, ann. 1427.)

18 — page 36 — *Les Anglais, avec tous leurs beaux semblants d'égards pour l'Église*, etc.

Le gouvernement anglais était fort dur. Nous le voyons par les grâces même qu'il accorde. Grâce à un maître d'école d'une amende de 32 écus d'or, qu'il a encourue *pour avoir élevé* le fils d'un Armagnac (*Archives, Trésor des chartes*, J, *Registre* CLXXIII, 19, 1424). Lettres de pardon à un religieux qui a *soigné un Armagnac blessé* (*Ibid.*, 692, 1427), à un écolier qui a *étudié le droit à Angers* (*Ibid.*, 689), à deux frères qui ont été *visités par*

un homme d'armes Armagnac; il était entré chez eux par la fenêtre pour les maltraiter (*Ibid., Registre* CLXXV, 197, 1432).
Grâce de la vie à un maçon de Rouen qui a dit que si le dauphin reprenait la ville, il y avait moyen d'empêcher les Anglais du château de faire des sorties (*Archives, Trésor des chartes, Registre* CLXXIV, 14, 1424).

19 — page 39 — *A Paris, un frère Richard*, etc.
Journal du Bourgeois de Paris, t. XV, p. 119-122. D'Artigny, Voltaire et Beaumarchais ont cru que ce Richard pouvait avoir endoctriné Jeanne Darc. Voy. la réfutation péremptoire de M. Berriat-Saint-Prix, dans son *Histoire de la Pucelle*, p. 242-3.

Le carme breton Conecta, etc.
Meyer, *Annales Rerum Flandricarum*, f. 271 verso.

Une Pierrette bretonne...
« De Bretaigne bretonnant. » (*Journal du Bourgeois de Paris*, t. XV, p. 134, 1430.)

Une Marie d'Avignon...
Notices des mss., t. III, p. 347.

Une Catherine de La Rochelle...
Procès, éd. Buchon, 1827, p. 87.

Un petit berger, que Xaintrailles, etc.
Journal du Bourgeois, t. XV, p. 411, 1430; Jean Chartier, p. 47.

20 — page 41 — *Dom-Remy était un domaine de l'abbaye de Saint-Remy de Reims...*
Un diplôme de 1090 compte Dom-Remy-la-Pucelle parmi les propriétés de l'abbaye. (M. Varin, *Archives administratives de Reims*, p. 242.) Depuis, cette propriété fut aliénée; mais la cure du village semble être restée longtemps à la nomination du monastère de Saint-Remy (M. Varin, d'après D. Martel, *Hist. ms. de Reims*).

Nos grandes abbayes avaient des possessions bien plus éloignées, etc.
Voy., entre autres ouvrages, la savante introduction de M. Varin, *Archives de Reims*, p. XXIII-XXIV.

21 — page 42 — *Jeanne était fille d'un laboureur...*
On voit encore aujourd'hui, au-dessus de la porte de la chaumière qu'habita Jeanne Darc, trois écussons sculptés : celui de Louis XI, qui fit embellir la chaumière ; celui qui fut donné sans doute à l'un des frères de la Pucelle avec le surnom de Du Lis; et un troisième écusson qui porte une étoile et trois *socs de charrue*

pour exprimer la mission de la Pucelle et l'humble condition de ses parents. (Vallet, *Mémoire adressé à l'Institut historique, sur le nom de famille de la Pucelle.*)

22 — page 43 et note 2 — *Ses pieux parents lui donnèrent le nom plus élevé de Saint-Jean...*
Le choix du nom a une singulière importance dans tous les âges religieux (voy. mes *Origines du droit*), à plus forte raison chez les chrétiens du moyen âge, qui plaçaient l'enfant sous le patronage du saint dont il portait le nom. J'ai parlé déjà au tome II (*Tableau de la France*) du nom de Jean, et au tome IV de l'opposition de Jean et de Jacques.

23 — page 47 et note 1 — *C'était une pucelle des Marches de Lorraine qui devait sauver le royaume...*
« Quod debebat venire puella ex quodam nemore *canuto* ex partibus Lotharingiæ. » (*Déposit. du premier témoin de l'enquête de Rouen. Notices des mss.,* t. III, p. 347.)

24 — page 52 — *Baudricourt envoya demander l'autorisation du roi...*
Comparer sur ce point important Lebrun et Laverdy.
Néanmoins il l'encouragea...
Chronique de Lorraine, ap. D. Calmet, *Preuves,* t. II, p. vi.

25 — p. 54 — *Elle déclara qu'elle avait dix-neuf ans ou environ...*
Procès, interrog. du 21 février 1431, p. 54, éd. 1827. Vingt témoins déposèrent dans le même sens. Voy. le résumé de tous les témoignages dans M. Berriat-Saint-Prix, p. 178-179.
C'était une belle fille...
Dépositions, Notices des mss., t. III, p. 373. M. Lebrun des Charmettes voudrait en faire une beauté accomplie. L'Anglais Grafton, au contraire, dans son amusante fureur, dit : « Elle était si laide qu'elle n'eut pas grand mal à rester pucelle (because of her foule face). » (Grafton, p. 534.) — Le portrait de Jeanne Darc qu'on trouve à la marge d'une copie du *Procès,* n'est qu'un griffonnage du greffier. Voy. le fac-simile des mss. de la *Bibliothèque royale,* dans la seconde édition de M. Guido Goerres, *Die Jungfrau von Orleans,* 1841.
Assez grande de taille, etc.
Philippus Bergam. *De Claris Mulieribus,* cap. clvii; d'après

un seigneur italien qui avait vu la Pucelle à la cour de Charles VII. (*Ibid.*, p. 369.)

26 — page 55, note 2 — *Selon un récit moins ancien*, etc.
Sala, *Exemples de la hardiesse*, ms. français de la *Bibl. royale*, n° 180. (Lebrun, t. I, p. 180-183.)
Il semble résulter des réponses de la Pucelle, etc.
Procès, p. 77, 94-95, 102-106, éd. 1827.

27 — page 58 et note 2 — *Cette lettre et les autres que la Pucelle a dictées*, etc.
Voy. ces lettre dans Buchon, de Barante, Lebrun, etc.
On reçut même réponse de l'archevêque d'Embrun, etc.
Lenglet du Fresnoy, d'après le ms. de Jacques Gelu, *De Puella Aurelianensi*, mss. lat. Bibl. Regiæ, n° 6199.

28 — page 58 — *Les docteurs ne sachant que dire, les dames décidèrent...*
« Fut icelle Pucelle baillée à la royne de Cecile, etc. » (*Notices des mss.*, t. III, p. 351.)

29 — page 60 — *Les Anglais étaient divisés dans une douzaine de bastilles*, etc.
Monstrelet exagère au hasard ; il dit *soixante* bastilles ; il porte à *sept ou huit mille* hommes les Anglais tués dans les bastilles du sud, etc.

30 — page 71 — *Le vertige prit les Anglais*, etc.
Selon la tradition orléanaise, conservée par Le Maire (*Histoire d'Orléans*), ce serait en mémoire de cette apparition que Louis XI aurait institué l'ordre de Saint-Michel, avec la devise : « Immensi tremor Oceani. » Néanmoins Louis XI n'en dit rien dans l'ordonnance de fondation. Cette devise se rapporte sans doute uniquement au célèbre pèlerinage : *In periculo maris.*

31 — page 71, note 3 — *Le jour de la délivrance resta une fête pour Orléans*, etc.
Polluche, *Essais hist. sur Orléans*, remarque 77, Lebrun des Charmettes, II, 128.
Six jours après le siège, Gerson, etc.
Il n'est pas sûr que ce pamphlet soit de Gerson. (*Gersonii Opera*, IV, 859.)

Christine de Pisan écrivit aussi, etc.

« Je Christine, qui ay plouré XI ans en l'abbaye close, etc. » (Raimond Thomassy, *Essai sur les écrits de Christine de Pisan*, p. XLII.)

Plusieurs traités furent publiés, etc.

Henrici de Gorckheim *Prop. libr. duo, in Sibylla Francica*, ed. Goldast., 1606. Voy. les autres autres auteurs cités par Lebrun, II, 325 et III, 7-9, 72.

32 — page 73 — *Le connétable de Richemont vint avec ses Bretons*, etc.

Tout cela est fort long dans le *Panégyrique de Richemont*, par Guillaume Gruel. (Collection Petitot, t. VIII.)

33 — page 74, note 1 — *Falstoff s'enfuit et fut dégradé*, etc.

Voy. Grafton et le *Mémoire* curieux que M. Berbrager prépare pour réhabiliter Falstoff.

34 — page 77 — *Sacre de Charles VII, conformément au rituel antique...*

Voy. Varin, *Archives de Reims* et mes *Origines du droit*.

Puis il alla à Saint-Marcou toucher les écrouelles...

Un anonyme du douzième siècle parle déjà de ce don transmis à nos rois par S. Marculphe. (*Acta SS. ord. S. Bened.*, ed. Mabillon, t. VI). M. de Reiffenberg donne la liste des auteurs qui en ont fait mention. (Notes de son édition de Barante, t. IV, p. 261.)

35 — page 80 — *L'entrée d'Henri VI ne put être écrite avec quelque détail sur les registres...*

« Ob defectum pergameni et eclipsim justitiæ. » (*Registre du Parlement*, cité dans la préface du t. XIII des *Ordonnances*, p. LXVII.) — « Pour escripre les plaidoieries et les arretz... plusieurs fois a convenu par nécessité... que les greffiers... à leurs despens aient acheté et paié le parchemin. » (*Archives, Registres du Parlement*, samedi xxe jour de janvier 1431.

36 — page 81 — *Winchester réduisait à rien le protecteur...*

Cette royauté des évêques se marque fortement dans un fait très peu connu. Les francs-maçons avaient été signalés dans un statut de la troisième année d'Henri VI comme formant des associations contraires aux lois, leurs chapitres annuels défendus, etc. En 1429, lorsque l'influence du Protecteur Glocester fut annulée par celle de son oncle, le cardinal, nous voyons l'archevêque de Cantorbéry former une loge de francs-maçons et s'en déclarer le chef. (*The early History of free masonry in England*, by James Orchard Halliwell (1840, London), p. 95.)

37 — page 88 — *Le comte d'Armagnac écrivit à la Pucelle de décider lequel des papes il fallait suivre...*
Dans Berriat-Saint-Prix, p. 357, et dans Buchon, p. 539, édition de 1838.

38 — page 90 — *Prisonnière de guerre... qu'avait-elle à craindre ?...*
Voy. ce que j'ai dit plus haut sur l'influence des femmes au moyen âge, sur Héloïse, sur Blanche de Castille, sur Laure, etc., et particulièrement le discours lu à l'Institut : *Sur l'Éducation des femmes et sur les écoles de religieuses dans les âges chrétiens* (mai 1838).
Le maréchal de Boucicaut venait de fonder un ordre, etc.
« Font à sçavoir les treize chevaliers compaignons, portans en leur devise l'escu verd à la Dame blanche, premièrement, pour-ceque tout chevalier est tenu de droict de vouloir garder et défendre l'honneur, l'estat, les biens, la renommée et la louange de toutes dames et damoiselles, etc. » (*Livre des Faicts du maréchal de Boucicaut.*)

39 — page 91, note 3 — *Jacqueline de Flandre...*
Reiffenberg, notes sur Barante, IV, 396. Voir les *Archives du Nord de la France*, t. IV, 1re livraison, d'après un ms. de la *Bibl. de l'université de Louvain*, et le travail que prépare M. Van Ertborn. — Le 1er décembre 1434, Jacqueline fit exposer les causes de nullité de son mariage avec le duc de Brabant : « Doudit mariage et alliance sentoit sa conscience bléchie, se estoit confessée et l'en avoit estet baillie absolution, moyennant XII CT. couronnes à donner en amosnes et en penance de corps que elle avoit accomplit. » (*Particularités curieuses sur Jacqueline de Bavière*, p. 76, in-8°, Mons, 1838.)
La fameuse comtesse qui mit au monde trois cent soixante-cinq enfants...
Art de vérifier les dates, Hollande, ann. 1276, III, 184.
Un comte de Clèves a soixante-trois bâtards...
Ibid., *Clèves*, III, 184. La partie relative aux Pays-Bas est,

comme on le sait maintenant, du chanoine Ernst, le savant auteur de l'*Histoire du Limbourg*, récemment éditée par M. Laveleye (Liège, 1837).

Jean de Bourgogne, évêque de Cambrai, etc.

Reiffenberg, *Histoire de la Toison d'or*, p. xxv de l'introduction).

Philippe-le-Bon et ses bâtards...

Voy. particulièrement *Archives de Lille, Chambre des comptes, inventaire,* t. VIII.

... et ses femmes et ses maîtresses...

Reiffenberg, *Histoire de la Toison d'or*, Introd., p. xxv.

40 — page 94 — *Interminables bombances...*

La fête des *mangeurs et buveurs* a été célébrée encore cette année (1841) à Dilbeck et Zelick. On y donne en prix une dent d'argent au meilleur mangeur, un robinet d'argent au meilleur buveur.

41 — page 96 — *Philippe-le-Bon immola les droits de ses pupilles...*

Sur la spoliation de la maison de Nevers, voy. surtout *Bibl. royale, mss., fonds Saint-Victor,* n° 1080, fol. 53-96.

42 — page 98 — *Winchester avait lancé une ordonnance...*

« Contra terrificatos incantationibus Puellæ. » (Rymer, 2 mai, 12 décembre 1430.)

43 — page 98, note 3 — *Un chroniqueur assure que le couronnement se fit à ses frais...*

« ... Magnificis *suis sumtibus* in regem Franciæ... coronari. » (*Hist. Croyland. contin.*, apud Gale, *Angl. Script.*, I, 516.)

44 — page 99 — *Lord Warwick, gouverneur d'Henri...*

Le petit Henri VI dit dans son ordonnance : Nous avons choisi le comte de Warwick... « ad nos erudiendum... in et de bonis moribus, literatura, idiomate vario, nutritura et *facetia*... » (Rymer, t. IV, pars IV, 1 julii 1428.) — Ce *molle atque facetum* qu'Horace attribue à Virgile, comme le don suprême de la grâce, semble un peu étrange, appliqué, comme il l'est ici, au rude geôlier de la Pucelle. Il semble au reste n'avoir guère été plus doux pour son élève ; la première chose qu'il stipule en acceptant la charge de gouverneur, c'est le droit de *châtier.* Voy. les articles qu'il présenta au conseil. (*Turner*, II, 508.)

Avait aussi la surveillance de la Pucelle...

Voy. commission pour faire revue du comte de Warwick, capitaine des château, ville et pont de Rouen, et d'une lance à cheval, quatorze à pied et quarante-cinq archers, pour la sûreté du château, etc. (*Archives du royaume*, K, 63, 22 mars 1430.)

45 — page 100 — *Pierre Cauchon...*

Voy. sur Cauchon, Du Boulay, *Historia Univers. Parisiensis*, V, 912.

Note 1 — *Son extrême dureté pour les gens d'église du parti contraire.* .

Voy. le *Religieux de Saint-Denis*, ms. Baluze, Bibl. royale, tome dernier, folio 176.

Note 2 — *La lettre que Clémengis lui adresse...*
Nicol. de Clemang., *Epistolæ*, II, 323.

L'archevêque de Rouen venait d'être transféré ailleurs...
Gallia Christiana, XI, 87-88.

Winchester le recommanda au pape pour ce grand siège...

« Litteræ directæ Domino Summo Pontifici pro translatione D. Petri Cauchon, episcopi Belvacensis, ad ecclesiam metropolitanam Rothomagensem. » (Rymer, t. IV, pars IV, p. 152, 15 décembre 1429.)

Rouen alors en guerre avec l'Université de Paris...

Voy. la *Remontrance de Rouen contre l'Université.* (Chéruel, 167.)

Page 101, note — *Cauchon recevait des Anglais cent sols par jour...*

D'après sa quittance (communiquée par M. Jules Quicherat, d'après le ms. de la *Bibl. royale, Coll. Gaignière*, vol. IV).

46 — page 102 — *Le conseil d'Angleterre interdit aux marchands anglais les marchés des Pays-Bas*, etc.

Rymer, t. IV, pars IV, p. 165, 19 julii 1430. Pour saisir l'ensemble de l'espèce de guerre commerciale qui commençait entre la jeune industrie anglaise et celle des Pays-Bas, voy. les défenses d'importer en Flandre les draps et laines filées d'Angleterre (1428, 1464, 1494), et enfin l'importation permise (1499), sous promesse de réduire les droits sur la laine non travaillée que les Anglais vendront aux Flamands à Calais. (Rapport du jury sur l'industrie belge, rédigé par M. Gachard, 1836.)

47 — page 102 — *Charles VII agissait-il pour sauver la Pucelle ? En rien, ce semble...*

M. de Laverdy ne justifie le roi que par des conjectures. M. Berriat-Saint-Prix le trouve inexcusable, p. 239.

48 — page 103 — *La rançon de la Pucelle fut payée à Jean de Ligny*, etc.

Comme le prouve l'une des pièces copiées par M. Mercier aux archives de Saint-Martin-des-Champs. Note de l'abbé Dubois. (*Dissertation*, éd. Buchon, 1827, p. 217.)

La triste devise de Jean de Ligny, etc.

Le mausolée de la Toison d'or, Amst. 1689, p. 14. *Histoire de l'Ordre*, IV, 27.

49 — page 106 et note 1 — *Henri entra à Paris le 2 décembre...*

Dans sa lettre datée de Rouen, 6 novembre 1430, il donne pouvoir au chancelier de France de différer la rentrée du Parlement : « Considérant que les chemins sont très dangereux et périlleux... — Autre lettre datée de Paris, 13 novembre, par laquelle il donne un nouveau délai. (*Ordonnances*, XIII, 159.)

50 — page 106 et note 2 — *Le chapitre ne s'y décida*, etc.

« Vocentur ad deliberandum super petitis per D. episcopum Belvacensem, et compareant sub pœna pro quolibet deficiente amittendi omnes distributiones per octo dies... Assertiones pro quadam muliere in carceribus detenta... eidem in gallico exponantur et caritative moneatur... « (*Archives de Rouen, reg. capitulaires*, 14-15 avril 1431, fol. 98 ; communiqué par M. Chéruel.)

51 — page 108 — *Winchester fit allouer à l'inquisiteur vingt sols d'or*, etc.

Voy. la quittance dans les pièces copiées par M. Mercier aux archives de Saint-Martin-des-Champs. Note de l'abbé Dubois. (*Dissertation*, éd. Buchon, 1827, p. 219.)

52 — page 111 — *Les Pharisiens restèrent stupéfaits.*

« Fuerunt multum stupefacti, et illa hora dimiserunt. » (*Procès de Revision. Notices des mss.*, III, 427.)

Page 112, note — *Entre autres questions hostiles et inconvenantes*, etc.

(*Procès*, éd. Buchon, 1827, p. 75. Voy. aussi d'autres questions bizarres de casuistes, p. 131 et *passim*.)

53 — page 125, note 1 — *Procès, 3 avril...*

Et non 29 mars, comme porte le *ms. d'Orléans*, où il y a beaucoup de confusion dans les dates. Voy. éd. Buchon, 1827, p. 139.

54 — page 128 — *Quand on délibéra si elle serait mise à la torture*, etc.

Notices des mss., p. 245 et *passim*. — *Procès*, éd. Buchon, 1827, p. 164, 12 mai.

55 — page 131 — *Elle avait goûté d'un poisson que lui envoyait l'évêque de Beauvais*, etc.

« Eam interrogavit quid habebat, quæ respondit quod habebat quod fuerat missa quædam carpa sibi per episcopum Bellovacensem, de qua comederat, et dubitabat quod esset causa suæ infirmitatis; et ipse de Estiveto ibidem præsens, redarguit eam dicendo quod male dicebat, et vocavit eam paillardam, dicens : Tu, paillarda, comedisti aloza et alia tibi contraria. Cui ipsa respondit quod non fecerat, et habuerunt ad invicem ipsa Joanna et de Estiveto multa verba injuriosa. Postmodumque ipse loquens... audivit ab aliquibus ibidem præsentibus, quod ipsa passa fuerat multum vomitum. » (*Notices des mss.*, III, 471.)

« *Le roi l'a achetée, elle lui coûte cher!...* »
« Rex eam habebat caram et eam emerat. (*Ibid.*).

56 — page 132 — *Ce coup frappé, Winchester reprenait Louviers...*

« Non audebant, ea vivente, ponere obsidionem ante villam Locoveris. » (*Notices des mss.*, III, 473.)

Page 133, note 1 — *Winchester au concile de Constance....*

Voy. Endell Tyler, *Memoirs of Henry the fifth*, II, 61. London, 1838.

57 — page 133 — *Cauchon se laissait appeler d'avance : Monseigneur l'archevêque...*

« La cædule que tenoit ledit Monseigneur l'arcevesque. » (Lebrun, IV, 79, d'après le *ms. d'Urfé.*)

58 — page 133, note 3 — ... *dans la grande assemblée tenue aux Bernardins...*

Bulæus, *Hist. Univ. Parisiensis*, t. V, *passim*. Ce couvent célèbre où se tinrent tant d'assemblées importantes de l'Université, où elle jugea les papes, etc., subsiste encore aujourd'hui. C'est l'entrepôt des huiles.

59 — page 134 — « *L'ange Gabriel est venu me fortifier* », etc.
« L'ange Gabriel est venu me visiter le 3 mai pour me fortifier. » *Troisième monition*, 11 mai. Lebrun, IV, 90, d'après les grosses latines du procès.

60 — page 134 — *Enfin arriva la réponse de l'Université...*
Voyez cette pièce curieuse dans Bulæus (*Hist. Univ. Paris.*, V, 395-401.)

61 — page 136 — *Ce fut au cimetière de Saint-Ouen*, etc.
Voy. les dépositions du notaire Manchon, de l'huissier Massieu, etc. (*Notices des mss.*, III, 502, 505 et *passim*.)

61 bis — page 137 — *Alors Cauchon, se tournant vers le cardinal*, etc.
« Inquisivit a cardinali Angliæ quid agere deberet. » (*Ibid.*, 484.)
Le secrétaire de Winchester tira, etc.
« A manica sua. » (*Ibid.*, 486.)

62 — page 138 — *... dans les prisons d'Église...*
Voy., au *Processus contra Templarios*, avec quelle insistance les défenseurs du Temple demandent « ut ponantur in manu Ecclesiæ ». Les prisons d'Église avaient toutefois cet inconvénient que presque toujours on y languissait longtemps. Nous voyons en 1384 un meurtrier que se disputaient les deux juridictions de l'évêque et du prévôt de Paris, réclamer celle du prévôt et demander à être pendu par les gens du roi plutôt que par ceux de l'évêché, qui lui auraient fait subir préalablement une longue et dure pénitence : « Flere dies suos, et pœnitentiam, cum penuriis multimodis, agere, temporis longo tractu. » (*Archives du royaume, Registres du Parlement*, ann. 1384.)

63 — page 143 — *Les prêtres citaient le texte d'un concile du quatrième siècle...*
Concil. Gangrense, circa annum 324, tit. XIII, apud *Concil.* Labbe, II, 420.

64 — page 145 — *Quand vint le dimanche matin*, etc.
N'est-il pas étonnant que MM. Lingard et Turner suppriment

des détails si essentiels, qu'ils dissimulent la cause qui obligea a Pucelle à reprendre l'habit d'homme ? Le catholique et le protestant ne sont ici qu'Anglais.

65 — page 145 et note 3 — *Xaintrailles venait de faire une tentative hardie sur Rouen...*
Alain Chartier, *Chroniques du roi Charles VII*, et Jean Chartier, mai 1431, éd. Godefroy, p. 47. *Journal du Bourgeois*, p. 427, éd. 1827.

66 — page 149 — « *Je serai délivrée à grande victoire...* »
Procès français, éd. Buchon, 1827, p. 79, III. — « An suum consilium dixerit sibi quod erit liberata a præsenti carcere ? Respondet : Loquamini mecum *infra tres menses...* Oportebit semel quod ego sim liberata... — Dominus noster non permittet eam venire ita basse, quin habeat succursum a Deo bene cito et *per miraculum.* » (*Procès latin*, ms., 27 février, 17 mars 1431.)

67 — page 150 — *Il y avait une intention*, etc.
Ce détail et la plupart de ceux qui vont suivre, sont tirés des dépositions des témoins oculaires, Martin Ladvenu, Isambart, Toutmouillé, Manchon, Beaupère, Massieu, etc. Voy. *Notices des mss.*, III, 489-508.

68 — page 155 — *Elle rendit témoignage à ses Saintes...*
« Quod voces quas habuerat, erant a Deo... nec credebat per easdem voces fuisse deceptam. » (*Notices des mss.*, III, 489.)
M. Henri Martin a donné une explication rationnelle et profonde des *voix* et des visions de Jeanne Darc : « Le philosophe pourrait soutenir que l'illusion de l'inspiré consiste à prendre pour une révélation apportée par des êtres extérieurs, anges, saints ou génies, les révélations intérieures de cette personnalité infinie qui est en nous, et qui parfois, chez les meilleurs et les plus grands, manifeste par éclairs des forces latentes dépassant presque sans mesure les facultés de notre condition actuelle. Dans la langue des anciennes philosophies et des religions les plus élevées, ce sont les révélations du *férouer* mazdéen, du bon démon (celui de Socrate), de l'ange gardien, de cet autre *Moi* qui n'est que le *moi* éternel, en pleine possession de lui-même, » l'*awen* des Celtes (Triades des Bardes Gallois). (*Hist. de France*, t. VI, p. 143, note.)

69 — page 157 — *Quelle légende plus belle que cette incontestable histoire !...*

Sur l'authenticité des pièces, la valeur des divers manuscrits, etc., voir le travail de M. de Laverdy, et surtout celui du jeune et savant M. Jules Quicherat, auquel nous devrons la première publication complète du *Procès de la Pucelle*.

Qu'y ajouterait la poésie ?...

Je n'appelle pas poésie le poème d'Antonio Astezano (secrétaire du duc d'Orléans, ms. de Grenoble, 1435), ni celui de Chapelain. Néanmoins ce dernier, comme le remarque très bien M. Saint-Marc-Girardin (*Revue des Deux Mondes*, septembre 1838), a été traité trop sévèrement par la critique. Sa préface, qu'on a trouvée si ridicule, prouve une profonde intelligence théologique du sujet. — Shakespeare n'y a rien compris ; il a suivi le préjugé national dans toute sa brutalité. — Voltaire, dans le déplorable badinage que l'on sait, n'a pas eu l'intention réelle de déshonorer Jeanne Darc ; il lui rend dans ses livres sérieux le plus éclatant hommage : « Cette héroïne... fit à ses juges une réponse digne d'une mémoire éternelle... Ils firent mourir par le feu celle qui, pour avoir sauvé son roi, *aurait eu des autels*, dans les temps héroïques où les hommes en élevaient à leurs libérateurs. » (Voltaire, *Essai sur les mœurs et l'esprit des nations*, chap. LXXX.) — Les Allemands ont adopté notre sainte et l'ont célébrée autant et plus que nous. Sans parler de la *Jeanne Darc* de Schiller, comment ne pas être touché du pèlerinage qu'accomplit M. Guido Goerres à travers toutes les bibliothèques de l'Europe et par toutes les villes de France pour recueillir les manuscrits, les traditions, les moindres traces d'une si belle histoire ? Cette dévotion chevaleresque d'un Allemand à la mémoire d'une sainte française fait honneur à l'Allemagne, à l'humanité. L'Allemagne et la France sont deux sœurs. Puissent-elles l'être toujours ! (octobre 1840.)

La vierge secourable des batailles...

La réalité populaire me paraît avoir été bien heureusement conciliée avec l'idéalité poétique dans l'œuvre d'une jeune fille à jamais regrettable !... Elle avait eu pour révélation ce moment unique de Juillet. Toutes les deux, l'artiste et la statue, ont été les filles de 1830.

70 — page 160 et note 2 — « ... *combien il y a de gloire à être bon !...*

Télém., liv. XII. L'original grec le dit aussi, mais bien faiblement, et d'ailleurs dans un autre sens. (Sophocl., *Philoct.*, v. 476.)

71 — page 162 — *Sur le comte de Warwick.*

72 — page 164 — *Sur le cardinal de Winchester.*

73 — page 165 — *La gloutonnerie de celte gent vorace...*
Shakespeare en parle d'une manière très comique.

> Either they must be dieted, like mules,
> And have their provender tied to their mouths,
> Or, piteous they will look, like drowned mice.
> (Shak., *Henri IV*, I, P., act. I, sc. 2.)

74 — page 167 — *L'homme avoua que Winchester l'avait chargé de tuer le roi...*
« By the stirring up and procuring of my saide lorde of Winchester. » (*Holingshed*, éd. 1577, fol. 1228, colonn. 2).

75 — page 169 — *Le duc de Bourgogne avait dans ses archives les lettres secrètes de Glocester, de Bedford, etc.*
Ces pièces, si importantes, étaient encore aux archives de Lille au commencement de ce siècle; elles en ont été soustraites, et le savant archiviste, M. Leglay, qui en a recouvré d'autres, n'a pu trouver encore la trace de celles-ci; peut-être sont-elles aujourd'hui dans quelque manoir anglais, au fond d'un musée seigneurial. Heureusement l'inventaire en donne un extrait fort détaillé. Glocester écrit à Bedford pour lui apprendre les liaisons du duc de Bourgogne avec Arthur de Bretagne qui veut le rapprocher du dauphin; il propose de le faire arrêter. Bedford répond qu'*il vaudrait mieux le tuer* dans les joûtes qui auront lieu à Paris. Puis il écrit que l'occasion a manqué, mais qu'il trouvera moyen de l'attirer et de le faire enlever au passage. (*Archives de Lille; Chambre des comptes, inventaire,* t. VIII, ann. 1424).

76 — page 169 — *Les Anglais firent acte de souveraineté en Flandre...*
En 1423, Bedford avait tranché durement cette grande question de juridiction en faisant casser une sentence des Quatre membres de Flandre par le Parlement de Paris. (*Archives du royaume, Trésor des chartes,* 30 avril, J, 573.)

Ecrivant aux Gantais et leur offrant protection...
« Et si vous ou les vostres désirez aucune chose devers nous, tousjours nous trouverez disposez de entendre raisonnablement comme souverain... » (*Proceedings and ordinances of the privy council of England,* vol. IV, 5, 1835.)

77 — page 173 — *Les Anglais demandaient que chacun restât en possession de ce qu'il avait,* etc.

D. Plancher (*Histoire de Bourgogne*, t. IV, p. 203), d'après le journal anglais des conférences, ms. de la Bibl. Harleienne, n° 4763.

78 — page 175 — *On défendit en Flandre les draps anglais,* etc.

Voy. plus haut, page 111, et pour la défense de 1446, *Archives générales de Belgique, Brabant*, n° 2, fol. 123.

79 — page 175 — *On se croyait lié viagèrement à celui qui avait signé,* etc.

J'ai cité quelques exemples de cet attachement à la lettre dans mes *Origines du droit* et je pourrais en ajouter une foule d'autres.

80 — page 176 — *Le doyen de Paris, Jean Tudert, se jeta aux pieds du duc Philippe,* etc...

Ce fut Jean Tudert, et non Bourbon et Richemont, comme le dit à tort Monstrelet. (D. Pancher, IV, 218-219.) En effet, pourquoi Philippe-le-Bon aurait-il préféré ses deux beaux-frères pour leur laisser faire ce personnage humiliant? Cette observation judicieuse appartient aux auteurs de l'*Ancien Bourbonnais* (MM. Allier, Michel et Batissier), t. II, p. 50.

81 — page 179 — *Le pape nommait souvent aux bénéfices des partisans de l'Angleterre...*

Voy. *Ordonnances*, t. XIII, p. XLV-XLVI.

Le roi adopta dans sa Pragmatique de Bourges les décrets du concile de Bâle, etc.

Ce point essentiel de la Pragmatique est celui sur lequel elle glisse le plus légèrement : « *Patronorum jura enervantur...* » — Au contraire, elle insiste sur le texte populaire, la nécessité d'empêcher l'argent de sortir du royaume : *Thesauri asportantur.* (*Ordonnances*, XIII, 269.)

Ces patrons, descendants des pieux fondateurs...

Le vieux canoniste explique très bien l'origine de ces droits, dans son vers technique :

> Patronum faciunt dos, ædificatio, fundus.
> (Ducange, verb. PATRONUS.)

Ou protecteurs...

Ibid, et verb. ABBACOMITES.

82 — page 181 et note 2 — *La Pragmatique de Bourges...*

Voir les observations fort spécieuses de Pie II sur les inconvénients de la Pragmatique, dans le recueil des *Libertés de l'Église gallicane*, t. I (sub fin.). *Hist. de la Pragm.*, page 36, d'après Gobellini, *Comment.* Voy. aussi la réponse du spirituel pontife aux Allemands (*Æneæ Sylvii Piccolominei Opera*, p. 837).

83 — page 182 et note 1 — *Le Parlement, dans une remontrance*, etc.

Remontrance du Parlement à Louis XI. (*Libertés de l'Église gallicane*, I, p. 90, nos 52-57.) Voy. aussi les observations piquantes sur la fureur avec laquelle on allait intriguer à Rome, pour obtenir les bénéfices : « N'y aura nul qui ait de quoy qui ne se mette en avant pour cuider advancer son fils ou son parent, et souvent perdront leur parent et leur argent. » (*Ibid.*, p. 9, n° 53.)

La France voulait faire elle-même ses affaires, etc.

Entre autres pamphlets, inspirés de cet esprit gallican, voy. *De Matrimonio contracto inter Dominam Pragmaticam et Papam, matrimonium istud debeatne consummari*, 1430. (Bibl. royale, ms. Dupuy, 670, fol. 42.)

84 — page 191 — *A chaque élection, le seigneur était là pour présenter ou recommander*, etc.

On peut relever dans la *Gallia Christiana* les noms des évêques qui furent nommés sous l'influence des grands seigneurs : *Dunois*. Son familier, D'Illiers, év. de Chartres, 1459. — *Armagnac*. Jean d'Armagnac, frère du bâtard d'Armagnac, év. d'Auch, vers 1460. — *Pardiac*. Jean de Barthon, fils du chancelier de Bernard de Pardiac, comte de La Marche, év. de Limoges, 1440. — *Foix*. Roger de Foix, év. de Tarbes, 1441, a pour successeur son parent, le cardinal Pierre de Foix. — *Albret*. Louis d'Albret, év. d'Aire, 1444, de Cahors, 1460. — *Bourbon*. Charles de Bourbon, év. du Puy, est élu (à neuf ans) archevêque de Lyon, 1446, sur la présentation de son père ; Jean de Bourbon lui succède, comme év. du Puy ; Jacques de Combornes, familier de la maison de Bourbon, est élu év. de Clermont, 1445. — *Angoulême*. Robert de Montberon, homme lettré, attaché à Jean d'Angoulême, est élu év. d'Angoulême vers 1440 ; Geoffroi de Pompadour, ami et conseiller du même Jean, succède, 1450. — *Alençon*. Robert Cornegrue, présenté par le duc d'Alençon, est élu év. de Séez, 1453. — *Aubusson*. Hugués d'Aubusson, év. de Tulle, 1444, etc, etc. (Note communiquée par M. Jules Quicherat, d'après la *Gallia Christiana*, etc.).

85 — page 185 — *Le fils (Adolfe de Gueldre) avait à dire que le parricide était l'usage de la famille...*

Voy. *Art de vérifier les dates; Gueldre*, aux années 1326, 1361, 1465.

Nous le trouvons dans toutes les grandes maisons des Pays-Bas...

Ibid. Flandre 1226 (?), Namur 1236, Berg 1348 et 1404, Cuyck 1386, Hollande 1351 et 1392.

86 — page 186 — *Procès de Retz...*

Je me suis servi de deux extraits manuscrits du procès ; l'un est à la Bibliothèque royale (n° 493, F) ; l'autre, très soigné et très bien fait, m'a été communiqué par le savant M. Louis Du Bois. Le manuscrit original du procès de Retz est aux *Archives de Nantes*.

87 — page 198 — *Les écorcheurs, voyant les Suisses prêts à les recevoir*, etc.

Sur les craintes où ces brigands tinrent la Suisse pendant plusieurs années, voy. particulièrement les lettres des magistrats de Berne : *Der Schweitzerische Geschichtforscher*, XI, 321-488 (1437-1450).

88 — page 200 — *Jacques Cœur commerçant à Beyrouth*, etc.

« J'y trouvai (à Damas) plusieurs marchands génois, vénitiens, catalans, florentins et français. Ces derniers étaient venus y acheter différentes choses, spécialement des épices, et ils comptaient aller à Barut s'embarquer sur la galère de Narbonne, qu'on y attendait. Parmi eux, il y avait un nommé *Jacques Cœur* qui, depuis, a joué un grand rôle en France, et a été argentier du roi. » (Extrait du *Voyage de Bertrandon de la Broquière en Terre-Sainte et en Syrie*, accompli par ordre du duc de Bourgogne, en 1432-1433 ; (*Mémoires de l'Académie des sciences morales et politiques*, vol. 490).

Il mariait ses nièces ou autres parentes aux patrons de ses galères...

Archives, Trésor des Chartes, Reg. 191, n°s 233, 242.

89 — page 215 — *Le dauphin reprend Dieppe...*

Voy. l'intéressant récit de M. Vitet, *Histoire de Dieppe*, et Legrand, *Histoire de Louis XI*, p. 41-43. (*Bibliothèque royale*, mss., p. 41-43.)

90 — 217 — *Les Armagnacs ne furent lâchés que lorsque Henri VI était marié dans la maison de France...*

Voy. la rémission accordée à Armagnac en 1445. J'y trouve, entre autres choses, qu'il avait jeté la bannière du roi dans le Tarn. (*Archives, Trésor des chartes, Reg.* 177, n° 127.)

91 — page 218 — *Metz et autres villes de Lorraine soldaient les meilleurs hommes d'épée,* etc.

« Dedans laquelle ville de Metz estoient plusieurs compagnons de guerre souldoyez, ainsi que de longtemps ils ont accoustumé d'avoir. » (Mathieu de Couci, p. 538.)

92 — page 219 — *On assurait qu'après un combat,* etc.
Fugger, *Spieger des erzhauses Œsterreich,* p. 539.
Tschudi...
Cet excellent chroniqueur, né en 1503, par conséquent postérieur aux événements dont il s'agit ici, ne devait pas être suivi avec une docilité servile. Il est important, comme témoin de la tradition; mais on aurait dû lui préférer les chroniqueurs contemporains. Voy. *Egidius Tschudi's leben und schriften,* von Ildephons Fuchs, Saint-Gallen, 1805.
Jean de Müller...
Son histoire sera continuée, pour les deux derniers siècles, avec une critique supérieure, par MM. Monnard et Vuillemin. M. Monnard a donné de plus une intéressante biographie de Jean de Müller. (Lausanne, 1839.)

93 — page 221 — *Dans maintes guerres d'Italie,* etc.
Voy. les *Mémoires du Loyal Serviteur du chevalier sans paour et sans reprouche.*

94 — page 222 — *Notre-Dame-des-Ermites...*
Sur l'importance de ce pèlerinage, la grandeur féodale de l'abbaye dont les plus grands barons de la Suisse étaient dignitaires, etc., voy. la curieuse *Chronique du Moine.* En 1440, la foule des pèlerins qui y venaient des Pays-Bas fut si grande, qu'on crut que c'était une armée ennemie, et l'on sonna la cloche d'alarme. (*Chronique d'Einsidlen,* par le Religieux, p. 178-184.)

95 — page 222 et note 3 — *La Suisse ouvrit asile aux étrangers,* etc.
Voy. entre autres preuves Kindlinger, *Hœrigkeit,* 296 ; et l'im-

portant ouvrage de Bluntschli, *Histoire politique et judiciaire de Zurich*, II, 414, note 161.

96 — page 223, note 1 — *Berne resta étrangère à cette guerre contre Zurich...*
Voy. les lettres du magistrat : *Der Schweitzerische Geschichtforscher*, VI, 321-480).

97 — page 223 — *Le roi, le dauphin déjà en route, reçurent je ne sais combien d'ambassades,* etc.
Bibliothèque royale, mss. Legrand, Histoire de Louis XI, fol. 76. Son récit est excellent et généralement fondé *sur les actes*.

98 — page 224 — *Les Suisses envoyèrent quelques milliers d'hommes...*
Les historiens ne s'accordent pas sur le nombre ; ils disent quatre mille, trois mille, seize cents, huit cents. Ces nombres peuvent se concilier ; je suppose volontiers que les Suisses envoyèrent trois ou quatre mille hommes, que seize cents passèrent la rivière, que huit cents ou mille parvinrent jusqu'au cimetière et y firent résistance. Les savants traducteurs et continuateurs de Müller, MM. Monnard et Vuillemin, sont néanmoins portés à croire que le nombre total n'excédait pas deux mille hommes, et que cette petite armée donna tout entière.
Déjà un corps avait passé. .
Selon un chroniqueur contemporain encore inédit, ce fut une simple affaire d'avant-garde : « Ledit comte de Dampmartin qui estoit de l'avant-garde, logé à deux lyeues de monseigneur le Dauphin, estoit allé vers luy pour sçavoir quel estoit son bon plaisir qu'il voulloit que on fist contre ceulx de Balle ; et, à son retour, trouva que les Suisses les allèrent assaillir... Et quand ledit comte vit lesdits Suysses qui commencèrent à escarmoucher, il fist saillir sur eulx vingt et ung hommes d'armes... Ledit comte... avoit à ladite journée soubz son enseigne six ou sept vingt hommes d'armes, sans d'autres qu'il envoya quérir par vingt hommes de ses archiers... » (*Bibl. royale, cabinet des titres*. Ms. communiqué par M. Jules Quicherat.)

99 — page 226 — *Mathieu de Couci.*
C'est l'historien *contemporain ;* il *a parlé aux combattants mêmes ;* historien peu suspect d'ailleurs, puisqu'il loue le courage

des Suisses. Et c'est justement le seul que le savant Müller s'obstine à ignorer ; il ne le cite pas une fois. Il va chercher partout ailleurs, dans les *on dit* d'Æneas Sylvius, qui n'était plus à Bâle, dans la *Chronique de Tschudi*, écrite cent ans après, etc.

100 — page 227 et note 2 — *Les Allemands jetèrent les hauts cris...*

Voy. la discussion dans Legrand, *Histoire de Louis XI* (ms. de la *Bibl. royale*), d'après les actes originaux.

Le dauphin se montra l'ami des Suisses, etc.

Bibl. royale, ms. Legrand, fol. 71.

Il aimait tant cette ville de Bâle, etc.

Ceci ne se trouve, si je ne me trompe, que dans les historiens suisses, Müller, *Geschichte*, B. IV, c. II.

De leur côté, les Suisses, etc.

Je ne puis retrouver la source où j'ai puisé ce fait, qui n'est pas invraisemblable, mais que je n'ose garantir.

101 — page 231 et note 1 — *Ordonnance de 1443...*

Ordonnances, XIII, 377. Pour mesurer le chemin parcouru, il est curieux de rapprocher de cette vieille ordonnance l'important ouvrage de M. de Montcloux : *De la comptabilité publique*, 1840.

On croit reconnaitre, etc.

Cette remarque judicieuse est de notre grand historien économiste M. de Sismondi, *Histoire des Français*, XIII, 447.

102 — page 232 — *Ces élus, chargés de répartir la taille, seraient appointés par le roi...*

« Et n'auront plus doresnavant les juges et chastellains des *Seigneurs* particuliers (ne autres juges ordinaires) la cognoissance des tailles et aides... Plusieurs juges desdictes chatelenies champêtres ne sont pas expers ne cognoissans en telles matières, ainçois sont les aucuns simples gens méchaniques qui tiennent à ferme desdicts *Sieurs* particuliers, les receptes, judicatures et prevostez de leurs seigneuries, et lesquels, soubz ombre de l'autorité qui par ce moyen leur seroit donné, se voudroient par aventure affranchir, avec les métoyers et autres familiers serviteurs, du payement des tailles et aides, qui tourneroit à grande folle et charge des manans et habitans des chastellenies... parce qu'il y auroit moins de personnes contribuables... aussi pour ce que lesdits juges et chastellains ne tiennent leur judicature que de quinzaine en quinzaine... et ne vouldroient laisser leurs affaires pour vacquer à l'expédition

desdites causes, se ils n'avoient gaiges ou salaires pour ce faire. »
(*Ordonnances,* XIII, 241-7.)

103 — page 232 — *Les élus choisiront de préférence dans la paroisse...*

« Au cas que les commissaires et esleuz trouveront en aucune bonne paroisse ung bon compaignon usité de la guerre, et qu'i n'eust de quoy se mettre sus de habillemens... et fust propice pour estre archer, lesdicts commissaires et esleuz sçauront aux habitans s'ils luy voudront aidier à soi mettre sus... — Se trois ou quatre parroissiens povoient faire un archer, ce demeure à la discrétion des commissaires et esleuz. — Les parroissiens de chascune parroisse seront tenuz d'eulx donner garde de l'archer... qu'il n'ose soy absenter, vendre ou engaiger son habillement. — Le seigneur chastellain, ou son capitaine pour luy, sera tenu de visiter tous les moys les archers de sa chastellenie, et se faulte y trouve, sera tenu de le faire savoir aux commissaires ou esleuz du Roy. » (*Ordonnances,* XIV, 2, 5.) — Selon un auteur qui paraît avoir vécu dans la familiarité de Charles VII, il y aurait eu un archer *par cinquante feux.* (Amelgardus, dans les *Notices des mss.,* I, 423).

La noblesse entrevoyait combien l'innovation était grave...
Voy. la diatribe de l'historien connu sous le nom d'Amelgard, contre les compagnies d'ordonnances et les francs-archers. (*Notices des mss.,* I, 423.)

104 — page 235 — *Louis d'Anjou, qui laissa à Naples une si chère mémoire...*

M. de Sismondi, justement sévère pour tous les rois, fait une exception en faveur de celui-ci. (*Histoire des républiques italiennes,* IX, 54.)

105 — page 236 — *Marguerite d'Anjou était née parmi les plus étranges aventures...*

Voy. *Simonetæ,* lib. IV ; et *Giornali Napolitani,* ap. Muratori, XXI, 270, 1108.

106 — page 217 — *La mort de Glocester avait été préparée par une maladie de quelques jours...*

« In tam arcta custodia, quod præ tristitia decideret in lectum *ægritudinis,* et *infra paucos dies* posterius secederet in fata. » (Whethamstede, apud Hearne, *Script. Angl.,* II, 365.)

Note 3 — *Le soir, Glocester se portait à merveille,* etc.
Hist. Croyland. Continuatio, apud Gale, I, 521. Cette version

plus dramatique est reproduite servilement par tous les autres : Hall and Grafton, 1,629 ; Holinshed, p. 1257 (éd. 1577) ; Shakespeare, etc.

107 — page 249 — *Suffolk vendit des évêchés...*
« Episcopatus et beneficia regia pro pecuniis conferendo. » (*Hist. Croyland. Continuatio,* apud Gale, I, 521.)

L'indemnité, etc., fut échangée pour certaines sommes...
« A prendre sur les deniers qu'il (le roi de France) a coustume lever pour le remboursement des appatis sur les subgetz dudit très-hault et puissant nepveu du païs de Normandie, afin que sur lesdicts deniers, lesdits subgetz d'iceluy, laissans lesdites terres (du Maine), soient par lui comtemptez. » (Rymer, V, 189, 1448, 11 mars. — Je n'ai pu trouver le traité original de la cession de l'Anjou et du Maine. On ne le connaît que par cet arrangement ultérieur qui tire les dédommagements d'une source odieuse, douteuse, et en laisse la répartition à l'arbitraire du roi d'Angleterre, c'est-à-dire de Suffolk. — Les *appatis* ou *pactiz* étaient ordinairement des contributions que les gens d'un pays payaient aux garnisons voisines pour labourer paisiblement. (Ducange, I, 577.)

108 — page 251 — *La trêve fut rompue,* etc.
Sur la rupture de la trêve, voy. la *Ballade* patriotique *du bedeau de l'université d'Angers,* publiée par M. Mazure. (*Revue Anglo-Française,* avril 1835. Poitiers.)

109 — page 252 — *Somerset perd la Normandie...*
Mathieu de Couci, p. 444, et Jacques Du Clercq (qui copie Mathieu), I, 344, éd. Reiffenberg. — Voy. les détails de la capitulation, de l'entrée, etc., dans M. Chéruel, p. 125-134, d'après les documents authentiques. Le roi rétablissait la juridiction ecclésiastique dans les prérogatives qu'elle avait perdues sous les Anglais ; il maintenait l'Échiquier, la Charte aux Normands, la Coutume de Normandie, etc. Il ne tarda pas à déclarer les gens de Rouen « francs, quictes et exempts de la compaignie *française* et de tout ce que ceux de *Paris* peuvent demander à cette cause ». Cette guerre commerciale entre Rouen et Paris, qui durait depuis si longtemps, ne finit effectivement qu'à l'avènement de Louis XI, qui renouvela l'ordonnance de son père (communiqué par M. Chéruel, d'après les *Archives de Rouen,* II, § 2, 7 juillet 1450, 4 janvier 1461). — Voy. aussi sur l'*entrée* une pièce publiée par M. Mazure dans la *Revue Anglo-Française,* avril 1835 (Poitiers).

110 — page 255 — *Suffolk rappela qu'il avait passé trente-quatre ans à faire la guerre en France*, etc.

Ceci fait penser à l'honorable exil de lord Collingwood, qui, pendant toute la guerre continentale, n'obtint pas la permission de mettre une fois le pied à terre ni de revoir ses filles.

La défense de vendre les draps anglais en Hollande...

Proceedings and Ordinances of the Privy Council, vol. VI, p. 69, 75, 85 (1837).

Une ballade du temps, etc.

Cette exécrable parodie dépasse 93 ; vous diriez les litanies chantées par Marat. (*Ritson's ancient Songs*) — Je regrette fort que la publication des *Politicals Songs* du savant M. Wright ne s'étende pas encore jusqu'à cette époque (1841).

111 — page 256 et note 1 — *Combat de Formigny...*

Jean Chartier, 197. Mathieu de Couci, 45. Jacques Du Clercq, 1, 366, éd. Reiffenberg. Il est vrai que, ces historiens se copiant, les trois témoignages ne peuvent guère compter que pour un seul.

112 — page 258 — *Un coup de terreur fut frappé sur l'Église*, etc.

Henri VI reprocha ouvertement au duc d'York d'avoir fait tuer par ses gens l'évêque de Chichester, chancelier d'Angleterre. (Lingard, d'après les documents conservés par Stow, 393-395. (L'auteur connu sous le nom d'Amelgard prétend, avec moins de vraisemblance, que l'évêque se fit tuer par économie, en disputant sur le prix du passage avec les matelots qui le ramenaient en France. (*Notices des mss.*, I, 417.)

113 — page 258 — *Les petits cultivateurs de Kent*, etc.

Nous les avons vus (en 1839!) suivre sans difficulté ce brave Courtney, qui leur donnait parole de ressusciter toutes les fois qu'on le tuerait.

114 — page 258 — *Cade...*

Shakespeare lui fait dire à tort qu'il est du comté de Kent. Voy. *Proceedings and Ordinances of the Privy Council*, vol. VI (1837), Preface of sir Harris Nicolas, p. xxvii.

115 — page 264 — *Les Anglais ménageaient fort Bordeaux...*

Voir, aux précieuses *Archives municipales de Bordeaux*, le

livre des privilèges (depuis la Philippine, 1295), et le livre dit *des Bouillons* (actes et traités, depuis 1259). Celui-ci était autrefois enchaîné à une table, et il en porte encore la chaîne. J'en ai parlé déjà dans mon *Rapport au ministre de l'instruction publique sur les bibliothèques et archives du sud-ouest de la France*, 1836.

116 — page 265, note 1 — *Le roi avait ordonné aux soldats de payer tout ce qu'ils prendraient*, etc.

Voy. Jean Chartier et Mathieu de Couci, p. 216, 251, 406, 432, 457, 610. Voir particulièrement *Bibl. royale*, mss. Doat, 217, fol. 828, *Ordre de punir les gens de guerre qui, en Rouergue, ont pris des vivres sans payer*, 29 septembre 1446.

117 — page 266 — *La Guyenne trouvait fort mauvais que le roi la gardât avec ses troupes*, etc.

Le pseudonyme Amelgard, tout Bourguignon de cœur et peu favorable à Charles VII, avoue toutefois que c'était là l'unique objet des plaintes de la Guyenne. A ces plaintes, les gens du roi répondaient que l'argent payé pour les troupes était dépensé par elles dans les villes mêmes qui payaient. (*Notices des mss.*, I, 432.)

Les seigneurs assuraient à Londres, etc.

Voy. le chroniqueur connu sous le nom d'Amelgard. (*Notices des mss.*, I, 431.)

118 — page 267 et note 2 — *Talbot*...

Nous avons plusieurs actes relatifs aux grands biens qu'il se laissa donner : comté de Shrewsbury, comté de Clermont-en-Beauvaisis, capitainerie de Falaise, etc. Voy. aussi, sur les dons faits à Talbot, M. Berriat-Saint-Prix, *Histoire de Jeanne d'Arc*, p. 159, d'après les *Registres du Trésor des chartes*, 173-175. — Ce qui n'est pas moins caractéristique, c'est qu'en arrivant à Bordeaux Talbot commence par faire donner à Thomas Talbot (quelque petit parent, ou bâtard ?) l'office lucratif de *clerc du marchié*. (Rymer, V, 1453, 17 janvier.)

119 — page 268 — *La Rochelle avait envoyé seize vaisseaux armés*...

Arcère, *Histoire de La Rochelle*, I, 275.

120 — page 272 — *Henri IV, vêtu comme le moindre bourgeois de Londres*, etc.

« *Obtusis sotularibus et ocreis... ad instar coloni. Togam etiam* longam cum capucio rotulato, ad modum burgensis. » (Blakman, *De Virtutibus et Miraculus Henri VI*, ap. Hearne, p. 298.)

Tout le temps qu'il ne passait pas au conseil, etc.

« Aut in regni negotiis cum consilio suo tractandis, aut in Scripturarum lectionibus vel in scriptis aut chronicis legendis. » (*Ibid.*, p. 299.)

Page 272, note 3 — *Cet esprit de paix se montre*, etc.

Déposition rapportée par Dupuy dans la notice qu'il a donnée du procès de Jean d'Alençon, à la suite de celui des Templiers, in-12, page 419.

121 — page 273 — *Marguerite allait mettre au monde une victime pour la guerre civile...*

Je regrette de n'avoir pu consulter sur Marguerite le curieux ouvrage de miss Agnès Strickland : *Lifes of the Queens of England.*

122 — page 274 et note 1 — *Selon la loi anglaise le roi ne peut ni mourir ni se tromper*, etc.

Howell' state trials, II, 624. — Blakstone, I, 247. Allen, *Prerogative, passim.*

123 — page 275 — *Les Anglais n'ont presque rien fondé en France...*

Quelques églises, surtout en Guyenne, ont un assez grand nombre de tours et de bastilles. Les villes et bastilles anglaises sont très reconnaissables; elles ont été fondées, non sur les montagnes, mais près des eaux, en plaine; elles se composent ordinairement de huit rues qui se coupent à angle droit; il y a au centre une place avec des portiques grillés qu'on pouvait fermer dans un danger. Telle est encore Sainte-Foix-la-Longue, et quelques petites villes du Périgord et de l'Agénois. Il semble que sous Louis XI on ait imité cette disposition. (Observation de M. Dessalles.)

Voilà pour les constructions. Quant aux institutions, je n'en vois point ici qui ait le caractère anglais. Nos *francs-archers* ne furent pas précisément imités des archers anglais; une institution si naturelle sortait d'elle-même du besoin de la défense. — De toutes les provinces conquises par les Anglais, la Normandie est, je crois, la seule où ils aient montré quelque esprit d'administration.

124 — page 276 — *... sur cette pierre d'oubli qu'une Anglaise a déposée à Boulogne...*

Peu de temps avant 1830, une demoiselle anglaise vint trouver

M. l'abbé Haffreingnes, directeur d'un collège à Boulogne : « Monsieur l'abbé, lui dit-elle, je sais que vous songez à rebâtir la cathédrale de Boulogne; les Anglais, mes ancêtres, en ont commencé la ruine; comme Anglaise, je voudrais expier ce qu'ils ont fait, autant qu'il est en moi; voilà ma souscription, c'est bien peu de chose, vingt-cinq francs! — Mademoiselle, répondit le prêtre, votre foi me décide. Dès demain, on commencera les travaux; vos vingt-cinq francs achèteront la première pierre. » — Aussitôt, il commanda soixante mille francs de travaux, et depuis il y a mis cinq cent mille francs de sa fortune. Voy. la brochure de M. Francis Nettement : *A la ville de Boulogne.*

125 — page 278 — *Lorsque Talbot débarqua en Guyenne, un confident de Philippe-le-Bon ne put s'empêcher de dire*, etc.

« M. de Croy lui avoit dit que M. de Bourgogne savoit certainement que se n'eusse esté l'empeschement de Bourdeaux, l'armée du Roy tournoit sur luy. Et aussi, quant les nouvelles allèrent en Flandre... que Bourdeaux estoit anglois, plusieurs chevaliers et escuyers dudit pays... dirent ces mots, au moins l'ung d'eulx, qu'on dit estre des plus prouchains de mondit seigneur de Bourgogne : Pleust à Dieu que les Anglois fussent aussi bien à Rouen et par toute Normandie, comme à Bourdeaux; car, se n'eust esté la prinse de Bourdeaux, nous eussions eu à besogner. » *(Bibl. royale, fonds Baluze, ms. A, fol. 45.)*

126 — page 279 — *Charles-Quint, Bourguignon, Espagnol, Autrichien, n'en est pas moins trois fois Lancastre...*

Le vieux chroniqueur de la maison de Bourgogne, qui en avait bien la tradition, dit au père de Charles-Quint : « Quant à la lignée de Portugal, dont le roy vostre père et vous estes issus, n'estes pas ou serez (vous ou les vostres) sans querelle du royaume d'Angleterre, et principalement de la duché de Lancastre. » Et plus loin : « Quand je pense à ce quartier d'Angleterre où par droit vous vous devez appuyer et soustenir en vos affaires... » (Olivier de La Marche. Introd., ch. IV.)

127 — page 281 — *Lollards...*

« Lollhardus, lullhardus, lollert, lullert. » (Mosheim, *De Beghardis et Beguinabus*, append. p. 583.)

128 — page 283 — *Le travail en famille...*

Douceurs infinies du travail en famille! celui-là seul les sent bien, dont le foyer s'est brisé... Cette larme sera pardonnée (à l'homme? non) à l'historien au moment où ce travail va finir, où la famille elle-même est compromise dans plus d'un pays, lorsque la machine à lin va supprimer nos fileuses, celles de la Flandre (1841).

Dans quelle campagne verrait-il plus de soleil, etc.

« Il y aura un rayon de soleil pour toi dans les yeux de ta grand'mère... » Je trouve ceci dans une admirable petite histoire (La *Fée hirondelle*), qui serait devenue un livre du peuple, si l'auteur ne l'eût cachée parmi ses traductions. (*Éducation familière*, traduction de l'anglais, par Mmes Belloc et Montgolfier, t. IV.)

129 — page 283 — *L'amitié, la grande confrérie ou commune...*
Voy. Ducange, verb. AMICITIA. Ordonn., XII, 563, etc.
Note — *La ghilde...*
Voy. l'étrange formule du *sang versé sous la terre*, dans mes *Origines du droit*, p. 195, d'après une note de P. E. Müller sur le Laxdaela-Saga (1826, in-4°, p. 59) : «... Ils vinrent au promontoire Eyrarhval, et là coupèrent une bande de gazon, assez longue pour que les deux extrémités étant attachées à la terre, le milieu pût être soutenu par un javelot ciselé dont ils touchaient le clou de leurs mains. Tous quatre, se plaçant sous le gazon, firent couler leur sang, qui se répandit sur la terre d'où le gazon avait été coupé; et lorsque leur sang se fût mêlé, ils fléchirent le genou, et, unissant leurs mains droites, jurèrent par tous les dieux de venger la mort l'un de l'autre comme celle d'un frère... » — Voy. aussi les dissertations de Kofod Ancher (1780), de Wilda (1831), et de C.-J. Fortuyn (1834).

130 — page 284 — *La halle d'Ypres fut construite de 1200 à 1304...*
Selon M. Lambin, archiviste d'Ypres, dans son précieux *Mémoire sur l'origine de la halle aux draps* (couronné par la Société des antiquaires de la Morinie), Ypres, 1836. Nous venons de perdre ce savant homme, qui sera difficilement remplacé (1841).

131 — page 285 et note 3 — *Le carillon*, etc.
Le premier carillon de couvent paraît être de 1404. (Buschius, *Chronicon Windesemense*, page 535, anno 1404.)

132 — page 286, note 4 — *Caractère de la poésie et de la musique des confréries allemandes...*
Voy. les règles *Falsche melodie, Falsche blumen*, qui proscri-

vent tout changement, tout embellissement : Wagenseil, *De Civitate Noribergensi; accedit de Der Meister Singer Institutis liber*, 1697, p. 531. Mon illustre ami, J. Grimm, n'a pas insisté sur ce point de vue, peu important pour l'objet particulier qu'il avait en vue. *Ueber den altdeutschen Meistergesang*, von Jacob Grimm. Gœttingen, 1881.

133 — page 287 — *Philippe Artevelde pêchait, tout en rêvant, dans l'Escaut*, etc.
Reiffenberg, Notes de son éd. de Barante, d'après Olivier de Dixmude, IV, 165.

134 — page 288 — *En 1251, la mer était encore tout près de Bruges...*
Reiffenberg. *Statistique ancienne de la Belgique* dans les *Mémoires de l'Académie de Bruxelles*, VII, 34, 44.

135 — page 288 — *De polder en polder*, etc.
« Inclinat animus ut *Flandra*, nescio qua lingua fuisse putem *Æstuaria*, ea forma quam *poldras* vocamus. » — Je n'adopte pas l'étymologie ; mais l'opinion de Meïer sur le fond même est considérable.

136 — page 289 et note 1 — *La commune primitive fut presque absorbée dans les confréries de métiers*, etc.
Je parlerai ailleurs, et tout à mon aise, de la vitalité diverse des communes. Jusqu'ici on a disserté beaucoup sur ce sujet, mais en insistant plutôt sur les formes qu'on prenait pour le fond. Sans doute, il est intéressant pour l'antiquaire de fouiller le mur primitif de la commune, le cadre de pierre qui l'entoure, plus intéressant pour l'historien d'en retrouver le cadre politique, la constitution. Mais la constitution n'est pas la vie encore. Telle commune a grandi par sa constitution, telle autre en dépit de la sienne.

137 — page 290 — *... Une petite ville dont la grande brisait les métiers...*
Voy. particulièrement la curieuse brochure de M. Altmeyer : *Notices historiques sur la ville de Poperinghen*, Gand, 1840; et, sur les rapports généraux des villes, la grande et importante chronique flamande (dont le savant M. Schayès a bien voulu m'éclaircir les passages les plus difficiles) : Olivier van Dixmude, uitgegeven door Lambin (1377-1443). Ypres, 1835, in-4°.

138 — page 292 — *Apportant jusqu'à leurs coqs, pour indiquer qu'ils y élisaient domicile...*

C'est là le vrai sens qui n'avait pas été saisi. Le coq est un des principaux symboles de la maison, il est témoin de la vie domestique, etc. Voy. mes *Origines du droit*.

... On se moqua de la réclamation...

« Nihil accepturos; non vestem, sed restem, potius meruisse. » (Meyer, fol. 286.)

139 — page 292 — *... Au moment où les Anglais enlevaient dans la campagne cinq mille enfants...*

« Puerorum quinque millia. » (Meyer, fol. 286.) Le mot *puer* ne peut pas être interprété autrement. Ces enlèvements d'enfants semblent, au reste, avoir été ordinaires dans les guerres anglaises. Voy. notre t. IV et Monstrelet, t. IV, p. 115.

140 — page 293 — *Le peuple de Bruges reçut d'une seule ville de la Hanse*, etc.

Sur les rapports des Flamands et de la Hanse, voy. l'ouvrage très instructif de M. Altmeyer : *Histoire des relations commerciales et diplomatiques des Pays-Bas avec le Nord de l'Europe*, Bruxelles, 1840. L'auteur a tiré des Archives une foule de faits curieux.

141 — page 296 — *Alost*, etc.
Sanderi Gandavensium Berum libri sex, p. 14.
Et Dendermonde, fiefs d'Empire...
Wielant, dans le *Recueil des chroniques belges*, t. I, p. XLVII.
Libres alleux ou fiefs du soleil...
Ces mots étaient souvent synonymes dans les pays allemands et wallons. (Michelet, *Origines du droit*.)

... un lion courroucé...

« Gris grimmender lœwe. » (Jacob Grimm, *Deutsche Rechts alterthümer*, p. 763.)

142 — page 297 — *Le défendeur pouvait se justifier par sa propre affirmation*, etc.

Cet idéal germanique s'est conservé dans la formule du franc-juge westphalien. (Grimm, 860.) Michelet, *Origines* : « Si le franc-juge westphalien est accusé, il prendra une épée, la placera devant lui, mettra dessus deux doigts de la main droite, et parlera ainsi : Seigneurs francs-comtes, pour le point principal, pour tout ce dont vous m'avez parlé et dont l'accusateur me charge, j'en suis innocent; ainsi me soient en aide Dieu et tous ses saints! Puis il prendra un pfenning marqué d'une croix (Kreutzpfenning), et le jettera en preuve au franc-comte; ensuite il tournera le dos et ira son chemin. »

143 — page 298, note 2 — *En Flandre, les sentences capitales étaient sans appel*, etc.

Cf. l'importante discussion de MM. Jules de Saint-Genois et Gachard, sur le jugement d'Hugonet et Humbercourt (particulièrement Gachard, p. 43), Bruxelles, 1839.

Les jugements étaient exécutés immédiatement...

A Gand, le condamné ne pouvait être grâcié que du consentement des échevins (communiqué par M. de Lenz de Gand).

Les procédures étaient orales le plus souvent...

Les affaires étaient relatées sommairement dans les registres criminels des échevins, comme on le voit aux Archives de Gand (observation communiquée par M. de Saint-Genois).

144 — page 299, note 1 — *La tradition par le fétu...*

« Jusqu'aujourd'hui, dit Ducange, on a conservé dans beaucoup d'églises des signes de ce genre; on en voit à Nivelle et ailleurs, de forme carrée ou semblables à des briques. » (Ducange, *Gloss.* III, 1522.) Voir aussi Michelet, *Origines du droit*.

145 — page 301 — *Philippe-le-Hardi fonda à Lille un modeste tribunal*, etc.

Wielant, dans le *Recueil des chroniques belges*, I, LIII.

Les Flamands, au lieu de débattre leurs droits contre ce tribunal français...

« Disoient qu'ilz estoient nuement sous le Parlement. » (*Ibid.*, LIV.)

Page 301 — *Jean-sans-Peur établit à Gand un conseil suprême*, etc.

« En la chambre à l'uys-clos ilz parlassent langaige franchois. » (*Ibid.*, LV.)

Ypres et Cassel s'adressèrent tout droit à Paris...

Olivier van Dixmude, 103, 123 (ann. 1423-1427).

Page 302 — *La France réclamait juridiction, mais non hommage...*

Wielant insiste sur la distinction de l'*hommage* et du *ressort*.

Il semble pourtant que, sans le ressort, l'hommage a peu d'importance ; le vassal reste à peu près indépendant.

La Bourgogne était si peu disposée à reconnaître ces droits...

« Ils ont donné XVI ou XVIII compaignons en habiz de marchans et autres en habiz dissimulez... lesquelz ont ordonnance de tuer touz officiers du Roy qu'ilz trouveront sur les limites dudit pais de Bourgogne. » (*Archives du royaume, Trésor des chartes*, J, 258, n° 25, ann. 1445.)

146 — page 303 — *... en 1444, lorsque la guerre civile éclata en Hollande...*

Sur les querelles infiniment diverses et compliquées des *Morues* et des *Hameçons* de Hollande, des *Marchands de graisse* et des *pêcheurs d'anguilles* de Frise (Wetkoopers, Schieringers), voy. Dujardin et Sellius, IV, 28-31, Ubbo Emmius, lib. XXII-I, etc.

147 — page 304 et note 3 — *En Flandre, l'impôt était singulièrement variable...*

Je dois ce renseignement et ceux de la page 304, note 4, à l'extrême obligeance de M. Edward Le Glay (fils du savant archiviste), qui a bien voulu extraire pour moi les documents financiers que possèdent les *Archives de Lille, Chambre des comptes, Recette générale*.

148 — page 306 — *Cette année même, 1448, etc.*

Date rectifiée par M. Gachard (édit. Barante, II, 85, note 8), d'après le *Registre ms. de la collace de Gand*.

149 — page 307 et note 1 — *Pierre de Brézé...*

La vie de M. de Brézé, fort difficile à écrire, recevra sans nul doute un jour nouveau des travaux de M. Jules Quicherat. M. Chéruel a extrait aussi beaucoup de documents inédits, relatifs à M. de Brézé, comme capitaine de Rouen et grand sénéchal de Normandie. (*Archives de la ville de Rouen, Registre des délibérations du conseil municipal*, vol. IV et VII, passim, ann. 1449-1465).

Le dauphin essaya, en 1446, de le faire tuer...

Voy. le détail dans Legrand, *Histoire de Louis XI*, livre I, fol. 97-105, ms. de la Bibl. royale.

150 — page 308 — *Philippe-le-Bon adressait au roi supplique pour qu'il n'évoquât point l'affaire de Gand...*

La lettre est très humble : « J'escrips par devers Vous et Vous en adverlis en toute humilité... Que je ne soye oy préalablement en mes raisons. » (*Bibl. royale, mss. Baluze*, B, 9675, fol. 19; 1451, 29 juillet.)

Sans renoncer à la gabelle, etc.

« Præter salis tributum, in quo mordicus persistebat, exegit vectigal tritici. » (Meyer, fol. 302.) De ce que ces mesures ne sont point relatées dans le registre de la collace de Gand, on ne peut conclure d'une manière absolue qu'elles n'ont pas été prises; elles frappaient plus directement les campagnes.

151 — page 310 — *On avait furtivement enregistré des buissonniers dans le métier des tisserands...*

« Quod externos (*dumicos* vocant) quosdam cives pecunia corrupti in numerum admisissent textorum; quas quidem connivente Philippo quidam factas fuisse putabant. » (Meyer, f. 302 verso.) Un peu plus loin, il semble indiquer le contraire; selon toute apparence, le second passage est altéré.

152 — page 311 — *L'exaspération du duc eût été si furieuse que ses députés à Gand*, etc.

« Depuis... ont envoyé en cette ville quatre malvaix garçons... qu'ils avoient eu propost de y faire de nuit ung cry par eulz advisé pour tuer leurs adversaires... eurent *lettres patentes*... contenant sauve-garde de leurs personnes... Les deux des quatre furent prins... et par l'absence des baillis et officiers... recognoissans leurs mauvaisetés, décapités. » (*Lettre des Gantais* au roi, ap. Blommaërt, *Causes de la guerre*, p. 12, Gand, 1839.)

153 — page 312 — *Alors le grand justicier de Gand*, etc.
Olivier de La Marche, qui n'a aucune intelligence du monde allemand et flamand, défigure tout cela et le tourne en ridicule.

154 — page 313 — *Mons et Malines n'étaient rien moins qu'amies de Gand*, etc.
Gachard, *Notes sur Barante*, passim, d'après le *Registre ms. du conseil de ville de Mons*.

155 — page 314, note 1 — *Le duc remercia les Brugeois...*
Beaucourt, *Tableau fidèle des troubles* (d'après les documents mss.), p. 124-125.

Gand avait écrit au roi une belle et noble lettre, etc.

« Dans Blommaërt, *Causes de la guerre*, p. 14.

156 — page 315 — *Saint-Pol avait du roi mission expresse*, etc.

« Se mondit sire de Bourgogne est content que lesdicts commissaires s'employent à la pacification desdictes questions... se transporteront à Gand... et leur exposeront... que le Roi vouldroit faire et administrer à tous ses bons sujets toute raison et justice et les préserver et garder des oppressions, nouvelletez et inconvéniens... Se mondit sire de Bourgogne ne fust content... néanmoins lesdits ambassadeurs pourront par bons moyens faire savoir auxdits de Gand que l'entremise du Roy est de leur faire bonne justice, s'ils la luy requèrent. Et si mondit sire de Bourgogne mectoit du tout en rompture ou difficulté le faict de restitucion desdictes terres de Picardie, lesdicts ambassadeurs pourront alier par devers lesdicts de Gand... et leur signifier que le Roy a toujours esté et est prest de leur faire... bonne raison et justice. » [Si les deux parties refusaient de prendre le roi pour arbitre, les ambassadeurs leur défendront de passer outre] « le plus doulcement qu'ils pourront. » (*Instruction du* 5 *juillet* 1452, *Bibliothèque royale, mss. Baluze*, A, 9675, fol. 77-81.

D'autre part, il donna une sentence d'arbitre, etc.

Le duc leur paya leur sentence. Il leur alloua la somme, énorme alors, de 24,000 livres, « pour cause de leurs vacations, frais et dépens ». (Gachard, *Notes sur Barante*, p. 106, d'après le *Compte de la recette générale des finances de* 1452.

157 — page 316 — *A quoi les ambassadeurs répliquèrent que la seule aide du vin*, etc.

« Et en parlant de plusieurs choses, le sire de Charny me dist que le peuple de France estoit mal content du Roy pour les tailles et aides qui couroient et la mangerie qui se y faisoit, et qu'il y avoit grant dengier. A quoy je lui respondy, au regart des aydes, que laide du vin ès pays de mondit seigneur de Bourgogne montent plus en une seule ville que toutes les aydes du Roy en deux villes; et au regart des tailles, que le Roy ne faisoit tailles que pour ses gens d'armes, qui ne montoit que à XIII ou XVI sols par feu, qui nestoit pas grant chose; et au regart des mangeries que la provision y est bien aisée à mectre et que le Roy y avoit bonne voulonté... » (*Bibliothèque royale, mss. Baluze* (décembre, 1452), A, fol. 45.

Page 316 — *Les Gantais répondirent durement*, etc.
Bibliothèque royale, mss. Baluze, ibid.

– 158 — page 324 — *La singulière fortune des Braquemont et des Béthencourt...*

Au quatrième siècle, les Braquemont de Sedan se marièrent aux Béthencourt de Normandie, qui prétendaient descendre d'un compagnon du Conquérant; ainsi, au douzième siècle, les Bouillon s'étaient mariés aux Boulogne, les Ardennes à la côte, d'où vint Godefroi de Bouillon. La course de terre et de mer dans les Marches ou le long des rivages ne suffisait pas à l'ambition de ces aventuriers. Les Braquemont, ayant transmis par mariage aux fameux *sangliers* (aux La Marck) leur tanière ardenaise, allèrent avec les Béthencourt *chercher leur aventure*, comme on disait, sous ce bon capitaine breton Duguesclin, qui aimait les gens de guerre, les laissait piller, s'enrichir, et parfois en faisait de grands seigneurs. Un Béthencourt fut tué en se battant pour Duguesclin à Cocherel. Un Robin de Braquemont le suivit à cette belle et profitable guerre d'Espagne, où ils furent tous comblés par le bâtard de Castille qu'ils avaient fait roi. Robin devint un grand d'Espagne, épousa une Mendoza, se fit faire amiral de Castille et, comme tel, se donna le plaisir de détruire des flottes anglaises avec les vaisseaux castillans. Mais tout grand qu'il était en Espagne, devenu vieux, il voulut revoir la France, et il fit un marché avec son neveu Béthencourt qui s'ennuyait à Paris d'être chambellan d'un roi fol; Béthencourt engageait au vieux Robin ses bonnes terres de Normandie, et prenait en échange de prétendus droits de l'amiral de Castille sur les îles Fortunées; étrange marché où le jeune Normand semblait dupe, mais ce fut lui qui y gagna.

Le marché surprend moins, quand on songe que l'imagination, la puissance de foi et de croyance, fort calmée alors du côté mystique, s'étaient tournées avec une singulière vivacité vers les voyages lointains. *L'homme aux millions*, Marco Polo, avait troublé les âmes par ses récits prodigieux de l'Asie. Nos Dieppois racontaient mille choses merveilleuses de l'Afrique, de la côte d'Or. Sur cette route, les îles Fortunées, les fameuses Hespérides, avaient un immense prestige; autour du pic de Ténériffe, ce géant des montagnes, on aimait à placer une population de géants. — Dans cette poétique conquête, Béthencourt montra une prudence hardie, mais froide, un admirable sens normand. Il ne s'adressa d'abord ni au roi de France ni au roi d'Espagne; tous deux auraient peut-être prétendu quelque chose du chef de Louis La Cerda, infant de Castille et petit-fils de saint Louis, qui jadis s'était fait nommer *l'infant de la Fortune* et couronner roi des Canaries par le pape. Béthencourt embarqua quelques Normands, mais, pour que l'affaire ne devînt pas toute normande, il prit aussi des gens de Languedoc, un Gadifer, entre autres, chevalier de l'ancienne roche, qui servit utilement de sa chevalerie l'habile spéculateur. Celui-ci eut à peine pris pied que, sans s'inquiéter de l'associé, il passa en Espagne et se fit reconnaître roi des Canaries sous la suzeraineté espagnole. Mais en même temps il resta indépendant de l'Espagne sous le rapport ecclésiastique, et obtint du pape qu'il aurait un évêque à lui. Cela fait, il procéda tout doucement à l'expulsion de l'ami Gadifer, le paya de paroles, traînant en longueur les choses promises, jusqu'à ce qu'il perdit patience et retourna en Gascogne aussi léger qu'il était venu. — Béthencourt paraît avoir eu le vrai génie de la colonisation. Quand il revint chercher des hommes en Normandie, tout le monde voulait le suivre, les grands seigneurs s'offraient; il ne voulut que des laboureurs. Ce qui prouve au reste que son gouvernement était doux et juste, c'est qu'il ne craignit pas d'armer les gens du pays. (Voir l'*Histoire de la première découverte et conquête des Canaries*, faite dès l'an 1402 par messire Jean de Béthencourt, escrite par Bontier, religieux, et Le Verrier, prestre, domestiques dudit sieur. In-12, 1630). M. Ferdinand Denis possédait un ms. important de ce livre. — Voy. Godefroy, *Charles VI*, p. 685, sur les rapports de Louis d'Orléans avec Robert ou Robinet de Braquemont; et sur Béthencourt et Gadifer de La Salle, *Archives, Trésor des chartes*, J, 645.

159 — page 326 — *Le serment de Charles VII était : Sainct-Jean! Sainct-Jean!*

Ms. anonyme, intitulé : *De la Vie, Complexion et Condition dudit Roy Charles VII*, ap. Godefroy, p. 1.

160 — page 327, note 2 — *Le Mannekenpiss*, etc.

Nulle part, l'inconvenance n'est plus frappante que dans la première miniature du magnifique Quinte-Curce, ms. de la *Bibliothèque royale*. Le traducteur portugais fait la dédicace du livre à Charles-le-Téméraire; on voit au loin la mère du duc, Portugaise aussi et protectrice du traducteur; mais la présence de cette princesse n'a pas empêché l'artiste de représenter au premier plan une fontaine dont le Mannekenpiss est un singe d'or; au-dessous, un fol lappe et boit. (*Bibliothèque royale, ms.* n° 6727.)

161 — page 330 — *Jean Van Eyck*, etc.

Son vrai nom est Jean le *Wallon*, Joannes *Gallicus*. (Facius, *De*

Viris illustribus, p. 46, écrit en 1466.) Le dessin du musée de Bruges est signé de ces mots : Johes *de* Eyck me fecit 1437. Il a écrit *de*, et non *van*. C'est donc à tort qu'on l'appelle Van Eyck, ou Jean *de Bruges*. Dans son œuvre capitale de l'*Agneau*, il a placé au loin les tours de sa ville natale, pour constater qu'il était un enfant de la Meuse, et pour protester peut-être indirectement contre la Flandre qui volait sa gloire. Né à Maas-Eyck, sur la limite même des langues, Allemand par la patience, ce violent et hardi novateur est encore bien plus Wallon.

Son tableau de l'Agneau, qu'on venait voir des plus lointaines contrées...

Albert Durer alla le voir; il en parle avec enthousiasme dans ses notes de voyages. — Ce chef-d'œuvre fut demandé en vain par Philippe II au clergé de Saint-Jean. Il le fut par les commissaires de la Convention, qui en enlevèrent quatre volets; les huit autres furent cachés par des gens de cœur, au péril de leur vie. En 1815, les volets transportés à Paris revinrent à Gand, mais plusieurs ont été vendus, et sont à Berlin.

Van Eyck avait laissé là l'inachevable Cologne...

Voir au musée de Bruges un admirable dessin à la plume, qui représente une Vierge pensive au pied de la tour de Cologne (?) inachevée.

Ce tableau, qui date si bien ce moment de la Renaissance, etc.

Gœthe a dit, non sans apparence, que ce tableau était « le pivot de l'histoire de l'art. » Voir le *Journal de l'art sur le Rhin*, et Keversberg, *Ursula*, 181-182; Waagen, 182; Rumohr, vol. II, § 13, etc., etc.

Page 332, note 3 — *Parmi les personnes attachées à l'ambassade*, etc.

Voy. Gachard, *Documents inédits*, t. II, p. 63-91, et Reiffenberg, *Notes sur Barante*, IV, 289.

Page 332 — *La grande école des trois cents peintres de Bruges...*

C'est sans doute par ces nombreux élèves que Van Eyck fit exécuter la plupart des miniatures d'un beau ms. que M. de Paulmy croit avoir été orné entièrement de sa main. La première miniature doit être du maître. Elle représente le duc de Bourgogne, avec le collier de la Toison, recevant le ms. des mains de l'artiste agenouillé. Le peintre est sérieux, déjà âgé, mais fort. Le duc, en robe noire fourrée, plus âgé, pâle, vieux, reçoit sans regarder autre chose que sa pensée; regard politique, fin, méticuleux. Derrière, à la gauche du prince, un des officiers semble faire signe au lecteur qu'il fasse attention au grand prince devant lequel il est. A la droite, un jeune homme en robe de velours fourré doit être Charles-le-Téméraire, ou le grand bâtard de Bourgogne. Les autres miniatures sont bien inférieures ; elles ne le sont pas moins à celles du beau Quinte-Curce de la Bibliothèque royale. Elles sont évidemment de *fabrique*. On sent que les gravures remplaceront bientôt les miniatures. (*Bibliothèque de l'Arsenal, ms. de Renaud de Montauban*, par Huon de Villeneuve, mis en prose sous Philippe-de-Valois, orné de miniatures postérieures, l'année 1430.)

162 — page 335, note 1 — *Après la mort d'Agnès, Charles VII eut d'autres amours*, etc.

État de 1454-5 : A mademoiselle de Villequier pour lui aider à entretenir son estat. II M livres. Beaucoup de dons à des femmes, veuves, etc. — 1454-5. A Marguerite de Salignac, damoiselle, pour don à elle fait par le roi pour lui aider à une chambre *pour sa gésine*. — 1454-5. A madame de Montsoreau pour don, III C livres. (*Bibliothèque royale, mss. Béthune*, vol. V, n° 8442.)

163 — page 336 — ... *le poète endormi*...

Alain Chartier est un Jérémie pour cette triste époque. Voir dans son *Quadrilogue invectif*, ce qu'il dit au nom du peuple sur la lâcheté des nobles, sur leur indiscipline, etc., p. 417, 447. Je trouve dans ses poésies peu de choses qui aient pu lui mériter d'être baisé d'une reine ; peut-être le fut-il pour ces vers mélancoliques et gracieux :

> Oblier ?... Las ! il n'entr'oublie
> Par ainsi son mal, qui se deult (*dolet*).
> Chacun dit bien : Oblie ! Oblie !
> Mais il ne le fait pas qui veult !
> (ALAIN CHARTIER, p. 494, in-4°, 1617.)

164 — page 338 et note 1 — *Jacques Cœur*, etc.

Un Jean Cuer, *monnoier à la Monnoie de Paris*, obtient rémission en 1374, pour avoir pris part à une batterie des gens de la maison du roi contre les bouchers. (*Archives, Registre*, J, 106, n°ˢ 77, 207.)

La chapelle funéraire des Cœurs...

Voy. la *Description patriarcale, primatiale et métropolitaine de Bourges*, par Romelot, p. 182-190.

Le registre de l'église ne lui donne qu'un titre, etc.

« 29 juin 1462 (?) obiit generosi animi Jacobus Cordis, miles,

Ecclesiæ capitaneus generalis contra infidèles, qui sacristiam nostram extruxit et ornamentis decoravit, aliaque plurima ecclesiæ procuravit bona. » (*Ibid.*, 177.)

165 — page 338, note 2 — *La misère où s'était trouvé Charles VII...*
La savante éditrice de Fenin et de Comines, à qui je dois cette note, l'a tirée du *Ms. 122 du fonds Cangé, Bibliothèque royale.*

La faute de Jacques Cœur d'avoir pris un trop puissant débiteur...
Il n'était pas le seul qui eût fait cette faute. Un bourgeois de Bourges, Pierre de Valenciennes, fournit à lui seul trois cent milliers de traits d'arbalète, etc. Le roi lui donna la haute, moyenne et basse justice à Saint-Oulechart, près Bourges. (*Archives, Registre,* J, CLXXIX, 10 bis, ann. 1447.)

166 — page 339 — *Le journal de Pitti...*
Cité par Delécluze, *Histoire de Florence*, II, 362.

167 — page 340 — *L'ennemi capital de Jacques Cœur, Otto Castellani,* etc.
En 1459, le roi accorde rémission à maître Pierre Mignon, qui, après avoir étudié ès arts et décret à Toulouse et à Barcelone, a gravé de faux sceaux et s'est occupé de magie. Il a fait à Octo Castellan, depuis argentier du roi, deux images de cire : « *L'un
« pour mectre feu Jacques Cuer,* nostre argentier lors, en nostre
« male grâce, et lui faire perdre son office d'argentier ; l'autre, pour
« faire que ledit Octo Castellan, Guillaume Gouffier et ses compa-
« gnons fussent en nostre bonne grâce et amour. » (*Archives, Registre,* J, CXC, 14, ann. 1459.)

Paraît avoir été parent des Médicis...
Un Jaco de *Médicis*, de Florence, âgé de vingt-cinq ans (*parent d'Octo Castellan,* trésorier de Toulouse), sortant de l'hôtel de la Trésorerie où il exerce fait de marchandise, rencontre Bertrand Bétune, ruffian, qui le frappe, sans avoir eu auparavant nulle parole avec lui; de là un combat et une rémission accordés à Médicis. — Je dois la découverte de cette pièce à M. Eugène de Stadler. (*Archives, Registre,* J, 179, n° 134, déc. 1448 ; voy. aussi J, 195, ann. 1467.

168 — page 340, note 3 — *Jacques Cœur fut sauvé par les patrons de ses galères*, etc.

Voy. les rémissions accordées à Jean de Village et à la veuve de Guillaume de Gimart, tous deux natifs de Bourges. (*Archives; Registre*, J, 191, n°s 233, 242.)

Page 340 — *Louis XI, à peine roi, le réhabilita fort honorablement...*

« Ayans en mémoire les bons et louables services à Nous faits par ledit feu Jacques Cœur. » (Lettres de Louis XI pour restitution des biens, etc.: Godefroy, *Charles VII*, p. 862.)

169 — page 342, note 1 — *Le dauphin venait d'envoyer au duc de Bourgogne*, etc.

Ce détail et presque tous ceux qui suivent, sont tirés du savant ouvrage inédit où j'ai puisé si souvent : *Bibliothèque royale, mss. Legrand, Histoire de Louis XI,* livre II, folio 89.)

Il comptait sur la Savoie...

Rien ne caractérise mieux l'ardente ambition de ces Savoyards que l'aveu qu'ils en firent au duc de Milan : « Nous distes : Par « le Saint Dyex! ne reurra un an que je ayra plus de païs que not « mais nul de mes encesseurs, et qu'il sera plus parlé de moy que « ne fut mais de nul de notre lignage, ou je mourrai en la poine!» (Lettre de Galéas Visconti à Amédée VI, 1373. Cibrario e Promis, *Documenti, monete et sigilli*, 289.)

170 — page 342 — *Une foule d'améliorations s'étaient faites en Dauphiné...*

Voy. le *Registre Delphinal de Mathieu Thomassin*, fait par commandement du dauphin Louis, 1456. (*Bibliothèque royale, mss. Colbert*, 3657, sous le titre de *Chronique du Dauphiné.*)

171 — page 343 — *La réhabilitation de la Pucelle d'Orléans...*

En attendant la publication intégrale que prépare M. Jules Quicherat, voir les extraits de Laverdy (*Notices des mss.*, t. III). (Note de 1841.)

Note 1 — *La Pucelle ressuscita plusieurs fois...*

En 1436, une fausse Pucelle se fit reconnaître par les deux frères de Jeanne, à Metz. Elle s'attacha à la comtesse de Luxembourg, puis suivit à Cologne le comte de Virnembourg. Là elle se conduisit si mal que l'inquisiteur la fit arrêter; mais le comte intercéda; elle revint en Lorraine, où elle se maria à un seigneur des Harmoises. Elle alla à Orléans, où la ville lui fit des présents.

(Symphorien Guyon, *Histoire d'Orléans* (1650), II*e* partie, p. 265.)
— « En celluy temps (1440) en amenèrent les gens d'armes une, laquelle fut à Orléans très honorablement receue, et quand elle fut près de Paris, la grant erreur recommença de croire fermement que c'estoit la Pucelle, et pour cette cause on la fit venir à Paris et fut monstrée au peuple au palais sur la pierre de marbre et là fut preschée, et dit qu'elle n'estoit pas pucelle et qu'elle avoit été mariée à ung chevalier, dont elle avoit eu deux filx, et avec ce disoit qu'elle avoit fait aucune chose dont il convint qu'elle allast au Saint-Père, comme de main mise sur son père ou mère, prestre ou clerc violentement. Elle y alla vestue comme un homme, et fut comme souldoyer en la guerre du Saint-Père Eugène, et fist homicide en ladite guerre par deux foys, et quand elle fut à Paris encore retourna en la guerre, et fust en garnison et puis s'en alla. » (*Journal du Bourgeois de Paris*, 185-6, ann. 1440.) — La troisième Pucelle, amenée à Charles VII en 1441, le reconnut à une botte faulve qu'il portait alors pour un mal de pied. Le roi lui dit : « Pucelle, ma mie, vous soyez la très bien revenue, au nom de Dieu qui scet le secret qui est entre vous et moi. » Elle se jeta à genoux en lui avouant son imposture. (*Exemples de hardiesse*, ms. Bibliothèque royale, n° 180, cité par Lenglet, II, 155.)

172 — page 345 — « *Si Dieu ou fortune, écrivait ce bon fils* », etc.
Ces détails et tous ceux qui concernent même indirectement Chabannes, se trouvent, avec les lettres originales (fol. ccxcvii-cccii), dans : « *la Chronique Martinienne de tous les papes qui furent jamais et finist jusques au pape Alexandre derrenier décédé en 1503, et avecques ce les additions de plusieurs chroniqueurs.* (Et à la fin :) Imprimée à Paris par Antoyne Vérard, marchant libraire. »

173 — page 346 — *Le roman du Renard...*
Roman du Renard, publié par Méon, 1826, 4 vol. Supplément, par Chabailles, 1835. *Reinardus Vulpes*, carmen epicum seculis IX et XII conscriptum, ed. Mone, 1832. *Reinard Fuchs*, von Jacob Grimm, 1834.

174 — page 347 — *Ce fut entre le dauphin, la duchesse et le duc un grand combat d'humilité...*
Reiffenberg, *Mémoire sur le séjour du dauphin Louis XI aux Pays-Bas*, dans les *Mémoires de l'Académie de Bruxelles*, t. V, p. 10-15.

175 — page 347, note 3 — *Sous l'influence des Croy, les taxes diminuent,* etc.

Comptes annuels, communiqués par M. Edward Le Glay. (*Archives de Lille, Chambre des comptes, Recette générale.*

176 — page 348 — *... lorsqu'on apprit que Ladislas venait de mourir...*

Voy. les détails dans Legrand, fol. 31-34, *mss. de la Bibliothèque royale.*

Note 1 — *Le roi ne lâcha pas prise,* etc.

Voir les instructions données à Thierri de Lenoncourt. (*Bibliothèque royale, mss. Dupuy,* 760; 6 avril 1459.)

177 — page 352, note — *Les ducs de Bourgogne essayèrent de simplifier par des moyens violents,* etc.

Voy. surtout *Bibliothèque royale, mss. S. Victor,* 1080, fol. 53-96. — Sur la politique de cette absorbante maison de Bourgogne, il est curieux de lire aussi le procès d'un bâtard de Neufchâtel, qui, dans l'intérêt de cette maison, fabriquait des actes contre Fribourg. (*Der Schweitzerische geschichtforscher,* I, 403.)

Du côté de la France, les affaires étaient plus mêlées encore...

La ruine de Liège, en 1468, me donnera occasion d'en parler au long. Quant aux rapports de nos rois avec les La Marck, voir entre autres choses l'autorisation que Charles VII leur donne de fortifier Sedan, novembre 1455. (*Bibliothèque royale, mss. Dupuy,* 435, 570.)

178 — page 353 — *Le Parlement avoua ne connaître nulle autorité au-dessus de l'équité et de la raison...*

Le caractère rationaliste et *anti-symbolique* de nos légistes n'est marqué nulle part plus fortement que dans l'acte suivant, adressé à la ville de Lille : « Clarissima virtutum justitia, qua redditur unicuique quod suum est, si judiciali quandoque indigeat auctoritate fulciri, non *frivolis,* aut *inanibus* tractari, mediis *ratione carentibus,* et quibus a recto possit diverti tramite, sed in via veritatis suæ fidelis ministræ, debet fideliter exhiberi. Si vero contrarium quodvis antiquitas aut *consuetudo* tenuerit, regalis potentia corrigere seu reformare tenetur. Ea propter notum facimus... quod, cum ex parte... scabinorum, burgensium, communitatis, et habitatorum villæ nostræ Insulensis, nobis fuerit declaratum quod in dicta villa ab antiquo viguit observantia seu *consuetudo* talis:

Quod si quis clamorem exposuerit, seu legem petierit dictæ villæ contra personam quamcumque super debito vel alias de mobili quæ denegetur eidem, dicti scabini (ad excitationem baillivi vel præpositi nostri...) per judicium juxta prædictam legem antiquam pronunciant quod actor et reus procedant ad Sancta, proferendo verba...: « Nescimus aliquid propter quod non procedant ad Sancta, si sint ausi. » Et ordinatio, seu modus procedendi ad dicta Sancta, quod est dictu facile, juramentum fieri solet ab utraque partium, sub certis *formulis*, ac in idiomate extraneis, et insuetis, ac difficillimis observari. Super quibus... si quoquo modo defecerit in idiomate, vel in forma, sive fragilitate linguæ, juranti sermo labatur, sive *manum solito plus elevet, aut in palma pollicem firmiter non teneat*, et alia plura frivola et inania... non observet, causam suam penitus amittit. Nos considerantes quod talis observantia seu consuetudo, nulla potest ratificari temporum successione longæva, sed quanto diutius justitiæ paravit insidias, tantot debet attentius radicitus exstirpari, Constituimus... aboleri... ordinantes quod ad faciendum ad sancta Dei Evangelia juramentum solemne modo et forma quibus in Parlamento nostro, Parisiis et aliis regni nostri curiis, est fieri consuetum... per dictos scabinos admittantur. Anno 1350, mense martii. » (*Ord.*, II, 399-400.)

179 — page 355, note 1 — *La bibliothèque de Bourgogne...*
Chronique de David Aubert, Bibliothèque royale, ms. 6766, citée par Laserna-Santander, *Mémoire sur la Bibliothèque de Bourgogne* (1809), p. 11. Voy. aussi sur le même sujet la *Notice de M. Florian-Frocheur*, 1839; et l'*Histoire des Bibliothèques de la Belgique*, par M. Namur, 1840.

180 — page 355 et note 3 — *L'étiquette de la cour de Bourgogne...*
On en trouve le détail dans les *Honneurs de la cour*, écrits par une grande dame, et imprimés par Sainte-Palaye, à la suite de ses *Mémoires sur l'ancienne chevalerie*, II, 171-267. Le fait suivant montre combien l'étiquette était inflexible. Au mariage du duc de Bourgogne : « Je vis que madame d'Eu souffrit que monsieur d'Antony, son père (Jean de Melun, sire d'Antoing), à nue tête lui tint la serviette, quand elle lava devant souper, et s'agenouillât presque jusqu'à terre devant elle; dont j'ouis dire aux sages que c'étoit folie à monsieur d'Antony de le faire et encore plus grande à sa fille de le souffrir. » (*Cérémonial de la cour de Bourgogne*, éd. de Dunod, p. 747.)

Chambres de rhétorique...

Les *Rederiker*, comme Grimm l'a parfaitement établi, ne sont pas des *Meistersaenger*. Leurs Chambres n'offrent qu'un travestissement des mœurs françaises ; leurs noms de fleurs semblent empruntés à nos Jeux floraux. Dans le Meistergesang, point de prix proposé, point de hiérarchie ; au contraire, les Chambres de rhétorique avaient des empereurs, des princes, des doyens, etc. Elles proposaient des prix à ceux qui amèneraient le plus de monde à leurs fêtes, aux poètes qui improviseraient à genoux sans se relever, etc. (Laserna-Santander, *Bibliothèque de Bourgogne*, 152-200. — Jacob Grimm, *Ueber den altdeutschen Meistergesang*, 156.)

L'invention d'un symbolisme vide...

Rien ne caractérise mieux le triste esprit de cette époque, que les devises en rébus. La ville de Dôle met un soleil d'or dans ses armes, supposant que *Dôle* rappelle *Délos*, l'île du soleil. La maison de Bourbon ajoute à ses armes le *chardon* (cher don). (Batissier, *Bourbonnais*, II, 204.) Un Vergy qui possède les terres de Valu, Vaux et Vaudray, prend pour devise : J'ai valu, vaux et vaudray. (Reiffenberg, *Histoire de la Toison d'or*, p. 2-4.) Voir aussi mes *Origines du droit trouvées dans les formules et symboles*.

181 — page 355 — *Au moment où l'esprit moderne éclatait dans l'imprimerie...*

Au milieu du siècle, lorsqu'on se remit, après les guerres, à songer, à chercher, à lire, des livres commencèrent à circuler qu'on croyait encore manuscrits, mais d'une régularité d'écriture extraordinaire, de plus, à bon marché, en grand nombre : plus on en achetait, plus il en venait. Ils se trouvaient (chose merveilleuse) identiques ; c'est-à-dire que les acheteurs en comparant leurs bibles, leurs psautiers, y trouvaient mêmes formes, mêmes ornements, mêmes initiales sanglantes, comme de la griffe du diable. Mais, tout au contraire, c'était la moderne révélation de l'esprit de Dieu. Le Verbe attaché d'abord aux murailles, fixé aux fresques byzantines, s'était de bonne heure détaché en tableaux, en images de Christ, décalqué de véroniques en véroniques. L'esprit était muet encore ; captif dans la peinture, il faisait signe, et ne parlait pas. De là d'incroyables efforts, de gauches essais pour faire dire aux images ce qu'elles ne peuvent dire ; la rêveuse Allemagne surtout subit la torture d'un symbolisme impuissant. Van Eyck finit par s'en lasser ; il laissa les Allemands suer à peindre l'esprit, se mit à peindre naïvement des corps, et s'enfonça dans la nature. La peinture étant convaincue en ceci d'impuissance, un art nouveau devenait nécessaire pour exprimer l'esprit, pour le suivre dans ses transformations, ses analyses, ses poursuites variées. Je reprendrai ailleurs cette grande histoire.

On conte qu'un rêveur, errant dans une forêt de Hollande, etc.

C'est la tradition hollandaise que je ne crois devoir ni adopter ni rejeter. Voir Lambinet, Daunou, Schwaab, et d'autre part Meerman, Léon Delaborde, etc. Au reste, des deux découvertes (la mobilité des caractères et la fonte) la première était une chose naturelle, nécessaire, amenée par un progrès invincible, ainsi que je le montrerai. La grande invention, c'est la fonte; là fut le génie, la révolution féconde.

182 — page 356 — *Louis XI protégea les imprimeurs contre ceux qui les croyaient sorciers...*

Taillandier, *Résumé historique de l'introduction de l'imprimerie à Paris, Mémoires des antiquaires de France,* t. XIII. *Académie des inscriptions,* t. XIV, p. 237.

183 — page 358 — *Si le roi a contre le duc le Parlement,* etc.

Voy., entre autres pièces curieuses, l'assignation au comte d'Armagnac, qui aurait tenu ses enfants en prison jusqu'à leur mort, pour s'emparer de leur bien. (*Bibliothèque royale, ms. Doat,* 218, fol. 128.)

184 — page 361 et note 1 — *Un petit homme en noir jupon,* etc.

Sur l'histoire héroïque des huissiers, voir entre autres choses : *Information sur un excès fait à Courtrai en la personne d'un sergent du Roy.* (*Archives du royaume* J, 573, ann. 1457.)

FIN DU TOME CINQUIÈME.

TABLE DES MATIÈRES

LIVRE X.

                                                                                                                    Pages

CHAPITRE Ier. *Charles VII. — Henri VI. — L'Imitation. — La Pucelle* (1422-1429)   1

    L'*Imitation* ne put guère être achevée avant le quatorzième ou le quinzième siècle   3

    L'*Imitation* convenait spécialement à la France   13

    Comment la France devait imiter la Rédemption et la Passion . .   15

CHAPITRE II. (*Suite.*) *Charles VII. — Henri VI* (1422-1429). — *Siège d'Orléans*   17

    La cause de Charles VII n'avait pu être sauvée ni par les Gascons, ni par les Écossais, ni par les Bretons, ...   *ibid.*

    ni par les dissentiments des ducs de Glocester et de Bourgogne, ...   18

    ni par l'appui des maisons d'Anjou et de Lorraine.   21

1428. Les Anglais assiègent Orléans, ...   24

1429.   et gagnent la bataille des *harengs*   30

    La France prend parti pour la ville d'Orléans.   34

CHAPITRE III. *La Pucelle d'Orléans* (1429).   38

    L'originalité de la Pucelle fut le bon sens dans l'exaltation . . .   39

1429. Son pays ; caractère des Marches de Lorraine et de Champagne.   *ibid.*

    Sa famille, son enfance, ses visions.   42

	Pages
Elle va à Vaucouleurs, à Chinon	50
Elle est éprouvée par le roi, par les docteurs.	55
Elle est envoyée au secours d'Orléans	59
(29 avril.) Elle entre à Orléans, et y fait entrer l'armée.	64
Elle force les bastilles anglaises.	67
(8 mai.) Retraite des Anglais	71
(28 juin.) Leur défaite à Patay	73
(17 juillet.) La Pucelle conduit le roi à Reims; sacre de Charles VII.	77

CHAPITRE IV. *Le cardinal de Winchester. — Procès et mort de la Pucelle (1429-1431)*........ 79

Querelles et faiblesse de Bedford et de Glocester; règne du cardinal évêque de Winchester, qui amène une armée à Paris.	ibid.
La Pucelle échoue devant Paris.	ibid.
1430. (23 mai.) Elle est prise devant Compiègne, et remise aux Bourguignons; situation politique du duc de Bourgogne; mœurs de sa cour; (10 janvier) institution de la Toison d'or.	85
Winchester fait réclamer la Pucelle par l'inquisition, par l'Université et par l'évêque de Beauvais.	99
(Déc.) Il amène Henri VI à Paris,	106
1431. (Janvier) et fait commencer le procès de la Pucelle à Rouen.	107
(21 fév.-mars.) Interrogations préalables	108
Résistance de la Pucelle à l'autorité ecclésiastique.	ibid.
Illégalités, violences; consultations des légistes, de l'Université, des évêques, du chapitre de Rouen.	120
(Avril.) Épreuves et tentations de la Pucelle pendant la semaine sainte.	128
Elle tombe malade; elle est admonestée, prêchée; (2 mai) elle signe une rétractation.	131
Fureur et brutalité des Anglais	138
(30 mai.) Elle est condamnée; sa dernière tentation; sa mort.	147
La Pucelle finit le moyen âge et commence l'âge moderne.	157

LIVRE XI.

CHAPITRE Ier. *Henri VI et Charles VII. — Discordes de l'Angleterre, réconciliation des princes français. — État de la France (1431-1440)*........ 161

Winchester fait sacrer le jeune Henri VI à Paris et à Londres.	163
Querelles des Anglais entre eux, de Winchester et de Glocester.	165

TABLE DES MATIÈRES

	Pages
Querelles des Anglais et du duc de Bourgogne.	169
Réconciliation du duc de Bourgogne et de René d'Anjou.	172
1435. — du duc de Bourgogne et de Charles VII; traité d'Arras.	173
1436. Les Anglais quittent Paris.	178
État de la France	179
1438. L'Église; Pragmatique de Bourges	ibid.
La noblesse devenue anti-chevaleresque, anti-religieuse; mœurs atroces.	183
1440. Procès de Retz.	185
Misère et barbarie.	193

CHAPITRE II. *Réforme et pacification de la France* (1439-1448). . . 196

1439. (2 nov.) Ordonnance pour la réforme des gens de guerre	197
Conseillers de Charles VII : Brézé, Bureau, Jacques Cœur, etc. Influence de la reine Yolande, d'Agnès-la-Sorelle.	199
1440. Mécontentement des grands; le dauphin Louis : *Praguerie*.	203
1441. Le roi reprend Pontoise sur les Anglais,	211
1442. et impose aux mécontents assemblés chez le duc de Bourgogne.	212
1443-1444. Il intervient dans les Pyrénées, frappe les Armagnacs alliés des Anglais, reprend et garde Dieppe	213
Il fait écouler les bandes françaises et anglaises vers la Lorraine et la Suisse.	217
Des Suisses au quinzième siècle; combat de Saint-Jacques.	219
Metz, Toul et Verdun reconnaissent le roi pour protecteur.	228
1443-1448. Réforme financière, réforme militaire; gendarmerie régulière, francs-archers.	230

CHAPITRE III. *Troubles de l'Angleterre. — Les Anglais chassés de France* (1442-1453). 234

Marguerite d'Anjou; caractère de la maison d'Anjou.	ibid.
1442. État de l'Angleterre; querelles de Winchester et de Glocester; la duchesse de Glocester condamnée comme sorcière.	237
Nécessité d'un rapprochement entre l'Angleterre et la France	241
1445-1447. Winchester et Suffolk négocient le mariage du roi, et une restitution partielle avec indemnité.	243
1447-1448. Mort de Glocester et de Winchester.	246
1449-1450. Administration de Suffolk; Somerset perd la Normandie et accuse Suffolk, qui est mis à mort.	250

TABLE DES MATIÈRES

	Pages
Le faux prétendant, Cade.	258
Le vrai prétendant, York.	262
1451. Charles VII prend la Guyenne	263
1452. la perd et la reprend ; mort de Talbot.	266
1453. Réduction de Bordeaux et de Bayonne.	269
Les Anglais ne conservent en France que Calais.	270
1454. Impuissance de l'Angleterre ; Henri VI devient idiot	271
La rivalité des deux nations a été leur vie même.	275

LIVRE XII.

CHAPITRE Ier. *Charles VII. — Philippe-le-Bon. — Guerres de Flandre* (1436-1453) 278

Rivalité des maisons de France, de Bourgogne et de Bourgogne-Autriche-Espagne, pendant le quinzième et le seizième siècle. *ibid.*
Guerre pacifique de Charles VII et de Philippe-le-Bon ; puissance et faiblesse de celui-ci . . . . *ibid.*
Les Flandres ; le travail ; travail solitaire, travail en famille ; confréries, ghildes et *amitiés* communales ; 281
et néanmoins individualisme profond, mysticisme révolutionnaire. 285
La Flandre elle-même étant une création de l'industrie, l'industrie devait y régner. 289
Au quatorzième siècle, querelles entre les villes (pour la direction des eaux).. 291
Au quinzième siècle, querelles entre les villes et le comte . . . . *ibid.*

1436. Expédition de Calais ; soulèvement de Bruges ; Gand aide le comte à réduire Bruges. . . . . *ibid.*
Gand, désormais isolée, aura à défendre les libertés de la Flandre, son droit symbolique, etc. 295
Lutte des comtes contre les juridictions inférieures des villes, et contre les juridictions supérieures de la France et de l'Empire. 298

1448-1451. Philippe-le-Bon, croyant le roi embarrassé par le dauphin, frappe la Flandre d'impôts vexatoires 306

1449-1450. Le duc fait agir la Flandre contre Gand 309

1451-1452. Insurrection de Gand, guerres de Flandre . . . . *ibid.*
Intervention timide du roi. 311

1453. (Juillet.) Défaite des Gantais à Gavre, et leur soumission 319

TABLE DES MATIÈRES

Pages

Chapitre II. *Grandeur de la maison de Bourgogne. Ses fêtes. — La Renaissance* 322

    État du monde : Occident, Normands et Portugais; Béthencourt et don Henri 323

1453. (29 mai.) Orient; le Turc; prise de Constantinople. 324
    Grandeur de Philippe-le-Bon; projet de croisade. .... *ibid.*

1454 (9 fév.) Vœu du faisan. 328
    Chapitres de la Toison d'or. 330
    Le tableau de l'Agneau; école de Bruges. 331
    Centralisation dans l'art; Jean van Eyck, Chastellain, etc. ... 332

Chapitre III. *Rivalité de Charles VII et de Philippe-le-Bon. — Jacques Cœur. — Le dauphin Louis (1452-1456)* 334

    Le duc de Bourgogne s'appuie en France sur le dauphin; lutte du dauphin contre Brézé, Agnès, etc. .... *ibid.*
    Ruine des amis du dauphin. 335

1452. Ruine de Jacques Cœur................................ 337

1456. Ruine du duc d'Alençon. 340
    Ruine du dauphin lui-même, qui se retire chez le duc de Bourgogne 343

Chapitre IV. *Suite de la rivalité de Charles VII et de Philippe-le-Bon (1456-1461)* 346

    Tentative de Charles VII sur le Luxembourg 348
    Splendeur et faiblesse du duc de Bourgogne; il était le chef d'une féodalité qui n'était plus féodale. 350
    Le souverain d'un empire hétérogène qui ne pouvait acquérir d'unité. .... *ibid.*
    Il céda, malgré lui, de plus en plus à l'attraction de la France. 353
    Ses ministres français; le dauphin son hôte. 354
    Énergie critique de l'esprit français, influence de l'imprimerie, etc. 358
    Le Parlement; la Toison d'or, comme cour d'honneur. .... *ibid.*

Appendice 363

FIN DE LA TABLE DU TOME CINQUIÈME.

IMPRIMERIE E. FLAMMARION, 26, RUE RACINE, PARIS.

www.ingramcontent.com/pod-product-compliance
Lighting Source LLC
Chambersburg PA
CBHW052115304236
4367ICB00009B/1008